Ignaz Goldziher

Der Mythos bei den Hebräern
und seine geschichtliche Entwicklung

Herausgegeben und mit einem Vorwort versehen
von Christiane Beetz

Reihe ReligioSus, Band VII

Goldziher, Ignaz: Der Mythos bei den Hebräern und seine geschicht-
liche Entwicklung
Hamburg, SEVERUS Verlag 2011.
Nachdruck der Originalausgabe von 1876.

Reihe ReligioSus: Band VII,
Herausgegeben von Christiane Beetz

ISBN: 978-3-86347-152-1
Druck: SEVERUS Verlag, Hamburg, 2011

Der SEVERUS Verlag ist ein Imprint der Diplomica Verlag GmbH.

Bibliografische Information der Deutschen Nationalbibliothek:
Die Deutsche Nationalbibliothek verzeichnet diese Publikation in der
Deutschen Nationalbibliografie; detaillierte bibliografische Daten sind
im Internet über http://dnb.d-nb.de abrufbar.

Vorwort der Herausgeberin zur Reihe ReligioSus

Die Suche nach Antworten auf die Fragen ‚Wo komme ich her? Wo gehe ich hin?
Warum gibt es mich?' sind elementarer Bestandteil unseres menschlichen Daseins.
Religionen haben Menschen in jedem Zeitalter dabei geholfen, diese Fragen zu
ergründen. Jede Religion hat dabei im Laufe der Jahrhunderte einen eigenen Weg
gefunden, dem Sinn des Lebens nachzuspüren. Die monotheistischen Religionen
Christentum, Islam und Judentum mit dem unsichtbaren, allgegenwärtigen Gott
erklären die Erfüllung jeglicher Existenz mit der Anbetung des einen Gottes. Andere Religionen wie der Buddhismus oder der Konfuzianismus lehren ein Leben
nach ethischen Grundsätzen, die weniger auf einem Glauben an einen einzigen
Gott als auf philosophischen, humanistischen Ideen beruhen.

Religionen sind ein Spiegelbild der Menschheit in der Welt. Mit ihren jeweils ganz
unterschiedlichen Ansätzen prägen Religionen die Kulturen, in denen sie gelebt
werden. Sie beeinflussen das menschliche Handeln, Denken und Fühlen mit ihren
Gottesvorstellungen oder Weltanschauungen. Oft genug gaben religiöse Ausle-
gungen den Anlaß für kriegerische Auseinandersetzungen. Sie sind aber auch
immer wieder ein Leitfaden für einen toleranten, menschenwürdigen Umgang mit
dem Nächsten.
Frauen und Männer haben sich zu allen Zeiten mit den verschiedenen Glaubens-
lehren beschäftigt. Oft waren es tief gläubige Menschen, die ihre Erfahrungen mit
dem Außergewöhnlichen aufgeschrieben haben. Aber auch kritische Auseinandersetzungen mit den Mißständen der Religionen gehören zur jeweiligen Epoche.
Die Bücher all dieser Menschen sind Dokumente ihrer Zeit, sie geben Aufschluß
über die Geschichte und Geschichten der Religionen.

Die Reihe „ReligioSus" hat es sich zur Aufgabe gemacht, längst vergessene Dokumente einem breiteren Publikum wieder zugänglich zu machen. Unabhängig
von Religion und Einstellung zu derselben bieten die Bücher dieser Reihe einen
generellen Einblick in die Welt der Religionen. „ReligioSus" vereint Werke, die
sich auf unterschiedlichste Weise mit dem Phänomen Religion und deren Beeinflussung unserer Wertvorstellungen beschäftigen. Auf diese Weise soll mit „ReligioSus" die Vielfalt religiöser Dokumente, die die jeweiligen Fragen und Auseinandersetzungen ihrer Zeit aufgenommen haben, aufgezeigt werden.
Soweit möglich erfolgt ein originalgetreuer Nachdruck. Wo es notwendig erscheint, werden die Texte in das heutige Schriftbild übertragen. Eine inhaltliche
Veränderung findet nicht statt.

Christiane Beetz, Herausgeberin

*Christiane Beetz, geb. 1965 in Hamburg, studierte Germanistik, Religionswissenschaft
und Alte Geschichte. Nach einigen Jahren im Buchhandel arbeitet sie jetzt als Lektorin.
Außerdem ist sie ausgebildete Prädikantin und schreibt freiberuflich für die „Evangelische
Zeitung".*

Vorwort zum Buch

Ignaz Goldziher wurde als Isaak Yehuda Goldziher 1850 in Ungarn geboren. Seine Vorfahren waren sefardische Juden, die im 17. Jahrhundert nach Hamburg übersiedelten. Später zog die Familie über Berlin und Wien nach Stuhlweißenburg in Ungarn. Goldziher trat schon früh mit anderen Religionen in Kontakt, denn er besuchte ein Gymnasium der Zisterzienser und eine protestantische Schule, die er mit dem Abitur abschloss. Schon mit 12 Jahren veröffentlichte er seine erste Schrift, eine Abhandlung über das jüdische Gebet. Später schrieb er dazu:
„Dies Opus ist der erste Grundstein zu meinem bösen Ruf als ‚Freigeist'…"
Nach der Schulausbildung lernte Goldziher bei dem Hebraisten und Judaisten Moses Wolf Freudenberg, doch schon bald wurde sein Interesse an der Beziehung des Islam zum Judentum geweckt. Er studierte in Budapest bei dem umstrittenen Orientalisten Hermann Vámbéry und promovierte 1870 über einen jüdisch-arabischen Bibelkommentar. Seine Habilitationsschrift beschäftigte sich mit der Geschichtsschreibung im arabischen Schrifttum, seine Antrittsrede an der Ungarischen Akademie befasste sich mit der „Tradition der Poesie der heidnischen Araber unter Berücksichtigung der Gottesvorstellungen der Araber am Vorabend des Islam". Durch seine Schriften über die Erforschung der arabischen Einflüsse auf die jüdischen Schriften wurde Goldziher zu einem der bedeutendsten Orientalisten seiner Zeit. Im Jahr 1876 schrieb er als erster Gelehrter eine größere Schrift auf judaistischem Gebiet, den hier vorliegenden „Mythos bei den Hebräern und seine geschichtliche Entwicklung". In einer Vortragsreihe legte Goldziher dar, dass das Judentum eine universale Religion und mit der modernen Wissenschaft durchaus vereinbar sei. Dies brachte ihm viel Kritik ein, und man betrachtete seine Schriften als „Ketzerei":

„Sie läugneten meine Competenz und trugen sehr viel dazu bei, meine Degradation zum Schreiber und ‚Schammes' (Synagogendiener, abwertend im Sinne von Laufbursche) als das Natürlichste erscheinen zu lassen, was es überhaupt geben könne."

Ihm wurden Fehlinterpretationen und gravierende Mängel unterstellt. Dementsprechend war sein Verhältnis zu seinen jüdischen Mitstreitern sehr gespannt. 1892 schrieb er in seinem 1890 begonnenen Tagebuch:
„Wo sind die Juden, von welchen ihre Lobreden meinen, dass sie Barmherzige Kinder von Barmherzigen seien? Ich habe sie erlitten die Grausamen, Entmenschten. Die Gelehrten mit ihrer bodenlosen Eitelkeit, die Reichen mit ihrer verbrecherischen Herzlosigkeit, die Armen mit ihrer frechen Unbescheidenheit, allesamt wie Priester so das Volk. Und ich schaudere vor dem Gedanken, vielleicht zu sein, wie eines ihresgleichen."
Trotz der Kritik aus den eigenen Reihen warben um Goldziher viele bedeutende Universitäten wie Prag, Cambridge, Heidelberg und Straßburg. Doch abgesehen von seinen Forschungsreisen lebte dieser zeitlebens in Ungarn.

Bemerkenswert bleibt vor allem Goldzihers Auseinandersetzung mit dem Islam aus der Sicht eines Juden. Als erster Europäer durfte er an der Al-Azhar-Universität studieren, und zeitweilig fühlte er sich dem Islam aufs Engste verbunden. Als 23-Jähriger schrieb er:

„Meine Denkungsart war durch und durch dem Islam zugewendet; seine Sympathie zog mich auch subjectiv an. Meinen Monotheismus nannte ich Islam, und ich log nicht, wenn ich sagte, dass ich an die Prophetien Mohammeds glaubte. Mein Koranexemplar kann Zeugnis dafür ablegen, wie ich innerlich dem Islam zugewendet war. Meine Lehrer harrten ernstlich des Augenblickes meiner offenen Erklärung."

Doch so weit kam es nie. Er wandte sich zwar gegen das Eindringen Europas in den Orient, doch trotz aller Sympathie für diese Religion stand Goldziher einigen Bräuchen durchaus kritisch gegenüber. Auch war er zu tief in seinem jüdischen Glauben verwurzelt. 1889 erhielt Goldziher in Schweden die Goldene Medaille des Internationalen Orientalistenkongresses. Über diese Auszeichnung war er hocherfreut:

„1889 hat mich entschädgt für 15 Jahre der Schande und Erniedrigung und sollte dazu berufen sein, meinem Geist neuen Aufschwung zu verleihen."

Bedauerlicherweise hat Goldziher viele seiner Schriften ausschließlich in ungarisch veröffentlicht, so dass Hans Heinrich Schaeder es im Jahr 1928 eine „bedrückende Tatsache" nennt, „daß ein sehr großer und bedeutsamer Teil von Goldzihers Lebenswerk der internationalen Forschung bis zum heutigen Tage dadurch völlig unbekannt bleiben musste, dass er nur in ungarischer Sprache ans Licht getreten ist(...)". Dennoch hat Goldziher auf viele Zeitgenossen eingewirkt, so auch auf Julius Wellhausen, dessen „Israelitische und jüdische Geschichte" aus dem Jahr 1904 als Band VI in dieser Buchreihe erschienen ist (ISBN 978-3-86347-063-0).

Im Jahre 1876 verfasste Goldziher das Buch „Der Mythos bei den Hebräern und seine geschichtliche Entwicklung". Er beschäftigte sich darin zuallererst mit dem Begriff des Mythos – einer Erzählung von den Vorgängen der Natur, ihren täglichen Erscheinungen und deren Verarbeitung. Der Mythos darf aber nicht verwechselt werden mit Religion, denn es fehlt dem Mythos noch jegliches Gottesbewusstsein, „...erst später wird der Mythos zu Geschichte oder Religion". Goldziher begegnete dem Vorwurf einiger Forscher, der Semitismus hätte keine eigene Mythologie. Eine Unterscheidung in mythologische und unmythologische Völker sei nicht statthaft, da:

„...der Mythos etwas Allgemeines ist, dass man die Fähigkeit, ihn zu bilden, von vornherein keiner Rasse als solcher absprechen kann, und dass das Zusammentreffen der mythischen Anschauungen und Ausdrucksweisen aus der Gleichartigkeit des psychologischen Vorgangs resultirt, welcher bei allen Rassen die Grundlage des Mythosschaffens ist, und gerade diese Gleichartigkeit der mythischen Anschauungen kann deshalb auch Völkerpsychologen mit als Argument für die Thesis von der psychologischen Gleichartigkeit der Rassen dienen."

Zwar seien die Richtungen der mythischen Erzählungen verschieden (als ein Beispiel dient ihm die Sonne, die verschieden gedeutet wird, abhängig davon, ob sie als positive Kraft gesehen wird oder als lebensbedrohlich), die Fähigkeit zur Mythosbildung jedoch besitzen alle Völker. Daher stimmt weder die Annahme, dass griechische und ägyptische Erzählungen auf der hebräischen Version beruhen, noch dass der ägyptische Mythos die Originalvorlage für alle anderen Mythen sei. Zusätzlich wehrt sich Goldziher gegen die These, dass der Monotheismus das

‚Minimum an Religion' darstelle, während der Polytheismus eine ‚höhere, gebilde-
tere Religionsstufe' sei. Für ihn entwickelt sich der Mythos über den Polytheismus
zum Monotheismus.
Die Bildung eines Mythos geschieht über die Heldenerzählungen eines Volkes,
wobei zu beachten ist, dass es sich nicht um historische Personen, sondern um die
Personifizierung von Naturereignissen handelt. Auch der hebräische Mythos erzählt von solchen Helden, vor allem in den Patriarchenerzählungen. Somit stellt
das Buch Genesis, erstes Buch der Thora, die Hauptquelle der mythischen Erzählungen dar:

„Kampf und Todtschlag, Verfolgung und Verdrängung einerseits, Liebe und Vereinigung, glühende Sehnsucht und sprödes Ausweichen andererseits sind die Gesichtspunkte, unter welchen der Mythos das Verhältniss von Tag und Nacht, von
Morgengrauen und Sonnenaufgang, von Abendröthe und Nachtdunkel und ihr
gegenseitiges Abwechseln betrachtet. […] Darum sind es eben bestimmter Aelternmorde oder Kindestödtungen, Brudermorde und Geschwisterkämpfe, geschlechtliche Liebe und Vereinigung zwischen Kindern und Aeltern, zwischen
dem Bruder und der Schwester, die die Hauptmotive alles Mythos ausmachen…"

Unschwer kann man in diesen Worten biblische Geschichten wiederfinden, wie
z.B. von Kain und Abel oder von Lot und seinen Töchtern. Durch die oben genannte Entwicklung vom Mythos über den Polytheismus zum Monotheismus
werden diese Helden dann in einem späteren Stadium zu den ‚nationalen Ahnen
des hebräischen Volkes' und treten damit ‚in den Dienst des nationalen Gedankens'. Auch diesen Übergang behandelt Goldziher im vorliegenden Buch. Und
genau in dieser Entwicklung sieht Goldziher auch die Relevanz dieses Buches für
die Gegenwart:

„Denn jeder, dem der wahre Begriff von Religion aufgegangen ist, wird in solchen
Studien eine Stufe des Fortschritts zu dem höchsten Religionsideale begrüßen
müssen, zu dem reinen, durch nichts Grobes und Heidnisches getrübten Monotheismus, der sich nicht von Erzählungen und Stammestraditionen abhängig
macht".

MEINEM THEUERN FREUNDE

Dr. MORITZ KÁRMÁN,

PROFESSOR DER PHILOSOPHIE UND PÄDAGOGIK, SECRETÄR DES KÖNIGL.
UNGAR. UNTERRICHTSRATHES,

ALS KLEINE GEGENGABE FÜR SO VIELE GEISTIGE
ANREGUNG UND ERHEBUNG, DIE MIR DURCH SEINE
FREUNDSCHAFT GEWORDEN

IN TREUER LIEBE ZUGEEIGNET.

EINLEITUNG.

Die nachfolgenden Blätter erheben nicht den Anspruch, ein System der hebräischen Mythologie zu bieten. Wir haben gar vieles beiseite gelassen, was in einem solchen eine Stelle hätte finden müssen, und uns nur auf einen begrenzten Theil des nachweisbaren hebräischen Mythosmaterials beschränkt. Auch innerhalb des verarbeiteten Materials kam es uns nicht darauf an, die vorliegenden Erzählungen bis auf die kleinsten Momente der mythosforschenden Analyse zu unterziehen. Die Anwendung der sichern Resultate der allgemeinen Mythoswissenschaft auf ein bisher nach dieser Richtung hin zumeist verkanntes Gebiet konnte nicht ohne eine gewisse Selbstbeschränkung vollführt werden, und es war unsere nächste Aufgabe nur die, zu zeigen, dass sich der Semitismus im allgemeinen und das Hebräische im besondern den Consequenzen der auf psychologische und sprachwissenschaftliche Basis gegründeten Gesetze der Mythosforschung nicht entziehen müsse, dass sich vielmehr eine wissenschaftliche semitische Mythologie psychologisch und sprachwissenschaftlich aus dem Semitismus heraus construiren liesse.

Da es eben die starrsinnige Verfolgung der reichen Einzelheiten ist, welche den Mythosforscher sehr leicht und unbewusst auf das schlüpfrige Gebiet der Unwahrscheinlichkeiten lockt, darum haben wir es vorgezogen, erstlich uns nur auf solches zu verbreiten, in Bezug worauf wir glaubten, Evidentes bieten zu können, dann auch hierin nur, sozusagen, die ersten Zellengebilde aufzudecken, aus welchen das spätere Wachsthum erfolgte, und die Analyse des weitern Inhalts und der Einzelmomente, welche die Vorstellung von den mythischen Gestalten ausfüllen, der Zukunft zu überlassen, in welcher diese Wissenschaft auch auf semitischem Gebiete bereits festern Fuss gefasst und gegen weniger Verdächtigung und Misverstehung anzukämpfen haben wird. Wir waren diese Beschränkung der Sache selbst schuldig, in deren Dienst wir uns, aufgemuntert durch liebevolle Freunde, zur Veröffentlichung der folgenden Blätter entschlossen. Der Verfasser bekennt sich in mythologischen Dingen zu der durch Ad. Kuhn und Max Müller auf arischem Gebiete begründeten Richtung; nur in einzelnen, freilich hin und wieder auch an die Grundsätze streifenden Punkten hat er sich erlauben müssen, mit den Meistern der modernen vergleichenden Mythoswissenschaft in Widerspruch zu gerathen. Man kann wol kühn behaupten, dass besonders durch M. Müller's literarische Bemühungen die vergleichende Mythologie und Religionswissenschaft zu jenen Kapiteln der menschlichen Erkenntnisse gehört, denen sich nicht nur gewisse wissenschaftliche Grenzgebiete nicht entschlagen dürfen, sondern welche mit der Forderung auftreten können, dass sie ein lebendiger Bestandtheil der sogenannten allgemeinen Bildung werden. [1] Diese Ueberzeugung möge manche Breite in der

---

[1] In England und Frankreich ist es sogar mit vielem Geschmack versucht worden, die Resultate der vergleichenden Mythologie in den Jugendunterricht einzuführen; dort durch Cox („A manual of mythology in the form of questions and answers" [London 1867]) und „Tales of ancient Greece" [London 1870]; hier durch Baudry und Delerot [Paris 1872]) — In neuester Zeit sind in einer trefflichen Jugendschrift des Engländers Edward Clodd, welche auch in deutscher Sprache erschienen ist („Die Kindheit der Welt. Ein einfacher Bericht über den Menschen in vorgeschichtlicher Zeit." [Bremen, Nordwestdeutscher Volksschriftenverlag]), die Resultate der vergleichenden Mythologie gleichfalls kurz aufgearbeitet worden.

Darstellung entschuldigen, deren wir uns mit Bewusstsein
und Absicht schuldig gemacht haben. Wir haben nicht
nur den Kreis der Fachgenossen im Auge gehabt, sondern
ausser den Mythoskundigen auf arischem und sonstigem
Gebiete noch jenen weitern Kreis von gebildeten Lesern,
die es wohl interessiren wird, darüber Rechenschaft zu erhalten, wie sich die Resultate der vergleichenden Mythoswissenschaft in ihrer Anwendung auf Semitisches gestalten.
Diese bitten wir aber andererseits um Entschuldigung, wenn
es uns — besonders im fünften Kapitel — nicht immer
gelingen wollte, so verständlich zu werden, wie wir es gern
geworden wären. Das Semitische steht nun einmal dem
Bewusstsein der Gebildeten noch immer entfernter als das
Arische, das uns durch das Studium des classischen Alterthums von der Schule her mit seinen unwiderstehlichen
Reizen umgarnt hat, um nimmer wieder aufzuhören die
Richtung unseres Denkens und Handelns zu bestimmen.
Darum haben wir auch, um vieles, was sonst unwahrscheinlich klänge, der Einsicht näher zu bringen, behufs Illustri-
rung einzelner Aufstellungen, zu fremden, theils nicht-
semitischen Beispielen aus dem Alterthume, theils zu Beispielen aus modernen Dichtern unsere Zuflucht genommen.
Aus den dichterischen Bildern wird so recht eigentlich der
Reichthum und die Mannichfaltigkeit der mythischen Apperception des alten Menschen klar. Hin und wieder habe
ich mir erlaubt auch auf Ungarisches Bezug zu nehmen,
was um so natürlicher war, als ich dies Buch ursprünglich
in meiner ungarischen Muttersprache zum Behufe akademi-
scher Vorlesungen — eine Form, welche der geneigte Leser
auch noch der vorliegenden Ausarbeitung anmerken wird —
abfasste und dann selbst ins Deutsche übersetzte. Einzelne
Partien der folgenden Abhandlungen sind auch bereits in
anderm Zusammenhange, und mit besonderer Berücksichtigung der linguistischen Resultate in ungarischer Sprache
erschienen, in dem 1. und 2. Hefte des XIII. Bandes des
durch H. Paul Hunfalvy im Auftrage der Ungarischen
Akademie der Wissenschaften herausgegebenen „Nyelvtudo-

mányi Közlemények" („Sprachwissenschaftliche Mittheilungen").

Es lag uns natürlicherweise beim Heranziehen arischer
Parallelen der Gedanke ganz und gar fern, als wäre das
Hebräische, wo es eine auffallende Aehnlichkeit mit Arischem aufweist, eine Entlehnung aus letzterm, oder etwa,
wie in neuester Zeit ein Gelehrter ausführen wollte, als
wären die Hebräer selbst ursprünglich Arier, die nachher
eine semitische Sprache übernommen und ihren arischen
Gedankeninhalt beibehalten haben. Wir sind vielmehr von
der Ueberzeugung ausgegangen, dass der Mythos etwas
Allgemeines ist, dass man die Fähigkeit, ihn zu bilden, von
vornherein keiner Rasse als solcher absprechen kann, und
dass das Zusammentreffen der mythischen Anschauungen
und Ausdrucksweisen aus der Gleichartigkeit des psychologischen Vorgangs resultirt, welcher bei allen Rassen
die Grundlage des Mythosschaffens ist, und gerade diese
Gleichartigkeit der mythischen Anschauungen kann deshalb
auch Völkerpsychologen mit als Argument für die Thesis von der psychologischen Gleichartigkeit der Rassen
dienen.[1] „Wo keine geschichtliche Uebertragung von Mythen nachweisbar ist", sagt ganz gut Bastian[2], „muss die
Gleichartigkeit auf das organische Wachsthumgesetz des
Geistes zurückgeführt werden, der überall die entsprechenden Productionen hervortreiben wird, entsprechend und

---

[1] Diese psychologische Gleichartigkeit aller Menschenrassen ist von
der Frage über monogenetische oder polygenetische Entstehung der
Rassen unabhängig. Die psychologische Gleichartigkeit der Völkerrassen
tritt besonders hervor, wenn wir die Individuen der einzelnen Rassen
im kindlichen Alter betrachten und vergleichen, wo die Unterschiede
noch nicht vorhanden sind, welche die Geschichte, welche Erziehung und
Unterricht u. s. w. begründen (Frohschammer, „Das Christenthum und
die moderne Naturwissenschaft" [Wien 1868], S. 208). Wenn wir die
Entwickelung der Menschheit im allgemeinen betrachten, so entspricht
eben die Stufe des Mythosschaffens der Kindheitsstufe des Individuums.

[2] Das Beständige in den Menschenrassen und die Spielweise ihrer
Veränderlichkeit (Berlin 1868), S. 78.

ähnlich, aber mannichfaltig nach dem Einflusse der Umgebung gewandelt." In unsern Museen erblicken wir dieselben primitiven Werkzeuge von Menschen der verschiedendensten Rassen auf derselben Culturstufe [1], ohne dass es jemand in den Sinn käme in diesem Falle an Entlehnungen zu denken; warum soll es uns befremden, wenn uns diese Erscheinung in der vergleichenden Mythologie entgegentritt?

Die Gleichförmigkeit der hebräischen Mythen mit denen von Völkern anderer Rassen, wird erst dann recht zur Thatsache, wenn wir die Methode der neuen Mythosforschung auf Semitisches anwenden. Aber auch ohne diese Methode hat seit alter Zeit die blosse Aussenseite der hebräischen Erzählungen die Aufmerksamkeit vieler Forscher angeregt und zuweilen Veranlassung zu den absonderlichsten Verirrungen gegeben, deren letzte Ausläufer noch in neuerer Zeit ihren Spuk treiben. Man hat natürlicherweise bald die Auskunft bei der Hand gehabt, griechische und ägyptische Erzählungen und „Götterlehren" seien schlechte Uebersetzungen, „verblasste" Versionen des Hebräischen, oder, wie man in neuerer Zeit vielfach beweisen wollte, das Aegyptische sei das Original, woraus alles andere erflossen. Besonders das 18. Jahrhundert war reich an schriftstellerischen Producten der ersten Art, nachdem in der vorangegangenen Zeit besonders Gerh. Joh. Voss, Huet [2], Bochart und einige andere darin vorgearbeitet hatten. Von G. Croesius erschien in Dortrecht 1704 das Buch: „Ὅμηρος Ἐβραιος *sive historia Hebraeorum ab Homero hebraic. nominibus ac sententiis conscripta in Odyssea et Iliade*", und zwei Jahre später (1706) erschien von V. G. Herklitz in Leipzig „*Quod Hercules idem sit ac Josua*". 1721 liefert Amsterdam ein Buch unter dem Titel: „*Parallela* τῆς χρονολογίας *et historiae sacrae*" etc., das sich dieselbe Aufgabe

---

[1] Tylor, Die Anfänge der Cultur, I, 6.

[2] Ueber diese beiden vgl. Pfleiderer, Die Religion, ihr Wesen und ihre Geschichte, II, 8.

stellte, und 1730 erschien in Paris von Lauare in französischer Sprache ein zweibändiges Werk ähnlicher Tendenz, welches durch Johann Daniel Heyden auch ins Deutsche übersetzt wurde (Leipzig 1745). [1] Das Merkwüdigste war aber dem Ende des Jahrhunderts vorbehalten in dem Buche: „*Histoire véritable des temps fabuleux, ouvrage qui en dévoilant le vrai que les histoires fabuleuses ont travesti et altéré, sert à éclaircir les antiquités des peuples et surtout à venger l'histoire sainte*" vom Abbé Guerin du Rocher. Die Originalausgabe dieses Werks ist mir nicht zugänglich, wol aber eine neuere Auflage, welche ein Verehrer des Verfassers, der Abbé Chapelle, in fünf Bänden (Paris und Besançon 1824) besorgte, wovon nur die ersten drei Bände das Originalwerk enthalten, welches im vierten und fünften durch den Herausgeber theils den Grundzügen nach kurz recapitulirt, theils gegen die polemischen Angriffe der Gegner vertheidigt wird, unter welch letztern besonders Voltaire, de la Harpe, de Guignes, du Voisin, Dinouart und Anquetil du Perron figuriren. Der Verfasser stellte sich die Aufgabe, den Nachweis zu liefern, wie die ganze alte Geschichte des ägyptischen Volks und anderer Völker nur die Wiederholung der biblischen Erzählungen ist. Was von Bothyris, Orpheus, Menes, Sesostris u. s. w. erzählt wird, sei nichts anderes als die biblische Geschichte von Abraham, Jakob, Lot, Noe u. a. m. Ja selbst die Stadt Theben in Aegypten wäre keine Stadt, sondern die Arche Noe's. Es charakterisirt in ganz eigenthümlicher Weise die Zeit, in welcher dies aufsehenerregende Werk erschien, wenn man die Wirkung in Betracht zieht, die es auf die zeitgenössische Gelehrsamkeit ausübte. Der Dr. Asselini, Vicar der pariser Diöcese, dem das Werk zur Censur anvertraut war (1779), erblickt darin eine Ehrenrettung der Bibel. Die Sorbonne eignete sich Guerin's Theoreme an und sie wurden dort Gegenstand von Promotionsthesen. Der König von Polen

---

[1] Fabricius, Bibliographia antiquaria (editio 3, von Paul Schaffhausen [Hamburg 1760]), p. 312.

las das Werk durch und entbot dem Verfasser seinen Gruss.
Die französische Regierung selbst stipulirte dem Abbé eine
jährliche Pension von 1200 Livres. Ein Recensent vergleicht
die Guerin'schen Entdeckungen mit denen des Columbus
und Newton, und ein poetischer Panegyricus sieht in denselben ein französisches Gegengewicht gegen die Ueberlegenheit, welche damals England durch naturwissenschaft-
liche Entdeckungen ersten Ranges auf dem Gebiete der
Wissenschaft inne hatte. Er sagt:

> Fière et docte Albion, qui dans un coin des mers
> Prétends au première rang de la littérature
> Pour avoir à vos yeux dévoilé l'Univers
> Et le vrai plan de la nature;
> De tes discours hautaines rabaisse enfin le ton
> La France ta rivale va égaler ta gloire,
> Ce que pour la physique a fait le grand Newton
> Du Rocher l'a fait pour l'histoire.

Aber auch noch an der Schwelle der zweiten Hälfte unsers
Jahrhunderts (1849) wurde der wissenschaftliche Beweis ge-
führt, Livius habe die Bibel gelesen und die Beschreibung
David's und seines Kampfes gegen den Philisterriesen der
Erzählung von Titus Manlius Torquatus' Kampf mit dem
Gallier zu Grunde gelegt. Zweiundzwanzig Aehnlichkeiten
zwischen den beiderseitigen Erzählungen mussten für die
Beweisführung herhalten [1], und die unwissenschaftliche Be-
trachtungsweise dieser Dinge hört bis in die neueste Zeit
nicht auf, Ungeheuerlichkeiten zu Tage zu fördern.

Und wie alter Widersinn noch in jüngster Gegenwart
durch encyklopädische Werke seinen Weg in das weiteste
Lesepublikum hinaus findet, das sehen wir in einem jüngst
in dritter Auflage erschienenen „Wörterbuch der Mythologie aller Völker", das in seiner erneuerten Gestalt mit
einer rührenden Expectoration gegen die neuere Naturwissenschaft als Einleitung vors Publikum getreten ist. Da
lesen wir unter Abraham: „Mehrere Gelehrte sind geneigt,

---

[1] Edward Wilton im „Journal of Sacred Literature" (1849), II, 374 fg.

diesen berühmten Patriarchen des jüdischen Volks entweder
zum Gott Brahma selbst oder zu einem Brahmanen zu
machen, welcher in dem Streite zwischen Schiwaiten und
Brahma-Verehrern Indien verlassen musste. In der That
ist vieles vorhanden, was auf eine solche Vermuthung führen könnte; im Sanskrit kommt für das
Wort Erde Brahm, oft Abrahm vor. Sara hiess Abraham's Gattin und Frau, Sara (Saraswati) heisst Brahma's
Gattin" u. s. w. Jedoch auch nach anderer Richtung hin
wird bis in unsere Tage hinein gesündigt. Die Hebräer
sollen ihren Mythos von der Fremde her entlehnt haben.
Nicht nur bei Voltaire und seinen Zeit- und Gesinnungs-
genossen begegnen wir dieser Annahme; erst vor kurzer
Zeit konnten wir dieselbe in einem für die weiteste Oeffent-
lichkeit bestimmten Aufsatze eines gelehrten deutschen
Forschers ausgedrückt finden: „Aber keine Nation", schreibt
Sepp, „war so gewandt, sich geistig und materiell fremdes
Eigenthum anzueignen wie die Hebräer. Was sagen wir
dazu, dass der Sonnenstillstand im Geheiss Josua's zum
Zweck, die Amalekiter bis zur Vernichtung schlagen zu
können, geradeswegs aus Homer entlehnt ist, wo
Ilias II, 412 die poetische Hyperbel Agamemnon in den
Mund gelegt ist: «Nicht, o Zeus! lass sinken die Sonn'»
u. s. w. . . . . Um es kurz zu sagen, hat der Volksheld Simson das Zwölftagewerk des lybischen Herakles aufgetragen
erhalten, nur trägt er die Thorflügel, wie Sardon oder
Melkart die Weltsäulen auf der Schulter." [1] Der Leser wird
es mit uns als überflüssig betrachten, die sogenannte Ent-
lehnungshypothese, wo sie die Originalität der ursprüng-
lichsten mythologischen Vorstellungen bei einem bestimmten
Volke angreift, noch heutigentags ernstlich widerlegen
zu wollen. Aber der Aufgabe kann man sich auf keine
Weise entschlagen, einen Erklärungsgrund für die mannichfachen Uebereinstimmungen zu finden, welche die auf allen
Seiten als Ursprüngliches hervorgewachsenen Mythen von

---

[1] Angsburger Allg. Ztg. 1875, Nr. 169, S. 2657.

Völkern der verschiedenartigsten Rassen aufweisen. Angesichts der neuen Methode der Mythosforschung wird diese Aufgabe eine doppelt dringende, denn die Uebereinstimmungen erscheinen in überraschenderer Gestalt und gewinnen einen um vieles erweiterten Spielraum, wenn die Mythen mit dem Lichte dieser neuen Methode und unter dem sprachwissenschaftlichem Gesichtspunkte analytisch betrachtet werden. Die Identität wird erst so in psychologischer Beziehung bedeutsam. Sie kann auch unserer Ansicht nach nur dann ihren Erklärungsgrund finden, wenn wir das Vorurtheil, es gäbe unmythologische Rassen oder wenigstens eine Rasse, die keinen Mythos bilden kann — die semitische nämlich —, von uns werfen. Ist der Mythos, psychologisch genommen, eine nothwendige Form des menschlichen Geisteslebens auf einer bestimmten Entwickelungsstufe, so wird das Geistesleben jedes Individuums und jedes Volks oder jeder Rasse durch diese Form hindurchgehen müssen. „Unsere moderne Forschung“, constatirt Tylor, „neigt mehr und mehr zu dem Schlusse, dass wenn ein Gesetz irgendwo gilt, es überall gilt“ [1]; auf unsern Fall angewendet: ist die Mythenbildung auf einer gewissen Entwickelungsstufe ein Naturgesetz der Psyche, so wird sie überall nothwendig zu finden sein, wo sich Anfänge geistigen Lebens finden, man müsste denn auch in psychologischer Beziehung von pathologischen Rassen oder Völkerstämmen [2] reden und die ganze semitische Rasse mit ihrer angeblichen Unfähigkeit, Mythen zu entwickeln, eine solche pathologische Rasse nennen, was denn doch gewissermaassen bedenklich klänge. Freilich spricht man vielfach in ethnologischen Werken von Völkern ohne alle Spur von Mythos. Doch vergessen wir ja nicht, dass diese Berichterstatter erstens unter Mythologie nur solche complicirte Erzählungen und Fabeln verstehen, welche nach unserer Auffassung bereits fortge-

---

[1] Die Anfänge der Cultur, I, 29.

[2] Vgl. Virchow in dem Monatsbericht der königl. preuss. Akademie der Wissenschaften (Berlin 1875), Januarheft, S. 11.

schrittenere Stadien der Mythosentwickelung repräsentiren; zweitens dass sie Mythologie mit heidnischer Religionsanschauung identificiren und Religionslosigkeit oder Atheismus mit Mythenlosigkeit verwechseln. „Nach verbürgten Berichten‟, sagt z. B. Lubbock (nach Sibree), „besitzen die Madagassen nichts, was man mit dem Namen Mythologie bezeichnen könnte; sie haben keine einzige Sage‟, wird erklärend hinzugesetzt, „von Göttern und Göttinnen‟ [1], was aber noch immer nicht ihre Mythoslosigkeit beweist.

Es verlohnte sich der Mühe in dieser Beziehung, einen durch Schelling angeregten Gedanken an der Hand der seitdem fortgeschrittenen völkerpsychologischen Erkenntnisse weiter zu verfolgen. Nach Schelling [2] wird ein Volk zu einem solchen erst durch die Gemeinschaft des Bewusstseins zwischen den Individuen, und diese Gemeinschaft hat ihren Grund in einer gemeinschaftlichen Weltansicht und diese wieder in seiner Mythologie. Nach Schelling könne Mythoslosigkeit demnach nur in Menschheitskreisen gefunden werden, wo dieses Volksthum sich noch nicht gebildet und jene Gemeinschaft sich nicht heraus entwickelt hat. „Als unmöglich erscheint aber‟, nach Schelling, „weil es undenkbar ist, dass ein Volk sei ohne Mythologie.‟ Verhalte sich jedoch die Frage in Bezug auf die sogenannten Naturvölker wie immer, von den semitischen Hebräern kann einmal im Sinne der neuern Wissenschaft die alte These von ihrer Unfähigkeit zum Mythos auf keine Weise aufrecht erhalten werden.

Diese Ueberzeugung leitete uns, indem wir von vornherein die Nothwendigkeit dessen postulirten, dass das hebräische Mythosmaterial der psychologischen und sprachwissenschaftlichen Analyse unterzogen werden müsse, welche uns so-

----

[1] Die Entstehung der Civilisation und der Urzustand des Menschengeschlechts u. s. w., übersetzt von A. Passow (Jena 1875), S. 285.

[2] Einleitung in die Philosophie der Mythologie, S. 62 u. 63. Dies ist der Gedanke, auf welchen M. Müller, „Introduction‟, S. 145, nach den berliner Vorlesungen des Philosophen Bezug nimmt.

viel klare Einsicht in die Betrachtung der Anfänge des indo-
germanischen Geisteslebens brachte.

Wir haben es uns nicht verhehlt, dass die Anerkennung
der Berechtigung dieser Methode für semitische Dinge
mannichfachen Bekämpfungen ausgesetzt sein dürfte. Denn
selbst auf indo-germanischem Gebiete erfreuen sich die
Resultate, welche die Kuhn-Müller'sche Schule zu Tage
förderte, nicht jener allgemeinen Anerkennung, welche man
so soliden Untersuchungen entgegenbringen sollte, die von
Tag zu Tag auf immer breitere Basis (Cox, de Gubernatis)
gegründet werden. Sowol in Deutschland als auch in
England hat diese Richtung ihre namhaften Gegner. Ganz
abgesehen von Julius Braun, welcher in seiner „Naturgeschichte der Sage“ den soliden Unterbau der vergleichenden Mythologie dadurch zu unterwühlen glaubte, dass er
die Consequenzen seiner kunsthistorischen Theorie und der
Röthe'schen Annahmen auch auf das Gebiet der Mythologie ausdehnte und sich nach Aegypten wandte, um von
dorther den Grundstein zum Aufbau einer Mythoswissenschaft zu holen — ein Versuch, der besonders in etymologischen Dingen von vielem Unglück zu erzählen weiss —,
sträuben sich manche vortreffliche Vertreter der classischen
Literaturstudien gegen die Resultate der vergleichenden
Mythoswissenschaft. Ich erwähne unter denselben z. B.
K. Lehrs [1]; ebenso hat erst jüngst auch der neueste deutsche
Bearbeiter des Hesiod der neuern Mythoswissenschaft den
Vorwurf gemacht, dass sie die historische und philologische
Kritik negire und jede Stelle eines Schriftstellers benützt,
sowie sie in die Theorie hineinpasst, ohne Rücksicht auf
ihren Werth und ihre Echtheit [2]; und unter den englischen
Gelehrten ist es kein kleinerer als Fergusson, von dem wir

---

[1] S. dessen Populäre Aufsätze aus dem Alterthum, vorzugsweise
zur Ethik und Religion der Griechen (2. Aufl.; Leipzig 1875), besonders
S. 272 fg.

[2] Flach, Das System der Hesiod. Kosmogonie (Leipzig 1874); vgl.
Literar. Centralblatt (1875), Nr. 7.

folgende Aeusserung lesen können: „*So far as I am capable to understanding it, it appears to me, that the ancient Solar myth of Messrs. Max Müller and Cox is very like mere modern moonshine.*“ [1] Die sogenannte „Solartheory“ ist demnach auf dem Gebiete selbst, auf welchem sie entstanden und am festesten begründet ist, bei weitem nicht unangefochten anerkannt; aber es kann den Anhängern der Müller'schen Schule zum Troste gereichen, dass die Vorwürfe, die man ihr macht, nur denen gelten können, welche übergrossen Eifer mit dieser Theorie getrieben, indem, wie Tylor sagt, keine Allegorie, kein Ammenreim sicher ist vor den Deuteleien eines fanatischen mythologischen Theoretikers. [2] „Much-abused“ ist ein richtiges Epitheton, das ein gelehrter englischer Assyriologe und selbst Freund der Solar theory von derselben gebraucht. [3] Wenn also auf arischem Gebiete die Berechtigung der neuern Methode keine unangefochtene ist, wie erst auf semitischem und besonders hebräischem Gebiete, wo noch weit und breit das Vorurtheil der Mythenlosigkeit der Rasse, beziehungsweise des Volksstamms vorherrscht? Wir glauben uns aber des Misbrauchs und der Phantasterei in diesen Studien unschuldig erhalten zu haben, und bestrebten uns allem geradezu aus dem Wege zu gehen, das auf arischem Gebiete das Mistrauen der Mistrauenden erweckte, indem wir, wie wir schon eingangs betont, kein Gewicht darauf legten, gleich jetzt das ganze Mythosmaterial seiner ganzen Ausdehnung nach zu bewältigen. Es kommt in diesen Dingen für den Anfang nicht so sehr auf die Klarlegung aller kleinen Specialitäten, als hauptsächlich auf die Lösung der in Betracht kommenden allgemeinen Fragen im grossen Ganzen und auf die Präcisirung einer richtigen Methode der Untersuchung an, und was wir vorgebracht, das wollen

---

[1] Rude stone monument in all countries, p. 32. note 2,

[2] Die Anfänge der Cultur, I, 314.

[3] Sayce in der Academy (1875), p. 586.

wir nur als Beispielsammlung für die Anwendung der Methode gelten lassen.

Der Leser wird bemerken, dass wir den Begriff des Mythos enger gefasst haben als dies gewöhnlich üblich ist. Wir glaubten ihn von dem Begriff der Religion streng auseinander halten zu müssen, vornehmlich aber die kosmogonische und ethische Frage (Entstehung des Bösen) aus dem Begriffskreis der ursprünglichen Mythologie auszuschliessen. Dies letztere war besonders in Bezug auf den hebräischen Mythos geboten, da, wie ich auch davon im letzten Kapitel rede, die Lösung dieser Fragen bei den Hebräern ein Product der spätern Culturperiode und auf fremde Anregung hin entstanden ist. Es ist ein gewaltiger Unterschied zwischen der Anschauung des alten Mythos von der Entstehung der Natur und jenem spätern kosmogonischen System. Solange das Mythische, wenn auch umgewandelt, noch im Bewusstsein fortlebt, wird in einer zu kosmogonischen Speculationen genug reifen Zeit die Kosmogonie eine Entwickelungsstufe des alten Mythos. Sobald aber der Mythos völlig aus dem Bewusstsein geschwunden ist, bietet sich dieser von selbst zur Aufnahme fremder kosmogonischen Ideen dar, die es dann in den Rahmen des religiösen Denkens hineinfügt und den religiösen Anschauungen accomodirt. Dies letztere war bei den Hebräern der Fall, und es ist darum leicht begreiflich, dass wir die Kosmogonie der Genesis, welche noch obendrein allem Anscheine nach eher als rein schriftstellerisches Product denn als wie aus dem Volksgeiste entsprungene Anschauung über den Ursprung der Dinge zu betrachten ist, nicht als hebräisches Mythosmaterial behandelten.

Es schien uns angemessen, einige Kapitel der Darstellung zu widmen, wie wir uns den Entwickelungsgang der Urmythen vorstellen, bis sie die Gestaltung erhalten haben, in welcher sie in der Literatur vorliegen. Die mythologische Frage ist von der literarhistorischen zwar ganz und gar verschieden, und diese beiden Fragen stehen nur in sehr entferntem Zusammenhange. Die Aufgabe, die sich die nachfolgenden Blätter stellten, hat eigentlich dort ihr Ende erreicht, wo die Literaturgeschichte des Kanons die ihrige anhebt, und sehr gern hätten wir uns von der literar-historischen Frage, die lange noch nicht als abgeschlossen zu betrachten ist, fern gehalten. Wir brauchen nicht aus-einanderzusetzen, dass uns die Möglichkeit dieser gänzlichen Fernhaltung abgeschnitten war, sobald wir den weitern Entwickelungsgang des Mythos zu schildern mit in unsere Aufgabe einbezogen. Wir sind in manchen Punkten von den gangbaren Ansichten abgewichen, ohne uns darauf ein-lassen zu können, diese Abweichungen so eingehend und pragmatisch zu begründen, wie das sonst billige Sitte ist und wie dies der Ernst und die Tragweite des Gegen-standes erheischt hätte und auf alle anregenden und bahn-brechenden Schriften Bezug zu nehmen, welche besonders Deutschland und Holland in Betreff der in Betracht kom-menden Fragen geliefert hat; und zwar darum nicht, weil dieser für den Gegenstand unserer Schrift nebensächliche Punkt eine besondere monographische Behandlung erforderte, die jetzt nicht in unserer Absicht liegen konnte, ebenso wie es wieder andererseits unmöglich war, diese Fragen ganz beiseite zu lassen. In den Hauptsachen sind wir in Betreff der Pentateuchfrage von den Grundanschauungen Graf's ausgegangen, welche anfangs ausschliesslich in dem gelehrten leidener Professor Kuenen ihren Vertreter fan-den, doch in neuester Zeit auch in England [1] und Deutsch-land, hier besonders in den Werken von Kayser (Strassburg 1874) und Duhm (Bonn 1875), ernste Förderer gefunden haben. [2] Dennoch ist der Abschnitt über das Jahvethum und den Prophetismus weitläufiger ausgefallen als es sym-metrische Rücksichten erlaubt hätten. Der Verfasser muss jedoch gestehen, dass er dieser Partie der Religionsgeschichte mit seinem eigenen subjectiven Mitgefühle als Bekenner zu nahe steht, als das es ihm möglich gewesen wäre, einmal

---

[1] The Academy (1875), Nr. 184, p. 496.

[2] Vgl. Literar. Centralblatt (1875), Nr. 49, S. 157.

vor dieselbe gestellt, der Feder jene Zurückhaltung aufzu-
erlegen, welche vielleicht im Interesse des Gleichmaasses er-
wünscht gewesen wäre. Alles dies veranlasst mich, besonders in Bezug auf den zweiten, wenn ich sagen darf,
historischen Theil, auf die gütige Nachsicht der Leser und
Beurtheiler zu rechnen.

Es erübrigt noch, einige Worte über Vorarbeiten zu
sagen. Man hat auch früher manches über hebräischen
Mythos geschrieben; doch bedarf es nicht der besondern
Hervorhebung, dass Nork's confuse Schriften, wie die
„Biblische Mythologie des Alten und Neuen Testaments"
(2 Bde., Stuttgart 1842), oder desselben „Etymologisch-
symbolisch-mythologisches Realwörterbuch für Bibelforscher,
Archäologen und bildende Künstler" (4 Bde., Stuttgart
1843—45) und desselben Verfassers andere Bücher und ähnliche Versuche [1], welche mehr dazu beigetragen haben die
Creuzer'sche Schule zu discreditiren als ihr dauernd An-
hänger zu werben, nicht dazu angethan sind, als mehr denn
vorübergehende Verirrungen betrachtet zu werden. Ernster
zwar und würdiger ist Braun's „Naturgeschichte der Sage.
Rückführung aller religiösen Ideen, Sagen, Systeme auf
ihren gemeinsamen Stammbaum und ihre letzte Wurzel"
(München 1864—65, 2 Bde.) gehalten, aber sie trat gleichsam als Anachronismus in die Welt, auf eine antiquirte
Theorie bauend und mit ihren etymologischen Identificirungen und Ableitungen nicht glücklicher als Nork's Schriften.
Kein Zweig der geschichtlichen und Culturwissenschaften
kann, glauben wir, zu fördernden Resultaten gelangen, wenn
als Axiom folgender Satz hingestellt wird: „Grundgesetz
der menschlichen Geistesnatur ist es, nie etwas zu erfinden,
solange man copiren kann", der Ausgangspunkt der Braun'-
schen Studien. Ebenso schwer fiele es, sich heute noch

---

[1] Es ist uns nicht gelungen in Schwenk's im Jahre 1849 erschienene
„Mythologie der Semiten" Einsicht zu nehmen; die Verurtheilung von
seiten Bunsen's („Aegyptens Stelle", fünfter Halbband, S. 37) machte dessen
Erlangung nicht begehrenswerth.

mit der Methode zu befreunden, welche Buttmann in Bezug auf hebräische Mythologie befolgt.

Vom Standpunkte der frühern Anschauungen über das Verhältniss des Mythos zur Sage und mehr von exegetischen Gesichtspunkten ausgehend, sind kleinere Excurse der Bibelerklärer und Historiker, unter welchen besonders zu nennen sind Ewald's diesbezüglicher Abschnitt in dem ersten Bande seiner „Geschichte des Volks Israel", Tuch's kurze Abhandlung „Sage und Mythos" in der allgemeinen Einleitung zu seinem Genesiscommentar, sowie mehrere Arbeiten des unermüdlichen Nöldeke in seinen „Untersuchungen" und anderwärts. Es ist leicht begreiflich, dass diese in jedem Sinne denkwürdigen und bleibenden Leistungen jene Grundfragen nicht in ihren Bereich einbeziehen konnten, welche erst durch die Kuhn-Müller'schen Forschungen der mythologischen Untersuchung ein weiteres Ziel steckten. Zu allererst war es der um die psychologische Vertiefung der neuesten Richtung der Mythologie vielverdiente Steinthal, dem das Verdienst zuerkannt werden muss, die vergleichende Mythoswissenschaft für Hebräisches fruchtbar gemacht zu haben. Die im zweiten Bande seiner „Zeitschrift für Völkerpsychologie und Sprachwissenschaft" enthaltenen Abhandlungen über die Prometheus-Sage und die Simson-Sage zeigten zu allererst und im grössern Zusammenhange, wie sich die hebräischen Sagenstoffe der mythologischen Analyse darbieten. Wir bitten zugleich bei dieser Gelegenheit den Leser, diese bahnbrechenden Abhandlungen Steinthal's zur Ergänzung des in unserer Schrift unerörtert gebliebenen Materials gefälligst nachlesen zu wollen, da wir es als überflüssige Wiederholung betrachtet haben, das in demselben genugsam Erörterte in unsere Schrift nochmals hineinzuarbeiten. Steinthal ist also als Begründer der wissenschaftlichen Mythologie auf hebräischem Gebiete zu betrachten, und er hat in neuester Zeit in einem kurzen Aufsatze wieder einige anregende Andeutungen für diese Materie geboten, namentlich wieder einmal die Mythosbildungsfähigkeit der semitischen Rasse vertheidigt [1], und es kann nur zu bedauern sein, dass die Anfänge, welche Steinthal in dieser Wissenschaft machte, durch mehr als anderthalb Jahrzehnte ohne Nachfolger blieben. [2] Beide Abhandlungen Steinthal's boten die allernächste Anregung zur Ausarbeitung dieser Schrift, und es konnten mich hierin die Worte des geistvollen Italieners Angelo de Gubernatis nur bestärken, der in seiner „Zoological Mythology" (welches Buch gerade zur Zeit erschien, als in mir der Vorsatz reifte, diese ursprünglich als Vorlesungen gearbeitete Studienreihe zusammenzuarbeiten) den Gegenstand dieser Untersuchungen in begeisterten Worten als das nächste Problem der vergleichenden Mythoswissenschaft bezeichnet. [3] Die Worte, in welchen der gelehrte italienische Professor die Beschäftigung mit dem hebräischen Mythos im Sinne der neuen Methode empfiehlt, scheinen uns in jeder Beziehung denkwürdig. Es ist unsere heilige Ueberzeugung, dass es nicht nur das wissenschaftliche Interesse gebietet, diesen Studien eine ihnen gebührende Stelle in der gelehrten Literatur zu erringen, sondern dass dies in hervorragender Weise auch Bedeutung für das religiöse Leben der Gegenwart hat. Denn jeder, dem der wahre Begriff der Religion aufgegangen ist, wird in solchen Studien eine Stufe des Fortschritts zu dem höchsten Religionsideale begrüssen müssen, zu dem reinen, durch nichts Grobes und Heidnisches getrübten Monotheismus, der sich nicht von Erzählungen und Stammestraditionen abhängig macht, sondern in dem Aufschwunge zu dem einen lebendigen Urquell aller Wahrheit und Sittlichkeit seinen Mittelpunkt

---

[1] Der Semitismus (Zeitschr. für Völkerpsychologie und Sprachwissenschaft [1875], VIII, 339—50).

[2] Es wäre unrecht, wenn wir hier nicht den holländischen Gelehrten Tiele als einen Arbeiter auf diesem Gebiete nennen würden; er hat in seiner „Vergleichenden Geschichte der ägyptischen und mesopotamischen Religionen" hin und wieder Erklärungen hebräischer Mythen eingeflochten, und wir haben darauf am betreffenden Orte Bezug genommen.

[3] Die Thiere in der indo-germanischen Mythologie, S. 655; vgl. seine „Rivista Europea" (Jahrg. VI), II, 587.

und sein ausschliessliches Lebenselement und den Anstoss zu rastloser Forschung und Selbstvervollkommnung
findet, und wir sind davon durchdrungen, dass jeder Schritt,
den wir in der richtigen Erkenntniss des Mythischen thun,
uns jenem Mittelpunkt näher bringt. Die Vermengung von
Mythischem mit Religiösem macht das religiöse Leben centri-
fugal; es ist die Aufgabe des Fortschritts auf diesem Gebiete eine centripetale Tendenz zu kräftigen.[1] Die Erkenntniss dieses Verhältuisses des reinen Monotheismus zu dem
urgeschichtlichen Theile des biblischen Schriftthums ist nicht
von heute und gestern; der idealste Vertreter des hebräischen Monotheismus, in dem der Jahvismus als harmonische
Weltanschaung seine höchste Blüte erreichte, hat dieses
Verhältniss bereits klar genug ausgesprochen (Jesaias LXIII,
17, vgl. unten S. 277).

Sowie aber einerseits durch die hebräische Mythosforschung für das religiöse Denken die Antriebe zum Fortschritt nach der Richtung des von allen Schlacken gereinigten
Monotheismus hin gegeben sind, so wird auch andererseits
durch die Anwendung der Methode, welche der neueste
Stand der vergleichenden Mythologie für die hebräischen
Sagen bietet, eine ernstere Auffassung der alten biblischen
Sagen angebahnt. Niemand wird es leugnen können, dass
nicht wenig Frivolität in der Anschauung steckt, man hätte
jene Sagen in einer gewissen Zeit, gleichviel ob *bona* oder
mala fide, ersonnen, geleitet durch irgendein Interesse oder
bestimmt durch irgendeine Tendenz; sowie nicht minder,
dass es wenig Befriedigung gewährt, wenn man hört, diese
Sagen seien zwar nicht ersonnen, sondern natürlich entstanden, jedoch ohne auf die Frage: wie so? Antwort geben
zu können. Die moderne vergleichende Mythoswissenschaft
hat die Lehrer unsers Geschlechts von dem Verdachte der
Mystification und des tendenziösen Betrugs rein gewaschen.

---

[1] Ich erinnere diesbezüglich an die schönen Worte Steinthal's in
seiner Vorlesung „Mythos und Religion", S. 28 (Virchow's und Holtzendorff's Sammlung gemeinverständlicher Vorträge, V. Bd., 97. Heft.)

Die Entstehung der Sagen ist zu allererst für ein so hohes
Alterthum gerettet, wie sie denselben selbst die allerortho-
doxeste Apologetik nicht anweisen konnte; wir können sie
erst jetzt als spontane Thaten des menschlichen Geistes erkennen und würdigen lernen; wir erkennen sie als entstanden durch denselben psychologischen Vorgang, dem wir
auch die Sprache verdanken, wie letztere φύσει nicht θέσει,
als die allerälteste Kundgebung der menschlichen Geistesthätigkeit an der Schwelle der Entwickelungsgeschichte des
Geistes aus demselben hervorbrechend, sich dann später
mit Herausbildung höherer Culturverhältnisse wieder ganz
spontan, durch völkerpsychologische Vorgänge und beileibe
nicht durch feine Spitzfindigkeit und weltkluge Geriebenheit
bestimmter leitender Klassen, umbildend und entwickelnd.

Im vorigen Jahre hat Herr Dr. Martin Schultze eine
„Mythologie der Ebräer in ihrem Zusammenhange mit den
Mythologien der Indogermanen und der Aegypter" als
demnächst erscheinend angekündigt. Die Methode, die der
Verfasser in einer vorläufig gelieferten Probe befolgte [1],
war nicht der Art, dass wir uns deshalb veranlasst sehen
sollten, von der Publication unsers Schriftchens abzustehen
und die Schultze'sche Mythologie abzuwarten, obwol der
Verfasser ein System zu liefern verspricht, was in unserer
Absicht nicht lag. [2] Das Manuscript war schon in Händen
des Herrn Verlegers, als die Blätter das gelehrte Buch des
Herrn Dr. Grill, „Die Erzväter der Menschheit. Ein Beitrag zur Grundlegung einer hebräischen Alterthumswissen-
schaft" (Leipzig, Fues' Verlag, 1875), als erschienen an-
kündigten, und der Druck war bereits über die ersten zehn
Bogen hinaus fortgeschritten, als wir einer Anzeige des
Buchs in der „Jenaer Literaturzeitung" entnehmen konnten,
in wie naher Beziehung das Grill'sche Werk zu dem Gegenstande unserer Schrift steht, denn der Titel allein konnte

---

[1] Ausland (1874), S. 961 fg., 1001 fg.

[2] Soeben nach Abschluss dieser Einleitung ist das oben erwähnte
Buch erschienen (Nordhausen 1876).

uns nichts Mythologisches ahnen lassen. Es wäre zu viel
gewagt, uns mit einem so reichen Buche wie das Grill'sche
in einigen Zeilen auseinandersetzen zu wollen, und es freut
uns, Herrn Grill, der, von der Unmöglichkeit einer semitischen Mythologie ausgehend, die Ansicht zu begründen
sucht, der hebräische Mythos sei der Mythos eines indo-
germanischen Volks, die Hebräer seien Indo-Germanen gewesen, und die mythologischen Eigennamen der Hebräer
können nur aus dem Sanskrit eine Etymologie finden, auf
Seite 30 und auf das fünfte Kapitel unserer Schrift verweisen zu können, um die Ueberzeugung zu holen, dass wol
nicht gewagte etymologische Sprünge und die willkürliche
Anwendung phonologischer Transformationsgesetze dazu gehören, um die mythologischen Gestalten des Hebräischen
und ihre Benennungen aus dem Semitismus selbst zu erklären. Allerdings muss zugestanden werden, dass in
manchen Fällen — doch diese bilden die Minderzahl des
Materials — die Bildung der Eigennamen in der Mythologie nicht ganz der grammatischen Analogie conform ist.
Wir setzen diese Erscheinung auf Rechnung jener Eigenthümlichkeit der semitischen Sprachen, dass in denselben
das zum Eigennamen gewordene Appellativum häufig ein
besonderes, von der Substantivbildung des ursprünglichen
Appellativwortes einigermaassen verschiedenes Gepräge annimmt, „al-'adl li-l-'alamîjjâ", wie die arabischen Grammatiker sagen [1]. Cruces werden immer bleiben. Kann man
etwa heute schon für jedes *nomen proprium* der griechischen
Mythologie ein entsprechendes Etymon aufweisen, und sollen
wir deswegen das Griechische in solchen Fällen aus Semitischem erklären, wenn uns die Versuchung nahe liegt, wie
es unsere gelehrten Altvordern gethan? [2] Denn der Trans-

---

[1] Ibn Ja'ish's Commentar zum Mufaṣṣ al, S. 74 (der durch meinen
Freund Herrn Dr. Jahn in Berlin besorgten und eben jetzt unter der
Presse befindlichen Ausgabe). — Vgl. Fables de Loqman le Sage (éd.
Derenburg), Indroduction, p. 7.

[2] Ich verweise diesbezüglich auf v. Gutschmid's treffliche Beurtheilung

formationsvorgang fände sich hinterdrein immerhin leicht; die Etymologie soll ja eine Wissenschaft sein, wo die Consonanten wenig, die Vocale gar nichts dreinzureden haben! Schade ist es allerdings, so semitisch klingende und ohne jedes Transformationsgesetz als solche erkennbare Namen wie Jifâch, Nô'ach, Debhôrà aus dem Semitismus hinausklügeln zu wollen, ja selbst das hebräische Gepräge eines Wortes, wie Jehôshû'a, welches übrigens nicht mythisch genannt werden kann, und in welches der Jahvismus das ursprüngliche Hôshê'a veränderte, durch sanskritische Reagentien aufzulösen und aus dem „Er hat geholfen" oder „erweitert" (den Besitz des Volks), d. h. dem Helfer, dem Erweiterer, einen „Himmelhund" zu formen. [1] Pinechas ist allerdings ein Wort, das den Etymologen zur Verzweiflung treiben könnte. Viel mehr innere Wahrscheinlichkeit bietet aber die ägyptische Erklärung Lauth's [2] als die sanskritische Gewaltthat Grill's, da doch einmal die ägyptischen *nomina propria* aus dem Alten Testament nicht fortgeleugnet werden können und in der Geschichte ihren realen Existenzgrund finden. Wozu nun in der Ferne eines erträumten urgeschichtlichen Zusammenhangs mit den Indo-Germanen schweifen?

Wird einmal auch die arabische Sagentradition einer etymologischen Bearbeitung unterzogen werden, so wird es sich zeigen, wie fern der Semitismus der vollständigen Mythenlosigkeit steht. In einzelnen Fällen haben wir im Laufe unserer Arbeit die Gelegenheit ergriffen, dies in Bezug auf die arabische Sagentradition nachzuweisen (z. B.

---

von Bunsen's Versuch, Athene semitisch zu erklären, in seinen „Beiträgen zur Geschichte des alten Orients" (Leipzig 1858), S. 46.

[1] Mit Recht betont Stade („Morgenländische Forschungen", S. 232) den gut hebräischen Charakter der in der hebräischen Sage vorkommenden Namen selbst gegen die fälschliche Annahme des ursprünglichen aramäischen Charakters des hebräischen Volks.

[2] Zeitschr. D. M. G. (1871), XXV, 139; vgl. Lepsius, Einleitung zur Chronologie der alten Aegypter, I, 326.

S. 209 fg.). In andern Fällen bedarf es gar keines Zurückgehens auf die etymologische Bedeutung der vorkommenden
Eigennamen, um echt arabische Mythen zu erkennen. Beispiele liefern besonders die Sagen von den Gestirnen. „Die
alten Araber sagen“, berichtet uns al-Mejdânî, „dass das
Gestirn al-Dabarân um das Plejadengestirn freite; jenes
wollte aber nichts von dem Freier wissen, wendete sich
hartnäckig von ihm ab und sagte zum Mond: Was soll ich
mit jenem armen Teufel, der gar kein Vermögen hat, beginnen? Da versammelte al-Dabarân seine Ḳilâṣ (ebenfalls
Gestirnname in der Umgebung al-Dabarân's) und setzte
sich dadurch in den Besitz eines Vermögens. Fortwährend
folgt er nun dem Plejadengestirn, die Ḳilâṣ als Morgengabe vor sich hertreibend.“ [1] „Das Gestirn des Steinbocks
tödtete den Bären (na'sh), darum kreisen die Töchter des
letztern (binât na'sh) um jenen, Rache suchend für ihren
getödteten Vater.“ „Suhejl versetzte dem weiblichen Stern
al-Gauzâ einen Stoss, diese versetzte ihm gleichfalls einen
Stoss und warf ihn dahin, wo er sich jetzt befindet; darauf
nahm jener ein Schwert und zerstückelte seine Feindin.“
„Der südliche Sirius (al-Shi'ra al-jamânîjjà) wandelte mit
seiner Schwester (al-Shi'ra al-shâmîjjà), dem nördlichen
Sirius; später trennte sich letztere und überschritt die Milchstrasse, woher ihr Name (al-Shi'ra-al-'abûr). Als die Schwester
dies sah, begann sie ob der Trennung zu weinen, sodass
sie triefäugig wurde; darum wird sie die Triefäugige (alġumejṣâ) genannt.“ [2] Auf die Existenz ähnlicher hebräischer Mythen lassen auch die Gestirnnamen im Hiob-Buche
XXXVIII, 31 fg. schliessen, namentlich der an den Himmel gefesselte Thor (Orion) ḳesîl. [3] Haben wir hier nicht

----

[1] Vgl. Ibn Ja'ish's Commentar zum Mufaṣṣal des Zamachsharî, S. 47,
wo der Name des Gestirns al-'Ajjûḳ (aurigae = der Hindernde) mit in
diese Sage einbezogen wird. Dieses Gestirn verhindert nämlich al-
Dabarân die Geliebte zu erreichen.

[2] al-Mejdânî, Magma' al-amṯâl (Bûlâḳer-Ausg.), II, 209.

[3] Vgl. Nöldecke in Schenkel's Bibellexikon (2. Aufl.), IV, 370.

echte nomadische Mythen vor uns, entstanden durch die Betrachtung der Sternbilder und ihres Verhältnisses zueinander?

Zum Schluss will ich noch meinem lieben Freunde Dr. Wilhelm Bacher meinen Dank für die Mühe aussprechen, welcher er sich bei der Correctur der Druckbogen dieser Arbeit (bis Bogen 20) unterzogen hat, und für die Aufopferung so vieler Zeit, die er durch diese Mühewaltung seinen eigenen wissenschaftlichen Arbeiten zu entziehen nicht gescheut hat. Die stehengebliebenen Fehler, die allesammt dem Verfasser zur Last fallen, wird der kundige Leser leicht bemerken und verbessern. S. 30 ist mehrmals anstatt Shkhem zu schreiben Shekhem; S. 135, Anmerk. 3, Z. 2 statt âbhô zu lesen: eshkôn, und ebendaselbst Z. 3 vor bâ das Aequationszeichen = einzuschalten; S. 160, Z. 15 lies baʿal statt baʿa; in der Anführung des dichterischen Werks des Abu-l-ʿAlà ist in den Anmerkungen einigemal Siḳṭ statt Saḳṭ al-zand stehen geblieben; auch das häufige Jaʿḳôbh statt Jaʿaḳôbh und Âbhràm für Abhràm mit kurzem *a* im Anlaut gehört unter diese Versehen; ebenso S. 193, Z. 27 Âchâbh statt Ach'âbh. Das System, das ich in der Transscription befolgte, ist den Hauptsachen nach das in der Zeitschr. D. M. G. durchgeführte; nur arabisch dschim und schin habe ich zur Vermeidung der vielen Striche oberhalb der Buchstaben mit g (nach ägyptischer Ausprache) und sh wiedergegeben. Einige Inconsequenzen in der Umschreibung waren in einem für ein grösseres Publikum bestimmten Buche fast unvermeidlich. Dem ist auch zuzuschreiben, dass ich die biblischen Eigennamen neben der richtigen etymologischen Wiedergabe der originellen Ausprache hin und wieder absichtlich nach der landläufigen (Isak, Jakob u. s. w.) reproducirte, um immer merken zu lassen, von welchen Personen eigentlich die Rede ist. In der Transscription arabischer Textstücke habe ich in prosaischen Stücken das iʿrâb fortgelassen; bei Versen musste natürlich des Metrums halber die altgrammatische Ausprache beibehalten werden; darum ist auch in letztern die Assimilation des l im Artikel an den folgenden „Sonnen“-Consonanten orthographisch durchgeführt worden. An vielen Stellen, namentlich in den letztern Kapiteln, wird die vollständigere Anführung des literarischen Apparats vermisst werden: dies hat seinen Grund theils in der besondern Anlage des Buchs, theils aber in der Mangelhaftigkeit der diesbezüglichen bibliothekarischen Hülfsmittel für das exegetische Fach in meinem Wohnorte. Das letzte Kapitel wurde geschrieben, nachdem die ersten Publicationen über die neuesten assyrischen Funde erschienen waren; was seitdem erschienen ist und an neuen Funden entdeckt wurde, konnte nach Ablieferung des Manuscripts leider nicht mehr in Berücksichtigung gezogen werden.

INHALT.

ERSTES KAPITEL.

Ueber hebräische Mythologie.

1.

In den Grundlagen der Untersuchungen, denen dieses Buch gewidmet ist, befinden wir uns im Widerspruche mit einer sehr weitverbreiteten Annahme: der nämlich, es gäbe in Bezug auf Mythologie zweierlei Völker: mythologische und unmythologische, solche Völker, die vermöge ihrer geistigen Begabung Mythen schaffen konnten, und solche, deren geistige Fähigkeiten hierzu nicht hinreichten. Es wird daher angezeigt sein, wenn wir dieser Annahme gegenüber unsern Standpunkt klar legen, bevor wir zu dem eigentlichen Stoff unserer Studien schreiten.

Der Mythos ist, und dies haben die Psychologen unter den Mythosforschern neuerer Schule genug sicher dargelegt, das Resultat eines rein psychologischen Vorganges und mit der Sprache die älteste That des menschlichen Geistes. Vorausgesetzt also, was wol nicht zu bestreiten ist, dass es dieselben psychologischen Gesetze sind, welche die Geistesthätigkeit der Menschheit ohne Unterschied der Rasse beherrschen, so wird von vornherein die mythosbildende Fähigkeit nicht nach ethnologischen Kategorien verliehen und entzogen werden können. Sowie es nur einerlei Physiologie gibt und nach Maassgabe der physiologischen Gesetze jede Menschheitsrasse nach Einwirkung gewisser Bedingungen

dieselben physiologischen Functionen producirt, so verhält
es sich auch mit den psychologischen Functionen, wenn nur
die Anregung zur Producirung derselben gegeben ist. Diese
Anregung aber ist etwas, was auf die Menschheit überall
einwirkt. Denn es ist sicher erwiesen, dass der Mythos von
den Vorgängen der Natur erzählt und die Ausdrucksweise
dafür ist, wie der Mensch auf der ältesten Stufe seines geistigen Lebens diese Vorgänge und Erscheinungen appercipirt
hat; diese bilden das Material des Mythos. Wo sie daher auf
den jungen Menschengeist als Reize einwirken, sind die
äussern Bedingungen der Mythosentstehung vorhanden. Nicht
mit Unrecht, scheint uns daher, hat einer der jüngern
Psychologen von einer „Allgegenwärtigkeit und Gleichartigkeit" der Mythen geredet. [1] Allerdings wird die Richtung des Mythos eine verschiedene sein, je nach Stellung
und Verhältniss gewisser Naturerscheinungen zur Menschheit; d. h. der Mythos wird eine andere Richtung nehmen
dort, wo der Mensch die Sonne als ein freundliches Element begrüsst, als dort, wo sie ihm als Feindin entgegentritt, und im regenlosen Erdstriche wird dem Regen nicht
jene Rolle im Mythos zufallen können, welche er in regen-
reichen Theilen der Erde spielt. Auch Sitten und Gewohnheiten der Menschen müssen modificirend einwirken auf
Inhalt und Richtung des Mythos. Da wir diesem Punkte
im weitern Verlauf unserer Untersuchungen noch begegnen
werden, so will ich hier nur auf ein Beispiel für das letztere
hinweisen. Es ist bekannt genug, dass das Melken der
Kühe in dem arischen Mythos eine häufig wiederkehrende
Ausdrucksweise ist für das Strahlen der Sonne oder wie
manche wollen für den Regen. Bei Völkerschaften, welche
ihre Kühe nicht melken, wie bei manchen Negervölkern [2],
oder bei den amerikanischen Urvölkern, wird natürlich jene
mythische Ausdrucksweise nicht vorkommen können.

---

[1] Zeitschrift für Völkerpsychologie und Sprachwissenschaft (1869),
VI, 207.

[2] Waitz, Anthropologie der Naturvölker, II, 85.

2.

Zweierlei Gesichtspunkte sind es, von welchen ausgehend man gewissen Theilen des menschlichen Geschlechts die Mythosfähigkeit abspricht: und zwar von der einen Seite ein linguistischer Gesichtspunkt, von der andern Seite ein ethnologischer. Was den erstern betrifft, so haben wir vorzüglich den berühmten Erforscher der südafrikanischen Sprachen zu nennen, Bleek, welcher in der Einleitung in sein Werk über die Reineckesage in Südafrika unter andern die Bemerkung macht, dass nur solchen Völkern ein mythosbildender Genius eigen ist, in deren Sprachen der Genusunterschied der Nennwörter zum Ausdruck kommt, während solche Völker, in deren Sprachen der Genusunterschied an den Nennwörtern nicht zu formeller Ausprägung gelangt, keine eigentliche Mythologie besitzen, sondern ihre Religion steht auf jener ursprünglichen Stufe, welche der Ausgangspunkt aller menschlichen Religion ist, nämlich auf der Stufe des Ahnencultus. [1] Man sieht, dass diese Unterscheidung des gelehrten Sprachforschers sich ganz innerhalb jener unhaltbaren Verwechselung von Mythos und Religion bewegt, von welcher wir im Laufe unserer folgenden Untersuchungen einsehen werden, dass sie nicht stichhaltig ist. Wir wollen vorläufig von diesem Punkte absehen und nur auf die Mythologien der finnisch-ugrischen Völker hinweisen, also von Völkern, deren Sprachen den Genusunterschied der Nennwörter nicht bezeichnen. Oder ist etwa das Material des Kalevala-Epos nicht eigentliche Mythologie? Freilich wird bei Völkern, deren Sprachbetrachtung die Kategorie des grammatischen Genus nicht erzeugte, die Richtung des Mythos eine solche sein, dass in demselben das geschlechtliche Moment, welches dem indogermanischen Mythos so viel Anmuth verleiht, nicht in der

---

[1] Reynard the Fox in Southern Africa (1864), p. XX. Leider war mir dieses Buch selbst nicht zugänglich, und ich kenne die angeführte Ansicht blos aus dem Ausland (Jahrgang 1874), S. 661. Vgl. M. Müller's Introd. to the Science of Relig. (London 1873), p. 54.

Weise zur Geltung kommt wie in letzterm. Denn die Betrachtungsweise, welche der Unterschied von: die Sonne und: der Mond in sich schliesst, kann nicht aufkommen, wo dieser Unterschied nicht gemacht wird. Aber die Gestalten des Mythos sind nicht nur geschlechtlich und genealogisch unterschieden, sie handeln auch, sie sind thätig, sie kämpfen und tödten, und die Erzählung dieser Handlungen und Kämpfe ist ganz unabhängig von jener geschlechtlichen Sprachbetrachtung; das Erzählen davon, d. h. der Mythos, kann demnach auch dort statthaben, wo der sprachbildende Genius den Geschlechtsunterschied nicht erzeugte.

3.

Ein zweiter Gesichtspunkt, von welchem man ausgegangen ist, um einem Theil des Menschengeschlechts die mythosbildende Fähigkeit und Tendenz abzusprechen, ist ein ethnologischer, und als Opfer dieser Anschauung fielen entweder die Semiten im allgemeinen oder die Hebräer im besondern. Die Ausschliessung der Semiten vom Reiche der Mythosbildung hat am schärfsten der geistvolle französische Akademiker Ernst Renan betont: *„Les Sémites n'ont jamais eu de mythologie.“* [1] Dieser Machtspruch folgt für ihn aus einem völkerpsychologischen Schema, das er sich gebildet und welches für den ersten Augenblick so ansprechend und durch die Eleganz der Darstellung, welche alles was Renan schreibt, charakterisirt, so bestechend klingt, dass es nicht nur für einen grossen Theil der Fachwelt zum unumstösslichen wissenschaftlichen Dogma wurde — auch in der Wissenschaft beherrschen zuweilen Dogmen das Terrain —, sondern auch dieser Wissenschaft fernerstehenden Gelehrten und Gebildeten als ein wahrhaftes Axiom in der Betrachtung der geistigen Rasseneigenthümlichkeiten gilt. [2] Die Grundlage dieses Schemas ist die, dass die

---

[1] Histoire générale et système comparé des langues sémitiques (4. Aufl., Paris 1863), p. 7.

[2] Es genüge, hier nur zwei Beispiele dafür hervorzuheben, wie die Renan'sche Hypothese zum Gemeingut der Gebildeten wurde. Sie gilt

Indogermanen in ihrer Weltanschauung von der Vielheit ausgehen, die Semiten von der Einheit, sowol in der Weltbetrachtung als auch in Politik und Kunst. Auf geistigem Gebiete schaffen daher jene die Mythologie, den Polytheismus, die Wissenschaft, welche nur durch discursive Betrachtung der Naturerscheinungen möglich ist; diese schaffen den Monotheismus (die Wüste ist monotheistisch — sagt Renan), haben also weder Mythologie noch Wissenschaft. „Ist es schon schwierig", sagt mit Recht Waitz, „die Befähigung einzelner uns wohlbekannter Individuen zu beurtheilen, so ist es eine noch viel mislichere Sache, die geistige Begabung ganzer Völker und Völkerstämme zu würdigen. Brauchbare Maassstäbe dafür zu finden, scheint kaum möglich, und die Beurtheilung fällt deshalb fast immer sehr subjectiv aus. Die einzelnen Völker stehen zu verschiedenen Zeiten auf sehr verschiedener Höhe der Entwickelung, und wenn die wirklichen Leistungen allein einen sichern Schluss auf das Maass der vorhandenen Fähigkeiten gestatten, so scheint dieses Maass selbst bei dem nämlichen Volke im Laufe der Zeit sich nicht gleich zu bleiben, sondern in

---

als ebenso ausgemacht dem deutschen Nationalökonomen Roscher als dem amerikanischen naturforschenden Culturhistoriker Draper. Jener sagt: „Das Wüstenleben scheint namentlich für den Monotheismus ein günstiger Boden zu sein. Es fehlt dort eben jene üppige Mannichfaltigkeit der zeugenden Naturkräfte, wodurch in besonders fruchtbaren Gegenden, wie z. B. Indien, die Vielgötterei befördert wurde" (System der Volkswirthschaft [7. Aufl., Stuttgart 1873], II, 38). Dieser: „Polytheistic ideas have always been held in repute by the southern European races, the Semitic have maintained the unity of God. Perhaps this is due to the fact, as a recent author has suggested, that a diversified landscape of mountains and valleys, islands, and rivers, and gulfes, predisposes man to a belief in a multitude of divinities. A vast sandy desert, the illimitable ocean, impresses him with an idea of the oneness of God." (History of conflict between religion and science [London 1875], p. 70.) Auch in Peschel's „Völkerkunde" ist diese Anschauung übergegangen, und ebenso hat Bluntschli im Jahre 1861 in seiner Vorlesung über die Gottes- und Weltideen des alten Orients das Echo der Renan'schen Hypothese vom Jahre 1855 hören lassen.

weiten Grenzen zu schwanken, zumal wenn man annehmen
muss, dass in allen Fällen ein Zustand ursprünglicher Roh-
heit der Culturentwickelung vorausgieng." [1] In der That
passen die Worte des besonnenen Psychologen vortrefflich
auf das Renan'sche völkerpsychologische Schema; denn eben
das historische Moment ist es, welches in demselben ausser
Acht gelassen wird. Es wird darin ausser Acht gelassen,
dass Polytheismus und Monotheismus zwei Entwickelungsstufen sind in der Geschichte des religiösen Gedankens
und dass der letztere nicht spontan auftritt [2], ohne dass ihm
die erstere Entwickelungsstufe vorangegangen wäre, und
dass dem Polytheismus selbst wieder als Vorstufe die mythologische Weltanschauung vorangeht, die an sich selbst
noch nicht Religion ist, aber die Entstehung der Religion
einleitet.

Will man sich eine Anschauung bilden von der Willkür, mit welcher solche auf allgemeine Charakteristik angelegte Schemata gebildet werden, so genügt es, jene Literatur zu überblicken, welche, sobald als das Renan'sche
Machtwort ausgesprochen war, theils zu seiner Widerlegung,
theils zur Weiterbildung und Begründung seiner Hypothese
erstand: ein wahres Heer von bekämpfenden und vertheidigenden Abhandlungen. [3] Wenn man dieselben durchliest,
so sieht man recht, wie wohlfeil solche geistreiche Einfälle
sind, durch welche man ein Gebiet, das geographisch mehr
als die Hälfte der bewohnten Welt erfüllt und chronologisch
vom höchsten Alterthume bis in die jüngste Neuzeit hinein-
reicht, mit einem Federstriche umfasst haben will. Denn
selbst die Gegner Renan's sind in seinen Grundfehler ver-

---

[1] Anthropologie der Naturvölker, I, 297.

[2] Dahingegen sagt Renan (Hist. gén., p. 497): „Cette grande con-
quête (die Erkenntniss des Monotheismus) ne fut pas pour elle (nämlich
für die semitische Rasse) l'effet du progrès; ce fut une de ces premières
aperceptions."

[3] Vieles dieser Literatur Angehörige ist unbeachtet geblieben, so
z. B. eine neuere Broschüre von Léon Hugonnet: La civilisation arabe,
défense des peuples sémitiques en réponse à M. Renan (Genf 1873).

fallen; sie haben einseitige subjective Schemata und Charakteristiken, nur andere als der gelehrte Franzose aufgestellt. Wie geduldig und elastisch ein solches Schema ist, das soll an einem nicht gleichgültigen Beispiele nachgewiesen werden, das uns davon überzeugen wird, wie überhaupt die Schlüsse, die aus den ethnologischen Charakteristiken gefolgert werden, nichts anderes sind als willkürliche Fechterstreiche, die jeder einzelne Forscher ganz nach seinem Bedarfe führen kann. Wir stellen zu diesem Behufe den Folgerungen, die Renan an seine Hypothese geknüpft hat, die Schlüsse eines geistvollen deutschen Gelehrten an die Seite, die ihrem Wesen nach gleichfalls die von Renan gelegte Basis als richtigen Ausgangspunkt nehmen. Auch Lange geht nämlich davon aus, dass die Semiten die Naturerscheinungen nach ihrer Zusammengehörigkeit, die Arier aber nach ihrer Mannichfaltigkeit erfassen, dass also jene monotheistisch, diese aber polytheistisch gestimmt sind. Aber sehen wir weiter, zu welchen Wendungen und Folgerungen dieses Dogma auf beiden Seiten Anlass gibt. Renan hören wir sagen: „*Or, la conception de la multiplicité dans l'univers c'est le polythéisme chez les peuples enfants; c'est la science chez les peuples arrivés à l'âge mûr.*“ [1] Ganz umgekehrt der deutsche Historiker des Materialismus. „Wenn der Heide“, sagt uns Lange, „alles voll von Göttern sieht und sich gewöhnt hat, jeden einzelnen Naturvorgang als einen besondern dämonischen Wirkungskreis zu betrachten, so sind die Schwierigkeiten, welche dadurch der materialistischen Erklärung in den Weg gelegt werden, tausendfältig wie die Gliederung des Götterstaates . . . . . Der Monotheismus hat hier der Wissenschaft gegenüber eine andere Stellung.“ — „Wenn nun in freier und grossartiger Weise dem einen Gott auch ein einheitliches Wirken aus dem Ganzen und Vollen zugeschrieben wird, so wird der Zusammenhang des Dinges nach Ursache und Wirkung

---

[1] Histoire générale, p. 9.

nicht nur denkbar, sondern er ist sogar eine nothwendige
Consequenz der Annahme. Denn wenn ich irgendwo tausend und aber tausend Räder bewegt sähe und nur einen
Einzigen vermuthe, der sie zu treiben schiene, so würde
ich schliessen müssen, dass ich einen Mechanismus vor mir
habe, in welchem jedes kleinste Theilchen in seiner Bewegung durch den Plan des Ganzen unabänderlich bestimmt
ist."[1] — „Dass es gerade der Mohammedanismus ist, in dem
sich jene Förderung der Naturstudien, die wir dem monotheistischen Princip zuschreiben, am schärfsten zeigt, hängt
zusammen mit der Begabung der Araber ..... aber ohne
Zweifel auch mit dem Umstande, dass der Monotheismus
Mohammed's der schroffste war."[2] Ganz dieselben Folgerungen knüpft auch August Comte an den fördernden Einfluss des Monotheismus auf die Ausbildung einer wissenschaftlichen Weltanschauung, und lässt Monotheismus und
Wissenschaftlichkeit in eine gegenseitige Wechselwirkung
treten.[3] An welche nun dieser gegensätzlichen Folgerungen
aus denselben Grundlagen soll man sich halten? Wer hat
Recht? wird wol jeder Gebildete fragen, und zuförderst
auf die Unzulänglichkeit jener allgemeinen Charakterschilde-
rungen und auf den grossen Spielraum schliessen, der der
Willkür und dem Irrthume eröffnet wird, wollte man auf
dieselben eine Culturgeschichte oder eine Ethnologie aufbauen.

Diese Grundlage aber ist es eben, auf welche Renan's
Annahme von der Mythenlosigkeit der Semiten fusst, eine Annahme, die man durchaus nicht gelten lassen kann, erstens,
weil sie unhistorisch ist und zweitens, weil aus derselben
nothwendig folgen würde, dass die Rassenunterschiede auch
die psychologischen Grundlagen der geistigen Thätigkeit

---

[1] Geschichte des Materialismus (1. Aufl. 1866), S. 77. Vgl. 2. Aufl.
(1873), I, 149.

[2] a. a. O., S. 83. Vgl. 2. Aufl., S. 152.

[3] Cours de philosophie positive, éd. Littré (Paris 1869), V, 90.
197. 324.

des Menschen differentiiren. „Die Semiten können keinen
Mythos bilden“, ist ein Satz, dessen Möglichkeit nur dann
zugestanden werden könnte, wenn man einen Satz wie
„diese oder jene Menschenrasse hat kein Verdauungsver-
mögen, oder kein Zeugungsvermögen“ nicht a priori für
eine Lächerlichkeit hielte. Aber merkwürdiger ist es noch,
dass Renan, trotzdem er gleichfalls das Bewusstsein hat von
der „einheitlichen psychologischen Constitution des menschlichen Geschlechts“, und aus demselben die Berechtigung
holt für eine ohne Entlehnung entstandene gemeinsame
Flutsage [1], und trotzdem er in der biblischen Geschichte
der vorsündflutlichen Zeit die Lücken der Genealogie ausgefüllt sieht, *„soit par des noms d'anciens héros, et peut-être
de divinités qu'on retrouve chez les autres peuples sémitiques“* [2],
dennoch von der Möglichkeit, ja von der Nothwendigkeit
der Mythenlosigkeit der semitischen Rasse spricht.

Die Hypothese Renan's hatte bald nach deren Verkündigung mehrmals einen harten Strauss zu bestehen. Den
Theologen war zwar das über die monotheistische Tendenz
des Semitismus Gesagte höchst willkommen, aber sie sahen
darin eine Blasphemie, dass Renan im Monotheismus *le
minimum de religion* und im Polytheismus eine höhere, ge-
bildetere Religionsstufe findet. Philologen, Historiker und
Philosophen aber griffen Renan's Gebäude in seinen Grundfesten an. Steinthal unterzieht den von Renan eingeführten Begriff: monotheistischer I n s t i n c t, einer scharfen
psychologischen Kritik; Max Müller thut dasselbe und
weist auf die Geschichte der Hebräer und der übrigen Semiten hin, um jene Träume von semitischem Monotheismus

---

[1] Histoire générale, p. 486: „L'unité de constitution psychologique
de l'espèce humain, au moins des grandes races civilisées, en vertu de
laquelle les mêmes mythes ont dû apparaitre parallèlement sur plusieurs
points à la fois, suffirait, d'ailleurs, pour expliquer les analogies qui
reposent sur quelque trait général de la condition de l'humanité, ou sur
quelquesuns de ses instincts les plus profonds.“

[2] a. a. O., p. 27.

in ihr Nichts aufzulösen; Geiger und Renan's Nachfolger auf dem Katheder des *Collége de France* Salomon Munk, wollen das vom semitischen Monotheismus Behauptete blos auf das hebräische Volk beschränkt wissen. Das über Mythologie Gesagte wird jedoch von allen diesen Kritikern (mit Ausnahme Steinthal's) nicht besonders bemängelt. Ja sogar einer der Bahnbrecher der modernen vergleichenden Mythologie stellt sich, indem er den durch Renan eingeführten monotheistischen Instinct bekämpft, was die mythologische Frage anbelangt, auf den vom Renan'schen nicht sehr entfernten Standpunkt: „Der arischen Rasse ist die mythologische Phraseologie, die sie mit ihrem Polytheismus verbindet *(superadded to their polytheism)*, eigenthümlich, der semitischen Rasse der Glaube an einen Nationalgott, ein Gott, den sein Volk ebenso gut erwählt hat, wie er sein Volk."[1]

Die Mythoswissenschaft hat in neuerer Zeit die Festhaltung der Rasseneintheilung in Bezug auf Mythenbildung fallen gelassen. Sie hat dies wenigstens in Betreff derjenigen Völkerklasse gethan, welche zwar nicht eine einheitliche fest geschlossene Rasse repräsentirt, welche man aber *faute de mieux* die turanische Rasse genannt hat, eine blos negative Bezeichnung, welche nichts anderes besagen will, als dass die Völker, welche man dazu zählt, weder Semiten sind noch Arier. Max Müller ist es selbst, welcher den turanischen Mythos ganz nach der Methode untersucht wissen will, welche man in der Erforschung der arischen Mythologie anwendet, und es stört ihn hierin nicht das Resultat auffallender Identität, welche die Anwendung einer solchen Methode zwischen arischem und turanischem Mythos aufweist. Es stört ihn nicht in Hinblick gerade auf das psychologische Moment, welches in der Beurtheilung und Werthschätzung der Mythen in erster Reihe in Rücksicht genommen werden muss. „Gibt es Leute", so sagt dieser bedeutende Forscher, „die sich nicht

---

[1] Max Müller, Essays, I, 320. Chips from a German workshop, I, 370.

entschliessen können an den solarischen Charakter der griechischen und indischen Mythen zu glauben, so mögen sie die Volkserzählungen der semitischen und turanischen Rassen studiren. Ich weiss wol, die Vergleichung der arischen Mythen mit nicht arischen wird von seiten unserer ausgezeichnetsten Gelehrten denselben Einwürfen begegnen, als der Versuch begegnen würde, die Formen des Sanskrit oder Griechischen aus dem Finnischen oder Baskischen zu erklären. In gewissem Sinne ist dieser Einwurf wohlbegründet, denn nichts würde grössere Verwirrung herbeiführen, als dass man über das genealogische Princip als das einzig sichere in der Klassifikation der Sprachen, der Mythen und selbst der Sitten hinwegsehe. Wir müssen vorerst unsere Mythen und Legenden klassificiren, so wie wir unsere Sprachen und Dialekte klassificiren ...... Aber es gibt in einem vergleichenden Studium der Sprachen und Mythen ausser den philologischen Interessen noch ein philosophisches und noch besonders ein psychologisches, und obwol in diesem mehr allgemeinen Studium der Menschheit die Grenzen von Sprachen und Rassen nie verschwinden können, aber sie können nicht länger zugestanden werden um unsern Ausblick zu beengen und zu versperren." [1] So hat denn auch Müller eben den psychologischen Standpunkt betont, und — bei allen Zugeständnissen, die er noch der Rasseneintheilung macht — die Allgemeinheit der Mythosbildung als ein psychologisches Postulat vorausgesetzt. Die Anwendung seines Lehrsatzes hat er jedoch nur auf das Turanische an concreten Beispielen gezeigt. Das Semitische — das, wie wir oben gesehen, in Bezug auf die Allgemeinheit der Mythenbildung nicht ausgeschlossen wird — geht dabei leer aus. Jedoch scheint auch Müller in Bezug auf Semitismus jenen Standpunkt überschritten zu haben, den noch im Jahre 1860 sein Essay: „Der semitische Monotheismus" einnimmt. In die Fussstapfen des Meisters

---

[1] Introduction to the Science of Religion, p. 391.

tretend, hat auch ein neuerer englischer Mythosforscher, Fiske, das Turanische in den Bereich der vergleichenden Mythosexegese hineingezogen und in einem Essay, betitelt: „Mythen der barbarischen Welt", einen Theil der durch Brinton gesammelten amerikanischen Sagen [1] nach den Gesetzen der neuern Methode bearbeitet [2], nachdem schon früher der deutsche Schirren und theilweise auch Gerland die polynesischen Mythen einer ähnlichen Behandlung unterzogen haben. [3]

Und gerade dieser Umstand, dass es die Sagen der sogenannten turanischen Menschheit sind, welche der vergleichenden Mythosforschung mit ebenso viel Leichtigkeit sich darbieten, wie der Sagenschatz der arischen Völker, ist ein Beweis dafür, wie allgemein einerseits die Mythosfähigkeit der ganzen Menschheit ist, wie falsch es ist, sie nach ethnologischen Kategorien der einen Rasse zu-, der andern aber abzusprechen, und wie es andererseits überall dasselbe Material ist, die Erscheinungen der Natur und die Kämpfe einander abwechselnder Elemente, dessen Apperception den Inhalt der ältesten Mythosschöpfung bildet. Denn überaus viel verschiedene Rassen, die sich vorläufig noch der linguistischen Klassifikation entziehen, begabt mit der verschiedenartigsten physischen Constitution, die allerverschiedenartigsten Erdstriche, vom hohen Norden bis zum tiefsten Süden, bewohnend und die denkbar incongruentesten Sprachen redend, sind es, die nach legitimen Aeltern ausschauend, sich in das weite, unbegrenzte Haus des Turanismus geflüchtet. Dieser ist daher das beste Beweismittel für die so vielfach bestrittene Allgemeinheit der Mythosfähigkeit, und es gibt daher keinen haltbaren Grund, wohlklingenden, doch haltlosen Distinctionen zu Liebe, das

---

[1] S. über diese Sammlung Steinthal's Beurtheilung in der Zeitschrift für Völkerpsychologie u. Sprachwissensch. (1871. Bd. VII.)

[2] Mythe and Mythemakers (London 1872), p. 151 fg.

[3] Im VI. Bd. der: Anthropologie der Naturvölker, woher ich auch von Schirren's Arbeiten Kunde habe.

Semitenthum in die Geschichte einzuführen gleichsam mit abgehackter Nase, und die Geschichte der Geistesentwickelung dieser Rasse von einem Principe aus zu construiren, welches ungefähr darauf hinausläuft: die Semiten traten nicht mit dem Säuglingsalter in dies Leben ein, sondern sie sahen zuerst das Sonnenlicht als Männer oder gar als Greise.

4.

Solche Erwägungen mögen es gewesen sein, die in neuester Zeit den französischen Assyriologen Franz Lenormant bewogen haben, den Mythos für die semitische Rasse gleichfalls in Anspruch zu nehmen; doch erwähnt er hierbei der Hebräer gar nicht. [1] Das hebräische Volk nämlich ist, trotz des anziehenden mythologischen Materials, das in seiner traditionellen Literatur niedergelegt ist, des Forschers harrend, der ihm sein Recht zu Theil werden liesse, immer ein Stiefkind der Mythosforschung gewesen. Es ist selbstverständlich, dass ein falsch verstandenes religiöses Interesse (ein falsch verstandenes, sagte ich, denn das wahrhafte religiöse Interesse wird durch die Resultate der Wissenschaft gefördert, nicht bedroht), welches, sich mit der biblischen Literatur identificirend, der Mythosforschung ein energisches *Noli me tangere*, verschärft etwa mit einer Dosis kanonischer oder unkanonischer Bannstrahlen, entgegenrief, der Forschung auf diesem Gebiete den Weg verrammelte. Wenn wir von Leuten Nork'schen Kalibers und einigen andern schlechten Schülern der Creuzer'schen Schule absehen, können wir sagen, dass, einzelne Versuche ausgenommen, selbst die freie und ernste Bibelexegese über die biblischen Bücher nur als Literaturproducte forschte und forscht, werthvolle Resultate darüber zu Tage fördernd, wann und durch welche Tendenzen getragen, die einzelnen Theile des Kanon abgefasst und redigirt wurden. Ueber Entstehung und Bedeutung der Personen selbst, welche in den biblischen Sagen

---

[1] Les premières civilisations (Paris 1874), II, 113 fg.

figuriren, schweigt die freisinnigste Schriftauslegung, als
wären die Hebräer ein ganz apartes, nicht mit dem Maasse
der Geschichte und Psychologie messbares Volk gewesen.

Selbst diejenigen, welche von semitischen Mythen im
allgemeinen wissen wollen, sträuben sich gegen die Annahme eines hebräischen Mythos. Am unzweideutigsten
hat in dieser Beziehung seinen Standpunkt klar gemacht
Josias Bunsen, ein Mann, der so viel und so tief über
Religiöses nachgedacht. Es ist geradezu merkwürdig, dass
dieser unsterbliche Mann, welcher auf die Studien des jungen
Max Müller so anregend wirkte und welcher gerade des
letztern bahnbrechenden Essay: *„Comparative Mythology"*
„mit besonderer Freude" als „vielversprechende Untersuchung" über die „reine Volkspoesie des Naturgefühls" begrüsst [1], so wenig Verständniss dafür zeigte,
was die durch Müller inaugurirte neue Richtung in der
Mythoswissenschaft zu zeigen beabsichtigt. Seine Anschauung über den Zusammenhang des arischen Mythenschatzes
ist demnach noch sehr verworren, was um so mehr zu bedauern ist, da die Verrückung des wahren Gesichtspunktes
in mythischen Dingen, und die fortwährenden Concessionen
an Creuzer und Schelling den geistvollen Mann verhinder-
ten, die für das Verständniss der ägyptischen Götterlehre
aufgewendete philosophische Arbeit für die Dauer fruchtbar zu machen. Bunsen hat die Religion vom Mythos nicht
getrennt, und er erblickt demnach das, was er Gottesbewusstsein nennt, in der genealogisirten und schemati-
sirten Mythologie. Es ist daher auch kein Wunder, wenn
er in Betreff des hebräischen Mythos nicht weiter kömmt
als seine Vorgänger. Er spricht von dem „durch und durch
historischen widermythologischen Geist des hebräischen Volkes" [2] und fasst dasjenige, was er über dieses
Thema denkt, in dem VI., VII. und VIII. der Lehrsätze
zusammen, in welchen er das Verhältniss der ägyptischen

---

[1] Aegyptens Stelle in der Weltgeschichte, V, ii. 295 fg.
[2] Gott in der Geschichte, I, 353.

Mythologie zur asiatischen darlegt. Demnach „hat die Bibel keine Mythologie; es ist die grosse, schicksalsvolle und glückliche Entsagung des Jüdischen, dass es keine hat". Als wäre der Mythos eine Abscheulichkeit, eine Beschmuzung des menschlichen Gemüthes, dasselbe, was Bunsen selbst „reine Volkspoesie des Naturgefühls" nennt; als wäre der Mythos eine aus freier Wahl verübte sündhafte That des Geistes, der die Auserwählten entsagen können! Hingegen „das in Abraham, in Mose und in der Urgeschichte von der Schöpfung bis zur Flut sich spiegelnde Volksbewusstsein und der Ausdruck derselben wurzeln in dem mythologischen Leben des ältesten Morgenlandes", und „in dem grossen Zeitraume von Joseph bis Moses haben sich mit dem Leben und Thun dieses grössten und einflussreichsten aller Männer der Urzeit (Abraham) und mit der Geschichte seines Sohnes und Enkels manche alte Ueberlieferungen aus dem Mythenkreise derselben Stämme verwoben, von deren verwildertem Naturleben die Hebräer um höherer Weltzwecke willen, zu ihrem und der Menschheit Besten herausgeschnitten wurden." [1]   Es gibt demnach Mythen der Hebräer, aber nicht hebräische Mythen, sondern entlehnte, von „Urasien" her erborgte.

Ich habe den Standpunkt Bunsen's etwas weitläufig dargelegt, weil er noch heute bei allen fortgeschrittenen Erkenntnissen über Wesen und Bedeutung der Mythologie, derjenige ist, welcher die Geistesrichtung derer beherrscht, welche zwar die Möglichkeit einer semitischen Mythologie zugeben, aber die Existenz einer hebräischen mit Händen und Füssen abwehren.

5.

Dass aber nichtsdestoweniger eine hebräische Mythologie von vornherein möglich ist, das ist, glaube ich, aus Obigem ersichtlich. Worin aber diese hebräische Mythologie bestehe, das nachzuweisen, werden die folgenden Kapitel

---

[1] Aegyptens Stelle in der Weltgeschichte, V, I. 18—19.

Gelegenheit geben. Es wird sich dann zeigen, dass der hebräische Mythos, da er nothwendig demselben psychologischen Vorgange sein Dasein verdankt, wie der arische oder wie der sogenannte turanische Mythos, folgerichtig auch dieselbe ursprüngliche Bedeutung haben muss, welche diesen eigen ist. Die Gestalten der hebräischen Mythologie bezeichnen demnach dieselben Naturerscheinungen, deren Benennungen wir in den Namen jener Gestalten vor uns haben, und zwar (wogegen ich mich ausdrücklich verwahren muss, da die Misversteher der modernen mythosforschenden Methode der Sache gerne diese falsche und antiquirte Wendung geben) nicht symbolisch [1], sondern jene Benennungen sind alte Appellativnamen der Naturerscheinungen, welche sie bezeichnen, ebenso wie die Wörter Sonne, Mond, Regen u. s. w.

Auch muss man sich hüten vor einer Verwechselung des ursprünglichen Mythos mit Religion oder gar Gottesbewusstsein. Diese Verwechselung ist die Quelle der meisten Irrthümer in der Würdigung und dem Verständniss der Mythologie, und selbst die neueste Mythosforschungsmethode hat sie noch nicht ganz beseitigt. Die allerfrüheste Geistesthätigkeit des Menschen kann nichts anderes sein als eine Verarbeitung dessen, was ihm unmittelbar in die Sinne fällt und was ihm durch die Häufigkeit und Regelmässigkeit seines Wiederkehrens am ehesten dazu anregt, darüber zu reden; und das sind die täglichen Naturerscheinungen, der Wechsel von Licht und Dunkel, von Regen und Sonnenschein, und was diesen Wechsel begleitet. Was der alte Mensch hierüber gesprochen, das ist Mythos. Es ist psychologisch unmöglich, dass die früheste Thätigkeit des menschlichen Geistes etwas anderes gewesen sei, als dies.

----

[1] Sogar der alte Plutarch hat schon in Bezug auf die damals beliebte ex ratione physica-Erklärung der Mythen bemerkt: Δεῖ δὲ μὴ νομίζειν ἁπλῶς εἰκόνας ἐκείνων (d. h. der Sonne und des Mondes) τούτους (Zeus und Hera) ἀλλ' αὐτὸν ἐν ὕλῃ Δία τὸν ἥλιον καὶ αὐτὴν τὴν Ἥραν ἐν ὕλῃ τὴν σελήνην. (Quaestiones romanae 77.)

Von einem Gottesbewusstsein, einem *sensus numinis*, kann also in der ersten mythologischen Zeit durchaus keine Rede sein. Erst später, wo ein sprachgeschichtlicher Vorgang den alten Mythen eine andere Wendung gibt, wird der Mythos entweder zu Geschichte oder zu Religion. Diese letztere entsteht demnach stets aus den Materialien der Mythologie und ihre geschichtliche Aufgabe ist es dann, sich zu einem Freien emporzuarbeiten, und, ebenso wie mit dem Fortschreiten ihrer Entwickelung die Mythologie, aus welcher sie entstanden, immer mehr und mehr unverständlich und daher auch immer mehr und mehr bedeutungslos wird, sich von der Mythologie abzulösen und mit dem wissenschaftlichen Bewusstsein, das an die Stelle des mythologischen getreten, eins zu werden.

Wie die Mythologie zur Religion wird, das zeigt uns am deutlichsten der Dualismus. Es ist nichts unrichtiger, als zu glauben, dass das dualistische Religionssystem gleich ursprünglich ethischer Bedeutung ist. Dies, ebenso wie die Beschränkung des Dualismus auf Erân und Babylon [1], wird schon durch das mannichfaltige Vorkommen der dualistischen Weltanschauung bei den verschiedensten sogenannten Naturvölkern widerlegt. [2] Die ethische Bedeutung des Dualismus ist entschieden secundär, sie ist die einem höhern Bildungsgrade entsprechende Entwickelungsform des Hauptthemas aller Mythologie, des Verhältnisses des Lichts zur Dunkelheit. So wie vieles Mythologische, namentlich aber die Wanderung der Sonne in der Unterwelt zu Schiffe, nachdem die mythische Bedeutung selbst aus dem Bewusstsein geschwunden war, zu religiös-eschatologischer Anschauung wurde und den Anschauungen von unterirdischem Leben, Auferstehung, Himmelfahrt u. s. w. Entstehung gab, so ist auch der Dualismus in seiner eranischen Form ethisirter

---

[1] Dies thut noch in neuester Zeit Spiegel in seiner Eranischen Alterthumskunde, II, 19.

[2] Vgl. Tylor, Anfänge der Kultur, II, 319 fg. (Deutsche Uebersetzung von Sprengel und Poske, Leipzig 1873).

Mythos. Man sieht dies am besten daraus, dass z. B. die nördlichen Algonkinvölker, bei welchen der Dualismus fast ebenso scharf ausgeprägt ist, wie in Erân, das gute und böse Princip geradezu Sonne und Mond benennen, und dass bei den Huronen von den beiden Principien das böse die Grossmutter des guten ist [1]: die Nacht ist die Mutter oder Grossmutter, im allgemeinen die Ahnfrau des Tages. Hier hat der religiöse Dualismus den Charakter seines Ursprungs vom Mythos noch nicht ganz abgestreift. Dafür hat der Iranismus den Dualismus auf einer ältern Stufe (der avesta'schen) bereits vollkommen ins Moralische gehoben, auf einer spätern (der epischen) aber aus dem Mythos die localisirte Geschichte vom Kampfe des Zohak gegen Feridûn gebildet. [2]

Dass der Dualismus als Religionsauffassung eine Weiterentwickelung des Mythos ist und nicht durch das moralische Problem vom Kampfe des Guten gegen das Böse angeregt worden ist, das wird auch ersichtlich, wenn wir noch eine besondere Art der dualistischen Religionsform in Betracht ziehen, welche wir bei vielen semitischen Völkern antreffen. Wir finden nämlich auf diesem Gebiete häufig genug, dass einer männlich vorgestellten Gottheit eine weiblich vorgestellte entspricht, welche gleichsam die Kehrseite derselben Naturmacht vergegenwärtigt, und dass beide Mächte im Verein miteinander ein Naturereigniss hervorbringen. So z. B. die Sonne und die Erde, Ba'al und Mylitta, die Factoren der Fruchtbarkeit. Es ist dies ebenfalls eine dualistische Tendenz, jedoch so, dass die beiden Gottheiten nicht als einander feindlich vorgestellt werden, und dass wir eine solche Erscheinung in das Kapitel Dualismus zu setzen haben, dazu berechtigt der Umstand, dass zwei solche Gottheiten im Laufe der Geschichte häufig in Eins

---

[1] Waitz, Anthropologie der Naturvölker, III, 183.

[2] Vgl. Roth in Zeitschr. D. M. G. (1848), II, 217. Albr. Weber, Akadem. Vorlesungen über indische Literaturgeschichte (Berlin 1852), S. 35.

zusammengefasst werden. [1] Diese Seite der dualistischen Religion nun kann nur auf den Mythos als Quelle und Ausgangspunkt zurückgeführt werden. Der hebräische Mythos von Jehûdâ und Tâmàr, wie wir ihn später betrachten werden (Kap. V, Abschn. 14), zeigt uns ungefähr ein mythisches Prototyp solcher dualistischer Religionsanschauungen.

---

[1] Vgl. Kuenen, De Godsdienst van Israel tot den ondergang van den joodschen Staat (Haarlem 1869—70), I, 225.

ZWEITES KAPITEL.

Quellen der hebräischen Mythologie.

1.

Wenn es nun festgestellt ist, dass wir von einem hebräischen Mythos in demselben Sinne zu reden berechtigt sind, wie man vom Mythos der Inder, Hellenen, Germanen u. s. w. redet, so ergibt sich von selbst die Frage: Können wir noch auf die Spur jener Ausdrucksweisen und Gestalten gelangen, welche im ganzen genommen die Elemente des hebräischen Mythos ausmachen, und bieten sich diese Elemente, wenn wir sie gefunden haben, als Mythoselemente dar, d. h. sind sie Ausdrücke und Erzählungen, in welchen der alte Hebräer auf der mythosbildenden Stufe seiner Geistesentwickelung von den Vorgängen der Natur und den Veränderungen, welche auf seinen Geist als ebenso viele mythosschaffende Antriebe wirkten, redete? Dass er dies überhaupt thun konnte, dass er ebenso wie der arische Mensch auf derselben relativen Stufe der Entwickelung Mythos sprechen konnte, das haben wir zugegeben, indem wir die Allgemeinheit der Mythosbildung voraussetzten; worin aber eben jene Ausdrücke bestehen und welches jene mythischen Gestalten sind, welche er formte, das wird eines unserer folgenden Kapitel darzulegen die Aufgabe haben.

In diesem Kapitel wird sich unsere Aufgabe darauf beschränken, jene Quellen nachzuweisen, welche sich uns darbieten und welche wir nach der Methode der vergleichenden Mythoswissenschaft zu verwerthen haben, wenn wir die Ausdrucksweisen und Gestalten des hebräischen Mythos erkennen wollen. Da sowol die Antriebe zur Mythenbildung, als auch die Entwickelungsgeschichte, welche der Mythos durchmacht, bis er in einer literarischen Zeit aufgezeichnet wird, um dann zu erstarren und sich nicht mehr materiell fortzubilden, auf psychologischen Vorgängen beruhen, deren Gesetze sich nicht nach Rassen und ethnologischen Kategorien unterscheiden, so ist es selbstverständlich, dass wir für die Erkenntniss des hebräischen Mythos genau auf solche Quellen angewiesen sind, welche der Mythosforscher auf arischem Gebiete auszunützen weiss. Zum Glücke bieten sich auch auf hebräischem Gebiete solche Quellen dar. Sie fliessen zwar nicht so reichlich, wie die der arischen Mythosforschung; sie reichen aber aus, um uns ein Bild davon zu bieten, was der alte Hebräer auf der mythischen Stufe dachte und fühlte, und wie er dieses Denken und Fühlen zum sprachlichen Ausdruck brachte. Obwol diese Untersuchung nicht zu trennen ist von der andern damit zusammenhängenden: welches nämlich die Methode ist, die wir anzuwenden haben, wenn wir aus diesen Quellen den alten Mythoskern erkennen wollen, so müssen wir dennoch vorläufig von dieser zweiten Frage noch absehen und uns mit dem Nachweise des Quellenmaterials begnügen. Es wird aber nicht möglich sein, der Andeutung der Methode immer aus dem Wege zu gehen; so namentlich gleich bei der ersten der Quellen, welche wir vorzuführen haben.

2.

a) Es wird weiterhin noch weitläufiger davon die Rede sein, durch welche Factoren im Geiste des hebräischen Volks die Vorstellung von jenen Patriarchen entstand, deren Schicksale den vornehmsten Theil seiner nationalen Geschichtserzählung ausmachen, und es wird dann klar werden, dass dieser Patriarchencharakter nur eine spätere historische Schicht der Mythosentwickelung repräsentirt, hervorgebracht eben durch jene Factoren. Ursprünglich bedeuten die Patriarchennamen und die Vorgänge, welche von ihnen erzählt werden, nicht etwas Historisches, sondern etwas Natürliches. Die Namen sind Benennungen von Naturerscheinungen, und die Vorgänge sind Vorgänge in der Natur. Denn man muss ja von vornherein über die Frage ins Reine kommen, welches ist denn der Ursprung von Personen, wie Âbhrâm, Sarà, Ja'ḳòb und der andern, welche die hebräische Patriarchengeschichte ausfüllen? Woher und wie und nach welchem psychologischen Gesetze gelangten sie in den Geist des alten Hebräers? Denn jene leichtfertige Annahme, diese Personen und die Vorgänge, welche mit denselben in Verbindung stehen, seien eitel Fiction ohne objective Grundlage, ist eine so wohlfeile und nichtssagende Abweisung der Schwierigkeiten, welche ihre poetische Existenz dem Forscher bereitet, dass man sich derselben ebenso wenig anschliessen kann wie der andern ebenso gedankenlosen, nach welcher jene Patriarchen in eben demselben Sinne historischen Charakters sind, wie Goethe und Friedrich der Grosse. Freilich sind sie Fictionen, wenn wir in Betracht ziehen, dass ihnen als menschlichen Individuen nicht historische Personen entsprechen; keineswegs sind sie es aber in dem Sinne, dass ihre Entstehung oder vielmehr die Vorstellung von ihnen keine andere Basis habe als die Phantasie des Dichters und Schriftstellers. In diesem letztern Sinne vielmehr entsprechen ihnen wahrhafte Realitäten, die Naturereignisse und Vorgänge, welche die Antriebe des Mythossprechens sind. Und es ist gar nicht denkbar, dass die ältesten Geistesäusserungen des Menschen von anderswo ausgegangen wären, als von den Reizen, welche die Vorgänge der Natur auf ihren Sinn übten. Sobald sie diese wahrnahmen, war der Anlass für den Mythos vorhanden; der Mythos zeigt uns, wie sie sich jene Naturvorgänge zum Bewusstsein brachten.

Die Patriarchenerzählungen sind daher eine wichtige Quelle für die Kenntniss des Mythos. Wenn wir Schicht für Schicht loslösen, welche sich um die ursprünglichste Ge-

stalt des Mythos durch psychologische und culturhistorische
Factoren veranlasst, gebildet hat, wenn wir endlich zurück-
gegangen sind bis auf jene Stufe, auf welcher durch das
Schwinden der Polyonymie und Synonymik viele der mythischen Benennungen individualisirt und personificirt wurden,
so ist es dann ein Leichtes, den ursprünglichen Kern, die
ursprünglichen Mythoselemente aus jener Hülle herauszuschälen, in welche jenes Ursprüngliche durch die Entwickelung des menschlichen Geistes im allgemeinen und besonders noch durch die culturhistorisch veränderte Weltanschauung des Kreises, in welchem jener Mythos entstand,
eingewickelt wurde. Daraus ergibt sich, dass die hervorragendste Quelle des Mythosforschens auf hebräischem Gebiete das Genesisbuch ist, dessen grösster Theil jene
Erzählungen vereinigt, welche das hebräische Volk an seine
Patriarchen knüpfte.

3.

b) Die Patriarchenerzählungen in solcher Ausführlichkeit
und künstlerischen Rundung, wie sie uns die althebräischen
Literaturreste aufbewahrt haben, sind eine auszeichnende
Eigenthümlichkeit eben dieser hebräischen Literatur. Andere
Völker haben ihren Mythos nicht zu so reichen Berichten
über ihre Urahnen umgestaltet. Wie mager ist nicht dasjenige, was die Hellenen von ihren nationalen Ahnen
erzählen, im Vergleich mit dieser mannichfachen und reichen
hebräischen Patriarchengeschichte? Es war hierbei eine besondere Eigenthümlichkeit der historischen Entwickelung
des hebräischen Volks thätig, welche den nationalen
Gedanken in den Vordergrund drängte und in dieser Richtung ihren Einfluss übte auf die Umbildung des alten Mythosmaterials. [1] Dafür aber haben andere Völker und so, um
bei unserm eben erwähnten Beispiel zu bleiben, auch die
reichbegabten Hellenen die Gestalten ihres Mythos mehr
zu Götter- und göttlichen Heldengestalten umgebildet.

----

[1] Darüber handeln wir im 3. Abschn. des VIII. Kapitels.

Die Göttergestalten, welche sich aus dem hebräischen Mythos heraus entwickelten, treten sehr früh in den Hintergrund. Theils der kenaʿanitische Einfluss, dem das hebräische Volk sehr früh zur Beute fiel, theils aber die hervortretende monotheistische Tendenz, liessen da keine sich aus dem Mythos consequent herausbildende Theologie auf die Dauer aufkommen. Aber an Heroengestalten mangelt es auch der Erinnerung des hebräischen Volks nicht; auch auf diesem Gebiete sind sie ursprünglich mit anderer Bedeutung Eigenthum des Mythos gewesen, und ihre Heroenbedeutung ist auch auf hebräischem Gebiete, ebenso wie auf arischem, secundär und Product des psychologischen und sprachgeschichtlichen Vorganges, welcher die natürliche Bedeutung der mythologischen Gestalten aus dem Bewusstsein schwinden liess.

Obwol nun diese Heroengestalten ursprünglich heldenmüthige Personen sind, welche weder mit einer örtlichen noch mit einer zeitlichen Bestimmung verbunden vorgestellt werden, so verdichten sie sich doch allmählich zu immer concreter und bestimmter vorgestellten Individuen. Das, was von ihnen erzählt wird, tritt aus seiner Allgemeinheit und Unbestimmtheit heraus, die Heroen werden an gewissen Orten thätig gedacht, an welchen sie ihre Heldenthaten vollbrachten — die Heroensagen werden localisirt — und ihrer Wirksamkeit wird eine bestimmte Zeit angewiesen, sie werden in einen chronologischen Rahmen eingefügt, in welchem sie eine bestimmte Zeitstelle einnehmen. Was ist natürlicher, als dass die Heroen, was die örtliche Bestimmung, die Localisirung, betrifft, ihre Wirksamkeit in jenen geographischen Gebieten vollführen, auf welchen diejenigen leben, welche von jenen Heroen erzählen? Die Localisirung der Heldensagen tritt immer in den Dienst des patriotischen Gefühles; Herakles und Theseus sind griechische Patrioten, heldenmüthige Wohlthäter des griechischen Volks. Und was die Bestimmung ihrer Lebenszeit anbelangt, so wirkt bei derselben vornehmlich jene Bestrebung jedes Culturvolks, von seiner Geschichte ein klares, umfassendes, lückenloses Bild zu gewinnen. Die wahrhaft historische Erinnerung reicht regelmässig nicht genug weit hinauf, um die ganze Vergangenheit des Volks in umfassender Weise zu erklären. Die geschichtlichen Anfänge des Volks verschwimmen im Nebel der Unbestimmtheit und Ungewissheit. Was ist leichter, als dass eben diese dunkle Partie der Geschichte durch die Erzählung von der Wirksamkeit jener Helden ausgefüllt wird? Ist ja das menschliche Gemüth, in seiner pessimistischen Anlage und Stimmung, stets geneigt, in die graue Urzeit geistig und körperlich kolossal angelegte Menschen hineinzudenken, denen gegenüber das entkräftete Geschlecht der Gegenwart blos ein Schemen ist! So finden wir denn die Heroenerzählungen stets an der Spitze der Volksgeschichte. Die Geschichte des griechischen Volks beginnt mit seinem Heldenzeitalter, und die historisch dunkle Periode der hebräischen Geschichte, die Zeit zwischen dem ersten Eintritte ins kena'anitische Ackerland bis zur Creirung des monarchischen Königthums, die sogenannte Richterzeit, ist gleichfalls der Rahmen, welcher die hebräische Heldensage in sich fassen muss. Die Geschichte dieser Zeit ist es, um welche sich die Sagen von den hebräischen Heroen gruppiren. Eine zweite wichtige Quelle für die Erkenntniss des hebräischen Mythosstoffes ist demnach der Kreis von Erzählungen, den wir im kanonischen „Buche der Richter" finden. Diese mythoswissenschaftliche Fundgrube ist es, deren Schätze Prof. Steinthal in dieser Richtung mit so viel kritischem Scharfsinn gehoben hat, in seiner bahnbrechenden Abhandlung über die Simson-Sage, in welcher er zu allererst Methode und Resultate der neuen Mythoswissenschaft auf das Gebiet des hebräischen Alterthums in selbstständiger Weise anwendete. Es ist ein glücklicher Zufall zu nennen, dass sich der mythische Charakter jener hebräischen Heroen eben an einem so ergiebigen Beispiele nachweisen liess, wie Shimshôn (Simson); denn daran kann ja auch der verbissenste Skeptiker nicht zweifeln, dass dieser Name soviel bedeutet als Sonne (shemesh), und dass dieser

Umstand eine unleugbare Berechtigung dazu bietet, die solarische Bedeutung des Helden festzuhalten und in seinen Kämpfen den Kampf der Sonne gegen Finsterniss und Gewitter zu erblicken.

4.

c) Aber die alttestamentlichen Erzählungen hören nicht auf, eine Quelle für die Mythosforschung auf hebräischem Gebiete zu sein, dort wo die Sagen der Genesis und des Richterbuchs von wirklich historischen Berichten abgelöst werden. Es ist nämlich eine längst constatirte Thatsache, dass sich die mythischen Charakterzüge, sobald einmal die Mythen selbst durch die Personificirung ihrer Gestalten ihre ursprüngliche Bedeutung eingebüsst haben, nicht auf ihr eigentliches Gebiet beschränken, dass sie sich vielmehr vielfach an historische Personen und historische Thatsachen ansetzen. Alexander der Grosse z. B. ist eine historische Erscheinung, an deren Geschichtlichkeit selbst die kühnste Kritik nicht rütteln kann; und auch an die Erzählung von seinen Thaten und Schicksalen haben sich Charakterzüge des solarischen Mythos angesetzt, Züge, die ursprünglich dem Sonnenhelden eigen, so namentlich der Zug in das Reich der Finsterniss.[1] Nicht jede Erscheinung, in deren traditionellem Charakterbild wir solarische Züge erkennen können, ist demnach mythisch, wenn sie auch nicht immer streng genommen der Geschichte angehört (wie z. B. Wilhelm Tell). Es ist höchst irrig, wenn man, wie dies gewöhnlich geschieht, zwischen Mythos und Geschichte als von zwei ein Drittes ausschliessenden Gegensätzen spricht.

Jedoch ist es zweierlei, worauf wir bei der Betrachtung der Mythosansetzung an historische Erscheinungen achten

---

[1] Wie sehr sich die Geschichte Alexander's mit dem Solarmythos verknüpfte, das zeigt sich am besten dadurch, dass die arabische Sage dem Alexander einen Sonnennamen verleiht, das vielgedeutete Dû-l-karnein: der Gehörnte, d. h. der Strahlende.

sollen. Erstens nämlich pflegt sich, was wir eben erwähnt haben, der eine oder der andere mythische Charakterzug an historische Erscheinungen anzusetzen, wie wir dies z. B., um auf speciell hebräischem Gebiete zu bleiben, in der Charakterschilderung des Dâvîd oder des Propheten Êlîjâhû beobachten können (vgl. unten Kap. VI, Absch. 8). Der Aufenthalt der Hebräer in Aegypten und ihr Auszug von dort unter der Führung und Erziehung eines für die Freiheit seines Stammes begeisterten Mannes ist eine Reihe streng genommen historischer Thatsachen, welche auch in den Documenten des ägyptischen Alterthums ihre Bestätigung finden; aber der traditionellen Erzählung von diesen Thatsachen, wie sie das hebräische Volk ausgebildet, haben sich unwillkürlich Charakterzüge jenes solaren Mythos beigesellt, welcher die älteste Geistesthat aller Menschheit bildet; so z. B. der nächtliche Durchzug durch das Meer, wie ihn der Mythos von der untergehenden Sonne erzählt, welche die Nacht über durch das Meer wandert, um morgens auf dem entgegengesetzten Ufer wieder emporzutauchen; oder jene solarischen, ja speciell prometheischen Züge, welche sich an die Schilderung vom Lebensgange Moses, wie sie die biblische Erzählung bereits in theokratischer Färbung darbietet, angesetzt haben, und welche wieder Steinthal in seiner schönen Abhandlung über die Prometheus-Sage klar dargelegt hat[1], eine Untersuchung, auf die ich hier verweisen will, anstatt den Inhalt derselben zu reproduciren. Zweitens ist das umgekehrte Verhältniss in Betracht zu ziehen, das nämlich, dass sich historische Thatsachen, von denen die Volkserinnerung nicht aufbewahrt hat, welches die Namen der Personen sind, welche dabei wirkten, an mythische Namen anknüpfen. Wir können als Beispiel dafür auf die Richterperiode zurückgreifen. Es ist selbstverständlich, dass es wahrhafte Geschichte ist, wenn von den erbitterten Kämpfen gesprochen wird, welche das hebräische

---

[1] Zeitschrift für Völkerpsychologie und Sprachwissenschaft (1859), II, 28 fg.

Volk in diesem Zeitalter gegen das Philistäervolk und gegen
andere kena'anitische Stämme führte. Die Erinnerung an
diese Kämpfe hat sich in Ermangelung historischer Namen
an die mythischen Benennungen angelehnt, welche nach der
Individualisirung der mythischen Gestalten die Bedeutung
von Personennamen erlangt hatten. In ersterm Falle
sind die Träger der Namen historische Personen, und die
Charakterzüge gehören dem Mythos an; in dem andern ist
Geschichte an mythische Benennungen angeknüpft worden.
Nach beiden Richtungen hin ist also die kritisch behandelte
hebräische Geschichte eine Quelle für die Mythosforschung
auf diesem Gebiete.

5.

d) Eine der zuverlässigsten, aber ebenso der heikelsten
Quellen der hebräischen Mythosforschung ist, ebenso wie
der arischen, die Sprache selbst, und vor allem die Untersuchung der Benennungen, an welche der Mythos geknüpft
ist. Diese Benennungen, welche in dem Umbildungsprocesse,
welchen die ursprüngliche Bedeutung des Mythos durch-
machte, zu Eigennamen wurden, sind ihrer eigentlichen,
ursprünglichen Bedeutung nach Appellativa, und die Appellativbedeutung ist es eben, welche zu finden ist, um den
mythologischen Charakter festsetzen zu können. Bei dieser
Untersuchung befolgt man am besten die Methode, deren
Benutzung in der arischen Mythosforschung so glänzende
Resultate zu Tage gefördert. Bei manchen Benennungen
lässt sich die Appellativbedeutung ohne viele Schwierigkeit
finden und lässt sich aus dem betreffenden Sprachschatze
selbst, also in unsern Untersuchungen aus dem bekannten
Sprachschatze der hebräischen Sprache, erklären; bei andern
versagt uns das bekannte hebräische Sprachmaterial alle
Hülfe und wir müssen zu einer nüchternen Benutzung der
verwandten Sprachgruppe, der semitischen nämlich, Zuflucht
nehmen. Es ist in dieser Beziehung nie aus dem Auge zu
verlieren, dass der hebräische Sprachschatz, welcher in den
Büchern des Alten Testaments vorliegt, auch nicht einmal an-

nähernd die Fülle des althebräischen Sprachmaterials umfasst,
auf welche wir nach diesem Bruchtheile schliessen können.
In den Eigennamen hingegen ist noch manches alte Sprachgut erhalten, das uns sonst nicht vorkömmt. Die Erforschung der appellativen Bedeutung der mythologischen Eigennamen leistet demzufolge nicht blos der Mythosforschung
einen wesentlichen Dienst, indem sie ihr in der Bestimmung
der mythischen Bedeutung des betreffenden Stammwortes
einen greifbaren Ausgangspunkt bietet, sondern sie ergänzt
auch die Lücken des hebräischen Lexikons und errettet
für die Erkenntniss manchen alten Bestandtheil dieser hoch-
wichtigen Sprache, der uns sonst ganz unbekannt bliebe.

Ein Beispiel wird das Gesagte klar machen und zeigen,
wie Sprachforschung und Mythologie gleichen Antheil haben
an der Belehrung, welche aus einer solchen Untersuchung
zu holen ist.

In der hebräischen Sprache begegnen wir gar häufig
dem Zeitworte hashkêm, welches soviel bedeutet als:
früh morgens einer Beschäftigung (welche diese Beschäftigung ist, das muss ein Nebenverbum bestimmen) nachgehen, ὀρθρεύειν; es repräsentirt den sogenannten Hiph'îl-
stamm, welcher in der Regel die Bedeutung des Facti-
tivum hat, jedoch nicht selten zum Ausdrucke dessen
gebraucht wird, dass man in eine Zeit oder in einen bestimmten Ort eintritt, eine Thätigkeit unter gewissen Zeit-
oder Ortverhältnissen vollzieht. Das Hiph'îl-Verbum ist in
diesem Falle stets von dem Nomen abgeleitet, welches
diesen Ort oder diese Zeit bezeichnet. Hier ist es besonders das Zeitverhältniss, welches uns interessirt. Man sagt
z. B. ha'arêbh in der Bedeutung: in den Abend eintreten, des Abends etwas thun, z. B. „der Philistäer
trat hervor morgens und abends", hashkêm we-ha'arêbh
(I. Sam. XVII, 16); dieses letztere Wort ist von dem
Namen 'erebh abgeleitet, welches Abend bedeutet. Von
dem Worte shachar, welches die Morgendämmerung
bedeutet, wird noch in einem späten Stadium der hebräischen Sprache gebildet: hishchîr: zu dieser Zeit etwas

thun, und diese Hiph'îl-Bildung des shachar figurirt dann neben der aus ʿerebh, ganz so wie in älterer Zeit hishkîm. [1] Nun muss natürlich diesem letztern Verbum selbst ein Nomen zu Grunde liegen, von welchem es abgeleitet ist, und welches Morgen bedeutet. Es findet sich jedoch in dem bekannten hebräischen Sprachschatze nicht, denn da bedeutet die hieher gehörige Nominalform shkhem den Nacken, und die Etymologen haben sich viel verlorene Mühe gegeben, um einen erträglichen Zusammenhang zwischen dieser Nominalbedeutung und jenem hishkîm herzustellen. Das Erträglichste, was man sagen konnte ist, dass wer früh aufsteht, um seiner Beschäftigung nachzugehen, sich die Arbeit auf den Nacken ladet. [2] Aber, so wird jeder fragen, ladet der keine Arbeit auf seinen Nacken, der sie nach dem Mittagessen oder des Abends verrichtet? Vergleicht man das Verhältniss, in welchem jene Hiph'îl-Formen zu den Nennwörtern stehen, von welchen sie derivirt sind, so stellt sich die Sache so, dass man fast a priori behaupten dürfte, es habe in der alten hebräischen Sprache das Wort shkhem auch den Morgen bedeutet. Und die Mythosforschung ist es in diesem Falle, welche uns hier die sicherste Handhabe bietet. Der Name Shkhem figurirt nämlich im hebräischen Mythos als Entführer der Dînâ, der Tochter des Jaʿḳôb. Ohne hier der Analyse dieses Mythos vorzugreifen, welche in den Zusammenhang eines unserer nächsten Kapitel gehört, erkennen wir allsogleich in dem mythischen Namen Shkhem das Nomen, aus welchem jenes Verbum hishkîm abgeleitet ist. Die mythische Benennung bezieht sich sonach auf den frühen Morgen, auf die Morgenröthe, den Entführer der Sonne, wie wir dieses Liebesverhältniss auch im Mythos der Arier so vielfältig ausgedrückt finden.

Keiner wird leugnen können, dass hier die Mythosforschung eine Bereicherung der Kenntniss des althebräischen

---

[1] Wajjiḳrâ rabbâ sect. XIX. hishchîr we-heʿeribh.

[2] Vgl. Gesenius, Thesaurus, S. 1406, b.

Sprachmaterials brachte, und so sind es denn auch auf hebräischem Gebiete Mythos und Sprachforschung, welche sich gegenseitig fördernd die Arme reichen. Dies macht die sprachforschende Untersuchung zu einer der ergiebigsten Quellen der Erkenntniss mythischer Anschauungen der alten Menschheit.

6.

e) Während sich der Gedankenkreis, welcher die prosaische Darstellungsweise leitet, auf dem Niveau jener Weltanschauung bewegt, welche in der Zeit, in welcher der Schriftsteller lebt, maassgebend ist, besitzt die poetische Sprache und Darstellung grössere Neigung dazu, in sich die Ausdrucksweisen, welche längstvergangene Zeit im Sinne der in ihnen herrschenden Weltanschauung hervorgebracht, aufzunehmen und anzuwenden. Diese Ausdrucksweisen waren damals, als sie entstanden sind, genau der Weltanschauung jener Zeit entsprechend und hatten die Bedeutung, welche der wortgetreue Sinn ergibt; sie wurden auch bei jedem Falle, der Gelegenheit zu ihrer Anwendung bot, gebraucht, und jeder verstand, was man damit meine; denn keiner hätte es anders ausgedrückt. Die Dichtersprache der spätern Zeit bewahrt solche Ausdrucksweisen, selbst dann, wenn ihre Bedeutung aus der Weltanschauung geschwunden ist und die betreffenden Dinge und Vorgänge ganz anders vorgestellt werden, und wendet sie in figürlichem Sinne, wie man zu sagen pflegt, an.[1] So hat also die Sprache und Ausdrucksweise der hebräischen Dichter und jener in gehobenem, ans Dichterische streifendem Stile sprechender Männer, die man Propheten nennt, vieles von jenen Ausdrucksweisen bewahrt, die aus der alten mythologischen Weltanschauung herausgewachsen sind. Es ist demnach auch von da hin und wieder Mythosmaterial zu heben.

---

[1] Vgl. Herm. Cohen's Abhandlung: Die dichterische Phantasie und der Mechanismus des Bewusstseins (Zeitschr. für Völkerpsychologie und Sprachw. [1869], VI, 239—40).

Wenn z. B. der Prophet Jesajas (XIV, 24) sagt: „Ich fege sie mit dem Kehrbesen der Vernichtung", so ist dies zwar, wie wir es nennen, ein poetisches Bild, indem das Vernichten als ein Kehrbesen vorgestellt wird, welcher die zu Vernichtenden von der Oberfläche der Erde hinwegfegt. Doch ist es andererseits mehr und anderes als blos ein poetisches Bild, denn es verdankt seinen Ursprung nicht einer künstlerischen Auffassung des Redners, sondern es steckt dahinter eine mythische Anschauungsweise der alten Welt, welche der Redner hier in poetischem Sinne verwendet, dieselbe Auffassung nämlich, welche sich in so vielen Mythoskreisen vorfindet. Die Pestjungfrauen z. B. werden mit Kehrbesen in der Hand vorgestellt, mit welchen sie vor den Thoren kehren und dadurch Tod in das Dorf bringen. [1] Oder wenn wieder Jesajas sagt (XXVII, 1), dass „Jahve mit seinem harten, grossen und starken Schwerte heimsucht Livjâthân, die flüchtige Schlange, und Livjâthân, die krümmungsreiche Schlange, und umbringt das gedehnte Ungeheuer (tannîn), das im Meere ist", oder wenn Hiob (XXVI, 13) in seiner grossartigen Schilderung des Kampfes, den Jahve gegen das Gewitter führt, und der Niederlage des letztern vor der Allgewalt Jahve's, spricht: „Durch seinen Hauch klärt sich der Himmel, seine Hand verwundet die flüchtige Schlange (nâchâsh bârîach)", oder wenn der im Babylonischen Exil wirkende Prophet (Jes. LI ,9) Jahve'n in folgenden Worten anredet: „Erwache, o erwache, kleide dich in Gewalt, o Arm Jahve's! Erwache, wie in den Tagen der Urzeit, wie in den Zeiten der alten Ewigkeit! Bist du es nicht, der das tobende Ungeheuer (rahabh) erlegte und verwundete das tannîn?" u. s. w.[2]: so bemerken

----

[1] Vgl. über die germanischen Sagen, in welchen dieser Gedanke wiederkehrt, Henne-Am Rhyn, Die deutsche Volkssage (Leipzig 1874), S. 268 fg.

[2] Vgl. Psalm LXXIV, 13—14; LXXXIX, 11. Es ist nicht berechtigt, wenn manche Exegeten, sich um die Residuen des alten Mythos

wir, dass in diesen Ausdrücken Propheten und Dichter die in der Weltanschauung der betreffenden Gegenwart längst überholten und veralteten Anschauungen des Mythos vom Kampfe der Sonne gegen die flüchtige Schlange (Blitz) und gegen die gestreckte oder gekrümmte Schlange (Regen) verwenden, die Ungeheuer, welche die Sonne zu verschlingen trachten, welche aber die Sonne mit ihren Pfeilen (Strahlen) beschiesst oder mit ihren Steinwürfen verwundet; oder vom Kampfe der untergegangenen Sonne gegen das Ungeheuer, das ihrer am Meeresgrunde harrt, um sie zu verschlingen (ein Mythos, der auch in der Jonas-Sage aufbewahrt ist), nur dass das monotheistische Bewusstsein die Sonne durch Jahve substituirt hat. Auch wenn manche Propheten so häufig in ganz allgemeiner Weise, ohne Beziehung auf ein bestimmtes historisches Ereigniss, von einem Durchzuge durch das Meer sprechen, so ist dies — wo nicht ausdrücklich darauf hingedeutet ist — durchaus keine Reminiscenz an den Durchzug durch das Rothe Meer, als an ein Moment aus der Urgeschichte des hebräischen Volks, sondern es ist wieder die Anwendung einer alten mythischen Anschauung von dem Zuge, den der Sonnenheld nach seinem Niedergange durch das Meer durchmacht, um morgens wieder am andern Ufer zu erglänzen. Ist ja jene hebräische Erzählung selbst — wie wir schon darauf hingewiesen — nichts anderes als ein zur Geschichte umgebildeter Mythos, wie wir solchen Umbildungen in der Entwickelungsgeschichte des Mythos auf Schritt und Tritt begegnen. Besonders klar wird dies, wenn wir die Fortsetzung der schon oben angeführten Worte des babylonischen Ungenannten (Jesaj. LI, 10) ansehen: „Bist du es nicht, der das Meer trocknet, die Wasser der gewaltigen Flut, der in den Tiefen des Meeres einen Weg macht, damit hindurchziehen die Erlöseten?" Das in diesem Verse Geschilderte ist im Sinne des Redners ein Geschehniss

nicht kümmernd, unter rahabh und tannîn stets das ägyptische Reich verstehen wollen.

derselben Art wie das, worauf er im vorangehenden Verse
Bezug genommen hat, die Erlegung des rahabh und die
Verwundung des tannîn. — Auch die Benennung Kena'ans
als ein Land, „wo Milch und Honig fliesst“, weist auf
den Mythos von einem Sonnenlande zurück; der Mythos
nennt nämlich das Strahlenlicht von Sonne und Mond
„Milch und Honig“, denn den Mond nennt er Biene[1] und
die Sonne ist ihm Kuh. Wir kommen auf die mythologische Apperception der Lichtstrahlen als Flüssigkeit in
der Note *c.* des fünften Kapitels zu sprechen. Palästina,
das der Schriftsteller als mit allen Segnungen ausgerüstet
schildern wollte, erhält dann Attribute, welche der Mythos
einem überirdischen Orte, woher ihm die Segnungen des
Lichtes entströmen, verlieh, und es ist bemerkenswerth,
dass im Çatapatha Brâhmaṇa dieselbe mythische Anschauung, welche im Hebräischen poetisch verwendet wird, uns
bereits in eschatologischer Färbung entgegentritt. In den
Wohnungen der Seligen lässt das Çatap. Brahm. XI, 5. 6. 4.
Milch und Honig fliessen.[2]

7.

f) Die hebräische Mythostradition ist nicht ausschliesslich im alttestamentlichen Kanon erhalten. Es ist in diesen
Kanon bei weitem nicht alles aufgenommen, was aus den
Resten des alten Mythos in historisch entstandener Umbildung im hebräischen Volke cursirte. Vieles davon ist
vielmehr in der dem Kanon nicht einverleibten Tradition,
besonders in der sogenannten rabbinischen Agâdâ erhalten,
welche manches alte Gut in sich fasst, das sich an Alter
mit den mythologischen Quellen, die wir innerhalb des
Kanon namhaft gemacht haben, messen kann. In der

---

[1] Angelo de Gubernatis, Die Thiere in der indogerman. Mythologie,
S. 506 fg. In Betreff der Bedeutung von Biene und Honig im hebr.
Mythos hat Steinthal in seiner Abhandl. über die Simson-Sage genug
Treffliches gesagt.

[2] Bei Weber in Zeitschr. D. M. G. (1855), IX, 238.

Erkenntniss solcher Elemente der Agâdâ ist umsichtige
Kritik und grosse Behutsamkeit nothwendig, denn es ist
eben nur ein verschwindend kleiner Bruchtheil derselben,
von welchem das Gesagte gelten kann, und dieser kleine
Bruchtheil ist aus einer überwiegenden Masse von Bestandtheilen herauszulesen, von welcher das Gesagte nicht gelten
kann. Im allgemeinen aber müssen wir die Agâdâ als Quelle
für die Erkenntniss des alten hebräischen Mythos namhaft
machen, und es muss constatirt werden, dass man von der
Agâdâ in dieser Richtung schon früher — freilich einen
nicht immer zuverlässigen — Gebrauch gemacht hat. Auch
der gelehrte Mythosforscher Prof. Schwarz hat bereits einmal auf diese Quelle hingewiesen [1], und Julius Braun geht
in der mythologischen Würdigung der Agâdâ geradezu zu
weit, wenn er ohne Einschränkung sagt [2]: „Die Rabbiner-
sagen sind nichtsweniger als willkürliche Erfindungen, sondern Nachklänge urältester, nur durch die gegenwärtige
Bibelredaction ausgeschiedener Erinnerungen. Wenn die
rabbinische Gelehrsamkeit zuweilen unglückliche Versuche
macht, die ausserbiblische Sage mit einem Bibelwort zu
begründen und in vermeintlichen Anspielungen biblischer
Zeiten nachzuweisen, so ist das kein Beweis, dass die ganze
Sage aus solchen misverstandenen Bibelworten erst heraus-
speculirt sei." Aber gerade Braun ist es, der von der
rabbinischen Tradition, hierin mit dem unbesonnenen Nork
wetteifernd, einen gar schlechten Gebrauch macht und ohne
Auswahl und Kritik rechts und links alles nimmt, wo er
es findet, gleichviel ob es nun der Veda ist oder die Bibel,
ob Homer oder die Kirchenväter, ob das ägyptische Todten-
buch oder der Talmud, ob Keilinschriften oder irgendein
obscurer Allegoriker.

Die Agâdâ hat z. B. an vielen Orten die Eigennamen
derjenigen Personen genannt, welche in der Bibel namenlos
vorgeführt werden, und zwar häufig Namen mit solch alter-

---

[1] Sonne, Mond und Sterne, S. 4.
[2] Die Naturgeschichte der Sage, I, 127.

thümlichem Gepräge, dass man nicht an eine launige Erfindung der Agadisten denken kann." Ich glaube, dass
diese Namen, wenn sie durch innere Gründe gerechtfertigt
erscheinen, d. h. wenn sie sich der Natur des Mythos ganz
angemessen zeigen, für die Mythosforschung als altes Gut
von Bedeutung sein können. Natürlich darf uns hier nicht
allzu grosser Optimismus beherrschen und wir dürfen nie
die Freiheit vergessen, mit welcher die agädische Phantasie
auf ihrem Gebiete schaltet und waltet. [1] Dasselbe gilt auch
von den Identificirungen, in welchen sich die Agadisten
gern gefallen, und von den genealogischen Angaben, welche
vom Standpunkte der historischen Exegese zwar wenig Berücksichtigung verdienen, ihren Grund aber in einem alten
Mythos haben können. So z. B. nennt das Targum zu
I. Sam. XVII, 4, Simson den Vater des Goljâth. [2]
Wenn wir in Betracht ziehen, dass Goljâth jener Riese ist,
den der „röthliche Held mit gutem Gesichte" durch
„Steinwürfe" besiegt (der Sonnenheld wirft mit Steinen
nach dem Gewitterungeheuer), so kann wol sehr leicht der
Mythos sagen, dass die Sonne (Shimshôn) der Vater dieses
feindseligen Nachtriesen ist, sowie die Sonnengestalten gar
häufig als Vater oder Mutter der Nacht vorgeführt werden.

Es ist sehr leicht begreiflich, dass die mythologische
Verwendbarkeit einzelner solcher Angaben ungemein schwer
zu bestimmen ist; wir haben demnach nur höchst spär-
lichen Gebrauch von denselben gemacht. Relativ sicherer
wäre die Benutzung derselben da, wo es sich nicht blos
um Namen und genealogische Verhältnisse handelt, sondern
um materielle Erzählungen. Besonders ist es die Âbhrâm-
Sage, welche in ihrer agadischen Fassung sehr viel altes

---

[1] Häufig haben sich solche Namen in der Volkstradition festgesetzt
und werden von verschiedener Seite übereinstimmend genannt, so z. B.
Ἰαννῆς und Ἰαμβρῆς, welche ebenso bei den Rabbinen als auch II. Ti-
moth. III, 8 figuriren (vgl. Jablonski, Opuscula ed. Te Water, II, 23).

[2] S. Wilhelm Bacher's Abhandlung, Kritische Untersuchungen zum
Prophetentargûm (Zeitschr. D. M. G. [1874], XXVIII, 7).

Mythosmaterial aufbewahrt hat, dessen Verwerthung durch die lichtvolle Zusammenstellung, welche eben diese Partie der Agâdâ von seiten B. Beer's erfahren [1], leicht zugänglich ist. So ist z. B. der Kampf Ábhrâm's gegen Nimrôd — den die Mythosforschung als den Kampf des nächtlichen Himmels gegen die Sonne fassen muss — nur aus der Agâdâ bekannt; die Schrift erwähnt dieses Verhältnisses mit keinem Worte. Und für den solarischen Charakter des Nimrôd, der übrigens auch aus den biblischen Angaben erhellt, hat auch wieder die Agâdâ ein schätzbares Datum aufbewahrt, dass nämlich 365 Könige (die Tage des Sonnenjahres) dienend vor ihm erscheinen [2]; es ist dies dieselbe Anschauungsweise des Mythos wie die, dass Henoch — von dem wieder nur die Tradition das solarische Moment der Himmelfahrt aufbewahrt hat — 365 Jahre lebt, oder dass Hêlios Heerden von 350 Rindern hat (7 Heerden zu 50 Rindern), und dass nach dem Veda der Sonnengott mit 720 Zwillingskindern, d. h. 360 Tagen und Nächten gesegnet ist [3] und dass sein Wagen durch 7 Pferde (d. h. 7 Wochentage) gezogen wird. [4]

Wieder ist es die Agâdâ, welche uns folgenden mythischen Ausdruck erhalten hat, den in dieser Beziehung bereits Schwarz verwerthet [5]: „Abhrâhâm war im Besitze eines Edelsteins, welchen er, solange er lebte, um seinen Hals trug; als jener starb, nahm Gott den Edelstein und hing ihn an die Sonnenkugel." [6] Der Mythos nennt, wie

[1] Leben Abraham's nach Auffassung der jüdischen Sage (Leipzig 1859). Eine gute Zusammenstellung hat auch bereits Hamburger, Geist der Hagada (Leipzig 1857), I. 39—50.

[2] Bêth ham-midrâsh, Sammlung kleiner Midraschim und vermischter Abhandlungen aus der jüdischen Literatur (ed. Ad. Jellinek; Wien 1873), V, 40.

[3] M. Müller's Essays, II, 197.

[4] Rigveda L, 8. CCCXCIX, 9.

[5] Sonne, Mond und Sterne, S. 4.

[6] Bab. Bâbhâ bathrâ, fol. 16, b.

auf arischem Gebiete vielfach, besonders auch durch Schwarz und Kuhn, gründlich nachgewiesen ist, den Sonnenglanz und die leuchtenden Körper Steine im allgemeinen oder Edelsteine im besondern. [1] Des Nachts, solang Àbhrâhâm (der nächtliche Himmel) lebt, trägt er selbst den Edelstein, stirbt die Nacht, so nimmt Gott diesen Edelstein (den Mondesglanz) und hängt ihn an die Sonne.

Wie behutsam man bei der mythologischen Benutzung der Agâdâ vorgehen muss, das leuchtet jedem ein, der die Natur und Entstehungsgeschichte der Agâdâ und der agâdischen Sammlungen kennt. Ich will noch ein Beispiel anführen, welches zeigt, wie leicht man irregeführt werden kann, wenn man sich in der Mythosforschung der Benutzung dieser verlockenden Quelle unbedingt und allzu vertrauensvoll hingeben würde.

Im Verlaufe unserer folgenden Untersuchungen wird es zur Gewissheit werden, dass Ja'ḳôbh in die Reihe der mythischen Gestalten gehört, welche mit dem nächtlichen Himmel zusammenhängen. Wie leicht könnten wir in dieser Auffassung gestört werden, wenn wir aller Agâdâ unbedingt Sitz und Stimme unter den Quellen hebräischer Mythosforschung zuerkennen würden? Da heisst es nämlich einmal in Bezug auf die Bibelstelle Genes. XXVIII, 11: „Er (Ja'ḳôbh) erreichte jenen Ort und übernachtete dort, denn die Sonne war angekommen (kî bhâ hashemesh), d. h. untergegangen." Dazu bemerkt der Agadist Chaggî aus Sephoris: „Dieser Satz weist darauf hin, dass Ja'ḳôbh, als er in Bêthêl angelangt war, die begrüssende Stimme der Engel hörte: „Es ist die Sonne gekommen, es ist die Sonne gekommen" (d. h. Ja'ḳôbh selbst). Als viele Jahre später der Sohn des Ja'ḳôbh, Jôsêf, seinem Vater den Traum erzählte, in welchem auf den Vater als auf die Sonne angespielt wird (XXXVII, 9. 10), da dachte Ja'ḳôbh:

---

[1] Vgl. Kuhn, Ueber Entwickelungsstufen der Mythenbildung (Abhandl. der kön. Akad. d. W. Berl. 1873 [Berlin 1874]), S. 144.

Wer hat meinem Sohne kundgethan, dass ich Sonne heisse?"[1]

Noch auf Eins will ich in dieser Beziehung hinweisen. Zuweilen verarbeitet die Agâdâ mythologische Momente, die sie aufbewahrt so, dass neben der alten Mythostradition noch etwas von den Agadisten auf Grund irgendeines ihrer hermeneutischen Grundsätze Hinzugefügtes dazutritt, welches unmöglich ebenfalls Eigenthum des alten Mythos sein kann. Ein Beispiel soll dies wieder näher führen. Wir wollen es nicht als apodiktisch hinstellen, aber auch die Möglichkeit dessen nicht in Abrede stellen, dass der Name Bile'âm ein mythischer ist. Er bedeutet: der Verschlinger und wird demnach schon seit alter Zeit mit dem arabischen Lokmân identificirt, welcher Name gleichfalls Verschlinger bedeutet.[2] Es wäre demnach Bile'âm ursprünglich Name des Ungeheuers, welches die Sonne verschlingt. Es ist in der Mythologie nicht selten, dass den sonnenfeindlichen Gestalten Weisheit, List und Klugheit zugeeignet werden, und daher kommt es, dass die Schlange im Mythos in Verbindung mit der Weisheit erscheint; dies rechtfertigt den Charakter Bile'âms als Weisen und Propheten. (Die Schlange ist orakelgebend: οἰωνός.[3]) Bile'âm ist der Sohn des Be'ôr, des Leuchtenden, ein mythischer Ausdruck, der häufig wiederkehrt, wenn das Dunkel als aus dem Tage entstanden bezeichnet wird, und auch das mag mythisch sein, dass die Agâdâ diesen Be'ôr mit dem Weissen (Lâbhân) identificirt.[4] Dieser Mythos wäre dann, wie so viele andere, durch den Einfluss der — im siebenten Kapitel näher zu bezeichnenden — Factoren

---

[1] Berêshîth rabbâ, sect. 68.

[2] Dagegen Ewald, Geschichte des Volkes Israel (3. Aufl.), II, 302.

[3] Welker, Griechische Götterlehre (Göttingen 1857), I, 66.

[4] Ich finde diese Identificirung allerdings nur in spätern Schriften, Tânâ de-bhê Elîjâ c. 27 Sêder 'ôlâm c. 21, vgl. Halâkhôth gedôlôth (hilkhôth haspêd). Im Sêder had-dôrôth u. d. J. 2189 wird Be'ôr der Sohn Lâbhân's genannt. Ueber Lâbhân vgl. Kap. V, Abschn. 11.

nationalisirt worden. Der Sonnenverschlinger wurde zum
Verschlinger des hebräischen Volks, sowie der Sonnenheros zum hebräischen Nationalheros wurde. Die Gewitterhelden werden vom Mythos häufig als lahm und hinkend
vorgeführt [1], und dieser Zug, den von Bile'âm die Schrift
nicht aufbewahrt, findet sich in der Agâdâ, welche mittheilt: Bile'âm chiggêr beraglô achath hâjâ, „Bile'âm
war lahm an einem Fusse". [2] Soweit wäre alles in Ordnung.
Nun aber besagt der Nachsatz: Shimshôn chiggêr bishtê
raglâw hâjâ, d. h. „Simson war lahm an beiden Füssen",
ein Zug, der zum Sonnenhelden nicht passt. Aber wir
müssen bedenken, dass die Agâdâ dies letztere durch einen
ihrer hermeneutischen Grundsätze folgert. Die Lahmheit
Bile'âms wird nämlich an das Wort shefî in Numeri XXVIII, 3
angeknüpft; das Wort shefîfôn in Genes. XLIX, 17 (in
dem Spruche über Dàn, welchen die Agadisten auf den
Dâniten Shimshôn beziehen) ist für die agâdische Hermeneutik seiner Form nach der Ausdruck für die Verdoppe-
lung des Begriffes, welchen shefî ausdrückt. [b]

Dem alten Mythos könnte demnach nur das über Bile'âm
Gesagte angehören; das zweite über Shimshôn Gesagte ist
spätere agâdische Folgerung, auf welche in mythologischer
Beziehung kein Gewicht gelegt werden kann.

———

Anmerkung zu S. 36.

a. Agâdische Namenetymologien. Auch noch nach einer
andern Richtung hin pflegt die Agâdâ das durch die Schrift selbst
Vernachlässigte zu ergänzen. An Stellen, wo die Bibel selbst die
Wahl oder Entstehung eines Eigennamens nicht begründet, pflegt
die Agâdâ ganz selbständig ihre etymologische Begründung zu gestalten; diese agâdische Eigenthümlichkeit ist in dem betreffenden

---

[1] S. u. Kap. V, Abschn. 10 (zu Ende).
[2] Sôṭâ, fol. 10 a.

Schriftthum ungemein häufig vertreten (z. B. die Etymologie des Namens Mirjâm in Midrâsh zum Hohenliede II, 12, die des Namens der beiden Hebammen Shifrâ und Pûʻâ, welche noch obendrein mit Jôkhebed und Mirjâm identificirt werden, im Talmud babyl. Tr. Sôṭâ, fol. 11 b u. v. a. m.) und wir haben auf dieselbe schon bei anderer Gelegenheit hingewiesen (Zeitschr. d. Deutschen Morgenl. Ges., 1870, XXIV, 207). Ich hebe an diesem Orte eines der Beispiele, die sich in ungemein grosser Zahl darbieten, hervor, weil es mir Gelegenheit bietet, auf ein interessantes Zusammentreffen zwischen jüdischer und mohammedanischer Agâdâ hinzuweisen, welches uns einen Beleg dafür bietet, wie weitgehend und sich auf kleine Einzelheiten erstreckend die Entlehnungen sind, welche die mohammedanische Schriftgelehrsamkeit der rabbinischen entnahm, andererseits aber, wie selbständig und ganz in arabischem Geiste diese Entlehnungen verarbeitet wurden.

Genes. XLVI, 21 werden die Söhne des Binjâmîn aufgezählt ohne jede etymologische Bemerkung. Die Agâdâ holt diesen Mangel nach und bringt einen jeden der Namen der Neffen Jôsêf's mit der wehmuthsvollen Erinnerung des Binjâmîn an seinen verlorenen Bruder in Verbindung. Die betreffenden Motivirungen sind im Talmûd und im Midrâsh enthalten; sie finden sich aber bereits in abweichender, jedoch wahrscheinlich in der originellsten Fassung im Targûm Jerus. zur Stelle, und es ist hinreichend, wenn ich auf dieses reflectire. Danach nannte Binjâmîn seine zehn Söhne ʻal prishûthâ de-Jôsêf achôhî, anknüpfend an die Trennung seines Bruders Jôsef u. z. Belaʻ, weil Josef von ihm hinweg verschlungen (d. h. entrissen) wurde (de-ithbelaʻ minnêh); Bekher, weil Jôsef der Erstgeborene seiner Mutter war (bukhrâ de-immêh); Ashbêl wegen der Gefangenschaft, in welche Josef fiel (de-halakh be-shibhjâthâ); Gêrâ, weil Josef als Fremdling leben musste in fremdem Lande (de-ithgar be-arʻâ nukhrâ'â); Naʻamân, weil ihm Josef werth und theuer (da-hawâ nâʻîm we-jaḳḳîr); Êchî, weil er sein Bruder (achôhî); Rôsh, weil er der vorzüglichste im Vaterhause war; Muppîm, weil er nach dem Lande Môf (Aegypten) verkauft wurde; Chuppîm, weil Binjâmîn eben achtzehn Jahre erreicht hatte, also nach rabbinischer Ansicht (Àbhôth V, mishnâ 21) das Alter, in welchem der Mann reif zur Heirath (chuppâh) wird; Ard, von jârad, hinunterziehen, weil Josef nach Aegypten hinabziehen musste.

Das arabische Seitenstück zu dieser Agâdâ habe ich in dem Buche Zahr al-kimâm fî ḳiṣṣat Jûsuf ʻaleihi al-salâm (Kelchblumen, enthaltend die Geschichte Josef's) gefunden, welches den mâlikitischen Gelehrten ʻOmar b. Ibrâhîm al-Ausî al-Anṣârî zum Verfasser hat. Es ist dies dasselbe Buch, welches

Ḥâgî Chalfâ (V, 381, nr. 11386) unter dem Titel magâlis ḳiṣṣat Jûsuf anführt [1], obwol der dort gegebene Anfang nicht zu den Anfangsworten unseres Codex (er ist in der leipziger Universitätsbibliothek unter Nr. 7 des Nachtrags) stimmt. Das Buch ist iu XVII magâlis, d. h. Consessus, eingetheilt, eine in arabischen Werken paränetischen und religionswissenschaftlichen Inhalts nicht ungewöhnliche Eintheilung; ein jedes meglis enthält eine Partie aus der Lebensbeschreibung Josef's, immer durch einen Koranvers eingeleitet und reichlich mit Gedichten und sonstigen Episoden und Intermezzos untermischt. Es ist eine lehrreiche Quelle für die Kenntniss der Josef-Legende der Mohammedaner. Da es hier zu weit von unserm Gegenstande führen würde, wenn ich eine ausführliche Charakteristik dieses Buches liefern wollte, so sei nur das eine hervorgehoben, dass es grosse Verwandtschaft mit der jüdischen Josef-Legende verräth, sowie der Verfasser im allgemeinen häufig Gelegenheit zu der Vermuthung gibt, die Bibel und jüdische Tradition seien ihm und seinen Quellen nicht fremd gewesen. Es ist aber alles bei ihm eigenthümlich verändert. Der Ausruf des getäuschten Isak z. B. „die Hände sind Esau's Hände, aber die Stimme ist Jakob's Stimme" (Genes. XXVII, 22) lautet dort Blatt 5 recto: al-lams lams ʿAjṣau w-al-riḥ riḥ Jaʿḳûb (Die Berührung ist die Berührung Esau's, aber der Geruch ist der Geruch Jakob's (vgl. Genes., ibid. v. 27). Die Stelle, auf die es uns hier ankommt, befindet sich Blatt 149 recto.

Die Scene ist das Diner der Brüder im Hause Josef's. Jeder sitzt neben seinem leiblichen Bruder; nur Binjâmîn ist ohne solchen und fängt darob heftig zu weinen an. Da nähert sich ihm Josef, gibt sich nach einem längern Zwiegespräch als seinen leiblichen Bruder zu erkennen und spricht mit ihm. Hernach fragte ihn Josef: „O Jüngling, hast du eine Frau?" „Ja wohl", entgegnet Binjamin. „Und Kinder?" „Ich habe deren drei Söhne." „Welchen Namen gabst du dem ältesten?" „Dîb (Wolf)". „Und warum wähltest du diesen?" „Weil meine Brüder die Meinung hegten, dass ein Wolf meinen Bruder verzehrt habe, und ich ein Erinnerungszeichen an diese Katastrophe haben wollte." „Und wie nanntest du den zweiten?" „Ich nannte ihn Dam (Blut)." „Warum so?" „Weil meine Brüder ein in Blut getauchtes Oberkleid brachten; daran wollte ich mich stets erinnern." „Und wie

---

[1] Der Verf. bezieht sich Blatt 127 recto auf sein früheres Werk: biġjat al-mutaʿallim wa-fâʾidat al-mutakallim. Ḥ. Ch. kennt dieses Buch des Verf. nicht.

heisst dein dritter?" „Jûsuf; damit der Name meines Bruders nicht vergessen werde."

Aber auch solche Namen, welche in der biblischen Urkunde selbst ihre Etymologie gefunden, versieht die Agâdâ mit andern etymologischen Erklärungen. So z. B. den Namen Jischâk, welchen sie als jâsà oder jêsè chôk erklären (Beresh. r. sect. 53, vgl. Beer, Leben Abraham's, S. 168, Anm. 506).

<hr>

Anmerkung zu S. 40.

b. Ein hermeneutisches Gesetz der Agâdâ. Der hermeneutische Grundsatz, auf den wir im Text verwiesen haben, ist den Agadisten zwar nicht so bewusst gewesen, wie er in andern Kreisen war, denn sie haben ihn gar nicht ausgesprochen; jedoch zieht er sich durch ihre ganze Schriftauffassung durch. Es ist der Grundsatz: dass die Intensität des Wortbegriffs mit der Erweiterung der Form wächst. Dasselbe Gesetz war auch von den griechischen Etymologen aufgestellt und von einem der ältesten Grammatiker, Tryphon, bis zur Pedanterie angewendet (vgl. Steinthal, Geschichte der Sprachwissenschaft bei Griechen und Römern, S. 342); bei den arabischen Grammatikern beherrscht es die ganze grammatische Sprachbetrachtung (zijâdet al-lafz oder al-binâ tadullu ʿala zijâdet al-maʿna). Auch in der agadischen Exegese macht es sich vielfach als Richtschnur in der Schrifterklärung geltend. Besonders weist bei Reduplicatformen die reduplicirte auf einen reichern Begriffsinhalt als die, in welcher keine Reduplication statt hat. Z. B. Lêbhâbh ist im Verhältniss zu lêbh (beides bedeutet: Herz) ein Doppelherz: der gute und der böse Trieb (jêser tôbh und jêser hârâʿ. Sifrê zu Deuteron. VI, 5, §. 32). So soll auch in shefîfôn das im Verhältniss zu shefî verdoppelte f auf die Bereicherung des Begriffsinhalts hinweisen.

In diesem Worte shefîfôn ist aber ausser dem verdoppelten Lautelemente noch der Bestandtheil ôn enthalten. Auch diese Endsilbe wird gern mit einer Bereicherung des Begriffs in Verbindung gebracht, ebenso wie die Koranexegese der entsprechenden Silbe ân dieselbe Wirkung zuerkennt (vgl. über rahmân und rahîm in dieser Beziehung al-Beidâwî's Commentarius in Coranum [ed. Fleischer], I, 5. 11). Ein Beispiel aus der Agâdâ ist folgendes: Berêshith rabbâ sect. 97 sagt Jôsê b. Chalaftâ „Nahrungssorgen sind doppelt so schmerzhaft als Geburts-

wehen, denn von diesen heisst es: «Mit Schmerz (be'eṣebh)
wirst du Kinder gebären» (Genes. III, 16), während es von
jenen heisst: «Mit Schmerzen (be'iṣṣâbhôn) wirst du sie —
die Erdfrüchte — geniessen, solang du lebst»" (ibid. 17).
Das zu 'eṣebh hinzugekommene ôn deutet demnach auf eine Ver-
doppelung des Schmerzes; sowie das zu shefî hinzugekommene
ôn in shefîfôn Lahmheit an zwei Füssen bezeichnet.

DRITTES KAPITEL.

Die Methode der hebräischen Mythosforschung.

1.

Die Methode der Mythosforschung ist darauf gerichtet: wie man aus den in obigem Kapitel aufgezählten Quellen für die Erkenntniss des alten Mythos diesen selbst gewinnt, wie man den ursprünglichen Kern des Mythos aus jener Hülse herausschält, welche sich um denselben im Laufe seiner Entwickelungsgeschichte gebildet hat, wie man ferner den Fortgang und Verlauf dieser Entwickelungsgeschichte selbst erkennt, um dann bestimmen zu können, wie sich über den ursprünglichen Mythos Schicht um Schicht angesetzt hat, bis dass er jene Gestaltung erreichte, welche das concrete Material unserer Untersuchung ist. — Die Entwickelungsgeschichte des Mythos bei einem gewissen Volke wird namentlich durch zweierlei Factoren bestimmt, welche dieser Entwickelung jene Richtung geben, die sie thatsächlich einschlägt: die eine Gruppe dieser Factoren ist psychologisch, die andere culturhistorisch. Die psychologischen Factoren sind bei der Entwickelung alles Mythos dieselben und unterscheiden sich nicht je nach der Besonderheit des Volks, dessen Mythos den Gegenstand unserer Erwägung bildet, denn dieselben allgemeinen Gesetze sind es allenthalben, welche das Leben der Seele bestimmen; da gibt es keinen Unterschied, welcher mit der ethnologischen Stellung und der Rasseneigenthümlichkeit des betreffenden Volkes eingeführt wird: es gibt eine Menschheitspsychologie oder, wie diese Disciplin durch Lazarus eingeführt wurde, eine Völkerpsycholgie, und das was man so nennt, ist nicht die Betrachtung dessen, wie sich das Geistesleben verschiedener Völker nach entgegengesetzten psychologischen Richtungen darstellt, sondern wie dieselben Gesetze im Geistesleben der verschiedensten Völker, als solcher, zu Ausdruck und Geltung kommen. Eine besondere Rassenpsychologie aber gibt es nicht. Die culturhistorischen Factoren dagegen sind nicht etwas überall Gleiches, sondern sie sind ebenso verschieden, wie die historischen Geschicke der betreffenden Völker untereinander verschieden sind. Wir haben später noch ausführlicher darauf zurückzukommen, dass der Mythos Antheil nimmt an den historischen Wandlungen des betreffenden Volks, dass er sich je nach den Culturstadien, in welche das Volk durch historische Entwickelung tritt, immer nach Maassgabe dieser Entwickelung umbildet, und dass demnach die Gestaltung des Mythos ein getreuer Spiegel ist für die Culturstufe, auf welcher er diese bestimmte Gestaltung angenommen. Es versteht sich daher von selbst, dass, will man den Mythos durch alle seine Entwickelungsstadien hindurch gehörig würdigen, man dies nicht anders thun kann, als in Verbindung mit einem umfassenden Ueberblick über die culturhistorische Entwickelung des in Rede stehenden Volks, einem Ueberblick, welcher namentlich diejenigen Erscheinungen in Betracht zieht, welche auf die Veränderung der Geistesrichtung einwirken konnten, um so auch dem Mythos eine andere Gestaltung aufzuprägen. Da aber bei der wissenschaftlichen Betrachtung der Geistesentwickelung eines Volks im Laufe seiner Geschichte wieder psychologische Gesichtspunkte in den Vordergrund treten müssen, so kann man wol sagen, dass die psychologische Betrachtungsweise eine hervorragende Stelle in der Methode der Mythosforschung einzunehmen hat; denn immer wird die Frage die sein müssen: welche Umbildung bewirkt diese oder jene historische Wandlung

an dem, was den Geistesinhalt des Menschen ausmacht?
Doch die Antwort darauf wird je nach der Natur dieser
historischen Wandlungen selbstverständlich verschieden aus-
fallen müssen. Eine Umbildungsstufe aber ist es besonders, welche noch gar nicht mit der besondern Volksgeschichte in Zusammenhang steht, sondern welche noch
durch einen blossen psychologischen Vorgang bewirkt wird.
Darum ist auch diese Umbildung allem Mythos gemeinsam, so sehr, dass die meisten Forscher, besonders aber
Max Müller, das Leben des Mythos erst mit dieser Stufe
beginnen lassen. Es ist diejenige Stufe in der Entwickelung des Geistes, welche in dem merkwürdigen sprachgeschichtlichen Vorgange zur Erscheinung kommt, dass
eine endlose Polyonymie, welche die Erscheinungen und Vorgänge der Natur je nach den verschiedenen Zeichen, welche
im Moment der Anschauung vorwiegend vors Bewusstsein
treten, mit tausend Namen benennt, langsam und langsam
bedeutungslos wird, indem einige wenige Zeichen der Ge-
sammterscheinung festgehalten werden, um die Stelle aller
jener Einzelmomente zu vertreten und umfassende allgemeine Benennungen für die ganze Summe jener einzelnen
Erscheinungsmomente zu liefern. Es existirt z. B. anfänglich
eine Unmasse von Benennungen für Sonne. Nicht nur
wird die Sonne in ihren verschiedenen Erscheinungsformen
Gegenstand selbständiger, mit der einer andern Erscheinungsform derselben Sonne sich nicht in Zusammenhang wissender
Betrachtung, sondern auch dieselbe Erscheinungsform wird
bei wiederholter Betrachtung jedesmal als etwas Verschiedenes betrachtet und demgemäss mit andern Namen benannt; mit andern Worten: es ist noch keine Verflechtung eingetreten, um uns der Terminologie der neuern
Psychologie zu bedienen. Lange fortgesetzte Betrachtung
bringt die Identität derselben Erscheinungsformen vors Bewusstsein und ermöglicht die Verflechtung der Vorstellungen. Ein weiterer Entwickelungsfortschritt bewirkt dann
denjenigen psychologischen Vorgang, durch welchen die
verschiedenen Zeichen derselben Erscheinung aufhören, in

der Vorstellung massgebende Unterscheidungsmerkmale zu sein und in den Hintergrund treten vor einem
durch die Verflechtung erzielten Generalbegriff, vor einer
grossen Verflechtungsmasse, welche das Product lange
wiederholter Verflechtung ist.[1] Dieser psychologische Vorgang bewirkt in der Sprache dies, dass die grosse Menge
jener Sprachausdrücke, welche dadurch veranlasst wurden,
dass die Einzelbetrachtungen derselben Erscheinungsform
oder die verschiedenen Zeichen derselben Erscheinungsmasse
noch nicht durch den Process der Verschmelzung und Verflechtung in einen einheitlichen Zusammenhang gebracht
worden sind, nach dem stufenweisen Eintreten dieser psychologischen Vorgänge bedeutungslos werden. Durch das
Aufgeben der Unterscheidungsmerkmale wird die ganze
Summe der nun als Einheit vorgestellten Zeichen an ein
einzelnes Wort abgegeben, und eine ganze Unzahl von alten
Benennungen, die je mit einem besondern Zeichen oder
Betrachtungsmomente in Verbindung standen, verliert im
Bewusstsein der Sprechenden allen Zusammenhang mit jener
Naturerscheinung, auf deren einzelne Zeichen und Betrachtungsmomente sie sich bezog. Die Polyonymie wird gegen-
standslos und verliert alle psychologische Grundlage, sie
verschwindet.[2] Jedoch es verschwindet nur das Bewusstsein
ihres Zusammenhanges mit jenen Naturerscheinungen, d. h.
der grösste Theil jener Namen hört auf Benennung der
Naturerscheinungen zu sein; die Namen selbst, oder vielmehr die Lautcomplexe, welche jene Namen bilden, bleiben

---

[1] Diejenigen Leser, denen die Terminologie nicht genug geläufig
sein sollte, verweise ich auf Steinthal's Abriss der Sprachwissenschaft,
(Berlin 1871), Bd. I, wo in dem Abschnitte: Elementare psychische Pro-
cesse, alles dies ausführlich erörtert ist.

[2] Es ist aber zu beachten, dass ein Theil der durch Polyonymie
hervorgebrachten Ausdrücke die Verschmelzung überdauert und dass die
ursprüngliche Bedeutung bewusst bleibt; so z. B. mehrere Namen für
Mond u. s. w. im Hebräischen. An solchen Namen verrichtet dann die
Synonymik, eine secundäre Function des Sprachbewusstseins, ihr Geschäft.

vorhanden. Sie haben aber für das Bewusstsein eine ganz andere Bedeutung, als ihnen ursprünglich eigen war. Sie werden zu Eigennamen, und was die Aussprüche, in welchen diese Namen als Subjecte und Objecte figuriren, früher von den Naturerscheinungen aussagten, das sagen sie nun von Personen, von Individuen aus, welcher Uebergang um so leichter ist, da jene Naturerscheinungen selbst, deren Namen sie früher für das Bewusstsein waren, durch menschliche Vorgänge appercipirt werden, als Liebende, Kämpfende, Verfolgende u. s. w. Wir müssen hier besonders betonen, dass dieser sprachgeschichtliche Vorgang auch das semitische Gebiet ereilte. Wir werden uns im Verlaufe der folgenden Darlegungen überzeugen können, dass die mythologischen Appellativa des Hebräischen ebenso ihren Appellativcharakter einbüssten, wie die des arischen Mythos. Der Hebräer sagte: „er lacht“, „er verhüllt“, „er folgt auf der Ferse“, er vermehrt“ u. s. w. in ganz mythischem Sinne; später ging dem Bewusstsein die Bedeutung dieser Aussprüche verloren, und für jeden dieser Aussprüche trat ein Eigenname hervor. Es trifft also, wenigstens für diesen Theil des Semitismus, nicht zu, wenn M. Müller von der semitischen Sprache sagt, dass ihre Besitzer „die prädicative Bedeutung des Wortes nicht vergessen konnten und sich seiner appellativen Kraft immer bewusst blieben.“ [1]

Dieses nun ist die allererste Umbildungsstufe des Mythos. Wie wir gesehen, ist diese Umbildung blos durch einen psychologischen Vorgang bedingt; sie ist es demnach, welche allem Mythos gemeinsam ist. Wie gesagt, sind mehrere Gelehrte geneigt, alles was dieser Umbildung vorangeht, noch nicht in den Bereich des Mythos zu ziehen, dieser beginne erst, wenn — wie Max Müller sagt — die Sprache, d. h. das lebendige Bewusstsein von der ursprünglichen Bedeutung jener Polyonymie, stirbt. Doch, glauben wir, es ist alle Ursache vorhanden, diejenige Stufe, auf welcher jene Sprachausdrücke im Bewusstsein des Menschen in ihrer

---

[1] Essays, I, 309, 313.

ursprünglichen Appellativbedeutung leben, bereits als eine der eigentlichen Mythosstufen zu betrachten. Jener Vorgang, den M. Müller als den Anfangspunkt in dem Entwickelungsgange des Mythos betrachtet, bezeichnet das erste Glied jener langen Kette von Umbildungen, welche die Geschichte des Mythos ausmachen. Es ist nicht ein Charakteristikon des Mythos, dass der Sprechende nicht mehr das Bewusstsein hat, dass er von Naturerscheinungen erzählt; sobald er Naturerscheinungen als Vorgänge im menschlichen Leben appercipirt, so hat er zugleich Mythos gemacht und mit jedem Namen, mit welchem er eine Naturerscheinung bezeichnet, hat er Mythos gemacht. Denn wenn die Unverständlichkeit, das Abgestorbensein der Sprachausdrücke ein Erforderniss des Mythos wäre, so dürfte nicht Mythos genannt werden, wenn der Grieche Hêlios den Bruder von Selênê nennt, denn beide Namen haben sich in ihrer ursprünglichen Bedeutung erhalten, indem der Grieche wusste, dass der erstere Name Sonne bedeutet und der zweite Mond, als dies in Bezug auf Herakles und Helene nicht mehr in seinem Bewusstsein lebte; und es dürfte nicht als Mythos betrachtet werden, wenn der Römer sagt, dass Aurora die Sonnenthore öffnet und Rosen auf den Pfad des Sonnengottes streut, denn auch von dem Namen Aurora war es jedem Römer bewusst, dass man damit die Morgenröthe meine.

2.

Es ist leicht einzusehen, dass die erste Stufe der Mythosbildung keine schnell vorübergehende sein konnte. Wäre sie es gewesen, so hätten sich ja auch jene Benennungen für die Naturerscheinungen nicht so stark festsetzen können, dass sie selbst damals, als ein grosser Theil derselben in sprachlicher Beziehung bedeutungslos geworden, ihre Existenz noch weiter fortführten, um Gegenstände der mythischen Umbildung zu werden. Jene psychologischen Vorgänge also, welche die Identification eines Gegenstandes mit ihm selbst bewirken, sind demnach spät in die Entwickelung des menschlichen Geistes eingetreten. Der Mensch hatte lange schon die verschiedenartigsten Aussagen von den Naturerscheinungen gethan, dieselben nach vielen Richtungen hin beobachtet, und gelangte noch immer nicht dazu, die eine Naturerscheinung, wenn sie wiederholt auftrat, trotz der Regelmässigkeit ihres Erscheinens, mit ihr selbst zu identificiren.

Es ist jedoch noch eine psychologische Erwägung, bei welcher wir hier noch verweilen wollen, eine unter vielen, denn eine systematische Darlegung der psychologischen Momente, welche bei der Untersuchung des Mythos und seiner Entwickelungsgeschichte in Betracht kommen, gehört in eine Philosophie der Mythologie, welche hier zu liefern nicht unsere Aufgabe sein kann.

Unter den Kategorien ist es die des Raumes, welche in der menschlichen Seele am frühesten Bestandtheil des Bewusstseins wird, sowol in der genetischen Geistesentwickelung des menschlichen Individuums, als auch in der des Menschengeschlechts. Die Verknüpfung einer Vorstellung mit dem Raume ist am frühesten entwickelt, ja die Vorstellung eines Dinges ist ohne Raumvorstellung nicht möglich. Auch die Thiere unterscheiden die Dinge im Raume. Daher konnte L. Geiger die Sprache, deren Entstehung zugleich die erste Phase unserer Denkthätigkeit bezeichnet, dem Organe der Raumunterscheidung, „dem Auge und dem Licht entsprungen" nennen. Nicht so ist es mit der Kategorie der Zeit. Die Unterscheidung der Dinge in der Zeit entwickelt sich verhältnissmässig später, sie setzt einen feinern Grad der Betrachtung voraus. Während die Raumvorstellung, ausser dem Tastgefühle, von dem Sinne ausgeht, zu dessen Bethätigung der Mensch am allerfrühesten und allerleichtesten gelangt, von dem Gesichtssinne, dessen Reize auch die ersten Antriebe zur Sprachbildung bieten, genügt zur Vorstellung der Zeit nicht mehr die blosse sinnliche Wahrnehmung. Es ist daher nicht zu verwundern, wenn die Raumesvorstellung sowol im Individuum, als auch in der Geschichte älter ist als die Zeitvorstellung,

ja dass, wie die Sprache lehrt, jede feinere Unterscheidung
und Entgegensetzung von der Raumesvorstellung ausgeht[1],
und dass selbst die Unterscheidung des Zeitverhältnisses ursprünglich unter dem Gesichtspunkte des Raumes gefasst
wird. Man braucht hiefür nur die noch jetzt gangbaren
Ausdrucksweisen, in welchen man sich auf die Zeit in Wörtern bezieht, wie: wo, da, nachher, oder das eine Wort
Zeitraum zu betrachten, oder zu sehen, wie wir von kurzer
und langer Zeit sprechen. Das Semitische ist in dieser
Beziehung besonders lehrreich. Das hebräische shâm, ursprünglich von dem Ort gebraucht (dort), finden wir auf
die Zeit übertragen (dann); im Arabischen haben sich
diese beiden Bedeutungen auf tumma (nachher) und tamma
(dort) vertheilt. Neben hebräischen Wörtern, wie liphnê
und acharê (vordem, nachdem), ḳedem, ḳadmôn (alt,
Vorzeit), welche uns die Uebertragung der Ortsbeziehungen
auf die Zeitunterschiede recht lebendig veranschaulichen,
wenn wir die allerursprünglichste Bedeutung jener Wörter
in Betracht ziehen, ist noch besonders das arabische „bejna
jedejj" oder ejdî sehr instructiv. Dieser Ausdruck bedeutet „zwischen den Händen" und wird von dem
räumlichen vor ganz gewöhnlich gebraucht. Aber bereits
in genug classischen Texten (so z. B. im Koran selbst) wird
dieses „zwischen den Händen" auch auf das zeitliche vor
übertragen. „Zwischen den Händen des Propheten"
bedeutet also ebenso: vor demselben räumlich, als auch:
ihm in zeitlicher Beziehung voraufgehend. Was uns so im
Semitischen und Arischen auf Schritt und Tritt entgegentritt, das bemerken wir auch an der dritten grossen Sprach-
klasse. Die Zeitpartikeln der anarischen Sprachen gehen
vielfach auf räumliche Beziehungen zurück, und dasselbe,
was uns das deutsche Zeitraum, das arabische muddâ

---

[1] In Bezug auf das Pronomen ist noch immer die Abhandlung Wilhelm von Humboldt's Ueber die Verwandtschaft der Ortsadverbien mit
dem Pronomen (Berlin 1830) nachzusehen; man vgl. auch das weiter
unten (Kap. V, Abschn. 6) über asher Gesagte.

(eigentlich: Ausdehnung, aber gewöhnlich in der Bedeutung: Zeitdauer) veranschaulicht, das sehen wir z. B. auch am finnischen kausi, welches Wort für den Begriff Zeitabschnitt gebraucht wird. Dieses Wort bedeutet Richtung, Weg, also eine räumliche Beziehung, und das lautlich verwandte estnische Wort kaude wird noch ausschliesslich zur Bezeichnung räumlicher Beziehungen gebraucht.[1]

Auch im Mythos sehen wir noch die Vorstellung des Raumes und der Bewegung im Raume vorherrschen. Eine grosse Gruppe der Namen der Morgendämmerung im arischen Mythos ist durch Zusammensetzung von Eigenschaftswörtern mit εὐρύ und seinen etymologischen Verwandten entstanden und variirt den Namen weithin leuchtend[2], immer vom Bewusstsein von der räumlichen Ausdehnung und Bewegung Zeugniss ablegend, und eine ganze Anzahl der solarischen Namen im hebräischen Mythos benennt die solarischen Gestalten als Gehende, sich Bewegende u. s. w.[3] Selbst in Fällen, in welchen von schneller Bewegung die Rede ist, kommt nicht der Umstand in Betracht, dass ein grosses Bewegungsproduct in kurzer Zeit erzielt wird, sondern es ist eben dieses Bewegungsproduct als zurückgelegter Raum, worauf das Gewicht fällt.

Hingegen wenn wir die Zeitvorstellung in Betracht ziehen und die Frage, in wie weit sie im Mythos etwa zur Geltung kommt, so können wir beobachten, dass die Unterscheidung der Zeit auf der ältesten Mythosstufe nur äusserst schwach durchgebrochen ist; und hierauf muss an dieser Stelle bei Gelegenheit der mythologischen Methode hingewiesen werden. Der Mythos unterscheidet nämlich zwischen dem hellen, strahlenglänzenden Sonnenhimmel und dem dunkeln Himmel. In Betreff dieser Dunkelheit aber ist es nun gleichviel, ob sie die Dunkelheit der Nacht ist,

---

[1] Budenz in der ungar. Zeitschr. Magyar nyelvör (Ungar. Sprachwart), (1875), IV, 57.

[2] Müller, Essays, II, 60 fg.

[3] Vgl. unten Kap. V, Abschn. 5. 6.

oder die des Wolkenhimmels bei Tage. Der Mythos zieht nur die Erscheinung des dunkeln Himmels, die Finsterniss als natürliche Thatsache oder Sachlage, als Was? in Betracht; das Wann?, die Zeit, in welcher diese Dunkelheit eintritt, unterscheidet der Mythos nicht. Daher kommt es, dass im Mythos Nachthimmel und Gewitter- oder Wolkenhimmel gleichbedeutend sind, denn nicht Tag und Nacht unterscheidet er als abwechselnde Zeitmomente, sondern bloss Helle und Dunkelheit als Erscheinungen. Daher kommt es, dass noch in einer spätern Poesie und Sprache die Vorstellungen Regen und Nacht so eng miteinander verknüpft sind, dass jener lieber in Verbindung mit der Nacht gedacht wird, als mit dem Tage; man sagt daher im Arabischen: freigebiger als die regnerische Nacht (anda min al-lejlâ al-mâṭirâ).[1] Nicht nur der Regen, sondern auch der Wind, im Gegensatz gegen den heiter lachenden Sonnenschein, wird mit der Nacht in enger Verbindung gedacht. In der mohammedanischen kosmogonischen Legende heisst es, dass sich der rauhe Wind auf dem Vorhange der Finsterniss befindet.[2] Daher sehen wir auch, dass der Mythos zwischen Morgenröthe und Abendröthe nicht unterscheidet, sondern die Erscheinung an sich bezeichnet, ohne Rücksicht darauf, ob sie der Nacht vorangeht, oder aber derselben folgt. Damit steht es auch in Verbindung, dass, wie Steinthal neulich kurz angedeutet hat[3], das mythische Denken noch ohne die Kategorie der Causalität ist; denn diese Kategorie setzt voraus, dass die Aufeinanderfolge, das zeitliche Nacheinander, schon klar vors Bewusstsein gebracht sei. Nur auf diese Weise können wir uns Mythen erklären, welche von der Morgenröthe bald als der Tochter des Tages reden, bald als der Mutter desselben. Auf sprachlichem Gebiete sind gewisse Erscheinungen in der Semasio-

---

[1] Kitâb al-aġânî, I, 133, 19.
[2] Jâkût's Geogr. Wörterb., I, 24, 2.
[3] Zeitschrift für Völkerpsychologie und Sprachwissenschaft (1874), VIII, 179.

logie der arabischen Wörter aus dieser Thatsache der Entwickelung der Vorstellungen zu erklären, wie z. B., wenn die Lexikographen zu dem Worte safar II. IV. bemerken: früh oder abends weiden; IV. V. zum Früh- oder Abendschein kommen[1]; ohne diese psychologische Thatsache in Betracht zu ziehen, sollte man glauben, dass die ausdrückliche Vereinigung dieser beiden Zeitbestimmungen nicht gut möglich ist.

Aber schon darin, was wir in Betreff des Mythos an letzterer Stelle erwähnten, dass nämlich die mythische Betrachtungsweise die eine Erscheinung zu der andern in ein verwandtschaftliches Verhältniss setzt, und von Mutter, Bruder, Sohn, Tochter u. s. w. spricht, liegen eben bereits die ersten Elemente und Antriebe zur Unterscheidung der Zeitfolge, wenn auch diese Unterscheidung selbst auf dieser mythischen Stufe noch nicht ganz zum Durchbruch gelangt ist. Die nacheinander oder gleichzeitig eintretenden Erscheinungen werden nämlich unter dem Gesichtspunkte der allerältesten Familienverhältnisse aufgefasst, und wenn der mythosbildende Mensch von Vater und Kind spricht, so wird eben durch den Gebrauch dieser Ausdrücke in seinem Bewusstsein eine Kategorie erweckt und angeregt, die der zeitlichen Aufeinanderfolge oder bestimmter: der Causalität.

Es folgt hieraus noch eins für die Festsetzung der chronologischen Stelle, welche gewisse Mythen im Verhältniss zu andern einnehmen. Sehen wir nämlich in einem Mythos die Thatsache der zeitlichen Folge einer Erscheinung betont, oder das Darauffolgende als solches im Verhältniss zu einem Voraufgehenden als solchem sprachlich bezeichnet: so können wir mit Recht den Schluss aussprechen, dass ein solcher Mythos in dieser Gestalt einer fortgeschrittenen Entwickelungsstufe angehört und dass wir in der Zeitbestim-

---

[1] Vgl. Böttcher's Aufsatz über diese Wurzelgruppe in Höfer's Zeitschrift für die Wissensch. d. Sprache (Greifswald 1851), III, 16.

mung seiner Entstehung eine spätere Periode anzusetzen
haben, als für Mythen, an welchen keine bewusste Zeitvorstellung durchschimmert. Wir werden Gelegenheit haben,
diese Schlussfolgerung geltend zu machen, wenn wir mythischen Ausdrücken, wie Jiftach, d. h. der Eröffnende,
und Ja'ḳòbh, d. h. der Folgende, gegenüberstehen.

3.

Was über die historische Seite der mythosforschenden
Methodologie zu sagen ist, das folgt aus der Art und Weise,
wie sich der Mythos unter dem Einflusse historischer Factoren entwickelt. Wenn es nämlich solche Factoren sind,
welche nach jener erstern, durch einen rein psychologischen
Vorgang veranlassten Umbildung die Weiterentwickelung des
Mythos zuförderst veranlassen, so ist es natürlich die Aufgabe der Mythosforschung, jene Umbildungsmomente nachzuweisen, welche sich je an eine vorhergehende Entwickelungsstufe des Mythos angesetzt haben. Der Mythos wird
also, angefangen von seiner jüngsten Erscheinungsform,
immer weiter hinauf verfolgt werden müssen, damit wir am
Faden der historischen Untersuchung zu der Erkenntniss
des historischen Entwickelungsvorganges gelangen, welcher auf den Mythos umgestaltend einwirkte. So steigen
wir dann stufenweise bis zu jenem Punkte hinauf, auf welchem der oben gekennzeichnete psychologische Process die
Individualisirung der Mythosgestalten veranlasste, und von
diesem Punkte ist es nur ein Schritt zur Urgestaltung des
Mythos, in welcher jene Benennungen, welche den Mythosgestalten eigen, nicht Nomina propria sind, sondern appellative Nennwörter. Es ist leicht begreiflich, dass, während
die Untersuchung einen retrograden Verlauf nimmt, d. h.
bei der jüngsten Gestaltung des Mythos beginnt und immer
rückwärtsschreitend bis zur Urgestalt desselben hinaufsteigt,
die Darstellung den umgekehrten Weg nimmt und die geschichtliche Umbildung des Mythos in ihrer natürlichen
Entwickelungsfolge schildert, d. h. mit der auf analytischem
Wege gewonnenen primitiven Gestalt des Mythos beginnt

und an der Hand der Volksgeschichte die successive Umbildung desselben nachweist.

Es wird gut sein, bevor wir zu dem Materiellen der
hebräischen Mythosforschung schreiten, den Gang dieser
historischen Methode an einem bekannten Beispiele klar zu
machen.

Nehmen wir z. B. die Erzählung vor, welche uns im
XXII. Kapitel des Genesisbuches dargeboten wird. Der
Urvater des hebräischen Volks, Abraham, will auf Befehl
Elôhîm's seinen einzigen Sohn Isak zum Opfer bringen,
und ein Engel Jahve's verhindert ihn daran; weist ihm
vielmehr einen im Dickicht verstrickten Widder an, den er an
Stelle seines Sohnes dem Jahve als Opfer darbringen möge.
Fast in keinem Theile des Pentateuchs sind die verschiedenen religiösen Richtungen, welche mit den beiden Gottesnamen, Elôhîm und Jahve, verknüpft sind, augenschein-
licher und unzweifelhafter hervortretend, als in dem kleinen
Stücke, auf welches wir hier Bezug nehmen. Wir sehen
daran die Divergenz der beiderseitigen religiösen Anschauungen betreffs des Werthes des Menschenopfers. Die
vom Kenaʿaniterthum noch nicht ganz losgelöste elohistische
Religionsrichtung, sieht darin noch kein verwerfliches Werk,
der Jahveismus verabscheut es und begnügt sich mit der
opferwilligen Gesinnung, mit der intentio, die aber
ganz gut durch ein substituirendes Thieropfer, oder durch
anderweitige Stellvertretung, zum Ausdruck kommen mag.
Darum lässt unsere Erzählung Elôhîm das Menschenopfer
fordern, Jahve aber die Substituirung anbefehlen. [1] Die
vorliegende Gestalt der Sage ist demnach das Product jener
religiösen Polemik, die der Prophetismus gegen die noch an
Kenaʿanitischem hangende Religionsanschauung des Volks
führte, und die Vertreter des Jahvegedankens wollen durch
dieselbe den Fortschritt andeuten, der in den religiösen
Anschauungen der Jahveisten im Vergleiche mit denen der

<hr>

[1] S. besonders die lichtvolle Darlegung des Dr. Abr. Geiger in
seiner Geschichte des Judenthums (2. Aufl.), I, 51.

frühern Anschauung liegt.[1] Die verschiedenen Auffassungen
dieser beiden hebräischen Religionsrichtungen betreffs des
Menschenopfers sind aber auch aus den gesetzgebenden
Theilen der Bibel ersichtlich. Auch in diesen können wir
Stücke, in welchen die Opferung der Erstgeburt von Thieren
nicht recht unterschieden ist von der Weihung des erst-
gebornen Kindes, von andern Stücken unterscheiden, in welchen die letztere bereits rein theokratische Bedeutung hat, und
mit der Erlösung des Volks aus Aegypten in Zusammenhang
gebracht wird. Was also in diesen Stellen auf dem Gebiete
der Gesetzgebung sich ausprägt, jener Kampf zwischen der aus
dem Kena'anitischen hervorgegangenen Religionsrichtung, und
dem nationalhebräischen Jahvegedanken der Propheten, das
hat sein Monument gefunden in der Gestaltung des Mythos
vom Aufopfern des Isak, die uns als allerjüngste vorliegt;
diese hat dieselbe Aufgabe wie jene Stelle des Deutero-
nomiumbuchs (XII, 31), wo die jahveistische Polemik
gegen das Menschenopfer, als gegen eine kena'anitische Reli-
gionsinstitution am deutlichsten hervortritt: „Thue nicht
also für Jahve deinen Gott, denn alle Greuel Jahve's,
die er hasset, thaten sie für ihre Elôhîm, denn auch
ihre Söhne und Töchter verbrannten sie im Feuer
für ihre Elôhîm." Diese im Dienste des Jahvegedankens
und der damit verknüpften Religionsanschauungen polemische
Tendenz gab also jenem Mythos die Gestaltung, in welcher
sie uns bekannt ist. Sie kann nicht die ursprüngliche sein.
Wenn wir die jahveistische Schichte ablösen, so bleibt
uns folgende Gestaltung: „Elôhîm forderte von Abraham
das Opfern seines einzigen Sohnes, und er war opferwillig
genug, den Isak für Elôhîm aufzuopfern." Diese Gestaltung konnte der Mythos wieder nur in einer Zeit gewinnen,
in welcher bereits der religiöse Elôhîmgedanke im hebräi-

---

[1] Auch anderwärts wird das Menschenopfer durch religiöse Reform
abgeschafft und das Opfern auf Thiere und Früchte beschränkt, z. B. bei
den Mexicanern, wo diese Reform auf Quetzalcoatl zurückgeführt wird.
(Waitz, Anthropologie der Naturvölker, IV, 141.)

schen Volke lebendig war und dieser Gottesgedanke es war, dessen Verehrung das hebräische Volk zur Aufopferung ihres Theuersten veranlasste. Mit dieser Gestalt des Mythos befinden wir uns demnach bereits in Kena'an in einem monotheistischen Religionswesen, in dessen Mittelpunkt Elôhîm als Gegenstand der Anbetung gestellt war, dessen fromme Diener und Lieblinge die Stammväter des hebräischen Volks waren. Auch diese Schichte muss demnach abgelöst werden, wenn wir den Mythos bis zu seiner Urgestaltung analytisch verfolgen wollen. Wenn wir die religiöse Schichte abgelöst haben, so haben wir jedoch noch immer nicht das Ursprüngliche herausgeschält, denn ganz abgesehen von der religiösen Richtung, bleibt uns Abraham als Patriarch, als nationale Gestalt, und diese führt uns in jene historische Epoche, wo das hebräische Volk zum Bewusstsein seiner, den umgebenden kena'anitischen Völkern entgegengesetzten nationalen Besonderheit gelangte und eine nationale Vorgeschichte construirte. Die nationale Schichte ist es demnach nun, die abzulösen ist, und nach ihrer Ablösung tritt uns Abraham als noch nicht national umgedeutete, sozusagen kosmopolitische Gestalt entgegen, aber als eine persönlich vorgestellte Gestalt, ein Individuum. Diese Stufe der Mythosentwickelung führt uns auf jenen psychologischen Vorgang, welcher die mythologischen Personen zu allererst hervortreten liess, und hinter dieser Entwickelungsstufe finden wir die ursprüngliche Gestaltung des Mythos: Àbhràm tödtet seinen Sohn Jiṣchaḳ. Auf jener ursprünglichen, primitiven Stufe haben jene Ausdrücke natürlich nichts anderes bedeutet, als was der Sinn jener Worte besagt, aus welchen der ganze Ausspruch zusammengesetzt ist. Der hohe Vater tödtet seinen Sohn, den Lachenden. Der nächtliche Himmel und die Sonne, oder die Abendröthe, das Kind der Nacht [1], sind des Abends in einen Kampf

---

[1] Die Abendröthe ist nur dann Kind der Nacht, wenn wir die mythische Identität der Morgen- und Abendröthe nach Abschn. 2 dieses Kapitels vor Augen halten.

gerathen, dessen Resultat eben dies ist, dass der hohe Vater sein Kind tödtet, der Tag muss vor der Nacht weichen.

Wir haben in obigem Beispiele in kurzer Uebersicht zu skizziren versucht nicht so sehr den Entwickelungsgang des hebräischen Mythos, als die Methode, nach welcher wir, mit Berücksichtigung der hervorragendsten Momente der geschichtlichen Entwickelung des Geisteslebens der Hebräer, von der jüngsten Gestaltung des Mythos in analytischer Weise zur ursprünglichen aufsteigen können. Bei dieser angelangt, ist es nun die Sprachwissenschaft, deren Führung wir uns anzuvertrauen haben; denn diejenige der Quellen der Mythosforschung, welche wir im 5. Abschnitte des vorhergehenden Kapitels zu behandeln Gelegenheit hatten, bezieht sich namentlich auf die Urgestalt des Mythos. Die Sprachausdrücke sind die fortwährenden Begleiter des Mythos gewesen durch alle Entwickelungsstadien hindurch. Sie sind demnach das urälteste Material der Forschung auf mythologischem Gebiete.

Im ganzen genommen dreht sich also die Methode der Mythosforschung um drei Angelpunkte: 1) um Psychologie, 2) um Geschichte, 3) um Sprachwissenschaft.

VIERTES KAPITEL.

Nomadismus und Ackerbau.

1.

Wenn es wahr ist, was die Grundlage der ganzen
modernen vergleichenden Mythoswissenschaft und der Ausgangspunkt dieser unserer Studien ist, dass der Mythos
nichts anderes ist, als der sprachliche Ausdruck für jene
Einwirkung, welche die Naturerscheinungen und Veränderungen, unter deren unmittelbarem Eindruck er lebt, auf
die Sinne des alten Menschen übten: so wird es nicht in
Abrede gestellt werden können, dass sich die Richtung und
die Qualität des Mythos, unbeschadet des Stoffes und der
inhaltlichen Elemente, welche dieselben bleiben, ja nach der
fortschreitenden Culturstufe des Menschen verändern muss.
Denn jeder Culturfortschritt wird im grossen und ganzen
durch die fortschreitende Entwickelung jenes Verhältnisses
bezeichnet, in welches der Mensch zur äussern Natur tritt.
Wenn ein Volk aus der Stufe des Nomadismus heraustritt
und zum ackerbauenden Leben vorwärtsschreitet, so hat
sich in erster Linie sein Verhältniss zur äussern Natur verändert. Dasselbe geschieht, wenn ein ausschliesslich von
Jagd und Fischfang lebendes Volk zum Nomadismus vorwärtsschreitet, und indem unsere neueste Zeit durch den
Fortschritt naturwissenschaftlicher Erkenntnisse in der Entwickelungsgeschichte der menschlichen Cultur eine neue

Epoche begann, so ist zuvörderst wieder nur unser Verhältniss zur Natur in eine neue Phase eingetreten. Ein Gemeinplatz charakterisirt ja bereits den Geist der modernen Cultur damit: dass die Vernunft die Natur unterjocht hat.

Der Mythos begleitete die Menschheit von dem ersten Aufkeimen ihrer geistigen Cultur bis zu den höchsten Stufen derselben, sich fortwährend dem geistigen Gesichtskreise der Menschheit anpassend und sich nach seinem Maasse verändernd. Er ist daher ein treuer Spiegel der jeweiligen Weltanschauung der Menschheit, welche ihre Strahlen nirgends hin so deutlich reflectirt, als auf den Mythos. Die Gestaltung und Richtung der Mythen ist immer abhängig von der Weltanschauung des Menschen auf der Culturstufe, welche dem Mythos jene Form gab und welche ihn in jene Richtung leitete. Die Spuren dieser historischen Umwandlungen des Mythos sind in Bezug auf die kleinern chronologischen Abschnitte kaum bemerkbar; sie können sich jedoch dem Auge des Forschers nicht mehr entziehen, wenn grosse Culturepochen in Rede stehen. Und gerade die Erkennung und der Nachweis dieser Umwandlungen in der Richtung des Mythos im Verhältniss zu jenen grossen Culturepochen, ist eine der Aufgaben der vergleichenden Mythoswissenschaft.

Die Lösung dieser Aufgabe steht aber noch in engem Zusammenhange mit der Antwort auf die Frage: wann beginnt und wann endigt das Leben des Mythos, welcher ist sein Terminus a quo und welcher ist sein Terminus ad quem? Es ist selbstverständlich, dass diese Frage eng zusammenhängt mit den Resultaten der psychologischen Untersuchung über Wesen und Entstehungsbedingungen des Mythos. Dieser lebt mit dem Augenblicke, da der Mensch die Naturerscheinungen durch Vorgänge zu appercipiren beginnt, die ihm sein eigenes alltägliches Leben und Treiben vor Augen führt; sobald aber der menschliche Geist den Naturvorgängen wesentlich andere Apperceptionsmittel entgegenbringt, als die, welche in allem Mythos vorherrschen, nämlich sobald die Naturereignisse nicht mehr von menschlichen

Verhältnissen appercipirt werden, hat der Mythos sein Leben beendigt und liefert seine Elemente für andere Combinationen ab. Es ist selbstverständlich, dass der Anfangspunkt der Mythosschöpfung nicht jünger sein kann, als die ersten Anfänge der Sprachentstehung, denn Mythos und Sprache sind zwei Aeusserungen derselben Geistesthätigkeit, beide die ältesten Kundgebungen des menschlichen Geistes. Bereits in der Miocenepoche finden wir den Menschen, also bereits den sogenannten fossilen Menschen, im Besitze des Feuers; es waren also schon damals die Bedingungen da zur ersten Entwickelung der Elemente eines Prometheus-Mythos. In der nachpliocenen Zeit sollen wir ihn bereits mit dem ersten Anfluge religiöser Seelenrichtung begabt finden, wenn man — und dies thut man gewöhnlich — die sorgfältigen Grabstätten, die man in Aurillac, Cro-Magnon und Menton gefunden, als historische Daten dafür gelten lassen will.[1] Der Endpunkt des Lebens des Mythos fällt zusammen mit dem Zeitpunkte, wo sich aus den Elementen des Mythos eine mit Göttern bevölkerte religiöse Weltanschauung herausbildet. Die lebensvolle und bewusste Existenz des Mythos erreicht ihr Ende, sobald die Gestalten des Mythos zu Göttern werden. Die Theologie stürzt den Mythos von seinem Herrscherthrone. Aber nur die lebendige Existenz des Urmythos hat damit ihr Ende erreicht, der in religiösem Sinne umgestaltete und umgedeutete Mythos lebt fort und beginnt erst jetzt eine reichhaltige und mannichfaltige Reihe von Entwickelungsstadien durchzumachen, deren jedes durch die entsprechende religiöse und Culturstufe des Menschen, der ihn besitzt, gekennzeichnet ist. Es entstehen aus mythischen Elementen Sagen, Fabeln, Märchen, Legenden. Und da die Religion, wie sie zu allererst entsteht, nicht als Gegensatz gegen den Mythos in die Geschichte tritt, sondern als ein höheres Entwickelungsmoment

---

[1] S. Charles Lyell, Alter des Menschengeschlechts (deutsche Uebers. von Büchner, 1867), S. 140, und vgl. F. Lenormant's Essay, L'homme fossile, in seinen Les premières civilisations, I, 42.

desselben, so schliesst das Leben der Religion nicht gänzlich das des Mythos aus. Es bleiben noch neben dem zur Religion gewordenen Mythos noch immer Bestandtheile des mythischen Materials zurück, welche die Religion noch nicht verarbeitet hat, und diese Bestandtheile leben als Mythos fort, solange sie nicht der religiöse Umwandlungsprocess in seinen Bereich gezogen. Erst der reine, freie Monotheismus auf seiner höchsten Entwickelungsstufe, tritt als Verneinung der mythischen Elemente im Religiösen auf. Die Religionsgeschichte der Hebräer erreicht diese Stufe mit dem entwickelten Jahveismus.

Wir wollen uns vorläufig mit jenen Ausläufern des umgebildeten Mythos noch nicht beschäftigen; und wir werden ihn vorerst nur auf jenen Stufen in Betracht ziehen, wo er noch sein ungetrübtes, durch Misverstehung noch nicht gefährdetes junges, frisches Leben lebt, das Leben des Mythos, welches dem Ursprunge der Religion aus mythischen Elementen vorangeht. Besonders sind es zwei, in der culturgeschichtlichen Entwickelung des Menschen aufeinanderfolgende Stufen, welche im Laufe der Ausführungen, denen wir dieses Kapitel widmen, in Betracht kommen: die nomadische und die ackerbauende Culturstufe. Mit jener hebt diejenige Entwickelungskette an, welche mit der Bildung der vollkommenen, wahren Gesellschaft ihren Abschluss findet; es bilden sich zu allererst Gemeinschaften, welche zwar nur noch auf der Basis der Familie stehen, doch schon insofern eine Ausbreitung dieser Basis repräsentiren, als einmal der Familienbegriff zur Stammeseinrichtung erweitert ist, und dann diese Einrichtung die Aufnahme fremder Elemente nicht immer verhindert (Kriegsgefangene, Schutzbefohlene). Die nomadische Stufe findet ihr Element in der fortwährenden Wanderung von Weideplatz zu Weideplatz, also in der unaufhörlichen Veränderung des Wohnsitzes, und findet demnach sowol ihrem Wesen nach als geschichtlich ihre Vervollkommnung in der Culturstufe des festgesessenen Ackerbauers. Das Einsammeln von wildwachsenden Feldfrüchten, durch

welches sich Jäger und primitive Nomaden — (denn es
darf nicht ausser Acht gelassen werden, dass sich häufig
Hirtenleben mit Ackerbau paart) — einige vegetabilische
Kost verschaffen, bildet die erste Anregung zum Uebergange zum ackerbauenden Leben, wie Waitz bemerkt.[1]
Das Verhältniss des Nomaden zur Natur ist ein wesentlich
anderes als die Stellung des Ackerbauers zur selben. Doch
hat die nomadische Culturstufe in dem Menschen zu allererst das Bewusstsein der Zusammengehörigkeit angeregt,
und es ist kein Wunder, wenn ein grosser Theil der Volksnamen gerade auf die nomadische Stufe zurückweist.

Ein Volk nennt sich mit einem gemeinsamen Namen,
wenn das Bewusstsein der engen Zusammengehörigkeit seiner
Glieder zu allererst erwacht. Solche auf die nomadische
Culturstufe zurückweisende Völkernamen sind diejenigen, in
welchen das betreffende Volk von sich als von einer wandernden, herumziehenden Genossenschaft Zeugniss ab-
legt. Dass die Betrachtung ihrer eigenen wandernden Lebensweise den nomadischen Völkern ein Motiv für die nationale
Benennung ist, das sehen wir an vielen Beispielen, welche
Bergmann richtig nach dieser Richtung erklärt hat.[2] Wir
wollen noch einiges Bezeichnende namhaft machen. Die
kurdischen Nomadenstämme nennen sich noch heute, im
Gegensatz gegen die festgesessenen Rajah, mit dem Namen
Kötscher, d. h. herumziehend, und verachten und verfolgen die sesshaften Brüder.[3] Die Volksbenennung der
Zulus bedeutet soviel als die Heimatlosen, Herum-
schweifenden.[4] Nach der etymologischen Erklärung eines
ältern Hebraisten, Clericus, geht auch der Name des einen

---

[1] Anthropologie der Naturvölker, I, 407.

[2] Bei Renan Hist. gén. d. langue sém., p. 39. Es ist interessant,
dass die Alten den vielgeplagten Namen der Pelasger von diesem Gesichtspunkte aus erklärten. Πελασγοί soll nach ihnen gleich sein mit
πελαργοί = Störche (Strabo V, 313).

[3] Blau in Zeitschr. D. M. G. (1858), XII, 589.

[4] Waitz, a. a. O., II, 349.

der Völker, welche unter den Ureinwohnern Kena'ans genannt werden, der Zûzîm, auf diesen Begriff zurück, nämlich wenn man zur Erklärung desselben das spätere hebr.
zûz, sich von einem Orte zum andern bewegen, heranziehen
will[1], und auch ein anderer kena'anitischer Volksname, Perîzî,
weist nach manchen Erklärern auf nomadische Lebensweise
hin.[2] Der Name Put, mit welchem die Aegypter mehrere
in ihr Land ziehende Nomadenvölker benannten, und welchen die Völkertafel der Genesis als Namen eines Sohnes
des Cham anführt, gehört gleichfalls hierher. Wegen ihres
Wanderlebens wurden sie von den Aegyptern die Laufenden genannt, und die graphische Bezeichnung ihres Namens
wird in den Hieroglyphen durch das Bild des schnellfüssigen
Hasen determinirt.[3] Auch der Name der Hebräer „'Ibhrîm"
gehört in diese Reihe; er bedeutet: die Hin- und Herziehenden, die Nomaden. Das Wort 'âbhar, von welchem
die Volksbenennung der 'Ibhrîm stammt, bedeutet nämlich
nicht bloss: transire, das Hindurchziehen durch ein Land,
oder das Hinübersetzen über einen Fluss; es bedeutet vielmehr: ziehen und herumwandern überhaupt, und hiefür
lassen sich viele hebräische Textstellen anführen. Lehrreich
ist hiefür dass Assyrische, wo das lautlich entsprechende
Verbum von der Sonne gebraucht wird, welche i-bar-ru-u
kib-ra-a-ti, durch die Länder zieht, wandert.[4] Ein solches
Durchstreifen der verschiedensten Länder liegt der Benennung 'Ibhrîm, Hebräer, zu Grunde; sie bedeutet demnach:
die Hin- und Herstreifenden, das Wandervolk, die Nomaden.[5]
Einen Gegensatz zu solchen Volksbenennungen bilden jene
ethnographischen Namen, welche von der festgesessenen
Lebensweise des betreffenden Volks ausgehen; ein solcher

---

[1] Bei Gesenius Thesaurus, p. 410 a.

[2] Munk-Levy, Palästina u. s. w. (Leipzig 1871), S. 190.

[3] Ebers, Aegypten und die Bücher Moses, I, 70.

[4] Die Stelle s. bei Schrader, Keilinschriften und das A. T., S. 64. 20.

[5] Vgl. Böttcher, Ausführl. Lehrb. d. hebr. Spr., herausg. von Mühlau,
I, 7, Anm.

Name ist der des südarabischen Volkes Joḳṭân, welcher, wie Freytag vermuthet hat[1], von ḳaṭana, einen festen Wohnsitz einnehmen, abstammt.

Es ist nicht zu übersehen, dass solche einer bestimmten Lebensweise und Culturstufe entstammte und auf dieselbe bezügliche Volksnamen von den betreffenden Völkern auch dann beibehalten werden, wenn jene Lebensweise und Culturstufe, aus welchen diese Namen herausgewachsen, von dem Volke längst überwunden sind. Wir sehen dies am klarsten bei den vorzugsweise städtebewohnenden Philistäern, bei denen nicht einmal die Volkstradition eine Erinnerung des nomadischen Lebens bewahrt hat. Wol aber ist der Name des Volks: Pelishtîm selbst eine solche Erinnerung. Ob nun dieser Name nach den meisten Sprachforschern auf semitischem Gebiete mit dem semitischen (äthiopischen) palasha, was wandern bedeutet, zusammenhängt[2], oder ob er nach andern aus dem Indogermanischen zu erklären ist, jedenfalls ist er ein lebendiger Zeuge und eine nicht aufgegebene Reminiscenz von der nomadischen Stufe des Philistäervolks, auf welcher sie sich diesen Namen beigelegt haben; ebenso wie sich die Akkadier noch immer mit diesem Namen — welcher Bergbewohner bedeutet — nannten, nachdem sie sich schon längst in Niederungen ihren neuen Aufenthaltsort gewählt hatten.[3]

Der Hirte findet sein Lebensglück durch das Gedeihen seiner Heerden; sein Reichthum hängt von der Beschaffenheit der Weide ab, welche er für seine Heerden findet; sie zu suchen ist der fortwährende Anstoss für seine endlosen Wanderungen. Gute, frische, gesunde Weide ist die Summe seiner bescheidenen Wünsche: „grüne Triften bei Wassern der Ruhe", wie sich ein hebräischer Psalmensänger (XXIII, 2) ausdrückt. Der umwölkte Himmel, welcher für seine Fluren Regen sendet, ist in seinen Augen ein überaus

---

[1] Einleitung in das Studium der arab. Spr., S. 19.

[2] J. S. Müller, Semiten, Chamiten und Japhetiten u. s. w., S. 257.

[3] Lenormant, Études accadiennes, Heft 3, I, 72.

freundliches Element, das er gern über die versengende
Glut der Sonne, welche seine Weideplätze ausdörrt, siegen
lässt.   Der Nomade nennt sich „Sohn des Himmel-
wassers", d. h. des Regens. „Unter banû mâ al-samâ"
(Söhne des Regens) — sagt ein arabischer Commentator
der Muslim'schen Traditionssammlung — „sind die Araber
zu verstehen . . . . . . Denn da ihr grösster Theil aus Heerden-
besitzern bestand, so erhielten sie sich besonders durch die
Güte der Weideplätze."[1] So konnte dann diese Benennung
banû mâ al-samâ, „Söhne des himmlischen Wassers", die
allgemeine Bedeutung: die reichen Leute erhalten, so
z. B. in einem vernünftigen Verse des 'Anbar b. Samâk[2]:

falâ taṭiḳan min-an-nauka bishej'in
walau kânû banî mâ'i-s-samâ'i.

Vertrau' dich doch in keinem Ding an Narren
Und wären sie auch die Söhne selbst des Regens,

d. h. wäre der Narr auch noch so reich. Die Somalibeduinen,
Isa, nennen ihren Ogas, d. h. Häuptling, mit dem Namen
Roblai, was nach Burton so viel bedeutet als Regen-
prinz.[3]

Fortwährend auf der Wanderung und Suche nach guter
Weide muss der Nomade sein, wenn er Wohlstand erlangen
will. Die glühende Sonnenhitze ist auch in diesem Betracht
sein böser Feind und arger Widersacher.

Der nächtliche gestirnte Himmel ist es und der Mond, in
denen er seine Freunde erblickt und seine Beschützer sieht, und
er begrüsst so gern den Augenblick, wenn diese seine Schützer
den Feind besiegen, die strahlende Sonne verdrängen, wenn
dem Mittag der Nachmittag und der Abend mit seinem
kühlen Windhauche naht, um in die Spuren der glühenden
Sonnenhitze zu treten; dann ist er von dem langweiligen
ḳail befreit, zu dem ihn die Sonnenglut des Mittags ge-

---

[1] Al-Nawawî (Kairoer Commentarausgabe des Muslim), V, 169.

[2] Kitâb al-agânî, XVI, 82 penult.

[3] In Andree's Bearbeitung der Reise Burton's im Somalilande (Forschungsreisen in Arabien und Ostafrika [Leipzig 1860]), I, 238.

zwungen. Er beginnt daher seine Reise am liebsten nach
dieser Zeit und setzt sie bis in die Nacht und während derselben fort. [1] „Bei ihren Wanderungen, Karavanen- und
Raubzügen“, sagt Sprenger von den Arabern, „reisen sie
meistens während der Nacht. Wenn man langsamen Schrittes
auf einem Kamel durch die einförmige Wüste zieht, so
dauern die Nächte gar lang. Aber das Gemüth ist durch
die Stille der Nacht und die erheiternde frische Luft mit
einem ruhigen Entzücken erfüllt, und der Blick wendet
sich unwillkürlich nach oben. Daher finden wir auch im
Koran und in der Beduinenpoesie so häufig Anspielungen
auf den gestirnten Himmel und seine Bewegung.“[2] Die
Karavanenlieder (Ḥidâh) beziehen sich demnach zumeist auf
nächtliches Reisen, wie z. B. ein von Wetzstein mitgetheiltes:

> O wie ziehen wir, während der Thau ausgestreut ist
> Und Wüstenstaub die Lefzen der Saumthiere bedeckt.
> O wie ziehen wir, während der Städter schläft,
> Die Beine eingewickelt in Decken[3];

und wenn er des Tages reist, so folgt er dem Laufe der
Wolken, Kühle und Schatten suchend. Der arabische Dichter Abu-l-ʿAlâ al-Maʿarrî, welcher, wie alle spätern
Kasîdendichter, den Gesichtskreis des beduinischen Lebens
als den Hintergrund seiner Poesie betrachtet, sagt einmal
von seiner Geliebten:

> Als wäre die Wolke ihr Geliebter, sie richtet den Sattel immer
> dahin, wo die Wolke wandelt,

und der Scholiast bemerkt zu dieser Stelle: „d. h. sie ist
eine Beduinin; die Beduinen aber folgen immerfort dem
Regen und den Orten, wo Regentropfen vom Himmel fallen.“[4]

---

[1] Vgl. al-Nâbiġâ, XXXI, v. 4. (Derenbourg).

[2] Ueber den Kalender der Araber vor Mohammad (Zeitschr. D. M. G.
[1859], XIII, 161).

[3] Sprachliches aus den Zeltlagern der syrischen Wüste, S. 32, Anm. 21
(Sonderabdr. aus Zeitschr. D. M. G. [1868], Bd. XXII).

[4] Siḳt al-zand (Bûlâḳer, Ausg. v. J. 1286), II, 34.

Den Regen wünscht der altarabische Dichter auch der Grab-
stätte des Freundes; auch diese will er nicht durch die
Sonnenhitze ausgedörrt sehen: „Tränkt, o Wolken, die Erde
jenes Grabes!“ ist eine häufig wiederkehrende Formel in
der altarabischen Poesie, und die neuere hat in ihrer Nach-
ahmungssucht alter Formen auch diese Phrase in ihr Inventar aufgenommen.[1] Mit der Vorliebe der Nomaden für
den nächtlichen Himmel hängt es zusammen, wenn Hind,
die Tochter 'Otbâ's, am Schlachttage von Oḥod zu den
dem Islam sich widersetzenden Ḳureishiten sagt: „Wir
sind die Töchter des Sternes“ (naḥna binât Ṭâriḳ)[2],
und sie knüpfte dabei ihren Ursprung ebenfalls an den
nächtlichen Himmel an. Wir stellen nämlich diesen Ausruf
des kühnen Araberweibes in eine Kategorie mit der oben
erwähnten Zurückführung des Ursprungs auf den Regen,
und glauben mit Recht von der Erklärung al-Gauharî's ab-
weichen zu dürfen, welcher in jenem Ausspruche eine Vergleichung finden will, des Sinnes: „Unser Vater ist an Adel
derselbe, was der glänzende Stern unter den übrigen Sternen.“ [3] Es ist dann ganz gleichgültig, was für ein Stern
Ṭâriḳ ist, ob der Morgenstern, wie die meisten Lexikographen erklären, oder ob der Stern Zoḥal (Saturn oder
ein anderer der fünf Chunnas-Sterne), wie al-Beidâwî erklärt.[4] Die Pointe liegt eben nur darin, dass sich das
Araberweib „Sternestochter“ nennt, und diese Bezeichnung fällt in dieselbe Kategorie, wie die Benennung Banû
Badr, Banû Hilâl, „Söhne des Vollmondes, Söhne der
Mondsichel“, den sich arabische Stämme beilegten, und
welche schon Bochart[5] mit dem Volksnamen der Jerachaer
verglich. Dahingegen nennt sich der mekkanische Städter
„Kind der Sonne“, was sich bis in die neueste Zeit er-

---

[1] Ein Beispiel Zeitschr. D. M. G. (1857), V, 100, 14.
[2] Kitâb al-aġânî, XI, 126.
[3] Ṣaḥâḥ s. r. ṭrḳ.
[4] Korancommentar (ed. Fleischer), II, 397. 6.
[5] Phaleg, frankfurter Ausg., II, 124.

halten hat, wie aus einer interessanten Mittheilung von Kremer's ersichtlich ist. [1]

Ganz anders steht der Ackerbauer zu den beiden kämpfenden Elementen des Himmels. Gewitter, Wind und übermässiger Regen sind lauter Feinde seines Lebens; die warmen Sonnenstrahlen hingegen, welche die Früchte des Feldes erwärmen und ihr Wachsthum befördern, begrüsst er freudig und lässt sie gern siegen über den düstern, finstern Himmel. Ein alter hellenischer Name der Sonne ist Zeus Talaios oder Tallaios, oder noch einfacher nur Talos, was soviel bedeutet als Wachsthum befördernd, wie längst nachgewiesen ist. [2] Zeus ist derjenige, welcher den Acker bewacht und reiche Ernte sendet [3], und selbst Wolken und Regen hängen mit ihm zusammen, insoweit sie für den Ackerbauer wohlthätige Mächte sind. Zeus wird ebendeshalb auch zum νεφεληγερέτα, zum Donnerer und Regenspender. [4] Dieses verschiedene Verhältniss zur Natur wird sich auch in den Mythen, welche sich auf jeder dieser beiden Stufen ausbilden, abspiegeln; ja das verschobene Verhältniss zur äussern Natur wird auch auf die alten, bereits ausgebildeten Mythen einwirken und ihnen eine Richtung vorzeichnen im Sinne der veränderten Naturanschauung. Aber während der Mythos, der auf einer frühern Cultur-

---

[1] Culturgeschichtliche Streifzüge auf dem Gebiete des Islams (Leipzig 1873), S. VIII.

[2] S. Creuzer, Symbolik und Mythologie der alten Völker (3. Aufl.), I, 38.

[3] Welker, Griechische Götterlehre, I. 169.

[4] Je weiter der Uebergang des Mythos zur Religion vorwärtsschreitet, und sich die Anschauung von einem mächtigen Gott befestigt, der alle andern überragt, desto mehr wird auch die Bewirkung von Donner und Regen u. s. w. auf den ursprünglich blos solarischen Gott übertragen (vgl. übrigens M. Müller, Essays, II, 310). Jene schroffe Scheidung hat daher nur für die rein mythologische Stufe absolute Geltung. Umgekehrt werden in den indischen Hymnen dem Indra und Varuna, ursprünglich Gestalten des düstern Wolken- und Regenhimmels, welche die höchsten Stellen in der indischen Religion einnehmen, solarische Züge zugeeignet.

stufe bereits ausgebildet wurde, häufig noch so viel Resistenz besitzt, um trotz der Anpassung an die neue Anschauung dennoch vieles von dem Charakter zu bewahren, welchen ihm eine überwundene Culturstufe früher aufgedrückt hat; so wird der neue Mythos ganz und gar das Gepräge der neuen Stufe, der er sein Dasein verdankt, an sich tragen müssen. Denn so wie die sprachschaffende Fähigkeit nicht mit einem male ihre ganze Kraft erschöpft, sondern immer noch neuer Sprachstoff gebildet wird, so oft die veränderten Verhältnisse einen solchen erfordern, ebenso ist es auch mit dem Mythos. So wie der Ackerbauer neue Worte schafft für die neuen Verhältnisse und Begriffe, so schafft er auch neuen Mythos.

2.

Was also den Mythos des Nomaden von dem des Ackerbauers besonders unterscheiden wird, besteht vorzugsweise in der verschiedenen Stellung, welche auf diesen beiden Stufen dem nächtlichen, finstern Himmel einerseits und dem warmen, glänzenden Sonnenhimmel andererseits zugetheilt wird. Der Mythos ist nicht blos objectiver Ausdruck von den Erscheinungen der Natur. Sowie dasjenige, was wir regelmässig und im gewöhnlichen Leben rein objective Darstellung nennen, fast unmöglich ist, da sich niemand bei aller Anstrengung, Beschränkung und Selbstentäusserung, seiner Individualität entkleiden kann, so ist es auch, und in viel höherm Grade, beim Mythos. Wir sprechen ganz unrichtigerweise von objectiven Berichterstattern oder Geschichtschreibern. Denn wie wäre es denn möglich, dass ich, wenn ich über eine Begebenheit Bericht erstatte, sei es als Augenzeuge oder als kritischer Aufarbeiter fremder Nachrichten, davon erzähle, ohne dass ich eben der Erzähler sei? Und der Umstand allein, dass ich der Erzähler bin, drückt ja meinem Berichte ein Gepräge auf, das verschieden von dem ist, welches dem Berichte aufgeprägt ist, wenn ihn er, ein anderer, erstattet! Man vergleiche doch sogenannte objective Geschichtserzählungen aus verschiedenen Jahrzehnten, der Jahrhunderte und Jahrtausende

gar nicht zu gedenken. Um wieviel mehr wird sich nun
erst die jeweilige Subjectivität der Mythosschöpfer in den
Mythen verschiedener Culturperioden ausprägen müssen! Es
ist nun allerdings wahr, dass sich die besondere, scharf
charakteristische geistige Individualität der Personen erst mit
dem Vorwärtsschreiten der Cultur des Geistes in geradem
Verhältnisse entwickelt. Je mehr Bildung jemand hat, desto
mehr bringt er sein eigenes Selbst zum Ausdruck und zur
Geltung, und mit dem Fortschritt der Bildung wird auch
die Berechtigung der Individualität immer mehr Berücksichtigung erlangen, sowol im socialen als auch im
Rechtsleben. Mann kann dies von den Thieren niedriger
Entwickelung aufwärts bis zum Menschen hinauf verfolgen,
und innerhalb unseres Geschlechts durch die verschiedenen
Entwickelungsstufen, wie sich diese geographisch und historisch repräsentiren, bestätigen. Auf der Stufe der Mythenbildung herrscht noch beinahe durchgehends geistige Uni-
formität in allen Individuen. Darum kommt auch in Sprache
und Mythos immer nur das Ganze der sprachen- und mythosschaffenden Menschheit zur Geltung; der einzelne konnte
nichts Besonderes, von einem andern einzelnen Verschiedenes, wirken. Es gibt weder Sprache noch Mythos eines
einzelnen Menschen [1], und von beiden gilt, was Steinthal
bei Gelegenheit der Volksdichtung sagt, dass der Geist,
welcher sie hervorbringt, „der Geist einer durch körperliche
und geistige Verwandtschaft zusammengehaltenen Menge
von individualitätslosen Menschen ist, und was in dieser
geistig hervorgebracht wird, ist Hervorbringung des Ge-
sammtgeistes, also des Volks.“[2] Dafür aber hat eben der
Geist des Allgemeinen in den verschiedenen Culturepochen

---

[1] Man vgl. über das Verschwinden der Individualität je tiefer man
in die Vorzeit hinabsteigt, Wilhelm von Humboldt's Ueber die Verschiedenheit des menschlichen Sprachbaues (Berlin 1836), S. 4. Zu viel
Spielraum scheint Lazarus dem Individuum in der Sprachentstehung zu-
zugestehen; s. Leben der Seele, II, 115.

[2] S. die Abhandl. Das Epos (Zeitschr. für Völkerpsychologie und
Sprachw. [1868]), V, S. 10.

ein besonderes charakteristisches Gepräge, eine Richtung und Grundanschauung, die ihn von denen der vorangegangenen Culturepoche wesentlich unterscheidet.

Bei dem Nomaden also ist der nächtliche, finstere, umwölkte Himmel die sympathische Gestalt des Mythos; er lässt ihn siegen, oder wenn er unterliegt, so hat sein Unterliegen etwas Tragisches; er unterliegt bedauert, des Sieges würdiger als des Untergangs, und die Trauer des Nomaden um die unterliegende Macht, vererbt sich bis spät in die unmythische Zeit hinab. Die geopferte Tochter Jiftach's wird noch von den Töchtern Israels betrauert von Zeit zu Zeit. Umgekehrt ist es mit dem Mythos des Ackerbauers. Er lässt den glänzenden Tageshimmel siegen, und den düstern Wolkenhimmel, die finstere Nacht, gern unterliegen, er begleitet den Sieg des Tageshimmels und der Wärme mit seinem Triumphgeschrei und Beifallklatschen, und seine Hymnen verewigen es, wie er über diesen Sieg gefühlt und gedacht. Hier ist die Niederlage des Sonnenhimmels, was ihn zur Trauer stimmt. Der gefallene Simson ist eine tragische Gestalt. Die Anwendung dieser allgemeinen Sätze auf den Mythos der Hebräer wird jeder Leser selbst sehr leicht ziehen können, wenn er dem Kapitel Aufmerksamkeit schenkt, in welchem wir die Hauptgestalten des hebräischen Mythos mit einer Darlegung der Grundzüge vorführten, mit welchen sie der Mythos begleitet. Ich würde es als überflüssig erachten, diese Anwendung des Weitläufigern auszuführen, da sie sich jedesmal aus der Natur des Mythos selbst ergibt.

Aber nicht nur was die sympathische Neigung für ihn anbelangt, steht der Nacht- und Wolkenhimmel für den nomadischen Menschen im Vordergrunde. Er ist für ihn vielmehr auch das Gegebene, das Prius, das Natürliche, dem dann der Tageshimmel als Feind und Verfolger gegenübertritt. Mit der Natur des Nomadismus, besonders der nächtlichen Wanderungen, hängt auch die Zeitrechnung nach Nächten zusammen. Am besten hat sich dies bei den Arabern erhalten, wo statt wie bei uns nach Tagen,

nach Nächten gezählt wird. Besonders hat sich dies bei
der Bestimmung von Wegstrecken zwischen einem Orte
und einem andern und bei der Angabe der Dauer einer
bestimmten Reise ausgeprägt; z. B. „sein Gesicht schwitzt
aus Verlangen nach der Bezahlung lange Nächte (d. h.
lange Zeit) hingehalten"[1]; „zwischen Damascus und dem
Orte, wo Walîd b. Jazîd in der Wüste lebte, sind vier
Nächte"[2]; „ich gebe ihm fünfhundert Denare und ein
Kamel, worauf er zwölf Nächte wandere"[3]; in einem Gedichte des Abû Zejd al-'Abshamî: „Wenn der Stamm
sechzehn Nächte wandert" (ida-l-ḳaumu sârat sittat 'ashrata
lejlatan).[4] Diese arabische Sprachgewohnheit geht so weit,
dass bei der entgegengesetzten Zeitbestimmung, wenn nämlich eine Zeitdauer einmal durch Tage ausgedrückt wird,
zur nähern Bestimmung das Aequivalent, in Nächten ausgedrückt, hinzugesetzt wird, z. B. „sodass zwischen ihnen
und ihrer Heimat eine Wegstrecke von zwei Tagen oder
drei Nächten lag."[5] Mit der Zeitrechnung nach Nächten hängen noch zwei Momente zusammen. Erstens die
Priorität der Nacht vor dem Tage; deswegen beginnt bei
Arabern und Hebräern (ebenso auch noch bei den spätern
Juden), den beiden Völkern, welche, wie wir noch sehen
werden, das Bewusstsein des Nomadismus länger bewahrten
als die Arier, der Tag mit dem Abend. „Es war Abend,
es war Morgen, ein Tag", und als Residuum der alten
nomadischen Anschauung ist es zu betrachten, wenn nach
dem Mythos der Aegypter Thum, die nächtliche Existenz-
form der Sonne, vor Ra, der Tagesform des Sonnenlebens,
geboren wurde. Zweitens knüpft sich dadurch die Zeitrechnung im grossen an den nächtlichen Himmel, an den

---

[1] Nöldeke, Beiträge zur Kenntniss der Poesie der alten Araber,
S. 185. 12.

[2] Kitâb al-aġânî, VI, 137. 17.

[3] Durrat al-ġauwâs (ed. Thorbecke), p. 178. 4.

[4] Jâḳût, I, 934. 2.

[5] 'Antarroman, IV, 97. 2.

Mond. Wir können deswegen auch die Beobachtung machen, dass bei Völkern, welche den Tag mit dem Abend zu rechnen beginnen, in der grössern Zeitrechnung der Mond Mittel- und Ausgangspunkt ist. [1] — Seyffarth hat im Jahre 1848 in einem Aufsatze: „Haben die Hebräer schon vor Jerusalems Zerstörung nach Mondmonaten gerechnet?“ (Zeitschr. D. M. G., II, 344 fg.), die These zu vertheidigen gestrebt, dass der Zeitrechnung der Hebräer ursprünglich Sonnenmonate zur Basis dienten, welche erst im 2. bis 4. Jahrhundert n. Chr. den Mondmonaten wichen, aber diese Annahme mit Argumenten unterstützt, welche vor einer tiefern Kritik nicht bestehen können. Vielmehr ist anzunehmen, dass das ursprüngliche Mondjahr beim Beginne des ackerbauenden Lebens mit der Beachtung der Sonnenperioden sich paarte (vgl. Knobel, Exoduscommentar, S. 95), um sehr früh schon eine Ausgleichung zwischen beiden zu veranlassen, dass aber in verschiedenen Ausgleichsversuchen, welche mit der Fixirung des Kalenders und mit der Einrichtung des Schaltmonats ihr Ende nehmen, die Zeitrechnung nach Monden, an welche sich eben die Ausgleichung anlehnt, im Vordergrunde bleibt. Auch in Bezug auf die Araber ist die untergeordnete Bedeutung der solarischen Elemente in der Zeitrechnung, und dass auch in alter, vormohammedanischer Zeit die lunarische Rechnung in Geltung war, weitläufig nachgewiesen von Sprenger in jener Abhandlung, auf welche wir bereits in diesem Kapitel Bezug genommen haben.

Sowie wir noch bei anderer Gelegenheit darauf zu-

---

[1] Dieser Zusammenhang findet sich unter andern auch bei den Polynesiern: „Die Zeitrechnung in ganz Polynesien richtete sich nach dem Monde. Man rechnete nach Nächten u. s. w.“ (Gerland, Anthropologie der Naturvölker, VI, 71). Nur die Nächte hatten Namen. Die Tage benannte man nicht (ibid. S. 72). Ebenso ist die Zeitrechnung nach Monden und die Tageszählung nach Nächten linguistisch gründlich nachgewiesen von der melanesischen Gruppe. S. die Zusammenstellung bei Gerland a. a. O., S. 616—19.

rückkommen werden, dass unter den Ariern die Inder
es sind, bei welchen sich ein gewisser Grad des nomadischen Bewusstseins bemerkbarer erhielt als bei den
übrigen Ariern, und sich in ihrer Literatur und in manchen ihrer Institutionen ausprägt, so können wir dies
auch in Bezug auf ihre Zeitrechnung beobachten. In der
ältesten Literatur des Sanskritvolks, den Vedas, kommt
noch das Mondjahr mit zwölf Monaten, dem von Zeit
zu Zeit ein dreizehnter Schaltmonat hinzugefügt wird, zum
Durchbruch.[1] Es ist merkwürdig, dass wir in dieser Beziehung bei den Persern noch mehr Anklänge und Reminiscenzen nomadischer Art finden. Nicht nur erscheint im
ganzen Avestabuche, an Stellen, wo die leuchtenden Himmels-
körper aufgezählt werden, constant diese Ordnung: Sterne,
Mond und Sonne, sodass die Sonne immer an letzter Stelle
ist, sondern wir finden sogar die Berechnung der Zeit nach
Nächten ganz so wie bei den Arabern, sodass Spiegel hieran
mit Recht die Vermuthung knüpfen kann, es sei bei den
alten Persern nach Mondjahren gerechnet worden.[2] Nach
Bunsen[3] soll der delphische Mythos von der Reinigung des
Apollo ebenfalls darauf hindeuten, dass bei den Hellenen
die alte Mondeszeitrechnung später durch die solarische
ersetzt wurde.

Die solarische Zeitrechnung ist die des Ackerbauers, im
Gegensatze gegen die des Nomaden. So wie bei diesem
die Nacht und der Nachthimmel im Vordergrunde ist, so
führt die ackerbauende Culturstufe die Sonne zum Siege,
sie wird auch Maassstab und Ausgangspunkt seiner Zeitrechnung. Mit dem Fortschritt zum Ackerbau tritt an
Stelle des Mondjahres das „*magnus annus*“, das „ἡλιακόν“,
welches man auch „τὸν θεοῦ ἐνιαυτόν“ nannte. Doch ist
es sehr merkwürdig, dass, so wie im allgemeinen in der
Weltanschauung des Ackerbauers die Residuen des Nomadis-

---

[1] Laz. Geiger, Urspr. u. Entwickl. d. menschl. Spr. u. Vern., II, 270.

[2] Die heiligen Schriften der Parsen, II, xcviii und III, xx.

[3] Gott in der Geschichte, III, 436 fg.

mus noch lange durchschimmern und unbewusst verbleiben können, es besonders die Art der Zeitrechnung ist, welche unter allen Elementen der nomadischen Weltanschauung am längsten und selbst noch in fortgeschrittenern Culturstadien nachklingt. Von den Galliern z. B. berichtet Julius Cäsar, dass sie nach Nächten zählten, nicht nach Tagen. [1] *(Spatia omnis temporis non numero dierum, sed noctium finiunt; dies natales et mensium et annorum initia sic observant, ut noctem dies subsequatur)*; dasselbe berichtet Tacitus von den alten Germanen, dass sie nicht „*dierum numerum, ut nos, sed noctium computant. Sic constituunt, sic condicunt: nox ducere diem videtur.*“[2] In einem Falle, nämlich im Worte fortnight, welches ein sprechendes Document dafür ist, dass die Vorfahren derer, die das Wort heute gebrauchen, die Zeit nach Nächten zählten, zählt eine der fortgeschrittensten Nationen der Gegenwart noch immer nicht nach Tagen; wenn sie sagen will: in vierzehn Tagen thue ich dies oder jenes, sagt sie: in vierzehn Nächten. Auch andere Sprachen, gesprochen von Völkern, die schon längst die Sonnenzählung acceptirt, bewahren Denkmäler der alten nomadischen Mondeszählung. Besonders weist auch in der ungarischen und noch andern Sprachen ugrischen Stammes, der Ausdruck hüpfendes Jahr (szökő év) für Schaltjahr, in Verbindung mit noch andern ähnlichen Erscheinungen, auf die Zählung nach Mondjahren zurück, wie dies der ungarische Akademiker, Herr Paul Hunfalvy, mit gründlichen Belegen begleitet, in weitläufiger Weise nachgewiesen hat. [3] Und das am längsten ausharrende und nun trotz des übrigens überwiegend solarischen Charakters unserer Zeitrechnung und trotz der Dekadengelüste der ersten französi-

---

[1] De bello gall., VI, c. 18.

[2] Germania c. XI, im Zusammenhang mit den öffentlichen Zusammenkünften zur Mondeswende. Es ist nicht zu übersehen, dass nach Cäsar l. c. XXII die Germanen Agriculturae non student, majorque pars victus eorum in lacte, caseo, carne consistit.

[3] S. die ungar. Monatsschr. Magyar Nyelvőr, I, 26—28.

schen Revolution wol für lange Zeit festsitzende Residuum
der lunarischen Chronologie, ist ja eben die Woche,
ein specifisch mit dem Monde zusammenhängender Zeitbegriff. Es ist jedoch längst nachgewiesen, dass auch diese
Eintheilung des Monats in vier Wochen im Alterthume
zuweilen durch die solarische Eintheilung des Monats in
drei Dekaden abgelöst wurde. Es war dies der Einfluss
der ackerbauenden Culturstufe mit ihrer Bevorzugung der
Sonne. Wir wissen dies z. B. von den Aegyptern, sodass
es lange Zeit bezweifelt wurde, ob dieses Volk überhaupt
je die Wocheneintheilung kannte. Gardner Wilkinson hat
aber eine Reihe von Beweisen zusammengetragen dafür,
dass bei den Aegyptern dem später zur Geltung gekommenen Dekadensysteme das der Eintheilung des Monats
in vier siebentägige Wochen historisch vorangegangen ist. [1]
Auch in Bezug auf die Mexicaner ist es so ziemlich sicher
gestellt, dass zwischen ihren beiden in späterer Zeit parallel
nebeneinander bestehenden Zeitrechnungsweisen, nämlich
dem Tonulpohualli, d. i. „Rechnung der Sonne“, und
dem Metzlapohualli, d. i. „Rechnung des Mondes“,
letztere die historisch früher aufgekommene ist, welche sich
jedoch, wie dies bei Zeitrechnungsweisen so häufig der Fall
ist, in die Zeit der Sonnenrechnung hineinerbte. [2] In Betracht zu ziehen ist übrigens noch die Rechnung grösserer
Zeitabschnitte nach Masika, d. h. Regenzeiten, wie dieselbe
bei den Unyamwesi in Afrika vorherrscht. [3] Wie kräftig
die nomadisch lunarische Wocheneintheilung noch auf die
späteste Zeit nachwirkt, um immer wieder zur Geltung zu
kommen, selbst dann, wenn sie schon einmal durch die
solarische Dekadenzählung verdrängt worden war, das sehen
wir am besten bei den Römern. Sie hatten anfangs eine
consequent lunarische Zeitrechnung — selbst ihr Jahr be-

---

[1] In Rawlinson's History of Herodotus, App. zu Book II Chapt. VII,
§§. 16—20 (Ausg. 1862, II, 280 fg.).

[2] Waitz, a. a. O., IV, 174.

[3] Bei Karl Andree, Forschungsreisen u. s. w., II, 205.

stand, mit Ignorirung des zwölfmonatigen Sonnencyklus,
aus zehn Monaten — und theilten den Monat in vier
Wochen ein[1]; später wich diese Tetrachotomie einer tricho-
tomischen Eintheilung in drei Dekaden: *nonae, kalendae,
idus;* dennoch aber kehren sie zuletzt wieder zur Woche
zurück und benennen die sieben Tage derselben mit den
Namen der Sonne, des Mondes und der fünf Planeten.
Uebrigens ist selbst die Eintheilung des Monats in drei
Dekaden nicht immer mit solarischer Zeitrechnung zusammen-
hängend; sie findet sich auch im Zusammenhang mit luna-
rischer Zählung, wenn drei Mondphasen unterschieden werden
(die dreiköpfigen Mondesgestalten in der Mythologie der
Griechen).[2]

Man hat auch eine fünftägige Abtheilung als Aequivalent unserer Wocheneintheilung bei vielen Völkern nachgewiesen (bei den Chinesen, mongolischen Völkern, Azteken,
Mexicanern[3]); diese Eintheilung in Pentaden wird jedoch
mit einer ursprünglich quinären Zählmethode, worüber Pott
in liguistischer Beziehung in einer besondern Monographie
abgehandelt[4], zusammenhängen. In Alt-Kalabar, an der
Westküste von Afrika, kommt jedoch merkwürdigerweise
auch die Woche zu acht Tagen vor, bei einem Volke,
dass nicht über fünf hinaus zählt[5], was a priori fast undenkbar schiene, wenn diese Erscheinung nicht durch einen
so guten Beobachter wie Bastian bezeugt wäre.

3.

So wie die nomadische Culturstufe historisch der ackerbauenden nothwendig vorangeht, so geht auch diejenige

---

[1] Mommsen, Römische Geschichte, I, 210.
[2] Welker, Griechische Götterlehre, I, 555.
[3] Wilkinson, ibid., S. 238, §. 17.
[4] Die quinäre und vigesimale Zählmethode (Halle 1867).
[5] Waitz, a. a. O., II, 224, vgl. mit Bastian, Geographische und
ethnologische Bilder (Jena 1874), 144. 155.

Stufe des Mythos, auf welcher der nächtliche, dunkle, bewölkte Himmel den Vorrang hat vor dem glänzenden Tageshimmel, derjenigen Stufe voran, wo dieser letztere in den Vordergrund gestellt ist und die Rolle einer. sympathischen Gestalt, eines Lieblings spielt. Es kann ferner nicht vorausgesetzt werden, dass diese zweite Stufe der Mythenbildung sich entwickelt habe, ohne dass ihr jene erste Stufe vorangegangen wäre; denn es ist pure Unmöglichkeit, dass ein Theil der Menschheit die Culturstufe des Nomadismus, welche vielleicht Jahrtausende ausfüllte, durchlebt hätte, ohne seine Weltanschauung in mythische Formen gegossen zu haben. Jeder weiss, und dies zieht heute niemand mehr in Zweifel, dass die hervorragendste Gestalt in dem Mythos der Arier, welche später auf der theologischen Stufe den Rang einer höchsten Gottheit einnahm, der glänzende Sonnenhimmel ist, Dyaus, Θεός, Zeus, in welchem sich die mächtige Sympathie des Ariers concentrirte und zu welchem hin sich die bewundernde Andacht wandte, als er zu beten begann und Hymnen zu dichten. Es konnte andererseits der Aufmerksamkeit der Forscher auf dem Gebiete arischer Mythologie und Religionsgeschichte nicht entgehen, dass von dieser allgemeinen Erscheinung auf arischem Gebiete eben der allerälteste und allerechteste Repräsentant arischen Geistes einigermaassen eine Ausnahme zu machen scheint: das indische Volk, bei welchem sich Dyaus allerdings zu theologischer Bedeutung emporgeschwungen hat [1], welches aber als oberste Gottheit nicht diesen nennt, den durch den Glanz der warmen Sonnenstrahlen erhellten Himmel, sondern Indra, der, wie schon sein Name zeigt (indu = Tropfen), mit dem Regenhimmel (Jupiter pluvius) identisch ist [2], und den Varuna, welcher, im Gegensatze gegen den leuchtenden Mitra, der umdüsterte Nachthimmel (von var,

---

[1] S. darüber J. Muir, Contributions to a knowledge of the Vedic Theogony and Mythology (Journ. of Roy. Asiat. Society, N. S. [1864], I, 54 — 58).

[2] Vorlesungen über die Wissensch. der Sprache. X. (II, 400.)

verdecken) ist.[1] Max Müller, der zumeist das Verdienst
hat, den arischen Dyaus auf den hohen Thron erhoben
zu haben, den er heute in der arischen Religionsgeschichte
einnimmt, erklärt diese fremdartige Erscheinung dadurch,
dass Indra den allerältesten Gott der Arier, Dyaus, von
seinem Platze, den er einst auch bei den Indern innegehabt, verdrängt haben soll. Wenn sich in Indien — dies
ist seine Meinung — Dyaus zu keiner solchen Macht herausgewachsen hat wie Zeus in Griechenland, so liegt der Grund
einfach darin, dass Dyu mehr von seiner appellativischen
Bedeutung beibehalten hat[2], und dass Indra, der neue Name
und der neue Gott, alle die Adern des Dyu unterband,
welche ihm das Lebensblut zuführten, sodass dieser hin-
siechen musste.[3]

Nach dem oben Ausgeführten könnte sich die Sache
natürlich anders stellen. Das indische Volk repräsentirt
für uns bekanntlich, sowol in seiner Sprache, als auch in
seinem Mythos, die allerälteste nachweisbare Stufe des arischen Geistes, nach demselben folgt das eranische Volk.
Die alte Literatur dieser beiden Völker, mehr aber noch
die des indischen als die des persischen, steht ihrer Conception nach dem nomadischen Leben noch viel näher als
alles andere, was an Documenten arischen Geistes auf uns
gekommen ist, und es ist nicht wunder zu nehmen, wenn
nach dem bekannten Gesetze aller Entwickelung, der physischen sowol als der geistigen, dass in einer spätern Entwickelungsstufe Residuen einer überwundenen unbewusst
zurückbleiben, bei diesen, in der Zeit, aus welcher ihre
ältesten bekannten Geisteserzeugnisse stammen, dem Nomadismus historisch näherstehenden Völkern, noch mehr Residuen des Nomadismus zu finden sind als anderwärts,

---

[1] Max Müller, Essays, II, 60. Muir a. a. O., S. 77 fg.

[2] Dies hängt mit der M. Müller'schen Auffassung zusammen, „dass
die Sprache absterben müsse, ehe die Mythologie zu höherer Entwickelung auferstehen kann“ (Vorles. üb. W. d. Spr., ibid. S. 397).

[3] W. d. Spr., S. 402.

wenn überhaupt in denselben die nomadische Stufe sich
noch nicht als vollends überwunden darstellt. Wir haben
hierauf schon oben Bezug genommen, als wir von den
nomadischen Momenten in der Zeitrechnung handelten, und
wollen an diesem Orte nochmals darauf zurückkommen.
In manchen Dingen haben sogar die Eranier die Traditionen
des Nomadenthums noch zäher und fester bewahrt als das
sonst an Originalität höherstehende indische Volk, und
dies ist daraus zu erklären, dass der Nomadismus selbst
als actuelle Culturstufe in Persien länger lebte und mehr
gepflegt wurde als in Indien, ja dort noch bis in die aller-
neueste Zeit hinein seine Stätte hat; denn ebenso wie die
alten Perser nach Herodot's Bericht (I, c. 125) theils herum-
ziehende Nomaden (νομάδες), theils sesshafte Ackerbauer
(ἀροτῆρες) waren, so führt auch ein Viertel bis die Hälfte der
Bevölkerung des modernen Persiens noch heute nomadisches
Leben.[1] Eine charakteristische Eigenthümlichkeit der nomadischen Stufe ist die social-politische Eintheilung in Stämme,
welche sich bei vielen Culturvölkern als nomadisches Residuum noch bis in die sesshafte Zeit hineinerbt. Als Beispiel
wollen wir — um der Thracier gar nicht zu gedenken,
welchen es nach Herodot's Bericht[2] eine Unmöglichkeit
war, von der Rücksicht auf die Stammesverschiedenheit ab-
zugehen und in der nationalen Einheit ihre Kraft zur Geltung zu bringen —, nur auf die Ionier verweisen, von
denen die Eintheilung in φρατρίαι, γένη und γεννῆται sehr
genau nachgewiesen ist.[3] Nun finden wir aber bei den

---

[1] Rawlinson, History of Herod., I, 211.

[2] V. 3: ἀλλὰ γὰρ τοῦτο ἄπορόν σφι καὶ ἀμήχανον μήκοτε ἐγγένηται
εἰσὶ δὴ κατὰ τοῦτο ἀσθενέες.

[3] Die Literatur ist bündig und lichtvoll zusammengestellt in der
Abhandlung von G. Rawlinson: On the early history of the Athenians,
§. 8—11 (Hist. of Herod., Book II, Essay II). Allerdings muss hinzugefügt werden, dass die Auffassung des gelehrten Verfassers: „The Attic
castes, if they existed belong to the very infancy of the nation and had
certainly passed into tribes long before the reign of Codrus“, nicht zu
der historischen Folge stimmt, welche der Zusammenhang des Clanwesens

Indem mehr keine erhebliche Spur der Stammeseintheilung, sondern wir begegnen dort gleich der Kaste, einer erblichen Eintheilung nach Beschäftigungsarten, welche sich zuerst aus dem sesshaften Leben entwickeln kann, da dieses den ersten Anstoss zum Betriebe von Künsten und Gewerben, welcher auf der nomadischen Stufe nicht denkbar ist, gibt. Bei den Eraniern hingegen hat sich die Stammeseintheilung noch lange gleichzeitig mit der dem Culturfortschritte zum sesshaften Leben entsprechendern nach Beschäftigungsklassen erhalten. [1] Ja selbst in das Kastenleben der Parsen spielt noch die Stammeseintheilung maassgebend hinein. Die Priesterkaste ist ein bestimmter Stamm, ein Geschlecht, ganz so wie die Leviten bei den Hebräern [2]; andererseits fallen in älterer Zeit viele Functionen der Priester, „kleinere und unwichtigere religiöse Pflichten, den Häuptern der einzelnen Stammesabtheilungen zu", wie der Name der Priester, môbed (nach Spiegel's Erklärung nmâna-païti, Oberhaupt des Stammes, der Familie, etwa gleich mit dem hebräischen rôsh bêth âbb), an sich auf die ursprüngliche Allgemeinheit der Priesterwürde des Stammesoberhauptes hinweist. [3]

Wie das eranische Volk in einer fundamentalen Socialinstitution, so hat das Sanskritvolk in einer hervorragenden mythologischen und religionsgeschichtlichen Erscheinung ein namhaftes Residuum des Nomadismus bewahrt; in der Er-

---

mit dem Nomadenleben und des Kastenwesens mit dem sesshaften Leben bedingt. Es liegt in der Natur der Sache, dass dem Nomadismus, welcher keine systemisirte Beschäftigung mit Künsten und Handwerken kennt, mit Ausschluss des Kastenwesens, die Eintheilung in Stämme eignet, während die Kasteneintheilung den Umstand voraussetzt, dass sich die gewisse Beschäftigung mit Handwerken und Künsten, wie dies nur das sesshafte Leben ermöglicht, herausgebildet hat. Zwischen tribes und castes wird daher immer jenen die Priorität zuzusprechen sein.

[1] Spiegel, Ueber die eranische Stammesverfassung (Abhandlungen der kön. bair. Akad. d. W., 1855, Bd. VII). — Kasten und Stände in der arischen Vorzeit (Ausland 1874, Nr. 36).

[2] Die heiligen Schriften der Parsen, III, vi.

[3] Ibid., II, xiv—xv.

scheinung nämlich, dass bei ihnen nicht Dyu, sondern Varuna
und Indra die erste Stelle und den höchsten Rang unter den
Gestalten des Mythos und dann unter den Göttern einnehmen. Nicht dem ackerbewachenden und reiche Ernte
sendenden, glänzenden Sonnenhimmel, sondern dem verdeckenden Varuna und dem regenspendenden Indra wendet
der Nomade seine Bewunderung und Sympathie, seine Ehrfurcht und Andacht zu, und dieses Verhältniss zu Indra
hat der Inder noch von der Nomadenzeit her bewahrt, aus
der Zeit, bevor sich dieses denkwürdige Volk an den Ufern
des Ganges und Indus eine feste Wohnstätte erwählt. Damit stimmt auch recht gut, was Roth in einer Abhandlung
über „die höchsten Götter der arischen Völker“ durchgeführt
hat, dass nämlich Varuna in die arische Zeit zurückreicht
und altes Gemeingut aller Glieder dieser Rasse ist; selbst
die Vorstellung von Indra soll nach Roth jünger als die
von Varuna und specifisch indisch sein.[1] Aber nicht nur
bei den Indern finden wir das Andenken des nomadischen
Lebens in der Mythologie ausgeprägt; man kann dessen
Spuren auch in der hellenischen Mythologie auffinden, allerdings nicht als positiven, actuellen Befund, wie bei den
Indern, aber immer doch als historische Erinnerung. Dem
Reich des Zeus geht, nach der Hesiodischen Theogonie, die
Herrschaft des Uranos voran, d. h. bevor das hellenische
Volk, das sesshafte, ackerbauende Leben erwählend, den
leuchtenden Sonnenhimmel Zeus in den Vordergrund treten
liess, war der Mittelpunkt seiner Weltanschauung Uranos
(Varuna), der düstere Wolkenhimmel; und es ist kaum ein
ernstlicher Grund vorhanden, um mit einigen Religions-
historikern, wie z. B. Bunsen[2], nur das Reich des Zeus
als originelle Geistesschöpfung des hellenischen Volks zu
betrachten, und den Uranos blos als Resultat theogoni-
scher Speculation hinzustellen, oder in ihm gar eine
aus semitischen Kreisen erborgte Gestalt sehen zu wollen.

---

[1] Zeitschr. D. M. G. (1852), VI, 67 fg.
[2] Gott in der Geschichte, II, 202.

Vielmehr entspricht diese Reihenfolge (Uranos, Zeus) vollkommen den aufeinanderfolgenden Culturstufen des Nomadismus und des ackerbauenden Lebens, und Hesiod hat
darin nichts anderes gethan, als eine historische, natürliche
und wahre Tradition des hellenischen Volks in die Form
einer theogonischen Darstellung gekleidet. Damit scheinen
noch andere Punkte der Theogonie ebenso klar und unzweideutig zusammenzuhängen, diejenigen, aus welchen die
Vorstellung von der Priorität der Nacht hindurchleuchtet.
Unter den Mächten, welche nach der Hesiodischen Theogonie der Herrschaft des Zeus vorangehen, wird auch Chaos
genannt, ein Wort, das seiner ursprünglichen Bedeutung
nach Finsterniss bedeutet, und Tartaros. Wir kennen
gut die theologische Bedeutung dieses letztern Namens, als des
unterweltlichen Ortes, wohin die Seelen der Verstorbenen
wandern; aber es leidet keinen Zweifel, dass er ursprünglich „eine finstere, durch die Sonne nie erleuchtete Tiefe"
und allgemeiner alle „Finsterniss" bezeichnet. Deswegen
figurirt Tartaros in der Mythologie als Vater Typhon's
und Echidna's, und deswegen stammt von ihm Nyx.
Dem nomadischen Bewusstsein ist es dann vollkommen entsprechend, dass Tartaros „Vater der Gewässer und Quellen" genannt wird und dass er den Beinamen „der Erstgeborene" (πρωτόγονος) trägt. Auch auf hebräischem
Gebiete begegnen wir diesem Uebergange. Im Hiob-Buche
XXXVI, 20 wird das Wort lajlâ (Nacht) ganz in der
Bedeutung von Unterwelt gebraucht; dahin gehört auch
das Wort ṣalmâweth, von welchem es heute bereits sicher
ist, dass es die Finsterniss im allgemeinen bezeichnet,
und dass die Beziehung auf den Orcus eine secundäre,
übertragene ist.

4.

Wir haben in Obigem bereits an das Gebiet der Religionsgeschichte gestreift, obwol es strenggenommen nur ein Grenz-
gebiet der Mythosforschung ist, welches mit dieser nicht
confundirt werden darf. Doch müssen wir uns eben an

dieser Stelle gestatten, einen Ausflug in jenes Nachbar-
gebiet zu machen, da es nicht übergangen werden darf,
dass, sowie der Mythos, in dessen Vordergrund der Nachthimmel gestellt ist, dem Mythos, dessen Mittelpunkt der
glänzende Tageshimmel ist, stets vorangeht, jene Mythosstufe entsprechend dem nomadischen Leben, diese dem sesshaften, ackerbauenden Leben: so auch in der Religionsgeschichte dieselbe Folge beobachtet werden kann. Es gibt
Völker, welche, bereits auf der nomadischen Stufe stehend,
sich ihre theistische Religion herausbilden. Da die theistische
Religion stets aus den Elementen des Mythos erwächst,
wird nun diese Religion des Nomadismus im wesentlichen
ein Cultus des nächtlichen Himmels sein müssen. Wenn
dann der Fortschritt zur ackerbauenden Culturstufe jene
Umwandlung in der Weltanschauung des Menschen und
in dem Verhältniss seines Geistes zur äussern Natur bewirkt, von dem wir in dem Vorangehenden sprachen, wenn
sich dann der Mensch enger an die Sonne schliesst und
ihr seine Verehrung und Ehrfurcht zuwendet, so wird dann
naturgemäss der Cultus des nächtlichen, gestirnten oder
umwölkten Regenhimmels durch einen Cultus des Tageshimmels und der Sonne verdrängt, und nur Residuen
der alten Weltanschauung und der alten Cultusrichtung
erben sich in die neue Epoche hinein, theils unvermittelt
fortdauernd und in Geltung bleibend, theils aber im Sinne
der neuern Richtung umgedeutet. In demselben Verhältniss historischer Aufeinanderfolge, in welchem jene beiden
Stufen des Mythos, die des Nomadismus und die des Ackerbaues, zueinander stehen, stehen auch die Religion und der
Cultus des Nomaden zu denen des Ackerbauers. Auf der
spätern Stufe können allerdings die Elemente der Sonnen-
religion neben den Residuen der frühern Religionsstufe fried-
lich nebeneinander bestehen, ebenso wie auch durch die
Berührung der Nomaden mit den Städtern, wo sich ein
Sonnendienst bereits genug mächtig ausgebildet hat, viele
Elemente des Sonnencultus in die nomadische Religion eindringen können, wofür die bekannten Nachrichten über die

Religion einiger arabischer Beduinenstämme Beispiele genug
liefern können. Genetisch genommen aber geht der Cultus
des Nachthimmels, zu welchem auch der Mondcultus gehört, dem des Tageshimmels und der Sonne voran. Man
hat schon vor älterer Zeit beobachtet, dass wo sich Sonnendienst findet, immer auch Mondcultus zu finden ist, gleichsam als Residuum der frühern Religionsstufe, aber nicht
umgekehrt.[1] In einem spätern Kapitel werden wir auf
diese Erscheinung, mit Bezug auf die Religion der nomadisirenden Hebräer, nochmals zurückkommen müssen und wir
wollen hier nur noch aus dem Gebiete altarabischer Religion
auf einiges hinweisen. Wenn Blau mit seiner Deutung des
altarabischen Eigennamens ʿAbd Duhmân = „Diener des
Nachtdunkels“, Recht hat[2], so ist die theologische Geltung
des nächtlichen Himmels im allgemeinen für das arabische
Alterthum belegt; denn es ist bekannt, dass wo in arabischen Eigennamen eine Zusammensetzung mit ʿAbd (Diener)
vorliegt, der zweite Theil der Zusammensetzung ein Götter-
name oder allgemein ein Name von theologischer Bedeutsamkeit ist. Dahin ist auch der Mondcultus der alten
Araber zu rechnen, der sicher genug bezeugt ist.[3] Von
dem Cultus des Regenhimmels und des Gewitters bei den
Arabern zeugt am deutlichsten der Name Ḳuzaḥ, dem Gewitter und Regenbogen zugeeignet wurden (vgl. weiter unten
den 12. Abschn. des nächstfolgenden Kapitels). Arabische
Etymologen, und unter ihnen der Verfasser des „Ḳâmûs“ und
der Verfasser des in Bûlâḳ im Druck erscheinenden Super-
commentars zu diesem Wörterbuche, haben viel Combination
aufgewandt, um für Ḳuzaḥ, mit besonderer Berücksichtigung
der Regenbogenbedeutung eine passende Erklärung zu finden;
alle Derivatbedeutungen der Wurzel ḳzḥ, das Beschönigen,

---

[1] S. Welker, Griechische Götterlehre, I, 551.

[2] Zur hauranischen Alterthumskunde (Zeitschr. D. M. G. [1861],
XV, 444).

[3] Tuch, Sinaitische Inschriften (Zeitchr. D. M. G. [1849], III, 202). —
Osiander, Vorislam. Relig. d. Araber, (Zeitschr. D. M. G. [1853], VII, 483).

die Vielfärbigkeit, das Sicherheben, werden hervorgeholt, um einen zulänglichen Erklärungs- und Benennungsgrund abzugeben. Dies zeugt dafür, wie wenig Verständniss der Mohammedaner mehr für sein heidnisches Alterthum besitzt; war ja der Gebrauch des Namens Ḳuzaḥ mit Interdict belegt. Ja al-Damîrî findet in seinem Werke „Al-masâ ʾil al-manṭûrâ" an dem Worte selbst einen eingewurzelten Fehler, und will dafür ḳazaʿ mit ʿajn ausgesprochen haben; die Bedeutung ist dann: Wolke.[1] Allein es ist wahrscheinlich, dass dieser Name Ḳuzaḥ von der Bedeutung: uriniren abgeleitet ist, welches (speciell in Bezug auf Thiere) dem entsprechenden Verbum eigen ist. Das Regnen ist hier im Mythos als ein Uriniren aufgefasst, was Kennern der mythologischen Phraseologie nicht fremdartig klingen wird. Dieser Umstand regt dazu an, das hebräische Wort bûl = Regen, dann Regenmonat, in Verbindung zu bringen mit arab. bâla, jabûlu, was uriniren bedeutet, und die Verbindung mit dem Gottesnamen Baʿal, welcher allerdings auch im Himjarischen als Bûl vorkommt, wird erst später aus Misverstehung der mythologischen Beziehungen entstanden sein.[2] Die theologische Geltung des Ḳuzaḥ bei den alten Arabern erhellt theils daraus, dass die islamische Erklärung aus diesem Namen einen Engels- oder Teufelsnamen macht, theils auch daraus, dass sich geographische Benennungen an ihn knüpfen, welche im alten Religionsritus zur Geltung kommen.[3] Diesen Elementen des Cultus der Nacht und des Wolken- und Gewitterhimmels muss die Priorität vor den daneben befindlichen, doch gewiss in späterer Zeit hinzugekommenen, des Sonnencultus zugeschrieben werden. Fr. Spiegel hat diese Aufeinanderfolge als religionsgeschichtliches Gesetz constatirt. „Es ist nicht die Sonne", sagt er[4], „welche mit

---

[1] Tâg-al-ʿarûs. II, 209.

[2] Schlottmann, Die Inschrift Eshmunazar's (Halle 1868), S. 84.

[3] Jâḳût, IV, 85.

[4] Zur vergleichenden Religionsgeschichte, I. Art. (Ausland 1872), S. 4. Vgl. 1871, S. 1159.

ihrem Lichte zuerst die Aufmerksamkeit des Wilden er-
regt .... Dagegen ist der nächtliche Himmel, dessen Lichter
im Contrast mit der Finsterniss der Erde stehen, viel mehr
geeignet, die Blicke des Wilden auf sich zu ziehen. Unter
den himmlischen Lichtern ist es aber der Mond, der sowol
wegen seiner Grösse, als auch wegen seiner leicht wahr-
nehmbaren Veränderungen, in die Augen fällt, nach ihm
einige Gruppen besonders leuchtender Sterne .... Wir
treffen den Mondcultus schon bei fast ganz rohen Völkern
in Afrika und Amerika; wichtig ist, dass da immer der
Mond als Mann, die Sonne als Frau gilt; erst später tritt
das umgekehrte Verhältniss ein, und daraus darf man schliessen, dass der Mondcultus älter sei als der Sonnencultus" (freilich kann man nicht beistimmen, wenn Spiegel
die Finsterniss deswegen die Aufmerksamkeit auf sich
ziehen lässt, weil die Sonne dem Menschen als Selbstver-
ständliches gilt). Dies sehen wir denn auch in der babylonisch-assyrischen Religionsgeschichte. Hur-ki (assyr.
Sin) ist historisch das ältere und am frühesten hervorragende
Culturobject des alten akkadischen Reichs, und je weiter
man in der Geschichte vorwärts schreitet, desto überwiegender
zeigt sich der Cultus des Mondes. Die Monarchen der ersten
Dynastien betrachten ihn als ihren Protector, und der Mondes-
name figurirt häufig in ihren Eigennamen. [1] Im spätern,
assyrischen, Reiche hört dieser vorwiegende Vorrang des
Mondes successive auf, er wird durch die Sonne verdrängt,
neben welcher der Mond zu einer Gottheit zweiten Ranges
herabsinkt, als „Herr der dreissig Monatstage", als „Be-
leuchter der Erde".[2] Und wenn Samas, die Sonne, in
der assyrischen Istarepopöe der Sohn des Sin, des Mondgottes, genannt wird (IV, 2), „so deutet dieses", wie der
gelehrte deutsche Dolmetsch der Keilinschriften bemerkt,
„wol auf die historisch frühere Verehrung des Mondgottes

---

[1] Vgl. auch den himjarischen Eigennamen Ben Sin (Halévy, Études
sabéennes [Journ. asiat. 1874, II, 543]).

[2] Lenormant, Les premières civilisations II, 158.

gegenüber dem des Sonnengottes in Babylonien hin"[1], oder
auch auf die Auffassung, dass die Nacht dem Tage voran-
gehe. Auch bei den Aegyptern ist es eine spätere Periode,
in welcher die Herrschaft der Sonne zur Geltung kommt.
Die ältere Geschichtsepoche kennt den Sonnencultus noch
nicht, ob sie nun, wie es Bunsen etwas dunkel nennt[2],
durch ein „kosmogonisch-astralisches" Bewusstsein
ausgefüllt wird, oder ob sie, wie Lenormant (in seinem
Essay über die ägyptischen Alterthümer auf der Weltaus-
stellung d. J. 1867) in einigen grossen Zügen diese Epoche
charakterisirt, überhaupt nicht viel positiv Religiöses besessen hat. Allerdings ist der Sonnencult bei den Aegyptern das Product später, höherer Culturentwickelung. Es
ist bekannt, dass dieselbe Erscheinung von der Priorität
des Mondcultus vor dem Sonnencultus auch von den Anhängern einer culturgeschichtlichen Theorie constatirt und
für diese Theorie ausgebeutet wird, welche man gewöhnlich
die gynäkokratische nennt und von dem schweizer Gelehrten Bachofen in einem grossen Buche, „Die Gynäkokratie des Alterthums", begründet und ausgearbeitet
worden ist. Nach den Anhängern der gynäkokratischen
Theorie, welche der Herrschaft des Mannes eine grosse
Periode vorangehen lassen, in welcher das weibliche Geschlecht die Herrschaft führte, hängt der Mondcultus mit
der Geltung des Weibes eng zusammen, während der
Sonnencultus mit der Männerherrschaft in Verbindung steht.
Es kann natürlich nicht die Aufgabe dieser Studien sein,
sich in eine Kritik der gynäkokratischen Theorie, welche
allerdings nicht viel Glück in der Gelehrtenwelt machte,
einzulassen oder im allgemeinen ihr gegenüber Stellung zu
nehmen. Aber es ist erfreulich, dass die von uns hier betonte religionsgeschichtliche Erscheinung auch von einer Seite
her, die von ganz andern Voraussetzungen ausgeht, Bestätigung finden kann.

---

[1] Schrader, Die Höllenfahrt d. Istar, S. 45.
[2] Aegyptens Stelle in der Weltgeschichte, V, u. 4.

5.

In neuester Zeit war es der erste Begründer der vergleichenden Mythoswissenschaft, Prof. Adalbert Kuhn, welcher, ausgehend von der Wahrheit, „dass jede Stufe der socialen und politischen Entwickelung ihren mehr oder minder eigenthümlichen mythologischen Charakter hat, und dass das Neben- und Durcheinanderliegen solcher, sozusagen mythologischer Schichten die Lösung der mythologischen Räthsel oft nicht wenig erschwert", in Bezug auf arische Mythologie zu allererst darauf drang, die mythologischen Producte einer jeden der grössern Culturepochen nach den betreffenden, einer jeden Epoche eigenthümlichen Mythenkreisen zu sichten.[1] Er hat die ersten Anfänge und sozusagen Grundzüge einer solchen Sichtung versucht in seiner höchst interessanten und lehrreichen akademischen Abhandlung: „Ueber Entwickelungsstufen der Mythenbildung" (Berlin 1874).[2] Kuhn findet das Kriterium der in eine bestimmte Culturperiode Gehörigkeit eines Mythos mehr in den Begriffen und Gegenständen, mit welchen der Mythos operirt. Von Sonnenjagden wurde in der Jägerperiode, von Sonnenrindern in der nomadischen Periode geredet u. s. w., und die diese Begriffe verwendende Mythenbildung ist eingetreten, „sobald die folgende Periode das Verständniss für die Sprache der je frühern verloren hat" (S. 137).

Wir glauben, dass eine solche Abgrenzung der Mythenbildungsperioden, wenn sie von dem Material des Mythos ausgeht, nicht immer eine ausschliesslich zuverlässige Richtschnur an die Hand geben kann, um eine Mythosschichte als solche zu beurtheilen und dieselbe in diese oder jene Culturperiode zu verweisen. Denn es darf nicht ausser

---

[1] Ich muss bemerken, dass die vorhergehenden vier Abschnitte bereits niedergeschrieben waren, als mir die Abhandlung A. Kuhn's zu Gesichte kommen konnte.

[2] Aus den Abhandlungen der königl. Akad. d. W. zu Berlin (phil.-histor. Klasse), 1873, S. 123—137.

Acht gelassen werden, dass, wenn einmal der Begriff Jagd
oder Heerde existirt, derselbe nicht aus dem geistigen Inventar des Menschen schwindet, sobald die Culturstufe überwunden ist, auf welcher stehend jener Theil der Menschheit sich selbst mit Jagd oder Heerdenhaltung beschäftigt.
Andererseits bedingt das Eintreten einer fortgeschrittenern
Culturstufe nicht, dass alles was mit der vorhergehenden,
im grossen und ganzen eben überwundenen, zusammenhängt, nun auch vollends aus der menschlichen Gesellschaft
schwinde. Wie könnten wir denn in diesem Falle heute,
wo uns die Jägerzeit bereits seit so viel Jahrtausenden hinter
dem Rücken ist, Jagdabenteuer haben und alle die Genüsse,
die mit dem Weidmannsleben zusammenhängen, geniessen?
Und muss es denn nicht in jedem ackerbauenden Lande
auch Hirten geben, obwol der Ackerbauer die Culturstufe
des Nomadismus schon längst überschritten? Man kann
demnach von dem im Mythos verwendeten phraseologischen
Material nur auf den Terminus a quo seiner Entstehung,
nicht aber auf den Terminus ad quem schliessen. Wir würden uns sonst in dieselben Misstände verwickeln, in welche
die ältern dänischen Alterthumsforscher geriethen, indem
sie aus dem Vorkommen von Stein-, Bronze- oder Eisen-
werkzeugen in einem Tumulus oder in einer Avenue, darauf
schlossen, dass dieser Tumulus oder diese Avenue so und
so alt sei, nicht beachtend, dass das Material einer zurück-
gelegten Periode sich auch in die kommende Epoche hineinerbt, was denn auch jene prähistorischen Funde zeigen, wo
die Werkzeuge von allen möglichen Materialien *promiscue*
vorkommen, wie James Fergusson überzeugend nachgewiesen hat. [1] In demselben Falle sind wir mit der Phraseologie des Mythos. Mit dem Ueberwinden einer jeden der
grossen Culturperioden können die Begriffe nicht verschwinden, welche mit derselben zusammenhängen und mit dem Eintritt jener Periode entstanden sind. Der Mensch kennt

---

[1] Rude stone monuments in all countries, their ages and uses (London 1872), p. 9 fg. und p. 28.

einmal diesen Begriff, und sobald er ihn kennen gelernt,
bleibt er ewig gegenwärtig und bietet sich dazu dar, um
Naturerscheinungen mit Namen zu nennen, welche mit jenem
Begriffskreise zusammenhängen; d. h. dieser hört nicht auf, in
der Mythenbildung die Naturerscheinungen zu appercipiren.
Auch der Ackerbauer kann demnach von Sonnenjagden ge-
sprochen haben, und es können noch auf der ackerbauenden
Culturstufe Mythen entstanden sein, in welchen von der
Sonne wie von einem Jäger, ausgerüstet mit Pfeilen, mit
welchen er den Drachen erlegt, gesprochen wird. Nicht
das Mythosmaterial ist es demnach, worauf es bei einer
Skizzirung der hauptsächlichsten Entwickelungsstufen der
Mythosbildung vornehmlich ankommt, sondern die Richtung des Mythos, die Stellung, welche der Mensch zur
äussern Natur einnimmt, soweit diese aus den betreffenden
Mythen hervorleuchtet. Darüber, wie sich nach diesem
Maasstabe der Entwickelungsphasen die Entwickelungsstufen
des Mythos auf arischem Gebiete in der betreffenden Mythologie abspiegeln, maasse ich mir bei meinem Dilettantismus
auf arischem Gebiete kein Urtheil an. Aus dem speciellen
Gebiete dieser Studienreihe jedoch will ich einige Beispiele
zur Beleuchtung des Auseinandergesetzten anführen. Wenn
ich den Jaḳôbh-Mythos ansehe und den Mittelpunkt dieses
Kreises, dessen Name — wie an dem betreffenden Orte des
weitern ausgeführt wird — eine Benennung des gestirnten
Himmels ist, in seinen Kämpfen gegen den Rothen, „Edôm“,
und den Weissen, „Lâbhân“, beobachte und sehe, wie es
immer Jakob ist, dem sich die Sympathie der Mythosschöpfer zuneigt, wie die Ueberlistung seiner Feinde stets
in günstigem Lichte erscheint, wie seine Niederlagen stets
in tragischer Färbung erscheinen, so kann ich schliessen,
dass dieser Mythoskreis dem Nomadismus angehört. Dasselbe werde ich folgern, wenn ich den Jôsêf-Mythos betrachte.
Sehe ich mir aber den Hymnus auf Jehûdâ an, oder betrachte ich den Shimshôn-Mythos, das was der Hebräer von
dem Sonnenriesen mit dem langen Lockenhaare erzählte,
wie er von seiner Blendung und von seinem Falle spricht,

so weiss ich, dass ich es mit Mythen von ackerbauenden
Menschen zu thun habe u. s. w. In Bezug auf das antipathische Gefühl gegen die alles versengende Sonne erinnere
ich hier noch zum Schlusse an die Vorstellung von dem
Volke der Ataranten bei Herodot, IV, c. 184, wo gesagt
wird: οὗτοι τῷ ἡλίῳ ὑπερβάλλοντι καταρῶνται, καὶ πρὸς τούτοισι
πάντα τὰ αἰσχρὰ λοιδορέονται, ὅτι σφέας καίων ἐπιτρίβει, αὐτούς
τε τοὺς ἀνθρώπους, καὶ τὴν χώρην αὐτέων. [1]

6.

Es ist eine bemerkenswerthe Erscheinung in der Geschichte des menschlichen Geistes, dass viele Völker, welche
den Fortschritt vom nomadischen Leben zum ackerbauenden
gemacht haben, entweder so, dass der Nomadismus unter
diesem Volke nach dem vollbrachten Fortschritt nur noch
isolirt als Residuum der vorigen Culturstufe weiter vegetirt,
oder dass dieser Fortschritt nur einen allerdings beträchtlichen Theil des Volks berührt, während ein anderer ebenso
beträchtlicher Theil auf der alten Culturstufe verbleibt, nicht
nur nicht das Bewusstsein haben, dass dieser Uebergang
ein Fortschritt sei, sondern sogar die Ueberzeugung
hegen, sie hätten mit dem Verlassen des nomadischen Lebens
einen Schritt zum Schlechtern gemacht, dass sie gesunken
seien, indem sie die Weideplätze mit dem Acker vertauschten.
Der Nomade hegt das Hochgefühl eines höhern Adels und
sieht stolz auf den an der Scholle haftenden Ackerbauer
herab. Selbst der halbwilde Dinka in Innerafrika, der
ein nomadisches Leben führt, nennt den ackerbauenden
Dshur einen „Wilden" und hält sich für bevorzugter
und edler [2], und jeder, dem das Wesen und die Geschichte
der arabischen Cultur nicht unbekannt ist, kennt den Stolz,
den der Beduine in seinem Busen trägt, und die ironische
Verachtung, mit der er auf den ḥaḍarî herabsieht. Denn
besonders die Semiten sind es, welche diese Neigung

---

[1] Dasselbe wird in Bezug auf einige amerikanische Völker constatirt
bei Lubbock, die Entstehung der Civilisation (Jena 1875), p. 235. 264.

[2] Georg Schweinfurth, Im Herzen von Afrika, I, 208.

kennzeichnet.[1] Das hellenische Bewusstsein ist ein total
davon verschiedenes. Für den Hellenen ist nur das Agri-
culturleben ein moralisch vollkommener Zustand; sein Dichter
hat diesem Bewusstsein Ausdruck verliehen in den schönen
Worten:

$$\text{Τῆς πᾶσιν ἀνθρώποισιν εἰρήνης φίλης}$$
$$\text{πιστὴ τροφὸς ταμία συνεργὸς ἐπίτροπος}$$
$$\text{θυγατὴρ ἀδελφὴ πάντα ταῦτ' ἐχρῆ τόν μοι}$$
$$\text{σοι δ' ὄνομα δὴ τί ἐστιν; ὅτι γεωργία …}$$

und für den römischen Dichter einer von Kriegen beun-
ruhigten Zeit ist der ruhige Ackerbau nicht nur die
idealste Lebenslage des Menschen, sondern auch der glückliche Zustand der alten unschuldigen Menschheit;

$$\text{ut prisca gens mortalium}$$
$$\text{paterna rura bobus exercet suis,}$$

sagt Horaz in seiner berühmten Epode: „Beatus ille“;
von einem ältern Zustand hat er nicht einmal Kunde.[2] Es

---

[1] Man kann aber deswegen dennoch nicht im allgemeinen zur
Charakteristik der Semiten aussprechen: „Die Semiten sind im allgemeinen ein Hirtenvolk.“ „Der Semite wohnt in Zelten“, wie dies noch
Friedrich von Hellwald thut in seiner: Culturgeschichte in ihrer natürlichen Entwickelung, S. 134. Ein Blick auf die sesshaften Phönikier
und auf die sesshaften Semiten Mesopotamiens zeigt sogleich die gewaltigen Ausnahmen. Es ist ferner nicht zu übersehen, dass der Ackerbau bei den Phönikiern nicht unbedeutend entwickelt war; selbst die
Römer nennen eine Art Dreschgeräth „das punische“, Varro, De re ru-
stica I, 52; vgl. Lowth, De sacra poësi Hebraeorum (ed. J. D. Michaelis,
2. editio, Götting. 1770), I, 124 fg. Der Verkehr mit Aegypten, den von Hellwald hervorhebt, rechtfertigt noch nicht den Umstand, dass die beliebte
Charakteristik der Semiten auf jene Völker nicht passen will. Die
Hebräer setzten ihr nomadisches Leben durch lange Zeit hindurch fort,
nachdem sie die gründliche Bekanntschaft Aegyptens gemacht hatten;
und auf die nomadischen Araber übte der Verkehr mit den sesshaften
Völkern kaum einen entscheidenden Einfluss.

[2] Auch Ovid beginnt mit dem Feldleben; sein goldenes Zeitalter
unterscheidet sich nur darin von den übrigen, dass

$$\text{Ipsa quoque immunis, rastroque intacta, nec ullis}$$
$$\text{Saucia vomeribus, per se dabat omnia tellus;}$$

ist auffallend, dass George Rawlinson sagt: „*It was fashion among the Greeks to praise the simplicity and honesty of the nomade races who where less civilised than themselves*"[1]; die durch ihn zur Bekräftigung dieses Satzes angeführten Stellen aus der Literatur betonen keineswegs das nomadische Moment. Wol aber ist dies der Fall bei den Semiten. Betrachten wir vor allem unter diesem Gesichtspunkte das Gebiet, welches unter allen semitischen Gebieten das reichhaltigste ist und welches uns die meisten Zeugnisse dafür bietet, wie die Menschen, die demselben angehören, denken und fühlen: das arabische. „Die göttliche Glorie" (al-sakînâ = shekhînâ), heisst es in einem Ausspruche des Mohammed, „ist unter den Hirten, Eitelkeit und Unverschämtheit unter den Ackerbauern" (al-faddâdîn).[2] In einem andern Traditionssatze, den die Fortpflanzer von Mohammed's Aussprüchen, welche doch nicht selbst Beduinen waren, in den Mund des Propheten legen, wird gesagt, dass ein jeder Prophet eine Zeit lang Hirt gewesen sein muss.[3] Wie sehr Mohammed das stolze Selbstbewusstsein des Nomaden gegenüber dem Ackerbauer billigte, das sieht man aus folgender Erzählung der islamischen Tradition: „Der Prophet erzählte einst seinen Genossen in Gegenwart eines Wüstenarabers Folgendes: Ein Paradiesesbewohner verlangte von Allâh die Erlaubniss säen zu dürfen, und Allâh erwiderte: Du hast ja ohnehin bereits alles, was du willst. Ja wol, entgegnete der Paradiesesbewohner, doch möchte ich gern noch auch Saaten ausstreuen. (Nachdem ihm nun Gott

---

und:

> Mox etiam fruges tellus inarata ferebat
> Nec renovatus ager gravidis canebat aristis.
>
> (Metamorph. I, v. 101 — 102. 109 — 110.)

[1] Hist. of Herod. zu IV, c. 46, note 5.

[2] Muslim's Traditionssamlung (Commentarausgabe von Kairo), I, 138; al-Gauharî s. r. fdd.

[3] Al-Buchârî, Recueil des traditions musulmans (éd. Krehl), II, 385 (LX, nr. 29).

hierzu die Erlaubniss ertheilt hatte) streute er Saaten aus, und bis er seinen Blick hinwandte, da sah er sie bereits herauswachsen, aufrecht stehen und erntereif werden, sodass sie ganzen Bergen glichen. Da sprach Gott zu ihm: Fort von da, o Menschensohn, du bist ein unersättliches Wesen! Als der Prophet diese Erzählung beendigt hatte, da sprach der anwesende Wüstenaraber: Bei Gott, dieser Mensch kann nur ein Ḳureishite oder Anṣârî gewesen sein; denn diese beschäftigen sich mit Aussaaten, wir Wüstensöhne hingegen sind nicht Leute des Säens. Da lächelte der Prophet, allerdings beifällig." [1] Die beglaubigten Traditionssammlungen überliefern unter anderm auch noch Folgendes von Abû Umâmâ al-Bâhilî: „Er sah einst eine Pflugschar und ein anderes Ackergeräth; da sprach er: Ich hörte den Propheten sprechen: Diese Geräthe treten nicht ein in das Haus eines Volks, ohne dass Allâh zugleich niedrigen Sinn dort eintreten lässt." [2] So empfiehlt auch der sterbende Khalîf 'Omar in seinem politischen Testament seinem Nachfolger die . Beduinen, „denn sie sind die Wurzel der Araber und der Kern des Islam" [3], und wie wenig dieser arabische Politiker die Wichtigkeit

---

[1] Al-Buchârî, Recueil, etc. II, 74 (XLI, nr. 20).

[2] Ibid., p. 67, nr. 2. Es liessen sich allerdings den erwähnten Aussprüchen auch einigermaassen gegentheilige entgegensetzen, z. B. derjenige, dass der beste Erwerb im Sinne des Propheten der Handel sei, nach andern Tradenten das Handwerk, nach wieder andern (was als die richtige Version betrachtet wird) der Ackerbau (s. al-Nawawî zu Muslim's Traditionssammlung, IV, 32). Doch können solche Sätze, auch wenn noch andere hinzugefügt würden, die Kraft der oben im Texte vorgeführten nicht abschwächen. Es sei nur noch erwähnt, dass al-Sha'rânî in seinem „Buch der Wage" (Kitâb al-mîzân, Kairo [Castelli] 1279, II, 68) diese Frage als Differenzpunkt der kanonischen Autoritäten der islamischen Religionswissenschaft aufführt; die shâfi'itische Schule hält den Handel für die edelste Erwerbsbeschäftigung, die andern drei Imame (Abû Ḥanîfâ, Mâlik b. Anas und Aḥmed b. Ḥanbal) sprechen sich für Feldbeschäftigung und Handwerk aus.

[3] S. Alfr. von Kremer, Culturgeschichte des Orients unter den Khalifen, I, 16.

des Ackerbaues zu schätzen wusste, ersieht man aus seiner
Verfügung, in welcher er es den Arabern aufs strengste ver-
bot, in den eroberten Ländern Grundbesitz zu erwerben
und Ackerbau zu treiben. Dem unsteten Nomadenleben
könne als ebenbürtige Lebensweise nur das ebenso unstete
Kriegerhandwerk, das des heerdenlosen Nomaden in Waffen,
an die Seite gestellt werden. Ja selbst für das specifisch
ackerbauende Aegypten galt diese Maassregel und wurde
streng durchgeführt.[1] Und dieser selbe Khalif, der noch
mehr als Mohammed selbst als der Typus eines rechten
Semiten gelten kann, treibt seine Vorliebe für den Nomadismus bis auf die Sitte der Namengebung. Der Nomade
nennt sich nach dem Stamme, dem er angehört; der Städter,
bei dem die Reminiscenz an das Stammesleben bereits er-
loschen, nennt sich nach seinem Geburtsorte, oder dem
seiner Ahnen, oder nach seiner Beschäftigung. „Lernet“,
sagt 'Omar, „eure Genealogien und seid nicht wie die Naba-
täer von al-Sawàd; fragt man jemand unter ihnen woher
er sei, so sagt er aus dieser oder jener Stadt.“ Derselbe
Zug der Verherrlichung des alten urwüchsigen Beduinenlebens zum Nachtheil der freien Urbanität der Städter, zieht
sich durch einen bedeutenden Theil der arabischen Literatur
hindurch, und man hat gern die rohe Art des Wüstensohns
mit einem romantischen Nimbus umgeben, um sie zu ver-
klären. Es ist in dieser Beziehung eine Stelle aus einer
pseudowàkidìschen Schrift[2] in Betracht zu ziehen, welche
den Beduinen Rifà'à b. Zuheir am byzantinischen Hofe
schildert und eine Satire gegen das Nomadenleben in den
Mund des byzantinischen Kaisers legt, gegen welchen der
„mäusefressende“[3] Beduine glänzend obsiegt. Und diese

---

[1] von Kremer, ibid. S. 71. 77. Culturgeschichtliche Streifzüge, S. XI.

[2] Futuh as-Shâm being an account of the Moslem conquests in Syria
(ed. Nassau Lees [Calcutta 1854]), I, 9 fg.

[3] Dieser satirische Vorwurf gegen die Beduinen kehrt öfter wieder,
so z. B. einige mal im 'Antarroman an Stellen, die mir in diesem Augenblick nicht gegenwärtig sind. Wir begegnen ihm auch in einer Satire

Vorliebe für den Nomadismus und die Anschauung, dass
er, obwol eine einfachere und einfältigere, weil bedürfniss-
losere Stufe der Menschheitsentwickelung ist als das Städteleben, dieses dennoch an Adel und Reinheit übertrifft, lebt
noch im System des genialen arabischen Geschichtschreibers
Ibn Chaldûn fort. Mehrere Abschnitte seiner geschichts-
wissenschaftlichen „Einleitung" widmet er der Verherrlichung des Beduinen gegen den Städter.[1] Und was sich
so theoretisch festgesetzt, dasselbe Bild bietet auch das
Leben bis zum heutigen Tage. Noch heute nennt man so
wie vor zwölf Jahrhunderten eigentlich nur die Beduinen
al-'Arab oder al-'Orbân (die Araber), und wenn wir die
arabische Poesie der Städter betrachten, so schwebt sie immer
noch in der Wüste. Dem altarabischen Dichter ist immer
das Kamel dasjenige, woran er am allerliebsten bei der Bildung
seiner poetischen Figuren denkt. Es bildet den Anknüpfungspunkt für den weitaus überwiegenden Theil seiner kräftigen
Vergleichungen. In einem Verse vergleicht sich der Dichter
mit einem kräftigen, lasttragenden Kamel, und noch in derselben Verszeile melkt wieder er, das Kamel, die Mutterbrust des Todes, den er wieder nur als Kamel betrachtet.
Die Zeit ist ein zur Erde sinkendes Kamel, das mit seiner
dicken Haut denjenigen zerdrückt, auf den es fällt; ein
durstiges, zum Trunk geführtes Kamel, das in seiner Gier
nach Wasser (hier die Menschen) alles verschlingt.[2] Krieg
und Unglücksfall, auch sie sind Kamele. Der Dichter
Ḳabîḍa b. Gâbir ruft seinen Gegnern, denen er seines

---

des Perserkönigs Jezdegîrd gegen die Araber (Chroniques de Tabari,
Uebers. v. Zotenberg, III, 387). Auch noch später bei Ibn Baṭûṭâ, Vo-
yages, III, 282, wo der indische Fürst seinen anfangs liebgewonnenen,
doch später wegen seiner Manierlosigkeit verstossenen beduinischen
Schwager Seif al-Dîn Ġada mit dem Beinamen belegt: mûsh châr, d. h.
Feldrattenfresser, „denn", setzt der Reisende hinzu, „die Araber der
Wüste essen Feldratten."

[1] Prolégomènes trad. par de Slane, p. 255—273.

[2] Eine Zusammenstellung solcher Dichterstellen ist zu finden in Freytag's Commentar zur Ḥamâsâ, S. 601 u. 606.

Stammes Tapferkeit anpreisen will, zu: „Wir sind nicht
Söhne von jungen Kamelen mit abgeschnittenen
Brüsten, sondern wir sind Kinder des heftigen Kampfes“,
und nach der Auslegung der einheimischen Commentatoren
sind mit den „jungen Kamelen mit abgeschnittenen Brüsten“
schwache Könige gemeint, die den Kampfesmuth nicht
in hohem Maasse herausfordern.[1] Und wie häufig ist nicht
diese Vergleichung der Menschen mit Kamelen in gutem
und bösem Sinne und auch in der Nomenclatur der Ortsnamen der arabischen Halbinsel und ihrer Wasserquellen
ist das Kamel verwendet worden; wahrscheinlich angeregt
durch Vergleichungen, deren Beziehungen wir uns heute
nicht mehr klar machen können.[2] Auch die Sternenschar
am nächtlichen Himmelszelte ist dem Nomaden eine Heerde,
welche des Nachts auf der Himmelflur weidet und in der
Frühe vom Hirten wieder in die Hürde zurückgeführt wird.
Ein Dichter, welcher die Länge einer Nacht schildern will,
ruft aus: „Eine Nacht, deren Sterne langsam vorwärtsschreiten und welche sich so ausdehnt, dass ich mir sage:
Sie hat kein Ende, und der Hirte der Sterne wird heute
nicht zurückkehren.“[3] Hartwig Derenbourg will dieselbe Anschauung auch in dem Psalmverse CXLVII, 4 ausgedrückt
finden: „Er zählt den Sternen eine Zahl, allen nennt er ihre
Namen“[4]; jedoch ist es zweifelhaft, ob diese poetische Stelle
von der Betrachtung des Sternenhimmels als Heerde ihren Ausgangspunkt nimmt.[5] Aber auch die Dichtungen der nicht

---

[1] Ḥamâsâ, Text S. 340, 3 infr.

[2] Z. B. Jâḳût, Geograph. W., II, 118, s. v. gamal.

[3] al-Nâbiġâ, III, 2.

[4] Journal asiatique (1868), II, 378.

[5] Ebenso wie dies von einer andern mit jener Psalmenstelle eng
verwandten Stelle, Jesaias XL, 26, gilt. Vielmehr wird namentlich an
letzterer Stelle die Sternenschar mit einem Kriegsheer (ṣâbhâ) verglichen,
und die Anschauung, ein jeder Stern sei ein tapferer Kriegsheld, ist
auch der arab. Poesie nicht fremd (z. B. Ḥamâsâ, S. 36, v. 5, vgl. Numeri XXIV, 17), denn die Anschauung vom ṣebhâ has-shamajîm (Kriegsheer des Himmels) hat sich bei den Arabern ebenso festgesetzt wie bei

nomadischen Dichter sind vom Standpunkte des Beduinenlebens aus gedichtet. Die Ḳaṣîden der andalusischen arabischen Dichter sind vom Kamel herab gedichtet und bewegen
sich im Horizont der Wüste, und wenn der neuarabische
Dichter eine Ḳaṣîde dichtet für eine englische Lady —
wie dies der Fall war — so ist es der Gesichtskreis der
Imrulḳais und ʿAntarâ, in denen er sich bewegt. Nicht
blos der herkömmliche Kanon der Ḳaṣîde ist es, der dies
veranlasst, sondern das Bewusstsein des Arabers, dass wahrer
Adel nur in der Wüste zu finden. Darum versetzt ihn
seine nationale Begeisterung in die Wüste, denn nur das
Leben ihrer Bewohner ist edel und frei, das Städteleben
ist Verfall. „Selbst das Städteleben der Araber“, sagt der
berühmte Afrikareisende Georg Schweinfurth [1], „ist überall
ein halbes Lagerleben. Sehr bezeichnend für diese Thatsache, welche die Küstenstädte des Rothen Meeres in so
hohem Grade darthun, ist der Umstand, dass noch heute
auf Malta, also derjenigen arabischen Colonie, welche in
unsern Tagen die höchste Culturstufe erreicht hat, die von
diesem vorzüglich begabten und thatkräftigen Völkchen bewohnten stadtartigen Dörfer mit derselben Bezeichnung benannt werden, welche anderwärts für Nomadenlager in der
Wüste gebräuchlich ist.“ Rechnen wir hinzu, dass selbst
die sogenannte maurische Architektur nach vielen Kunstgelehrten auf das nomadische Leben hinweist, und die
zwiebelförmigen Kuppeln, dünnen Säulen, die Hufeisenbogen
und die doppelten Spitzbogen von der Construction des
Zeltes auf Gestein übertragen sind. Und auch seinen Wander-

---

den Hebräern. „Denn du bist Sonne“, sagt al-Nâbigâ (VIII, 10) zu dem
König Noʿmân, „und die übrigen Könige sind Sterne; wenn jene aufgeht,
so ist von diesen kein einziger Stern mehr sichtbar.“ Hierher gehört
auch der Ausdruck gujûsh al-zalâm, „die Streitheere der Finsterniss“
(ʿAntarroman, XVIII, 8, 6., XXV, 60, 69). An letzterer Stelle freilich
im Parallelismus mit ʿasâkir al-ḍiʿâ w-al-ibtisâm) ebenso mit dem Synonymum gujûsh al-ǵejhab (Ant. XV, 58, 11).

[1] Im Herzen von Afrika, I, 31.

trieb hat das arabische Volk bis auf den heutigen Tag bewahrt. „Auch heute noch“, sagt Gerhard Rohlfs [1], „ist
ja dieses bewegliche Volk in stetem Wandern begriffen;
der geringste Anlass genügt ihm, seine leichten Zelte auf-
zupacken und einen andern Wohnsitz zu suchen.“ Doch
scheint es uns etwas überspannt zu sein, wenn derselbe
vielerfahrene Reisende weiter hinzufügt: „Ihr Wandertrieb
wurzelt im Wesen der mohammedanischen Religion: wohin
der Araber seinen Islam tragen kann, da findet er eine
Heimat“ u. s. w. Denn der Islam hat eher dazu beigetragen,
dem arabischen Volke einen stabilen, politischen, staaten-
bildenden Charakter zu verleihen; er hat zwar die Ausbildung der Nationalitätsidee eher gehindert als gefördert —
er hat dies mit jeder Religion katholischer Natur gemeinsam —, aber auf die Aufrechterhaltung der nomadischen
Neigung, hat er nicht den Einfluss geübt, den ihm Rohlfs
vindiciren will. Ist ja eben der Beduine der schlechteste
Mohammedaner!

Ebenso wie die arabische Weltanschauung so neigt auch
die der Hebräer zu einer Verherrlichung des nomadischen
Lebens hin. Noch in dem letzten Stadium ihrer nationalen
Entwickelung führen sie den Ursprung des Ackerbaues auf
einen Fluch zurück, mit dem Gott die gefallene Menschheit
beladet, und welchen Reiz für sie das Zelteleben hatte, das
beweist der Umstand, dass die schöne Schäferin des Hohen-
liedes (I, 5) ihre Schönheit mit den oholê ḳêdâr, mit
den Zelten der Araber, vergleicht. Noch der hellenisirte
Jude Philo verherrlicht, ganz im Gegensatz gegen die hellenische Weltanschauung, die Hirten als die Ideale der Sittlichkeit im Gegensatz gegen die Ackerbauer. [2] Eine solche

---

[1] Quer durch Afrika, I, 121.

[2] De sacrific. Kajin, p. 169 (ed. Mangey. Oxford 1742). In einer
andern Abhandlung unterscheidet Philo zwischen zweierlei Hirten und
zweierlei Ackerbauern, deren eine Art verwerflich, die andere lobens-
werth ist. Es ist ein Unterschied zwischen ποιμήν und κηνοτρόφος, andererseits zwischen γῆς ἐργάτης (wahrscheinlich entsprechend dem hebräischen

Anschauug hat auch auf die Gestalten des Mythos Einfluss üben müssen. Die sympathischen Gestalten des Mythos werdern gern als Hirten vorgeführt; Abel, Jakob, Moses, David sind Hirten, dafür ist Kajin Ackerbauer.

Die Anschauung übrigens, dass das Sinken des Menschengeschlechts mit dem Ackerbau zusammenhängt, finden wir ausser den von den Exegeten gewöhnlich angeführten Analogien, auch in den Sagen der ostafrikanischen Neger vielfach vertreten, besonders in der kalabarischen Schöpfungssage, welche von Bastian [1] mitgetheilt wird und so viele interessante Vergleichungs- und Anknüpfungspunkte mit der biblischen Erzählung vom Sündenfall bietet. Das erste Menschenpaar wird zu jeder Mahlzeit durch Glockenklang in den Himmel zu Abasi (so ist der Name Gottes) geladen, und an der Stelle des verbotenen Baumes der Genesis figurirt der Ackerbau und die Fortpflanzung, welche Abasi dem ersten Menschenpaar streng untersagt. Der Sündenfall wird durch die Uebertretung dieser beiden Verbote bezeichnet, besonders aber durch den Gebrauch von Werkzeugen zur Bebauung des Bodens, zu welchem die Frau durch eine ihr beigegebene Freundin verleitet wird. Seit damals ist der Mensch gesunken und sterblich geworden, seit er, wie die biblische Erzählung sich ausdrückt, nur „im Schweisse seines Angesichts sein Brot essen kann.“ Der Ackerbau ist da und dort ein Fluch, ein Sinken von einer vollkommenern Stufe zu einer niedrigern, unvollkommenern. Diese Betrachtung des ackerbauenden Lebens ist jedoch nicht nur die Lebensanschauung des Nomaden; sie eignet auch Völkern, welche noch nicht einmal auf der Culturstufe des Nomadismus angelangt, sondern noch einen Grad hinter demselben stehen, den Jägern. Auch ihnen dünkt ihr Zustand der vollkommenste und der des Ackerbaues als ein fluchbeladener. „Die von Wilden be-

---

'ôbhêd adâmâ) und zwischen γεωργός (welches wahrscheinlich dem hebräischen îsh adâmâ entsprechen soll). S. De agricultura, p. 303 fg.

[1] Geographische und ethnologische Bilder, S. 191—97.

wohnten Länder“, lässt Montesquieu seinen Perser Usbek
schreiben [1], „sind regelmässig wenig bevölkert, wegen der
Abneigung, welche sie fast alle gegen Arbeit und Ackerbau hegen. Dieser unglückliche Abscheu ist so stark, dass,
wenn sie jemanden verwünschen wollen, der ihr Feind ist,
sie ihm nichts anderes wünschen, als dass er ein Feld be-
arbeiten müsse [2]; denn sie glauben, dass es nichts ausser
Jagd und Fischfang gebe, was eine edle und ihrer würdige
Beschäftigung genannt werden könnte.“ Diese Herabsetzung
der sesshaften Lebensweise und ihrer Gewohnheiten richtet
sich bei den Beduinen auch noch namentlich gegen die Beschäftigung mit Künsten und Handwerken. Daher kommt
es, dass solche Völker, welche, wie die Araber, auch in
sesshaftem Zustande das nomadische Leben als eine edlere
Gesittungsstufe betrachten als das ackerbauende Leben, auf
welches sie herabgesunken, die Handwerke vernachlässigen
und dieselben selten zu einer gewisssen Vollkommenheits-
stufe entfalten. Namentlich gilt dies von den Bewohnern
der heiligen Städte der arabischen Halbinsel, welche ihre
Vorliebe für das Beduinenthum positiv dadurch beweisen,
dass die Sherîffamilien ihre Söhne das Kindesalter behufs
edlerer Erziehung in den Zeltlagern der Wüste zubringen
lassen. „Ich bin geneigt“, sagt der gründliche Reisende
Burckhardt in seiner Beschreibung der Bewohner Medînâs [3],
„den Mangel der Handwerker hier der geringen Achtung,
in welcher sie bei den Arabern stehen, zuzuschreiben; indem der arabische Stolz manchmal grösser ist als ihre Geld-
gierde, und den Vater abhält, seinen Sohn zu einem Handwerk zu erziehen. Diese Abneigung hat sich wahrscheinlich
von den alten Einwohnern, den Beduinen, fortgepflanzt,
welche — wie ich bemerkte — bis heute noch alle Hand-

---

[1] Lettres persanes, Lettre CXX.

[2] Vgl. Herberstein, Rerum Moscoviticarum commentarii (Wien 1549),
S. 61, wo von den Tataren als Verwünschungsformel angeführt wird:
„ut eodem in loco perpetuo tamquam Christianus haereas.“

[3] Reisen in Arabien. Aus dem Englischen übersetzt (Weimar 1830),
S. 579.

werker ausstossen und diejenigen, welche in ihren Lagern angesiedelt sind, als von einer geringern Kaste betrachten, mit denen sie sich niemals verbinden oder verheirathen."[1] Burton vergleicht in dieser Beziehung die Wüstenaraber mit den nordamerikanischen Indianern einer frühern Generation. Beide anerkennen keine andere Beschäftigung — sagt er — als Krieg und Jagd und sehen mit eben solcher Verachtung auf die Künste und die verweichlichten Städtebewohner herab, wie der Kampfhahn die gewöhnlichen Bewohner eines Hühnerhofs geringschätzt.[2] Dasselbe gilt von dem Verhältniss der Beduinen zu den Städtebewohnern im Somalilande.[3] Kant, der einmal diesen merkwürdigen Punkt der menschlichen Weltanschauung gelegentlich in einer kleinen Schrift berührt, führt diese Eigenthümlichkeit darauf zurück, dass es nicht blos in der natürlichen Trägheit, sondern auch in der Eitelkeit der Menschen (einer misverstandenen Freiheit) liegt, dass die, welche zu leben haben, es sei reichlich oder kärglich, in Vergleichung mit denen, welche arbeiten müssen, um zu leben, sich für Vornehme halten.[4]

So erklärt sich leicht die Anschauung, die der Sage vom Sündenfall zu Grunde liegt, und auch alles andere in den ältern Schichten der hebräischen Mythologie, wo sich die Theilnahme des mythosschaffenden Volks den Hirten zuwendet, zum Nachtheile jener Gestalten, welche der Mythos als Ackerbauer einführt. — Wir wollen aber jetzt die hervorragendsten derjenigen Gestalten betrachten, welche die Elemente des alten Mythos der Hebräer sind.

---

[1] Für dieses Verhältniss bietet das arabische Sprichwort: „Wenn du hörst, dass der (im Lager anwesende) Schmied schon abends aufbricht, so wisse, dass er erst morgen früh reist" (al-Mejdâni, Bûlâker-Ausgabe, I, 34), eine bemerkenswerthe Illustration. Vgl. den Anlass zur Entstehung des Sprichw. im Comment., z. St.

[2] Personal narrative of pilgrimage to Mecca and Medina (3. Aufl., Leipzig 1874), II, 261.

[3] Burton's Reise im Somalilande bei Andree, Forschungsreisen, I, 258.

[4] Kant's Kleinere Schriften zur Logik und Metaphysik, herausgegeben von Kirchmann, II, 4 (Philos. Bibliothek, Hermann, Bd. XXXIII).

FÜNFTES KAPITEL.

Die hervorragendsten Gestalten der hebräischen Mythologie.

Kampf und Todtschlag, Verfolgung und Verdrängung einerseits, Liebe und Vereinigung, glühende Sehnsucht und sprödes Ausweichen andererseits sind die Gesichtspunkte, unter welchen der Mythos das Verhältniss von Tag und Nacht, von Morgengrauen und Sonnenaufgang, von Abendröthe und Nachtdunkel und ihr gegenseitiges Abwechseln betrachtet. Dieser Gesichtspunkt wird näher bestimmt durch die mythische Betrachtungsweise, dass die gegeneinander kämpfenden oder aber in gegenseitiger Liebe einander suchenden und nachfolgenden Gestalten, weil sie aufeinanderfolgen, darum auseinander entstanden sind, wie das Kind aus dem Vater oder aus der Mutter; oder weil sie als im Moment des Kampfes oder der himmlischen Liebesscene gleichzeitig bestehend angeschaut werden, darum Geschwister sind, Kinder desselben Vaters oder derselben Mutter, der Erscheinung nämlich, die ihnen beiden vorangeht — wie der helle Tag der Dämmerung und der Nacht — oder das Aelternpaar des Kindes, das nach ihnen folgt.

Darum sind es eben bestimmter Aelternmorde oder Kindestödtungen, Brudermorde und Geschwisterkämpfe, geschlechtliche Liebe und Vereinigung zwischen Kindern und Aeltern,

zwischen dem Bruder und der Schwester, die die Hauptmotive alles Mythos ausmachen und mit ihren vielseitigen
Schattirungen jene Mannichfaltigkeit in der ältesten Naturbetrachtung unsers Geschlechts hervorgebracht haben, welche
uns in dem tausendfarbigen Mythos vorliegt.

Die genialen Begründer der arischen vergleichenden
Mythoswissenschaft, besonders aber in erster Reihe Max
Müller, haben diese Themen des Mythos sowol in psychologischer als auch in philologischer Beziehung so fest und
unzweifelhaft begründet und gleichsam in das Bewusstsein
der gebildeten Welt eingeführt, dass wir von einer neuer-
lichen Auseinandersetzung dieses Axioms aller Mythoswissenschaft getrost absehen können, indem wir uns damit
begnügen, noch einmal darauf hinzuweisen, was in den
vorangehenden Kapiteln dargethan wurde, dass nämlich
diese mythischen Grundthemen nicht blos etwas specifisch
Arisches sind, sondern dem Mythos der ganzen Menschheit ohne Rassenunterschied zu Grunde liegen und demnach auch den Ausgangspunkt bilden müssen, wenn sich
die Mythosuntersuchung auf Semitisches oder Hebräisches bezieht.

Das nachfolgende Kapitel wird demnach die Aufgabe
haben, den Mythos der Hebräer in die Kategorie des
der ganzen Menschheit Gemeinsamen einzuordnen; mit
andern Worten, jene Motive des Mythos auf hebräischem
Gebiete nachzuweisen. Wir werden uns, da es nicht unser
Zweck ist, das gesammte Material zu erschöpfen, ein nach
allen Seiten hin wohlgegliedertes System zu liefern und ein
in allen Räumen und Stockwerken vollgepfropftes Gebäude
aufzuführen, nur auf dasjenige beschränken, was wir
nach zuverlässiger und nüchterner philologischer Kritik als
sicher und unzweifelhaft erkennen konnten. Mögen dann
Mitforscher, denen die hier durchgeführte Methode einen
reichern Materialienschatz zuführt, den sichern Resultaten
noch andere sichere Ergebnisse als Nachlese anreihen.

1.

Der Semite geht in der Benennung des Himmels von dem sinnlichen Eindruck der Höhe aus, und die Namen, mit welchen er den Himmel bezeichnet, sind demnach von den Stämmen sama (shama) und râm gebildet, welche beide den Begriff des Hochseins ausdrücken. In die letztere Gruppe gehört z. B. das äthiopische Wort rajam[1], welches Himmel bedeutet. Beide Stämme sind combinirt in dem phönikischen Shàmìn-rûm. Eine der hervorragendsten Gestalten des hebräischen Mythos gehört in dieselbe Reihe: Âbh-râm, der hohe Vater mit dem zahllosen Heere von Nachkommenschaft. Wir haben oben gesehen, dass der Nomade in seiner Naturbetrachtung von dem nächtlichen Himmel ausgeht. Der Himmel an sich, ist der finstere, nächtliche oder umwölkte Himmel; der Sonnenglanz am Himmel ist etwas Accessorisches. Daher kommt es, dass im Arabischen das Wort Himmel (samâ) sehr häufig geradezu für Regen gebraucht wird, und die Vorstellungen Regen und Himmel sind so eng miteinander verknüpft, dass man selbst die Spuren des Regens auf der Erde Himmel nennt.[2] Auch in der Sprache des Bongovolks gibt es nur ein Wort für Himmel und Regen: hetôrro.[3] So ist auch in dem alten hebräischen Mythos der Hohe der nächtliche oder regnerische Himmel. Der bekannteste Mythos, den der Hebräer von seinem Âbh-râm erzählt, ist die Erzählung von der beabsichtigten Opferung seines einzigen Sohnes, Jischâk, den man nun gewöhnlich Isak nennt. Was ist aber Jischâk? Das Wort bedeutet in wörtlicher Uebersetzung: er lacht, der Lachende. In den Sprachen der Semiten ist namentlich in den Eigennamen und Benennungen der Gebrauch des Aoristes (auch zweiter Person, z. B. der arabische Name Tazîd) sehr häufig dort, wo

---

[1] Osiander (Zeitschr. D M. G. [1853], VII, 437) ist geneigt, mit letzterm das altarab. Rajâm oder Rijâm zusammenzustellen.

[2] Opuscula Arabica (ed. W. Wright, Leyden 1859), S. 30, 2; 34, 5.

[3] Schweinfurth, Im Herzen von Afrika, I, 341.

wir ein Participium anwenden würden. So auch hier. Wer
ist nun aber „Er lacht", der Lächelnde? Kein anderer
als „der im Himmel sitzt und lacht" (Psalm II, 4),
den der Mythos fast aller Völker und später ihre Poesie
so gern den Lachenden, den Lächelnden nennt. Wenn,
wie uns Plutarchos im Leben des Lykurgos erzählt, dieser
Gesetzgeber dem Lachen (γέλως) ein Gottesbild weihte,
und das Lachen in Sparta göttlicher Ehren geniesst, so
kann darunter keineswegs das Lachen gemeint sein, das
die Lippen der Sterblichen umspielt, sondern jenes himmlische Lächeln, womit der Mythos die Sonne begabt, wie
der indische Sänger Uschas (Sonne) die Lächelnde nennt
(Rigveda VI, 64. 10). Wir dürfen in Bezug auf das Lachen
der Sonne in dem indo-germanischen Mythos auf Angelo
de Gubernatis' gelehrtes Werk „Die Thiere in der indo-
germanischen Mythologie" (deutsche Uebersetzung von
M. Hartmann [Leipzig 1874]), S. 30 und auf die daselbst
Anm. 9 angeführten weitern Stellen desselben Buches verweisen. Es gibt nichts Allgemeineres und durch alle Natur-
poesie conseqenter Durchgehenderes als diese Betrachtungsweise: „Gleich einem munter Lachenden glänzte die
Welt", sagt der tatarische Dichter von dem Sonnenaufgang [1],
und in der arabischen Poesie, welche in diesen Studien besonders in Betracht kommt, begegnen wir ihr auf Schritt
und Tritt. Im reizenden 'Antarromane, wird einige dutzend
mal das Aufhören der Nacht und das Anbrechen des Tags
durch die Worte ausgedrückt: „bis dass fortzog die schwarze
Nacht und aufging der lachende Morgen" (al-ṣabâḥ al-
ḍâḥik), oder: „es ging der Morgen auf und lächelte (ibtasama) von leuchtenden Zähnen weg" (z. B. Bd. IV, 26 ult.;
XVIII, 3; 11. 19; 93. 11; XXV, 5. 12; 6. 6 u. a. m.).[2]
Der alte Dichter al-A'sha sagt von einer blühenden Au,

---

[1] Herm. Vámbéry, Ujgurische Sprachmonumente und das Kudatku
Bilik (Innsbruck 1870), S. 238 a.

[2] Wir citiren den 'Antarroman immer nach der bei Sheich Shâhîn
gedruckten Octavausgabe in 32 Bändchen (Kairo 1286).

dass sie mit der Sonne um die Wette lacht (judâḥik al-shams)[1], und in der letzten Makame des Ḥarîrî (de Sacy, 2. Aufl., p. 673, 2) heisst es sogar: der Zahn des Tagesanbruchs lacht (ibtasama ṯaḡru-l-faḡr), d. h. er wird sichtbar, so wie die Zähne des Lachenden sichtbar werden. Diese mythische Anschauung hat sich in die arabische Sprache so hineingelebt, dass das Wort bazaḡa, welches das Hervortreten der Zähne bezeichnet, zugleich den Aufgang der Sonne bedeutet. In einem kleinen arabischen Tractat, welcher den in der orientalischen Literatur nicht selten behandelten[2] Wettkampf zwischen Tag und Nacht vorführt[3] und wo die beiden Kämpfenden in Prosa und Poesie ihre Vorzüge gegeneinander ins Treffen führen (verfasst von dem Scheich 'Ulwân b. 'Aṭîjjâ aus Ḥamâ), kommt ebenfalls eine Stelle vor, die ich hier anzuführen zweckmässig finde. Die Nacht sagt nämlich in ihrer Streitfehde unter anderm: „Noch reiht sich der Schnur dieser tadelnswerthen Eigenschaften an, dass du in deinen Zuständen wandelbar und vielfarbig bist, und nicht standhaft; dein Anfang widerspricht deinem Ende, und dein Inneres ist verschieden von deinem Aeussern. O, wie ist dies eine überaus tadelnswerthe Eigenschaft, welche das Antlitz eines jeden Verdienstes zerkratzt! Du lachst bei deinem Aufgehen, während du dich des Weinens und der Trauer erinnerst, und bei deinem Erlöschen kleidest du dich in deine strahlendsten Gewänder, statt Todtenkleidung anzulegen." Und der Tag erwidert dann in seiner Vertheidi-

---

[1] Bei de Sacy, Chrestomathie arabe, II, 151. 13.

[2] Aus dieser Literatur mag hier nur hervorgehoben werden eine Kaṣîde des alten persischen Dichters Asadî, welches nun zugänglich gemacht ist in der durch W. Pertsch besorgten Ausgabe von Rückert's Grammatik, Poetik und Rhetorik der Perser (Gotha 1874), S. 59—63. An die Argumentation des obenbenutzten arabischen Tractats findet sich dort wenig Anklang.

[3] Die Abhandlung ist betitelt: Nuzhat al-asrâr fî muḥâwarat al-lejl w-al-nahâr, und ist handschriftlich auf der leipziger Universitätsbibliothek; cod. Ref. nr. 357, fol. 11—18.

gung gegen seine schwarze Gegnerin: „Welchen Rang nimmst du im Vergleich mit mir ein? Was ist deine Düsterkeit und dein finsterer Ernst im Vergleich mit meinem muntern Lächeln" (ḍahikî wabtisâmî). [1]

Nicht nur der hellleuchtende Sonnenhimmel wird von dem arabischen Dichter „der Lächelnde" genannt; dieses Attribut wird auch andern leuchtenden Dingen zugeeignet, so z. B. den glänzenden Sternen (nicht dem nächtlichen Himmel selbst) [2], und dem Blitze, welcher selbst al-ḍâhik, der Lachende, genannt wird. Im 'Antarroman findet sich häufig der Ausdruck: der Blitz lächelte (al-barḳ jaḍḥak, z. B. XXV, 65, 6) [3], und Abu-l-'Alâ al-Ma'arrî, ein vortrefflicher arabischer Dichter, sagt in seinem Trauergedicht auf den Tod seines Vaters:

> Ich misbillige die Fröhlichkeit selbst an der lachenden
> (d. h. der blitzenden) Wolke,
> Und es möge mir keine Wolke Regen bringen, ausser der
> düstern, finstern. [4]

Wir haben oben im Vorübergehen die Worte „der im Himmel Sitzende lacht" aus dem zweiten Psalm als eine mythische Reminiscenz behandelt, die sich ursprünglich auf die Sonne bezog und dann, wie wir Aehnliches noch in andern Beispielen sehen werden, vom Dichter in anderm Sinne benutzt wurde. Es ist jedoch die Möglichkeit nicht ausgeschlossen, dass das Lachen des im Himmel Sitzenden an dieser Stelle sich nicht auf das liebliche Lächeln des heitern Sonnenhimmels beziehe, sondern auf das wilde Toben des Donnerers, welches der Mythos gern als Spottgelächter bezeichnet, wie Schwarz [5] aus dem classischen Sagenkreise durch viele

---

[1] Nuzhat al-asrâr etc. Bl. 14 v. 17 v.

[2] Z. B. Abu-l-'Alâ's Gedichte in der Commentarausgabe von Bûlâḳ (1286), II, 107, v. 1, wa-tabtasimu-l-ashrâṭu fagran.

[3] Vgl. Abu-l-'Alâ ibid. S. 211, v. 5, fî maḍḥaki-l-barḳi.

[4] Bd. I, 193 vgl. eine schöne Stelle aus einem Gedichte des Ibn Muṭeir bei Nöldeke, Beiträge zur Poesie der alten Araber, S. 34, auf welche wir später zurückkommen.

[5] Ursprung der Mythologie, S. 109—10.

Beispiele darlegt. Diese Auffassung würde auch in den Zusammenhang der fraglichen Psalmenstelle, wo von einem Hohngelächter die Rede, besser passen. Wie dem auch sei, der Lächelnde, den der „hohe Vater" zu schlachten beabsichtigt, oder wie es ursprünglich gelautet haben mag, thatsächlich tödtet, ist der lächelnde Tag, oder näher bestimmt, die lächelnde Abendröthe, die im Kampfe gegen den Nachthimmel den Kürzern zieht und unterliegt.

2.

Derselbe Mythos lautet noch folgendermaassen: „Jiftâch opfert, tödtet seine Tochter", ein Mythos, der in seiner spätern ethisch-religiösen Umbildung Jedem aus dem alttestamentlichen Buche der Richter (XI, 29—40) bekannt ist. Diese Erzählung muss um so eher in mythoswissenschaftlicher Beziehung in Betracht kommen, als sich an dieselbe, wie aus Vers 40 erhellt, eine der Osiris-, oder Adonis- und Tammûz-Trauer ähnliche hebräische Sitte anknüpfte; es ist genug bekannt, dass diese letztern Culte in engem Zusammenhange mit Naturerscheinungen und dem Mythos stehen, in welchem von diesen Erscheinungen erzählt wird.

Was bedeutet Jiftâch? Wir haben es wieder mit einer Aoristform, ganz ähnlich der Jiṣchâḳ, zu thun; sie bedeutet wörtlich übersetzt: er eröffnet, er beginnt, also: der Eröffner, der Beginner. Wir müssen zum nähern Verständniss dieser Mythosgestalt gleich voraussenden, dass diesem Eröffner eine correlative Gestalt entspricht: der Nachfolgende: Jaʿḳôbh (er folgt auf der Ferse nach).[1] Beide Ausdrücke gehören in eine Gruppe mythischer Anschauung, und es ist merkwürdig, dass wir in diesen Benennungen den Mythos bereits ganz auf jener Stufe stehend finden, welchen wir im vorangehenden Kapitel als der Lebensanschauug des Ackerbauers entsprechend

---

[1] Aehnlich wie in der hellenischen Mythologie Pro-metheus und Epi-metheus solche correlative Namen sind.

kennzeichneten. Diese beiden Namen nämlich und der mit
denselben verknüpfte Mythenkreis setzt die Anschauung
voraus, dass in der Zeitfolge der Tag das Prius ist, dem
die Nacht folgt, sowie denn auch schon der Umstand auf
die relativ spätere Ausbildung dieser mythischen Benennungen
und der ihnen entsprechenden Anschauung hinweist, dass
die Zeitvorstellung in demselben bereits mit gewisser
Präcision sich ausprägt (vgl. oben S. 56). Der Eröffner
ist nämlich die Sonne, welche den Mutterschos zuerst öffnet, der Erstgeborene (vgl. Genes. XXX, 22. Exodus XIII,
2. 12), während die Nacht der Darauffolgende heisst;
ebenso wie im Rigveda (II, 38. 6) die Nacht auf der
Ferse des Sâvitri folgt. Zur nähern Begründung des
Namens Ja'ḳôbh will ich noch beibringen, dass im Arabischen die Participform desselben Verbums: 'Âḳib, in derselben Bedeutung überaus häufig ist. Nach der mohammedanischen Tradition ist einer der vielen Namen des
arabischen Propheten auch Al-'âḳib, mit der Motivirung,
dass Mohammed es sei, der als letzter allen andern Propheten nachfolgte und ihre Reihe abschliesst.[1] Wir wollen
vorerst noch zu Jiftâch zurückkehren, zu der eröffnen-
den Sonne. Eine merkwürdige Illustration erhält diese
Auffassung, die Sonne sei Eröffner, in einer Stelle des
persischen Nationalepos des Firdûsî, in welcher diese
mythische Anschauung in ausdrucksvoller Weise nachklingt.
Die Sonne ist dort geradezu ein goldener Schlüssel,
der für die Dauer der Nacht in Verlust geräth.[2] So wie
das Aufleuchten der Sonne als Erschliessen aufgefasst
wird, so ist im Gegentheile die Finsterniss ein Zuschliessen.

---

[1] Traditionssammlung des Muslim (Commentarausgabe von Kairo
[1284]), V, 118. Der Commentator Al-Nawawî bringt den Namen al-
'Âḳib mit einem andern Namen des Propheten in Verbindung, welcher
dasselbe bedeutet, nämlich al-Muḳfî. Der Name al-'Âḳib kommt auch
anderweitig als Eigennamen vor, z. B. als Name eines Freundes des
Dichters al-A'sha (Kitâb al-aǧânî, VI, 73).

[2] Shâhnâmeh (ed. Mohl) VII, v. 633, nach der ingeniösen Exegese
Rückert's in der Zeitschr. D. M. G. (1856), X, 145.

„Der da befiehlt der Sonne und sie leuchtet nicht, und der
vor den Sternen zuschliesst", heisst es im Hiob-Buche IX, 7
von dem die Finsterniss verhängenden Gott. Der solarische
Charakter des Jiftâch erhält noch von anderer Seite her,
und zwar auf ebenfalls semitischem Gebiete, Bestätigung.
In der von Damaskios mitgetheilten Version der phönikischen Kosmogonie[1] wird nach des Môchos Bericht erzählt,
dass der geistige Gott Ulômos den Khrysoros gezeugt
habe: τὸν ἀνοιγέα, den Eröffner. Der Sanchuniathon
des Philo Herennius identificirt diesen Eröffner mit
Hephaistos, als dem ersten Erfinder der eisernen Ackergeräthe (Tûbhalḳajin der Hebräer). Obwol nun diese Kosmogonie in ihrer letzten Ausbildung nichts anderes gemeint
haben will als die Oeffnung des Welteies[2], so kann es
keinem Zweifel ausgesetzt sein, dass diese Wendung einer
sehr späten, vielleicht der letzten Entwickelungsphase des im
Hintergrunde steckenden Mythos angehört, einer Stufe, auf
welcher das, was den Mythos zu einem solchen macht,
bereits ganz verblasst und durch das Hervortreten theologischer Anschauungen in eine künstlich systemisirte Kosmogonie ausgelaufen ist. Unter dem Eröffner kann aber
ursprünglich nichts anderes verstanden worden sein als der
erstgeborene Bruder in dem Geschwisterpaar: Sonne und
Nacht. Für die solarische Bedeutung des Eröffners in
der der phönikischen Kosmogonie zu Grunde liegenden
Mythengruppe zeugt noch ein mythischer Zug, welchen
wir von diesem Eröffner kennen. Die Quelle des Philo
Herennius, welche den Eröffner Khusor nennt, theilt von
demselben mit: Er war der erste Mensch, welcher
zu Schiffe fuhr. Dieser Zug, welcher in den Rahmen
des Charakterbildes von Hephaistos durchaus nicht hineinpasst, stellt uns vor eine sehr anziehende und einfache Anschauung der mythosbildenden Menschheit. Im allgemeinen

---

[1] De principiis (ed. Kopp), p. 385.

[2] Die Sonne selbst wird ein goldenes Ei genannt (Ad. Kuhn, Zeitschr.
f. vergl. Sprachforsch., I, 456).

finden wir im Mythos, in Bezug auf Aufgang und Untergang der Sonne, die noch lange fortlebende und sich der Natur der Erscheinung nach am leichtesten darbietende Anschauung maassgebend, dass die Sonne aus dem Flusse oder dem Meere emporsteigt, wenn sie aufgeht, und ins Wasser sinkt, wenn sie untergeht.

> The gaudy, blabbing and remorseful day
> Inrept into the bosom of the sea,

wie Shakspeare sagt, oder wie noch ausdrucksvoller ein deutscher Dichter den alten Mythos sinnig nachfühlend spricht:

> . . . . die Sonne sei
> Eine schöne Frau, die den alten Meergott
> Aus Convenienz geheirathet;
> Des Tages über wandle sie freudig
> Am hohen Himmel, purpurgeputzt
> Und diamantenblitzend
> Und allgeliebt und allbewundert
> Von allen Weltcreaturen.
> Aber des Abends trostlos gezwungen
> Kehre sie wieder zurück
> In das nasse Haus, in die öden Arme
> Des greisen Gemahls.
>
> (Heinrich Heine, Die Nordsee. 2. Cycl., Nr. 4.)

In einem schwedischen Volksliede hat ein König von England zwei Töchter, die ältere ist schwarz wie die Nacht (d. h. die Nacht selbst), die andere, jüngere, schön und glänzend wie der Tag (der Tag selbst); die letztere geht vorwärts, die andere folgt und stösst die jüngere Schwester ins Meer.[1] Auch in dieser Volkserzählung wird also der Sonnenuntergang als ein Fallen ins Meer angeschaut, nur kommt noch ein Moment dabei zur Geltung, dass die beiden Schwestern miteinander kämpfen und die schwarze Schwester es ist, die dunkle Nacht, welche die

---

[1] Bei Henne-Am Rhyn, Die deutsche Volkssage (Leipzig 1874), S. 292, Nr. 544.

glänzende Sonne ins Meer wirft. Des Morgens steigt die ins Meer gefallene Sonne wieder aus ihrem nächtlichen Aufenthalte empor. Der römische Dichter drückt den Gedanken: „Noch nie hat eine schönere Frau die Sonne aufgehen sehen“ mit den Worten aus:

> Ne qua femina pulchrior
> Clarum ab Oceano diem
> Viderit venientem,
>
> (Catullus LIX [LXI], v. 84—86.)

und weil die Sonne aus dem Wasser emporsteigt, darum nennt ein persischer Dichter[1] das Wasser im allgemeinen die Quelle des Lichts (tsheshmei nûr). Mit diesen Anschauungen steht die andere in Verbindung, die von den sogenannten Sonnenteichen[a], welche sowol der aufgehenden als auch der untergehenden Sonne zugewiesen werden.[2] Aber auch aus dem Schlamme und Sumpfe lässt man die Sonne des Morgens emporkommen (wie bei Homer aus der λίμνη), und diese Anschauung finden wir auch in der arabischen Tradition vertreten.[3] Es ist selbstverständlich, dass diese Auffassung zuerst in Gegenden entstehen konnte, in denen das Meer dem Gesichtskreise der Menschen entrückt war. Dasselbe ist auch von einer andern Auffassung anzunehmen, welche wir bei dem afrikanischen Volke der Jorubas antreffen. Bei diesen gilt die Stadt Ife als eine Art Göttersitz, „von wo Sonne und Mond aus der Erde, in die sie begraben waren, immer wieder hervorkommen.“[4] Diese Ansicht wird sich ohne Zweifel bei dem von der Meeresküste entfernter wohnenden Theil des Volks gebildet haben. Ein grosser Theil der Elemente

---

[1] Emîr Chosrev aus Dihli bei Rückert, Grammatik, Rhetorik und Poetik der Perser, S. 69. 6.

[2] Pauly, Realencyklopädie, VII, 1277. — Wilhelm Bacher, Niẓâmî's Leben und Werke (Leipzig 1871), S. 97, Anm. 13.

[3] al-Beiḍâwî, Commentarius in Coranuum [ed. Fleischer], I, 572, 17. — Bacher a. a. O.

[4] Waitz, Anthropologie der Naturvölker, II, 170.

des Thiercultus, welche sich auf Wasserthiere beziehen, lassen sich auf die mythologische Betrachtungsweise, die wir oben dargelegt haben, zurückführen.[b]

Wenn nun der am Ufer des Meeres wohnende alte Mensch die himmlische Feuerkugel des Abends in das Meer tauchen und des andern Morgens dieselbe an dem entgegengesetzten Punkte des Meeresrandes hervorglänzen sah, wie konnte er dies anders fassen, als dass die Sonne da unten im Meere von einem Ungeheuer verschlungen wurde, welches die Beute wieder ans Ufer spie (vgl. oben S. 33), oder dass die Sonne über Nacht eine Schifffahrt unternahm, oder — wie dies im hellenischen Mythos so schön zum Ausdruck kommt — ins Seebad ging, um des Morgens wieder in neuer Helle und von aller Trübheit gereinigt am Gestade zu erglänzen?

Die Schifffahrt nun ist die im Mythos vorwiegende Erklärung jener alltäglichen Erscheinung, und diese Erklärungsweise konnte so allgemein werden, dass sie später, ihrer ursprünglichen Beziehungen entkleidet, bei den Aegyptern auch mit der Tagessonne in Verbindung gebracht wurde. Die Sonnenbarke zieht, nach der ägyptischen Anschauungsweise auf dem Himmelsocean einher [1]; Ἥλιον δὲ καὶ σελήνην οὐχ ἅρμασιν ἀλλὰ πλοίοις ὀχήμασι χρωμένους περιπλεῖν ἀεί, sagt Plutarchos von der ägyptischen Auffassung [2] und bringt homerische Parallelen für dieselbe bei.[3] Der jüdische Midrâsh vergleicht den Lauf der Sonne mit dem eines Schiffes, und zwar in etwas merkwürdiger Weise mit einem aus Britannien [4] kommenden Schiffe, welches 365 Seile hat (die Zahl der Tage des Sonnenjahres), und mit einem aus Alexandrien kommenden Schiffe, welches 354 Seile

---

[1] Vgl. z. B. Brugsch, Histoire d'Égypte (1. Aufl.), I, 37.

[2] De Osir. et Isid., c. XXXIV.

[3] De Pythiae oraculis, c. XII, und vgl. das pseudoplutarchische De vita et poësi Homeri, c. CIV.

[4] So Jalḳûṭ; Shôchêr Ṭôbh hat die Lesart: Akramânia, welches zu identificiren schwer hält. (Germanien?)

besitzt (die Zahl der Tage des Mondjahres). [1] Darum werden die solarischen Gestalten des Mythos allerwärts mit der Erfindung und Benutzung der Schifffahrt in Verbindung gebracht. Der untergehende Apollon ist bei den Griechen der Begründer der Schifffahrt. Herakles erhält vom Helios eine goldene Schale zum Geschenk, welche dieser Gott als Barke zu benutzen pflegte, wenn er den Okeanos durchschiffte, und die Schifffahrt der leuchtenden (φαί-νω) Phaiaken und Argonauten bedeuten ja ursprünglich nichts anderes als jene Meereswanderung, zu welcher die Sonne allabendlich zu Schiffe geht. Von Charon, dem unterirdischen jenseitigen Schiffer, selbst (dessen Name nach Schwarz auf seine solarische Bedeutung hinweist: χαροπός) ist es ebenfalls nachgewiesen worden, dass seine unterirdische Schifffahrt nichts anderes ist als eine eschatologische Ausbildung des Sonnenmythos [2], wie denn die Eschatologie und die Anschauung von den Dingen nach dem Tode und der Auferstehung ihrem Wesen nach die unterseeische Wanderung und das abermalige Hervorbrechen der Sonne nach ihrem Untergange zum Original haben. Auch der römische Sonnengott Janus wird mit der Schifffahrt in Verbindung gebracht, und diese Anschauung findet auf den Münzen ihren unverkennbaren Ausdruck, welche die Darstellung des doppelköpfigen Gottes tragen [3], und dies ist hier um so maassgebender, als Janus selbst, wie die Etymologie seines Namens besagt, ebenfalls in die Reihe der Eröffner gehört. „Dieser Name wurde ihm“, sagt Hartung, „darum beigelegt, weil die Thüre im Räumlichen ganz genau dasjenige darstellt, was dem Wesen des Gottes rücksichtlich zeitlicher und dynamischer Verhältnisse zu Grunde lag. Denn jeder Anfang ist gleich dem Eingange.“ [4]   Die hervor-

---

[1] Jalḳûṭ und Shôchèr ṭôbh zu Ps. XIX, 7.

[2] Der Ursprung der Mythologie, S. 273.

[3] Vgl. Ekhel, Doctrina nummorum veterum, V, 15.

[4] Die Religion der Römer (Erlangen 1836), II, 218. Vgl. Mommsen, Römische Geschichte (5. Aufl.), I, 168.

ragendste mythische Gestalt der neuentdeckten babylonischen Epopöe, Izdubar, und Ûr-Bêl (das Licht des Bêl,
d. h. die Sonne), beide rein solarische Gestalten, werden mit
Schiffen ausgerüstet.[1] Man kann zwar an der Geschichtlichkeit des biblischen Propheten Jônà nicht recht zweifeln. Die
schliesst aber nach dem im zweiten Kapitel Erörterten nicht
aus, dass sich an diese unzweifelhaft historische Gestalt ver-
schiedentliche mythische Züge ansetzten, wie dies bei mehrern andern Personen der hebräischen Geschichte, wie z. B.
am eclatantesten bei David, der Fall ist. Der hervor-
stechendste mythische Charakterzug, der sich an die Geschichte vom Propheten Jonas ansetzte, ist sein berühmter
Aufenthalt im Meere im Bauche des Walfisches. Und dieser
Zug ist rein solarisch und gehört in die Gruppe, die uns
eben beschäftigt. Gleichwie bei Gelegenheit des Gewitters
der Gewitterdrache oder die Gewitterschlange die Sonne
verschlingt, so wird sie auch, wenn sie untergeht, durch
einen gewaltigen Fisch verschlungen, der ihrer im Meeresgrunde harrt. Wenn sie dann wieder am Horizont erscheint,
so wurde sie eben durch das verschlingende Meeresungeheuer
ans Ufer gespien.[2]

Wenn demnach von Khrysôr gesagt wird: er sei der
erste Schiffer gewesen, so kann dies nur dasselbe bedeuten, was derselbe Ausdruck in seiner Anwendung auf
Apollon bedeutet, dass nämlich die Sonne, wenn sie in den
Ocean sinkt und untergeht, eine Reise zur See unternimmt;
oder was er in seinem Zusammenhange mit dem tyrischen
Herakles, dem Erbauer der Stadt (das Städtebauen ist,

---

[1] Fr. Lenormant, Les premières civilisations (Paris 1874) II, 29—31.

[2] Es ist bekannt, dass man die Erzählung von Jonas seit alter Zeit
mit dem Mythos vom Herakles und der Hesione oder dem Perseus-
Andromeda-Mythos in Verbindung gebracht hat (Bleek, Einleitung ins
A. T. [Berl. 1870], S. 577); auch Tylor, Anfänge der Cultur, I, 333, ist
in Betracht zu ziehen. Ganz unhaltbar ist, was darüber Emil Burnouf
sagt in seinem La science des religions (Paris 1872), p. 263; er findet
in dem Mythos „un image de la naissance du feu divin et de la vie
dont il est le principe."

wie wir sehen werden, ein specifisch solarischer Charakterzug) besagt, wenn dieser der Erfinder der Schifffahrt genannt wird [1]; oder wenn Prometheus, vor den Nachkommen des Okeanos seine Verdienste um die Menschheit aufzählend, sagt:

> So wurden die Menschen, damit ihr's in einem Worte erfahret,
> durch Prometheus mit allen Künsten bekannt,

und nicht vergisst auch darauf hinzuweisen:

> Das meerdurchfliegende Schiff mit dem linnenen Flügel,
> keiner vor mir baute es für die Menschheit. [2]

Wenn uns nun dieser Zug den solarischen Charakter des Khrysôr zur Gewissheit erhebt, so kann auch daran nicht gezweifelt werden, dass sein Beiname „der Eröffner“, welcher identisch ist mit dem hebräischen Namen Jiftàch, eine Benennung der Sonne ist, der Erstgeborenen. Die Sonne opfert ihre eigene Tochter. Des Abends wird die Abendröthe aus dem Schose der Sonne geboren, und des Morgens, wenn an die Stelle der Morgenröthe (welche der Mythos von der Abendröthe nicht unterscheidet) die heisse Tagessonne tritt, da hat Jiftàch seine eigene Tochter bekämpft und diese unterliegt.

So haben wir denn in den Mythen von Âbhràm und Jiftàch die zwei Seiten derselben Anschauung in je besonderer Form und Fassung ausgedrückt gesehen; in jenem wird vom Siege der Nacht, des dunklen, nächtlichen Himmels über die Sonne, in diesem vom Siege des Tages-

---

[1] Nonnius' Dyonisiaca, XL, 443. — Movers, Religion der Phönizier, S. 394.

[2] Aeschylos, Prometh., v. 445—46. Ich verweise noch auf die Hauptgestalt des polynesischen Mythos, auf Tangaloa, welcher als der erste Schifffahrer erwähnt wird. Dieser Zug, sowie dass diesem Gott die Urheberschaft jeglichen Handwerks zugeschrieben wird (s. unser Kapitel über den Culturmythos) und auch andere Züge, auf welche Schirren in der Charakterbestimmung Tangaloa's Gewicht legt, sprächen für die solarische Bedeutung dieser Hauptgestalt der polynesischen Mythologie. Gerland (Anthropologie der Naturvölker, VI, 242) bestreitet diese Deutung.

anbruchs über die Schatten der Nacht erzählt. In der hebräischen Mythologie gehört auch der Name Chanôkh in diese Reihe. Dieser Name wurde von Ewald ganz treffend als der inceptor, Beginner, erläutert[1]; er ist also ein vollkommen deckendes Synonymon des Jiftàch.

Wir begegnen übrigens noch einem andern „Eröffner“ auf semitischem Gebiete, dem libyschen, insbesondere kyrenäischen Gotte des Ackerbaues, dessen Name uns in der gräcisirten Form und Lautung Ἀπτοῦχος erhalten ist, welchen Blau in seinem Aufsatze „Phönikische Analekten“[2] bereits mit dem Verbum pâthach öffnen (allerdings „als Erschliesser des Bodens durch den Pflug)“ in Verbindung gebracht hat. Wir müssen an dieser Stelle vorläufig auf das folgende Kapitel verweisen, in dem der Zusammenhang, in welchen die alten Religionen die Entstehung des Ackerbaues mit den solarischen Gestalten des Mythos (und eine solche ist ohne Zweifel auch dieser libysche Eröffner) vorstellen, klar gemacht werden soll. Auf jeden Fall hat man Ἀπτοῦχος und Jiftàch als identisch festzuhalten.

3.

Der Mythos von dem Tode Isak's und der Mythos von seinem fernern Lebensgange, welcher ihn also als Weiterlebenden voraussetzt, sind für das mythische Bewusstsein nicht Widersprüche. Auf einer fortgeschrittenern Stufe des Geisteslebens, die dem Naturmythos bereits als völlig theilnahmslos und ohne Verständniss gegenüberstand und auf welcher die mythischen Gestalten zu epischen Personen wurden, machte dieser Widerspruch eine Ausgleichung, ein harmonisirendes Nebenmoment nothwendig, und darin liegt der Entstehungsgrund jener Wendung, welche in der historischen Gestalt der Isak-Sage, der vollzogenen Tödtung eine beabsichtigte substituirt, welche dann später, als das reli-

---

[1] Jahrbücher f. d. bibl. Wissensch., X, 21.
[2] Zeitschr. D. M. G. (1865), XIX, 536.

giöse Element über das noch vorhandene Mythenmaterial zu herrschen begann, zu einem Acte der gottesfürchtigen Opferwilligkeit wurde. Solche Widersprüche treten dem Menschen auf der Stufe lebensvoller Mythosbildung nicht vor die Seele. Der getödtete Isak erscheint einige Stunden nach seiner Tödtung wieder von neuem auf der Arena, er bietet sich von neuem dar. Als vor etwa funfzehn Jahren die christliche Missionsarbeit zu dem innerafrikanischen Stamme der Liryas drang, da sammelte sich eine grosse Menge um einen Priester, welcher ihnen die Hauptgrundsätze seiner Religion zu erörtern begann: „als er aber zu den Eigenschaften Gottes kam, wollten sie durchaus nicht zugeben, dass er höchst gütig sei. Im Gegentheil, sagten sie, ist er sehr böse, ja schlecht; denn er schickt den Tod, ist die Ursache des Sterbens und schickt die Sonne, die immer unsere Saaten verbrennt. Kaum ist eine Sonne des Abends im Westen todt, so wächst des Morgens im Osten eine andere aus der Erde hervor, die um nichts besser ist."[1] In dieser Erzählung sehen wir bereits den Uebergang des Mythosbildens zur religiösen Reflexion; die des Morgens im Osten erscheinende Sonne ist eine andere als diejenige, welche des Abends im Westen todt zur Erde sank. Doch ist sie auch substantiell eine andere und mit der gestrigen nicht identische, so ist sie dennoch eine ihr vollends gleiche, in qualitativer Beziehung von ihr nicht verschiedene. Auf der noch productiven mythischen Stufe ist der wiedererscheinende Jischâḳ kein anderer als der bereits Getödtete. Er tritt noch einige mal vor uns auf, er heirathet die Ribhḳâ (Rebbeka), und als Greis begegnen wir ihm nochmals, dem erblindeten Isak „mit matten, geschwächten Augen", seinen Sohn Ja'ḳôbh in die Fremde sendend, der aber nach dem Tode des alten, erblindeten „Lächelnden" mit grosser Familie zurückkehrt, um seinen alten Kampf gegen seinen behaarten Bruder, den Jäger Esau wieder aufzunehmen. Der lebendige Mythos

---

[1] Sepp, Jerusalem und das Heilige Land (Schaffhausen 1863), II, 687.

fasst diese Geschehnisse nicht als nacheinander erfolgte
auf; die Ineinanderarbeitung der verschiedenen Glieder der
Mythosgruppe, welche sich um einen Kernpunkt, um einen
Namen sammeln, gehört nicht in das Geschäft des eigentlichen Mythos; in diesem Sinne beginnt erst der epische
Trieb zu walten und dieser ist es, welcher den ersten Anstoss zur Harmonisirung gibt.

Verweilen wir noch einige Augenblicke bei Isak.

Er liebt und heirathet Rebekka oder, wie diese Benennung im hebräischen Urtext lautet, Ribhķâ. Der
holländische Religionshistoriker C. P. Tiele sieht in diesem
Namen eine Benennung der fruchtbaren, fetten Erde [1],
und diese Ansicht hat in der Etymologie des Wortes einigen Anhalt. „Der lachende Tageshimmel oder der Sonnengott (wol erst nur die Sonne!) ist mit der Fettigkeit und
Fruchtbarkeit der Erde verehelicht." Diese Auffassung des
Mythos hat trotz ihrer etymologischen Richtigkeit für unser
Gefühl wenig Ansprechendes; wir könnten ihr jedoch keine
bessere an die Seite setzen und fügen nur noch hinzu, dass
wenn Tiele's Auffassung richtig ist, jener mythische Zug
allerdings an Verständniss gewänne, wonach der „Lachende"
(Isak) unter seinen beiden Söhnen den 'Esâv vorzieht (der
als solarischer Charakter weiter unten nachgewiesen werden
wird), während sich die Liebe der Mutter mehr dem Jakob
zuwendet. Esau ist eben eine mit Isak homogene mythische
Gestalt; die Fruchterde hingegen ist mit dem düstern
Regenhimmel als verwandter, homogener Erscheinung im
Zusammenhang.

Ein anderer beachtenswerther Punkt des Isak-Mythos ist
die Erblindung. „Es war als Jiṣchâķ alterte, da wurden
seine Augen matt, sodass er nicht mehr sehen konnte"
(Genesis XXVII, 1). Es ist eine dem Mythos eigenthümliche Anschauung, welche in der Poesie ihren Nachhall
gefunden, die Sonne als Auge zu betrachten, das auf die

---

[1] Vergelijkende Geschiedenis van de egyptische en mesopotamische
Godsdiensten (Amsterdam 1872), S. 434.

Erde mit scharfem Blicke herabsieht. In den Denkmälern des alten Aegyptens und im Todtenbuche wird die Sonne häufig als ein mit Füssen versehenes beflügeltes Auge dargestellt. Dazu gehört ferner das sogenannte mystische Auge, dem wir häufig auf etruskischen Thongefässen begegnen, und die Rolle des Auges bei der Darstellung des Osiris.[1] In der Malacassasprache heist die Sonne masovanru, in der Dajaksprache matasu; beide Ausdrücke bedeuten soviel als: oculus diei[2], und in der polynesischen Mythologie ist die Sonne das linke Auge des höchsten Himmelsgottes Tangaloa, also das Himmelsauge.[3] Daher besitzt auch die Sonne die Attribute des Auges. In der hebräischen Poesie begegnen wir ebenso den Wimpern (d. h. Strahlen) der Morgenröthe, 'af'appê shachar (Hiob III, 9; XLI, 10), wie in der griechischen dem Ἀμέρας βλέφαρον[4] und in der arabischen den ḥawâgib al-shams; im Arabischen ist diese Anschauung so sehr in die Sprache übergegangen, und das Bewusstsein des mythischen Werthes der „Sonnenwimpern“ ist so sehr in den Hintergrund getreten, dass wir selbst den Singular finden: „die Wimper der Sonne ist aufgegangen“ (ṭala'a ḥâgib al-shams) oder „untergegangen“ (ġâba ḥâgib al-shams).[5]

Unter den neuern Dichtern ist es besonders Shakspeare, dem der Ausdruck Auge, Auge des Himmels zur Bezeichnung der Sonne am geläufigsten ist:

> . . . . though thy speech doth fail
> One eye thou hast to look to heaven for grace,
> The sun with one eye vieweth all the world.
>
> King Henry VI. (1), I, 4.

---

[1] Julius Braun, Naturgeschichte der Sage, I, 41. Vgl. Tylor I, 344.

[2] E. Jacques, Vocabulaire arabe-malacassa (Journ. asiat. [1833], XI, 129. 130).

[3] Gerland, Anthropologie der Naturvölker, VI, 242.

[4] Gesenius Thesaurus, S. 1003, a; cf. Orph. VIII, 1. 13. Aristophanes lässt in den Thesmophoriazusen, v. 17, den Euripides das Auge, „das nachgeahmte Bild der Sonnenscheibe“ nennen; vgl. Acharner, v. 1128, ὦ κλεινὸν ὄμμα, „o berühmtes Auge!“ als Anrede an die Sonne.

[5] al-Buchârî, IX, 30. 35.

. . . . or with taper light
To seek the beauteous eye of heaven . . . . .

King John, IV, 2.

All places that the eye of heaven visits
Are to a wise man ports and happy heavens.

King Richard II., I, 3.

When the searching eye of heaven is hid
Behind the globe and lights the lower world,
Then thieves and robbers range abroad unseen.

King Richard II., III, 2 (3 der Schlegel'schen Uebersetzung).

Daher kommt es, dass man von der Morgenröthe als der schauenden, blickenden spricht. „Wer ist es, die da blicket wie die Morgenröthe?" (Hohelied VI, 10).

Auf der theologischen Stufe gewinnt diese mythische Anschauung eine etwas veränderte Gestalt. Die Sonne ist nicht selbst Auge, sondern das Auge des Gottes, den man hinter der Sonne vorstellt. Die Heilige Schrift der Parsen [1] nennt die Sonne: Auge Ahuramazda's, und viele halten den Namen 'Anamelekh, welcher nach II. Kön. XVII, 31 eine Gottheit der Einwohner von Sefarwajîm, des babylonischen Sipar der Keilinschriften, war, welche Stadt in den Nationaldocumenten ausdrücklich als Sonnenstadt bezeichnet wird [2], für eine contrahirte Form = 'Ên ham-melekh, d. i. Auge des Sonnengottes Melekh, wol die Sonne selbst. [3] Noch in der Rede eines späten hebräischen Propheten (Zekharjâ IV, 10) begegnen wir dieser Anschauung in einiger Modification. „Sieben sind der Augen Jahve's, sie überschauen die ganze Erde." Hier sind Jahve's Augen ohne Zweifel auf die Sonne zu beziehen, die Sieben-

---

[1] Yaçna, I, 35; III, 49.

[2] Eberh. Schrader, Die Keilinschriften und das Alte Testament S. 165.

[3] Haneberg, Religiöse Alterthümer der Bibel (München 1869), S. 49. — Movers, Die Phönizier, I, 411, wo auch weitere Zusammenstellungen gegeben sind.

zahl der Augen lässt uns an die sieben Wochentage denken.[1] Aehnlich heisst es im Atharvaveda IV, 16. 4 von den Abgesandten des Varuna: „sie durchziehen von dem Himmel herabsteigend die ganze Welt und durchschauen mit tausend Augen die ganze Erde.“[2] Hierher ist auch das als Städtenamen zuweilen vorkommende 'Ên Shemesh, Sonnenauge zu ziehen (z. B. Josua XV, 7), so wie auch der Name des ägyptischen Heliopolis arabisch 'ajn shams lautet[3], sodass die Vermuthung nahe liegt, dass das hebräische 'Ir ha-cheres ursprünglich und richtiger 'Ên hacheres heissen soll, eine Emendation, welche nur den Schlussbuchstaben rêsh betrifft.[c]

So wie der indische Sänger (Rigveda I, 164, 14) von der Sonne sagt, sie habe ein scharfes Gesicht, so ist uns diese Anschauung auch in einem Reste hebräischen Mythos' erhalten, welcher sich an eine historische Persönlichkeit angesetzt hat. Vom König David, dem historischen Helden, erzählt die Schrift unter andern dem Mythos des Sonnenhelden entnommenen Zügen — dahin wird auch gehören, dass er den gegnerischen Riesen mit Steinwürfen ums Leben bringt — dass er „von rother Farbe sei, mit schönen Augen und gutem Gesichte“, admônî 'im jefê 'ênajîm we-ṭôbh rô'î (I. Sam. XVI, 12). Schon die rothe Farbe, die dem Helden nachgerühmt wird, indem die Erzählung eben die Zierlichkeit David's hervorheben zu wollen scheint, zeigt uns, dass diese Schilderungszüge wol nicht direct für den Helden der Erzählung geschaffen sind; denn es lässt sich kaum nachweisen, dass dem hebräischen Alterthume ein röthlicher Mensch für schön gegolten habe. Vortrefflich aber passt die rothe Farbe, wie wir noch des

---

[1] Die sieben Wochentage werden mit der Sonne in Verbindung gedacht. Nach Diodor, I, 273, verehrten zur Zeit des Kadmos die Bewohner der Insel Rhodos den Sonnengott, welcher auf jener Insel sieben Söhne gezeugt hatte.

[2] Muir, Sanscrit texts, V, 64.

[3] Jâḳût, Geogr. WB., III, 762.

Weitern zu sehen im Laufe dieses Kapitels Gelegenheit
haben werden, bei Gestalten des solarischen Mythos. Damit
hängt zusammen, dass auch die schönen (eigentlich vollkommenen) Augen und das gute Gesicht sicher der
mythischen Beschreibung der glühenden Mittagssonne entnommen sind, welche sich als Trümmer eines nur fragmentarisch erhaltenen Mythenkreises an die Schilderung eines
geschichtlichen Helden ansetzten, der ebenso wie der Sonnenheld gegen einen feindlichen Riesen zu kämpfen hat. Wenn
die Sonne zu Mittag in rother Glut am Mittelpunkt des
Himmelsgewölbes erschien, da sagte der alte Mensch: der
Rothe sieht jetzt mit vollkommenen Augen und scharfem
Gesicht auf die Erde herab. Hingegen fasste er die Ab-
nahme der Sonnenstrahlen und die Minderung der Sonnenglut als Abstumpfung des Gesichts auf, welches beim Untergang mit totaler Erblindung endigt. Shimshôn, derjenige
Sonnenheld, dessen solarischen Charakter Steinthal wol über
allen Zweifel erhoben hat, endigt seine Heldenlaufbahn damit, dass er geblendet wird. In der griechischen Mythologie ist die Bedeutung der Einäugigen und Geblendeten
in derselben Weise klar dargelegt. [1] Diese mythische Vorstellung spiegelt sich recht lebhaft in der Sprache ab. Im
Arabischen z. B. bedeutet iṭlaḥamma und iṭraḥamma
sowol oculos hebetiores habuit als auch obscura fuit nox;
das Verbum aǵdana, wovon aǵdan stammt, was zum
Ausdrucke des Behaftetseins mit gewissen Augenübeln
gebraucht wird, drückt den Begriff des Finsterseins aus,
und das Wort inchasafa vereinigt die beiden Bedeutungen:
der Verfinsterung des Mondes und der Gesichtslosigkeit.
Dahin gehört die Redensart: al-lejl aʿwar, die Nacht ist
einäugig. [2] Es ist nach allem diesen klar, was das mythische Wort bedeutet: „Es war, als Isak alt ward, da
wurden seine Augen matt, sodass er nicht sehen

---

[1] Hartung, Religion und Mythologie der Griechen (Leipzig 1865),
II, 87—94.

[2] al-Mejdânî Magmaʿ al-amṯâl II, 111. 21.

konnte." Es darf noch hier erwähnt werden, das Shakspeare die Nacht die augenlose nennt:

> ― thou and eyelesse night
> Have done me shame.
>
> King John, V, 6.

4.

Der Kampf des Tages gegen die Nacht wird noch häufiger als ein Bruderzwist vorgestellt. Gleich an der Schwelle der biblischen Urgeschichte begegnen wir einem solchen Bruderzwiste, dessen Quelle der Naturmythos ist, wie er ausnahmslos unter allen Völkern der Welt verbreitet ist. Es ist unschwer nachzuweisen, dass Kajin eine solarische Gestalt ist, Abel (Hebhel) aber mit dem dunkeln Nacht- oder Wolkenhimmel zusammenhängt. Wie überall, so muss natürlich auch hier die Mythosforschung durch die Natur der vorgeführten Personen, durch den Inhalt der Erzählung und durch die appellative Bedeutung der Namen geleitet werden. Kajin ist Ackerbauer, Abel ist Hirt. Wir haben bereits im vorhergehenden Kapitel nachgewiesen, dass Ackerbau immer solarische Bedeutung hat, während das Hirtenleben mit den Erscheinungen des Nacht- und Wolkenhimmels zusammenhängt. Die Hirten sind im Mythos Gestalten, welche dem umwölkten, finstern Himmel angehören, Jäger und Ackerbauer hingegen sind solarische Helden. Der nächtliche Himmel ist ein grosses Zelt oder eine Gruppe von Zelten, dabei ist der grosse Weideplatz, wohin die Heerden (Wolken) auf die Weide geführt werden. Im Deutschen sagt man Himmelszelt allerdings auch vom Tageshimmel, doch ist dies bereits eine Verallgemeinerung der ursprünglichen Beschränktheit auf den Nacht- und Wolkenhimmel, wie diese Begrenzung noch in der ungarischen Sprache Geltung hat. Man sagt sátoros éj, die umzeltete, mit vielen Zelten versehene Nacht. Diesen Ausdruck gebraucht zum Beispiel Vörösmarty am Eingange des zweiten Gesanges seines Nationalepos: Die Flucht des Zalán (Zalán futása). Auch im Arabischen ist es eine gang und gäbe Ausdrucksweise: die Nacht spannte ihr Zelt aus und es entstand dichte Finsterniss. [1]

Der Hirt Abel, oder wie er im Urtext heisst: Hebhel ist demnach eine Gestalt des dunkeln Himmels. Dies beweist auch die Bedeutung dieser Benennung. Das Wort bedeutet hier nämlich weder Kinderlosigkeit, wie einige mit Hülfe des Arabischen erklären wollen, indem sie das erste Aelternpaar das Schicksal ihres Sohnes, bei der Namengebung anticipiren lassen, noch aber soll es aus dem Assyrischen erklärt einfach Sohn bedeuten. Die hebräische Sprache selbst genügt hier, um die eigentliche Bedeutung der Benennung Hebhel festzustellen; dieses Wort bedeutet im Hebräischen Windhauch; der Wind steht mit dem dunkeln Himmel im Zusammenhang. Der hebräische Mythos kennt noch eine andere modificirte Form dieser Benennung. So wie innerhalb anderer Sprachenklassen das h mit dem j dialektisch wechselt, so steht auch hier dem Hebhel ein Jâbhâl zur Seite. Diese letztere Benennung ist entweder in etymologischem Sinne identisch mit jener erstern, oder wenn sie es auch nicht ist, so kann ihre mythologische Identität nicht in Abrede gestellt werden. Jâbhâl (woher auch mabbûl, Wasserflut, dann: Sintflut) bedeutet nämlich Regen (also Indra). Regen und Wind sind beide Attribute des nächtlichen, dunkeln Himmels. Im Arabischen bedeutet das Verbum ġasaḳa sowol die Finsterniss des Himmels als auch den Regen und was genau dem Begriffs- und Anschauungskreise des Mythos entspricht: das Fliessen der Milch aus dem Euter. Der Regen ist dem mythosschaffenden Menschen das Melken der Wolkenkühe, welche der Hirt des Nachts auf die Himmelsweide führt; das Verbum aġdana, von welchem Freytag nach al-Gauharî nur die Bedeutung *perpetuo pluit coelum* verzeichnet, kennt der classische Lexikograph der arabischen Synonymik auch

---

[1] wa-kân auwal mâ asbal-al lejl riwâkah waḳad-iswadd-al-ẓalâm biaġsâḳah, 'Antarroman, V, 170, 17. Daher sagt man auch von der Nacht ebenso wie vom Zelte insadal, z. B. 'Antarr., VI, 60, 14; 95, 5.

in der Bedeutung: es ist finstere Nacht; ebenso bezeichnet aġdafa sowol *obscura, atra fuit nox* als auch *ad pluriam effundendam paratum et dispositum fuit coelum*. Auch in der Poesie wird der Regen gern an die Nacht geknüpft: „Eine finstere Nacht, während welcher sich auf die Strassen durchnässender Regen ergiesst“, sagt ein alter Dichter bei Ibn-al-Sîkkît[1] (vgl. oben S. 54).

Die Identität von Hebhel und Jâbhâl leuchtet auch aus einem andern Umstande hervor. Hebhel nämlich wird als Hirt eingeführt. In dem System der harmonisirenden Genealogie der Genesis, in welchem Jâbhâl um einige Generationen später eintritt, wird er als der Vater aller in Zelten wohnenden Hirten bezeichnet (Genes. IV, 2). Beide Züge, d. h. dieser identische Zug, von beiden Patriarchen erzählt, haben ihre Begründung und sind gleich wahr. Aber nach der Methode der bibelexegetisch-kritischen Schule involviren diese zwei Berichte einen Widerspruch, welchen man entweder durch das gewöhnliche Auskunftsmittel der verschiedenen Erzähler lösen wollte, oder dadurch, dass man, den Buchstaben in kleinlicher Weise urgirend, feine Unterscheidungen aufstellte. Der scharfsinnige Knobel will z. B. wissen: „Schon Abel hielt Vieh, aber nur Kleinvieh, und zwar in seiner Wohngegend; Jabal erfand das Umherziehen mit den Heerden aus einer Gegend in die andere.“[2] Uns kümmert es nicht, wie weit Jâbhâl seinen Weiderayon aus dehnte und wie enge sich Hebhel begrenzte; unsere Annahme von der mythologischen Identität der beiden Benennungen löst den Widerspruch, ohne dass wir zu kleinlichen Unterscheidungen unsere Zuflucht nehmen müssten.

Ebenso klar ist auch der solarische Charakter des Namens Ḳajin. Das Wort, welches neben andern synonymen Handwerksnamen auf den sogenannten nabatäisch-

---

[1] wa-lejlatun ṭachjâ'u jarma'illu *fîhâ 'ala-l-shârî nadan muchḍallu. Hschr. der leidener Universität. Cod. Warner, nr. 597, p. 345.

[2] Die Genesis (Leipzig 1860), S. 64.

sinaitischen Inschriften mehreremal vorkommt[1], bedeutet Schmied[2], Verfertiger von Ackergeräthen, und hat diese
Bedeutung im arabischen Ḳajn ᵈ und im aramäischen Ḳinàjâ
beibehalten, während sie im spätern Hebräischen, wahrscheinlich durch den biblischen Etymologisirungsversuch des
Eigennamens Ḳajin aus ḳânâ, erwerben, verdrängt, verloren gegangen ist und sich lediglich an den Doppelgänger
des ersten Brudermörders angesetzt hat, .nämlich an Tûbhâl
Ḳajin, den Bruder des Jâbhâl, welcher als Begründer des
Schmiedehandwerks genannt wird (Genes. IV, 22) und
zu Ḳajin ungefähr im selben Verhältniss steht, wie Jâbhâl
zu Hebhel.

Ḳajin ist demnach dieselbe mythologische Figur, die
Hephaistos uud Vulcanus bei den Griechen und Römern
vertritt. Es sind aber noch einige Momente, welche den
solarischen Charakter des Ḳajin bestätigen. Zuvörderst der
ihn bezeichnende Zug, dass er nach Ermordung seines
Bruders die erste Stadt erbaut und sie Chanôkh nennt
(Genes. IV, 17). Wir haben oben gesehen, und es wird
in unserer Abhandlung über den Culturmythos noch klarer
dargelegt werden, dass in den Mythen aller Völker die
Sonnengestalten als Begründer des Städtelebens gelten, und
zwar geht häufig der Erbauung der Stadt ein Brudermord
voran. Die ackerbauende Stufe, die mit der Sonnenver-
ehrung zusammenhängt, besiegt die des Nomadenlebens,
die sich an den dunkeln Nacht- und Wolkenhimmel hält,
und nach Ueberwindung des Hirten erbaut der überlebende
Ackerbauer die erste Stadt; und es soll uns nicht wundern,
wenn die Lösung der durch Franz Lenormant signalisirten
Aufgabe: *pour en suivre toutes les formes depuis Cain bâtis-
sant la première ville Hanoch après avoir assassiné Abel,
jusqu'à Romulus fondant Rome dans le sang de son frère*

---

[1] Levy in der Zeitschr. D. M. G. (1860), XIV, 404.

[2] Vgl. Gelpke's Aufsatz: Neutestamentliche Studien in den Theol.
Stud. u. Krit. (1849), S. 639 fg.

Remus" [1], die consequente und in allen Kreisen gleich-
bleibende Anschauung ·der Menschheit auf der mythischen
Stufe auch in Bezug auf diesen Punkt ergäbe. Ob aber
der Zusammenhang des zodiakalen Zeichens der Zwillinge
mit diesem Zuge des Mythos ein so enger ist, wie ihn
der französische Gelehrte scharfsinnig herausfindet, bleibt
eine davon unabhängige Frage. Die Nachricht, Ḳajin sei
der erste Städteerbauer, zeugt demnach für seinen solarischen Charakter. Weit mehr aber noch jener charakteristische Zug des Ḳajin-Mythos, wonach der Brudermörder
nach vollzogener That mit dem Fluche Jahve's beladen,
unstät und flüchtig auf der Erde umherwandern
muss (v. 11). Wir wollen bei diesem mythischen Zuge
etwas länger verweilen, und über Ḳajin hinausgehend, ihn
im Zusammenhange mit einer grössern Gruppe betrachten,
welcher derselbe gemeinsam ist. [2]

5.

Es ist in linguistischer Beziehung von dem Worte, welches
in den semitischen Sprachen vorzugsweise Sonne bedeutet
und nach dem Schwinden der reichen Synonymik, die
der Mythos zur Bezeichnung der Sonne hervorbrachte, die
übrigen Sonnennamen fast ganz in den Hintergrund drängte,
nämlich vom hebräischen shemesh und seinen etymologischen Verwandten in den übrigen semitischen Sprachen,
nachgewiesen worden, dass es seiner etymologischen Grundbedeutung nach auf den Begriff der schnellen Beweglich-
keit, des geschäftigen Hin- und Herlaufens zurückzuführen
ist, und dass in dieser Grundbedeutung der Anknüpfungspunkt liegt für die Bezeichnung shammèsh, dienen (im Ara-

---

[1] Premières civilisations, II, 81.

[2] Wir wollen nicht übergehen, dass dass das Wort Ḳajin im Himjarischen ein Würdename ist, etwa Fürst, Herrscher, Herr, kann also,
wenn diese Bedeutung festgehalten wird, ein Synonymum von Baʿal sein
(vgl. Praetorius, Zeitschr. D. M. G. [1872], XXVI, 432).

mäischen), und für den Ameisennamen shumshemânà. [1]
Dasselbe, was die Sprache an dem hervorragendsten Sonnennamen shemesh zeigt, das lässt auch der Mythos vielfach
beobachten.

Der Mythos fasst die Sonne unter dem Gesichtspunkte
des schnellen Laufes, der eilenden und fortwährenden Bewegung, des schleunigen Vorwärtsschreitens auf.

> Wie ein Bräut'gam tritt sie aus dem Brautgemach,
> Um munter wie ein Held die Bahn zu laufen.
>
> (Psalm XIX, 6.)

Daher werden ihr feurige, schnelle Rosse verliehen, sowol
in der classischen Mythologie als auch in der indischen
und persischen [2] und nicht minder in der hebräischen. Auf
dieses letztere können wir daraus schliessen, dass in dem
Cultus der Hebräer in Kanaan Rosse vorkamen, welche der
Sonne geweiht waren. Erst der jahveistisch gesinnte König
Josias schaffte diesen Cultus ab (II. Kön. XXIII, 11).

> Phöbus in der Sonnendroschke
> Peitschte seine Flammenrosse,

sagt noch Heinrich Heine scherzend im „Atta Troll"
(XXII, 1). Auf dieselbe mythische Vorstellung ist zurückzuführen, dass der Sonne oder der Morgenröthe Flügel
verliehen werden, was bekanntlich in der classischen Mytho-

---

[1] S. Fleischer's „Nachträgliches" zu Levy's Chald. Wörterb. über d.
Targ., II, 577, b.

[2] Yaçna I, 35; XVII, 22. — Khordavesta III, 49; VII, 4. — Spiegel,
Die heiligen Schriften der Parsen, III, 27. „Die schöne Morgenröthe
preisen wir, die glänzende, mit glänzenden Pferden begabte, die die
Männer bedenkt, die Helden bedenkt, die mit Glanz, mit Wohnungen
versehen ist. Die Morgenröthe preisen wir, die erfreuende, mit schnellen
Pferden versehene." Vendidad XXI, 20. „Gehe auf, o glänzende Sonne
mit deinen schnellen Pferden und leuchte den Geschöpfen!" Im Sonnen-
yast, es ist der sechste, wird fast in jedem Verse, von der Anrufung an
bis zum Ende des Gebets, der Sonne dieses Epitheton beigelegt und in
dem 10. Yt. Mithra Wagen und leuchtende Rosse zugetheilt (die Stellen
bei Spiegel l. l. III, xxv).

logie ungemein oft vorkommt.[1] Ebenso wie die Aegypter und Assyrer[2] in ihren Monumenten diese Anschauung von der Sonne durch das Bild der geflügelten Sonnenscheibe zum Ausdruck bringen, so haben uns die Hebräer, welche ihren Vorstellungen nicht in Monumenten und Abbildungen Ausdruck gegeben, die uns bis zum heutigen Tage erhalten wären, in den von ihnen auf uns gekommenen poetischen Literaturfragmenten die Bestätigung dessen hinterlassen, dass sie sich die Sonne und die Morgenröthe in derselben Weise vorstellten. So wie sie den Wind den „geflügelten" nennen, sodass der monotheistische Sänger sich Jahve auf den Flügeln des Windes einherfliegend denkt (Ps. XVIII, 11), ebenso verbindet er die Flügel auch mit der schnell hervorleuchtenden Morgenröthe:

> Hätt' ich Flügel wie die Morgenröthe
> Und ginge unter am Gestad' des Meeres.[3]
>
> (Ps. CXXXIX, 9.)

Jahve „macht die Morgenröthe zur fliegenden" (eigentl. zum Fluge), wie der Prophet 'Âmôs (IV, 13) sich ausdrückt. Der Prophet spricht in diesem Verse von den regelmässigen Naturerscheinungen, die Jahve geschaffen, nicht von wunderbaren Naturveränderungen, sodass man 'êfä als „Verfinsterung" fassen könnte, wie Hiob X, 22; darum halten wir uns hier am besten an die Bedeutung fliegen.

---

[1] Schwarz, Sonne, Mond und Sterne, S 106 — 109.

[2] Nach Rawlinson ist sie von den Assyrern zu den Persern gelangt. Der gelehrte Kenner des assyrischen Alterthums scheint aber die solarische Bedeutung der geflügelten Scheibe zu verkennen, wenn er sagt: „the conjecture is probable, that .... the wings signify omnipresence and the circle eternity" (History of Herodotus, note zu I, c. 131, I, 215 der Ausgabe von 1862).

[3] Kenner der hebr. Sprache bemerken, dass ich hier die herkömmliche Auslegung verlassen und das âbhô im zweiten Versgliede vom Untergange der Sonne verstehe (bâ has-shemesh). Dadurch ist im ersten Gliede vom Sonnenaufgang, im zweiten vom Untergang der Sonne, welche am Rande des Meeres (achrîth jâm) ins Wasser taucht, die Rede.

„Wie die Morgenröthe, welche die Flügel ausbreitet über
die Berge“, sagt Jô'êl (II, 2).ᵉ Die Morgenröthe, die
Sonne ist demnach ein Vogel, und man versteht leicht den
persischen Ausdruck murġ-i-saḥar, „Vogel der Morgenröthe“. Wenn die Sonne untergeht, so ist der laufende
Held gestrauchelt und zur Erde gefallen, oder auch der
in der Luft schwebende Vogel hat seine Schwungkraft verloren und ist ins Meer gefallen. Daher kommt es, dass
vom Untergang der Sonne der Ausdruck fallen gebraucht
wird: cadit sol; daher bei Homer[1]:

> Ἐν δ' ἔπεσ' Ὠκεανῷ λαμπρὸν φάος Ἡελίοιο
> ἕλκον νύκτα μέλαιναν ἐπὶ ζείδωρον ἄρουραν.

Und im Arabischen sagt man vom Untergang der Sonne
wagabat al-shams oder habaṭat[2], Verba, die mit waḳa'a,
fallen, synonym sind. Wir verstehen dann auch, um aufs
Hebräische überzugehen, den Ausruf des Jesaja (XIV, 12):
„Wie bist du doch vom Himmel gefallen, Glänzender,
Sohn der Morgenröthe.“

So wie man von der aufgehenden Morgenröthe sagt:
sie breitet ihre Flügel aus, so sagt man von der untergehenden Abendsonne: sie lässt ihre Fittige sinken, sie
neigt die Flügel. Diese Redensart hat sich als Residuum
der mythischen Anschauungsart in der arabischen Sprache
erhalten. Der Araber sagt von der untergehenden Sonne
ganaḥat; dieses Verbum bedeutet zwar nach Angabe der
Lexika im allgemeinen *inclinavit;* es erleidet jedoch keinen
Zweifel, dass diese inclinatio ursprünglich etwas Specielles
bedeutet, das Neigen nämlich der Flügel, von deren Namen
ganâḥ eben jenes Verbum denominativum gebildet ist. „Die
Sonne des Tages neigte sich (d. h. neigte ihre Flügel), damit sie untergehe (wa-ḳad ganaḥat shams-un-nahâri litaġ-

---

[1] Iliad. VIII, v. 485. S. Plutarch, De vita et poes. Hom., c. CIII.

[2] Z. B. al-Sujûṭî im Ḥusn al-muḥâḍarâ etc. fa idâ achaḏat fi-l-
hubûṭ (ap. Weyer's Diss. de loc. Ibn Khacanis de Ibn Zeidun, p. 87,
n. 82).

riba), sagt Mohammed's zeitgenössischer Dichter Ḥassân b. Ṭâbit. [1] Wenn daher der Nacht Flügel zugeschrieben werden, so ist dabei der Ausgangspunkt ein ganz anderer, als wenn man von Flügeln der Sonne oder der Morgenröthe spricht. Man denkt in diesem Falle an das Decken und Verhüllen (vgl. Ps. XVII, 8; LXI, 5) [2], und in diesem Sinne sind Phrasen zu verstehen, wie kâna-l-lejl nâshiran agniḥat al-ẓalâm oder kâna-l-lejl ḳad asbala 'ala-l-châfiḳejni agniḥat al-ẓalâm, „die Nacht entfaltete die Flügel der Finsterniss" ('Antarroman, V, 136 ult. 236 penult.). [3] Auch die so häufig vorkommende Redensart fî gunḥ oder ginḥ al-lejl gehört sicherlich in diese Rubrik, und die Lexikographen gehen irre, wenn sie (allerdings auf die Autorität von Originallexicis, z. B. al-Gauharî, welcher das gunḥ erklärt: ṭâ'ifâ minhu, ein Theil davon) [4] diese Phrase übersetzen: *pars noctis*. Sie soll vielmehr bedeuten: unter den Flügeln der Nacht, wofür auch der Umstand spricht, dass man nicht nur gunḥ al-lejl sagt, sondern auch fî gunḥ al-

---

[1] Bei Ahlwardt, Chalaf al-aḥmar, S. 49, 1; vgl. Vita Timuri II, 48, ḳad ganaḥat al-shams lil-ġurûb.

[2] Tastîrêm besêther pânêkhà (Ps. XXI, 21) ist demnach in t. b. kenâfekhà zu emendiren.

[3] In dem babylon. Epos von der Höllenfahrt der Istar, v. 10 (Lenormant, Premières civilisat., II, 85), ist die Nacht mit einem Vogel verglichen.

[4] Diese in diesem Falle irrig angewendete Erklärung hat ihren Grund darin, dass in den semitischen Sprachen zur Bezeichnung des Begriffs „Theil" Wörter verwendet werden, welche „Seite" bedeuten; die beiden Seiten einer Sache sind eben zwei Theile derselben. So wird bereits im Schriftarabischen das Wort ṭaraf und im Vulgärarabischen das Wort gânib (welches auch etymologisch mit dem hebr. kânâf, Flügel, zusammenhängt) ganz in der Bedeutung des ba'ḍ benützt. Ein interessantes modernes Beispiel dafür liegt mir in dem arab. Texte des neuesten Fünf-Millionen-Anlehengesetzes des ägypt. Finanzministers vor; da heisst es im dritten Punkt: Die Actien fallen unter die gewöhnlichen Gesetze von Kauf- und Verkauf und Erbschaft, sawâ'an kâna fî gânib minhu au fîhi bil-kâmil, „gleichviel, ob es einen Theil davon oder das Ganze betrifft" (Wochenblatt al-Gawâ'ib XIV, nr. 695, S. 2, c. 2 vom Jahre 1291).

zalâm (z. B. 'Antarr. V, 80 ult. 168, v. 6) [1], wo nur Flügel
verstanden werden können.

Es ist nach all diesem leicht zu begreifen, dass die
solarischen Gestalten des Mythos mit der Schnelligkeit,
Flüchtigkeit, mit dem immerwährenden Vorwärtsschreiten
in Verbindung gebracht werden, denn der eilende Lauf ist
eben eines der Hauptattribute, welche von der Sonne vor
Auge und Geist treten. Aus dieser mythischen Anschauung
von dem eilenden Lauf der Sonne erklärt sich auch ein
Moment der germanischen Mythologie, welches Holtzmann [2] unerklärt lässt. „Der Osterhase“, sagt er, „ist
mir unerklärlich, wahrscheinlich ist der Hase das Thier der
Ostara; auf dem Bilde der Abnoba ist ein Hase dabei.“
Wenn Ostara, wie Holtzmann nachweist, die Sonne, der
Sonnenaufgang ist, so erklärt sich der Hase leicht als
Bezeichnung der schnellfüssigen Sonne. Den Hasen
mit dieser Vorstellung in Verbindung zu bringen, ist eine
selbstverständliche Ideenverbindung; wird doch auch im
Hieroglyphischen, wenn zwischen verschiedenen phonetischen
Zeichen die Auswahl frei ist (z. B. beim u-Vocal), gern
das Bild des Hasen gewählt, wenn das Wort den schnellen
Lauf ausdrückt [3], und wenn die indianischen Rothhäuter
ihren Kadmus einen grossen, weissen Hasen nennen,
so mag ausser der falschen Volksetymologie des Wortes
michabo [4] eben die Vorstellung von der Sonne als schnell-
füssigem Hasen mit eingeflossen sein.

Abhrâm und seine Frau Sârâ (die Himmelsfürstin,
Himmelskönigin, wie wir sehen werden der Mond) vertreiben die Hâgâr (Genesis XVI, 6). Der Mond ist
eifersüchtig gegen die Hâgâr. Was bedeutet Hâgâr in

---

[1] Saarhalu 'ankum lâ uridu sawâ'akum * wa'aksidukum fî gunhi kulli
zalâmin (Ich ziehe fort von euch, ich will euresgleichen nicht, doch
such' ich euch auf unter den Flügeln jeder Finsterniss).

[2] Deutsche Mythologie, S. 141.

[3] Ebers, Aegypten u. d. Bücher Mosis, S. 70.

[4] Fiske, Mythe and Mythemakers, p. 71. 154.

diesem Mythos der Hebräer? Die verwandte arabische Sprache liefert uns den alleransprechendsten Erklärungsgrund dieser Benennung. Hagara, das Wurzelwort unsers Namens Hàgàr, bedeutet im Arabischen sich flüchten, woher auch das bekannte Wort higrâ (Hidschra), die Flucht, besonders die Mohammed's von Mekka nach Medina. Die mythische Benennung Hàgàr ist demnach nichts anderes als einer der Namen der Sonne in diesem Falle weiblich vorgestellt; und der Kampf der beiden Gestalten des nächtlichen Himmels gegen Hàgàr ist wieder das unerschöpfliche Thema alles Mythos, der Kampf des Tages gegen die Nacht. Gerade in Betreff dieses Namens gibt uns die arabische Sprache noch weitern Aufschluss. Während ġaṭasha sowol die Finsterniss als auch die langsame Bewegung bezeichnet, ist es eben das Participium des Verbums, aus welchem wir den hebräischen Namen Hàgàr erklärten: al-hàgirà, die Flüchtige, oder al-higìrà, womit der Araber die glühende Mittagssonne bezeichnet, und dass dies nicht blosser Zufall ist, sondern im Zusammenhange steht mit jenem mythischen Ideengange, aus welchem wir die Benennung Hàgàr für Sonne motivirten, das bekräftigt noch das Wort barâḥi oder birâḥ, das ebenfalls Flucht bezeichnet (hebräisch und arabisch bàraḥ, entfliehen) und welches zugleich der Sonnennomenclatur angehört.

Dasselbe ist auch mit dem „unsteten und flüchtigen" Leben Kajin's der Fall; die Sonne wandert nach Besiegung des Abel von Ort zu Ort und führt ein unruhiges Wanderleben, bis dass die Nacht eintritt. Eine Reminiscenz an die solarische Bedeutung des Ḳajin finden wir noch in der Agâdà, nach welcher das dem Ḳajin verliehene Rettungszeichen in dem Aufleuchten der Sonne bestanden hätte; nach einer andern Auffassung: in einem Horn, das ihm von Stund an wuchs. [1] Es ist bekannt dass die Sonnenstrahlen mythologisch Hörner genannt werden, was auch die Sprache bewahrte.

---

[1] Berèshîth rabbâ, sect. 22.

6.

In diese Gruppe der Solargestalten des hebräischen Mythos,
welche sich als wandernde, eilend fortschreitende darbieten [1], zähle ich noch einige andere, deren Namen uns
allein auf die Erkentniss dieses mythologischen Charakters
hinweist. Vor allen Dingen müssen wir auf ein Wort hinweisen, dass sich über die Stufe des Mythos hinaus in der
Sprache aufrecht erhalten hat: das Wort shachar, Morgen,
Morgenröthe, arabisch sahar. Dieses Wort hängt ohne
Zweifel mit dem Verbum sâchar zusammen, welches die
fortwährende Bewegung, das Umherwandern bedeutet. [2] Das
arabische sâhir, der Zauberer, ist dasselbe Wort wie das
hebräische sôchêr, Kaufmann, beide ursprünglich: die fortwährend Herumreisenden, von Ort zu Ort Wandernden;
auch das hebräische Verbum shachêr, suchen, ist ursprünglich Bezeichnung der Bewegung desjenigen, der etwas
verloren und es allerwärts herum sucht. Obwol ich im
Laufe dieses Kapitels den Söhnen des Jakob eine besondere
Auseinandersetzung im Zusammenhange widmen werde, so
muss ich dennoch schon an dieser Stelle einige heraus-
greifen, um sie in jene Klasse solarischer Gestalten einzuordnen, bei denen das hier besprochene Moment als das
charakteristische gilt. Hierher gehört z. B. Âshêr, Name
eines Sohnes des Jakob von seiner Nebenfrau Zilpâ. Man
kann den Namen Âshêr nicht nach Genes. XXX, 13 erklären: der Glückliche, Glücklichmachende, da diese
Bedeutung des Stammwortes (glücklich sein) im Verhältniss
zur Grundbedeutung nur eine secundäre, durch Uebertragung
entstandene ist. Die Sprache bildet nicht in unmittelbarer

---

[1] Noch Philo legt in der Hagar-Sage das Hauptgewicht auf ihr Entfliehen: μέμνηται γὰρ (scil. ὁ ἱερὸς λόγος) πολλαχοῦ τῶν ἀποδιδρασκόντων
καθάπερ καὶ νῦν φάσκων ἐπὶ τῆς Ἄγαρ ὅτι κακωθεῖσα ἀπέδρα ἀπὸ προσ-
ώπου τῆς κυρίας (De profugis p. 546 ed. Mangey).

[2] Ob auch der Name Terach, der als Vater des Âbhrâm genannt
wird, in diese Reihe gehört, lasse ich vorläufig dahingestellt sein. Ewald
(Gesch. des Volks Isr., I, 392) bringt diesen Namen etymologisch mit
„ârach“, wandern, in Verbindung, freilich in ethnologischem Sinne.

Weise Ausdrücke für solche ethische Begriffe, ebenso wie
der Begriff selbst nothwendig an etwas Sinnliches anknüpft,
welches dann auf Geistiges übertragen wird. Die arabischen Wörter für ähnliche Begriffe entstehen auf dieselbe
Weise; z. B. muṣliḥ (Gelingen Habender) bedeutet eigentlich: derjenige, der durch etwas durchdringt u. s. w. Das
Stammwort von Âshêr (àshar), im Arabischen aṯara (woher
auch aṯar, die Spur), bedeutet ursprünglich schreiten,
vorwärtsgehen (Proverb. IX, 6), intensiv asshêr, vorwärtsschreiten lassen, zum Gehen veranlassen,
führen, als Nomen: ashûr, der Weg, Pfad. Daher kommt
auch das Beziehungswort asher, welches ursprünglich bedeutet: Platz (vgl. aramäisch athrâ, Platz, Stelle); aber
wir wissen, dass diejenigen Sprachausdrücke, welche als
Exponenten der Kategorie der Beziehung, sowol der
zeitlichen als der begrifflichen, dienen, von der Anschauung
des Raumes auszugehen pflegen, wie dies z. B. bei dem
hebräischen shâm besonders hervorleuchtet, welches ursprünglich einen Ortsbegriff andeutet: dort, aber auch als
Ausdruck für einen Zeitbegriff: damals, übertragen wird [1];
ebenso deutlich sehen wir dies — um bei unserm Problem
zu bleiben — aus der Anwendung des aramäischen athrâ,
Ort; bâthar (aus ba-athar, an dem Orte) bedeutet hernach,
etwa auf der Stelle. [2]

An diese Grundbedeutung des Stammwortes àshar, nämlich: schreiten, vorwärtsgehen, schliesst sich dann
secundär die Bedeutung glücklich sein, etwa guten
Fortgang haben, an. Aber die alte mythische Benennung
Âshêr steht mit jener Grundbedeutung im Zusammenhang;

---

[1] Vgl. oben S. 52.

[2] Zuerst erkannte diesen Ursprung des Beziehungswortes asher, ohne
ihn jedoch noch ganz klar ausgeführt zu haben, der Ungar Csepregi,
Schüler des grossen Schultens, Dissert. Lugd., S. 171 (bei Gesenius
Thesaurus, S. 165). Vgl. jetzt auch Stade's im wesentlichen überein-
stimmende Ansicht in den Morgenländischen Forschungen (Leipzig 1875),
S. 188 (konnte mir erst zu Gesicht kommen, nachdem Obiges druckfertig
redigirt war); dagegen Schrader, Jen. Literaturzeit., S. 299.

denn damals, als jenes mythische Wort zuerst gesprochen wurde, hatte das Verbum noch nicht die Uebertragung aufs ethische Gebiet erfahren, konnte es auch nicht, da der Begriffskreis des Ethischen noch nicht vorhanden war. Âshêr bedeutet demnach: der Vorwärtsschreitende, Gehende und ist ein solarischer Name, nichts anderes. So nannte der alte Hebräer die Sonne, wenn er sie am Horizonte immer an anderer Stelle gewahrte und ihr fortwährendes Vorwärtsschreiten beobachtete. „Durch Âschêr", heisst es in einem Hymnosfragmente von Âshêr, „ist fett sein Brot, er gibt königliche Leckerbissen" (Genes. XLIX, 20), denn die Sonne ist dem ackerbauenden Menschen das wohlthätige Element, das die Reife seiner Feldfrüchte beschleunigt.

Diese einfache und, ich hoffe, einleuchtende Erklärung verbreitet Licht auf einen andern Ausdruck in der hebräischen Mythologie, welcher mit Âshêr in engster Verbindung steht und nichts anderes ist als die feminine Form der männlich vorgestellten Sonne, auf die Benennung Ashêrâ nämlich, über welchen Namen die biblischen Exegeten und Archäologen so Mannichfaltiges zu sagen versuchten. Ashêrâ ist die Femininform von Âshêr und bezeichnet demnach nur das, was die Hebräer als die Ehehälfte der Sonne zu betrachten pflegten. Wir wissen dies vom Monde, wie ich bei Gelegenheit der Besprechung Sara's weitläufiger darzulegen hoffe. Ashêrâ ist daher ein althebräischer Name des Mondes. An jenen Stellen des Alten Testaments, wo von dem Götzendienst der Hebräer in Kanaan die Rede ist, wird Ashêrâ neben dem Ba'al (Sonnengott) genannt. „Die Geräthe, welche sie verfertigt haben für Ba'al, für Ashêrâ und für das ganze Heer des Himmels" (II. Kön. XXIII, 4), etwa „Sonne Mond und Sterne". „Die Kinder Israels thaten was böse war in den Augen Jahve's und vergassen Jahve's, ihres Gottes, und verehrten dén Ba'al und die Ashêrâ" (Richter III, 7). Sie dienten wol auch der Ashêrâ am Altare des Ba'al selbst (vgl. Richter VI, 25); doch ist dies ganz im Sinne der kena'anitisch-mesopotamischen Gottesverehrung. Man pflegte dem höchsten Gott auch so seine Huldigung darzubringen,

wenn man dem untergeordneten Gott Opfer schlachtete und
Tempel baute, ebenso wie es nur zur grössern Ehre des
„Königs der Könige“ diente, wenn man seinen Satrapen
Ehre erwies. Diese Anschauung ist auf den Votivtafeln
der Keilinschriften sehr allgemein; so z. B. auf einer Inschrift des Tempels von Mugheir: *„In honore Sin domini
deorum coeli et terrae, regis deorum . . . . . templum Iz deae
magnae condidi et feci.“*

Ashêrâ ist demnach die Wandernde, und der Mond
ist hier femininisch gefasst. Ein Masculinwort für den
Mond, welches, da es — nicht so wie das spätere lebhânà —
allen semitischen Dialekten gemeinsam, einer der ältesten
semitischen Ausdrücke für Mond ist: jârê’ach, drückt dieselbe Anschauung aus. Dieses Wort bedeutet nämlich: der
Wandernde und ist von dem Nomen ôrach, der Pfad,
Weg, abgeleitet, eine mit verhärtetem Anlauf versehene Form
von ôrê’ach [1], ebenso wie jâchîd, einzig, mit anlautendem j
neben echad, eins, oder jâshâr, gerade, eben, im Verhältniss zu dem eben behandelten àshar, vorwärtsgehen. Man
vgl. Hiob XXXI, 26, wo vom Monde, jârê’ach, das Prädicat
hôlêkh, „der Wandernde“, gebraucht ist. Wenn wir also
die beiden Pluralformen ashêrîm und ashêrôth finden, so
sind diese nicht miteinander identisch, sodass die erstere
„Gegenstände der Anbetung“ bedeutet, die letztere aber
als femininum vilitatis dem Gedanken Ausdruck gibt, dass
diese Gegenstände im Sinne des Erzählers oder Schriftstellers Gegenstände des Abscheues sind [2]; sondern die mas-
culine Pluralform ist von dem Singular Ashêr, die feminine
Pluralform hingegen von dem Singular Ashêrâ gebildet.

---

[1] Im Assyrischen heisst der Mond arḫu, mit blossem Hamzâ (Schrader,
Assyr.-babyl. Keilinschr., S. 282). Im Arabischen hat sich das Umgekehrte vollzogen. Aus Warch (jârê’ach) ist das Verbum arracha, die
Zeit festsetzen (nach Mondesrechnung), gebildet, mit Schwächung des w
(hebr. j) zu hamzâ (alef). Ob das kopt. Ioh und arab. jûḫ mit jârê’ach
(das Abschleifen der Liquida r ist nicht ungewöhnlich) zusammenhängt,
ist eine andere Frage.

[2] So Böttcher, Ausführl. Lehrbuch der hebr. Sprache, I, 516—17.

7.

In eben dieselbe Reihe gehören auch die beiden Namen
Dân und Dînâ, welche letztere Form wieder nur eine
Femininform der erstern ist und als Eigenname ebenso auch
im Arabischen vorkommt. [1] Es wäre irrig, als Etymon das
Verbum dîn, „richten", zu betrachten, denn dies gäbe uns
gar keinen Aufschluss über Natur und Bedeutung der problematischen Benennungen. Wir können uns daher, da uns
die hebräische Sprache selbst nicht genügende Anhalts-
punkte bietet, mit Fug und Recht zu den verwandten Idiomen um Aufschluss wenden. Wir glauben, der Grundbegriff,
den die Consonantengruppe Dn in sich schliesst, hat sich
im Assyrischen erhalten, wo diese Lautgruppe den Begriff
des Gehens ausdrückt[2]; daher scheint dann das arabische
dâna, sich nähern, abzustammen und das secundäre dana
und das Adjectiv dunja, welches die naheliegende, sichtbare Welt ausdrückt, im Gegensatze gegen al-âchirâ, das
Jenseits. [3] Dân sowol als Dînâ bedeuten demnach: der oder
die Vorwärtsgehende, oder Näherkommende, oder
im allgemeinen die Gehende, synonym also mit Âshêr,
d. h. die Sonne. Auch im Arabischen ist al-gârijâ, die
Gehende, einer der vielen Namen der Sonne, welche von Ibn
al-Sikkît in seinem synonymischen Wörterbuche der arabischen Sprache aufgeführt werden. [4] Während uns von Dân
kein positiver Mythos überliefert ist, und uns bei der Auf-
deckung seines mythischen Charakters nur die Etymologie
des Namens einen Anhaltspunkt bietet, hat uns die Hauptquelle der Kenntniss des hebräischen Alterthums betreffs
Dînâ etwas Materielleres aufbewahrt: die Liebe des

---

[1] Der Dichter Dîk al Ginn hatte eine Geliebte Namens Dînâ (Ibn
Challikân [ed. Wüstenfeld], IV, 96, 7).

[2] Edwin Norris, Assyrian Dictionary I, 248.

[3] Wir finden dem dunja auch al-'ulja entgegengesetzt bei Ibn
Châkân kalâ'id al-ikjân (ed. Bûlâk 1284), p. 60 ult.:

  wa-dâmat laka-d-dunja *wa-dâmat laka-l-'ulja.

[4] Cod. Leiden, Warner'scher Fonds, nr. 597, p. 325.

Shekhem zur Dînâ und ihre endliche Vereinigung und die darauf erfolgte Ermordung des Shekhem durch die Söhne Jakob's. Dies sind nämlich die Züge, welche in Betracht kommen, wenn wir aus der epischen Darstellung der Begebenheit (Genes. XXXIV) den mythischen Kern herausschälen. Wir glauben nach dem im zweiten Kapitel Ausgeführten wird man den Zusammenhang des Hauptwortes Shekhem mit der Verbalform hishkîm nicht in Zweifel ziehen können, ferner ebenso wenig, dass dieses Wort eine Benennung der Morgenröthe ist. An diesem Orte will ich nur zur Ergänzung des oben S. 30 Auseinandergesetzten noch hinzufügen, dass das hebräische Wort Shekhem in etymologischer Beziehung mit dem arabischen ṭakam verwandt zu sein scheint, welches Wort Weg bedeutet. Ebenso wie die meisten hebräischen Wörter für den Begriff Weg, wird daher auch dieses Shekhem mit dem Verbalbegriff Vorwärtsschreiten im Zusammenhange stehen, entweder so, dass das Verbum ein Denominativum ist (wie selbst das deutsche bewegen) oder umgekehrt das Nomen ein Deverbale. Das Lautverschiebungsverhältniss, das uns hier vor Augen liegt, ist das auf semitischem Gebiete gewöhnliche, nämlich:

arabisch: *ṭ*, hebräisch *sh*, aramäisch *t* (th)

ṭalâṭâ	shelôshâ	telâthâ
ṭaur	shôr	tòrâ (taurâ)

also auch:

ṭakam	shekhem	—

Die sehnsuchtsvolle Liebe der Morgenröthe zur Sonne und ihre Vereinigung mit ihr, dasselbe Thema, welches Max Müller in seinem Essay über „vergleichende Mythologie" in so geistvoller Weise in hellenischen und indischen Mythen nachgewiesen, ist auch von den Hebräern erzählt worden; nur hat der Hebräer das Verhältniss umgekehrt aufgefasst. Wenn die Morgenröthe verschwand und die Sonne am Himmel hell aufleuchtete, hat der Hebräer von der Vereinigung der Morgenröthe mit der Sonne gesagt, dass die Morgenröthe die Sonne an sich reisst und mit ihr eins wird. Nicht lange nachher erfolgt die Rache der Söhne Jakob's (des nächtlichen Himmels), die, erbost über die Entführung ihrer Schwester, den Entführer ermorden und ihm ihre Schwester entreissen. Es ist dies nichts anderes als das Verschwinden der Sonne, während die Abendröthe wieder selbstständig hervortritt, um die Herrschaft der Nacht einzuleiten. Der Mythos unterscheidet nicht zwischen Morgen- und Abendröthe; beide sind für ihn identische Erscheinungen. Darum nennt er auch Shekhem einen Sohn des Esels (chamôr), und es ist nicht zu bezweifeln das Chamôr (Esel) hier eben jene mythische Bedeutung hat, welche dieses Thier, so oft es in der indo-germanischen Mythologie vorkommt, begleitet. [1]

Auch Zilpâ, die Mutter Âshêr's, rechnen wir in dieselbe Gruppe. Wer in die Mythen der arischen Völker, wie sie nun ihrer wahren Bedeutung nach gewürdigt und erkannt sind, auch nur einen oberflächlichen Einblick gethan, dem ist die Erscheinung nicht entgangen, dass das mythische Kindschaftsverhältniss nicht immer die Bezeichnung des Aufeinanders und Nacheinanders ist, sondern dass das Kind nicht selten nur eine Wiederholung des Vaters oder der Mutter darstellt, mit diesen also ganz identisch ist. Dasselbe haben wir auch hier. Âshêr ist nur eine Wiederholung seiner Mutter. Die Benennung Zilpâ, die man vergeblich aus dem Hebräischen zu deuten versucht hat — denn die Bedeutung Tropfen wird man wol kaum festhalten können — erklärt sich ganz glatt weg aus dem Arabischen; das Stammwort dieses Namens zalafa bedeutet nämlich da, ebenso wie auch im Assyrischen die Wurzel zlp, zlb [2]: vorwärts-

---

[1] Angelo de Gubernatis a. a. O., p. 278 fg.

[2] Edw. Norris, Assyrian Dictionary, I, 347. Als Möglichkeit könnte auch die Bedeutung „Gelockte" für Zalîcha erwähnt werden; es wäre dann das syrische zelîchê der Peshiṭthâ zu Hohelied I, 11 in Betracht zu ziehen, wo der Parallelismus mit gedûlê etwas wie Haarlocken erfordert. Diese Bedeutung passt auch zu der Namenbedeutung von zelach im Syrischen: fudit.

gehen. Auch Zilpâ ist demnach die Vorwärtsschreitende.
Noch eine Vorwärtsschreitende hat uns die arabische Tradition aufbewahrt: Zalîchà. Sie ist eine unverkennbar solarische Gestalt, und ihr Name (zalacha bedeutet ebenfalls
vorwärtsschreiten) ist vielleicht auch lautlich verwandt [1]
mit dem der Zilpâ, mit welcher sie identisch ist. Der
Kampf des Sonnenscheins gegen den Regenhimmel ist der
Liebeskampf der schönen Zalîchà, oder wie man diesen
Namen unrichtig auszusprechen pflegt: Zuleichà, gegen den
Vermehrer (Jôsêf). Wir wenden uns jedoch, nachdem uns
die Erklärung der Flucht Ḳajin's zu obigen Digressionen
veranlasste, wieder dem Ḳajin zu.

8.

Wir haben eben darauf hingedeutet, dass auch in der
hebräischen Mythologie die als Kinder vorgeführten Gestalten häufig nichts anderes sind als Wiederholungen
ihres Vaters oder ihrer Muter. Diese Beobachtung finden
wir bei der Nachkommenschaft bestätigt, die in der biblischen Genealogie (Genes. IV) von Ḳajin hergeleitet wird.
Einige der Nachkommen Ḳajin's sind ebenso solarische Gestalten wie der Urvater selbst, und diese Identität veranlasste in einer Zeit, die über die Stufe der Mythenbildung,
ja auch über die der Nachfühlung des Mythos hinaus war,
die Vorstellung, dass diese Gestalten in genealogischem Verhältniss zu jenem Urahn stehen. Derselbe psychologische Process, welcher im Sprachgebrauche die begriffliche Speciali-
sirung und Begrenzung der synonymen Wörter hervorruft,
bewirkt auch, dass aus der reichen Synonymik des Mythos
Genealogien abgeleitet werden, indem identische Benennungen, nachdem ihr Substrat personificirt ward, zu Söhnen,
Enkeln und Urenkeln werden. So sind auch unter den Nach-

---

[1] Die Hauchlaute ḥ und ch wechseln bekanntlich häufig mit f. Das
arab. ḳadaḥ, Becher, wird im Türkischen zu ḳadef, der Name Jehud
wird spottweisse zu Gufut. Vgl. arab. naḳacha mit naḳafa und das
mehrische ehù was Mund bedeutet, mit arab. fù, hebr. peh u. a. m.

kommen Kajin's lauter solarische Gestalten anzutreffen. Ich beschränke mich in dem Nachweise dieser Thatsache auf diejenigen Namen, die sich auf ungezwungene Weise deuten lassen. So ist gleich der Sohn Kajin's, nach welchem er die durch ihn erbaute erste Stadt benannte, Chanôkh, von rein solarischer Bedeutung. Den Namen haben wir schon oben nach Ewald in jene Ordnung eingereiht, in welcher die Sonne als Eröffner vorgeführt wird. · Der solarische Charakter des Chanôkh ist unzweifelhaft. Er wird mit der Städteerbauung in Verbindung gebracht: ein solarischer Zug. Er lebt gerade dreihundertfünfundsechzig Jahre; wol nicht nur zufällig die Zahl der Tage des Sonnenjahres. [1] Und auch dann stirbt er nicht, sondern „Chanôkh wandelte mit Elôhîm und er ist nicht mehr, denn fort nahm ihn Elôhîm", was man gewiss in jener alten Zeit, da man die Gestalt Chanôkh concipirte, die Himmelfahrt Chanôkh's nannte, wie sie die späte Legende der Tradition aufbewahrt hat. Die Himmelfahrten sind, wie allgemein bekannt, solarische Züge. Herakles bei den Griechen, der Städtebegründer Romulus bei den Latinern, und mehrere Helden des amerikanischen Mythos [2] theilen diesen Zug, der sich auch an historische Personen anzusetzen pflegt. So hat er sich auch an die Sage vom Propheten Elias angesetzt, den „behaarten Mann" (II. Kön. I, 8), der auf „feurigem Wagen mit feurigen Rossen" (II. Kön. II, 12) [3] gen Himmel fährt, und hat sich mit andern mythischen Zügen von dieser Lieblingsgestalt der israelitischen Prophetengeschichte besser erhalten, als von jener rein mythischen.

Wachsmuth [4] hat die Vermuthung ausgesprochen, dass an der im modernen Griechenland so häufigen Erscheinung, dass der Prophet Ilias (Elias) vorzugsweise auf Berg-

---

[1] S. Pfleiderer, Religion und ihre Geschichte, II, 271.

[2] Brinton, Myths of the new world, p. 159 fg.

[3] Vgl. den feurigen, glutrothen Wagen des Ushas (Rigveda, VI, 64, 7).

[4] Das alte Griechenland im neuen, S. 23.

kuppen verehrt wird, auch der alte griechische Gott Helios
Theil hat, der auf feurigem Wagen am Himmelsgewölbe
einherfährt; seine Tempel und Opferstätten waren in alter
Zeit ebenfalls auf hohen Bergen gelegen, und die zufällige Lautähnlichkeit zwischen Ilios und Ilias, verbunden
mit dem identischen Mythos, veranlasste in diesem Falle
die Conservirung der altheidnischen Cultussitte und ihre
Uebertragung auf den Namen des biblischen Propheten;
aber keinesfalls geschah dies, wie neuerdings Otto Keller
in einem Vortrage über die „Entdeckung Trojas durch
Heinrich Schliemann" leichthin aussprach, „aus einer
gewissen kindlichen Rücksicht für den grossen Propheten,
dem das Volk seine Feuerfahrt etwas erleichtern wollte, indem es ihn in möglichst grosser Nähe vom Himmel den
Wagen schon besteigen liess."[1]

Chanôkh wird in einer andern genealogischen Version Gen.
V, 18 nicht als Sohn Kajin's, sondern als der Jered's vorge-
führt, den fünf Generationen von Shêth, dem dritten Sohne
Adam's, trennen. Doch hat diese genealogische Version wenig
Bedeutung für die Mythosforschung, sowie auch die beiden
Hauptschöpfungen dieser genealogischen Reihe (Shêth und
Enôsh) nicht mehr in den Bereich des Mythos gehören.
Das Gefühl einer spätern Zeit sträubte sich dagegen, die
ganze Menschheit von dem verhassten, mit Gottes Fluche
beladenen Brudermörder abzuleiten, und diesem Gefühle
verdanken die beiden eingeschobenen Nebenpatriarchen, sowie die Shêth-Genealogie, welche mit der Kajin-Genealogie
parallel läuft, ihren Ursprung, und der Sohn des Shêth
musste zum Beweise der würdevollen Abstammung der
Menschen zum Urheber des Jahve-Dienstes werden, der in
seiner Zeit den Anfang nahm. Die Shêth-Genealogie, welche
dem Gefühle und dem ethischen Bedürfniss der Menschen besser entsprach, verdrängte dann auch die Kajin-
Genealogie gänzlich. Der Verfasser des Chronikbuchs, welcher
als erste Urväter blos Âdàm, Shêth, Enôsh u. s. w. kennt,

---

[1] Beil. zur Augsb. Allgem. Zeit. 1874, Nr. 344, S. 5377.

scheint die andere entweder nicht gekannt oder absichtlich
ignorirt zu haben und schliesst sich der genealogischen
Version Genes. V an. Es ist nicht zu übersehen, dass selbst
die Shêth-Genealogie unter den Ahnen Chanôkh's einen Ḳênân
nennt, ein Wort, dass jeder, dem die Gesetze der semitischen
Wortbildung nicht unbekannt sind, als sogenannte nunnirte
Form des Wortes Ḳajin erkennen muss, welches demnach
mit diesem vollends identisch ist. ¹

Fahren wir in der Betrachtung der Nachkommen Ḳajin's
fort. Eine hervorragende Gestalt ist Lemekh. Ein dunkles
Gedicht, welches er vor seinen beiden Weibern vorträgt,
hat in sprachlicher und sachlicher Beziehung die Exegeten
viel beschäftigt, und auch die Legende hat sich dieses
Materials, wie alles Problematischen, bemächtigt. Für uns
ist hier nur soviel wichtig, dass Lemekh in dem vielerklärten
Gedicht vor seinen Weibern darüber die Selbstanklage führt,
dass er sein eigenes Kind erschlagen. Wie von Jiftàch,
der seine Tochter tödtet, so hat der Mythos auch von
Lemekh als einem solarischen Kindesmörder gesprochen.
Die Sonne tödtet heute ihr Kind, das sie gestern Abend
geboren, die Nacht. Und unter den Kindern des Lemekh befindet sich in der That Jâbhâl, derselbe, der uns als Regenhimmel oben weitläufiger beschäftigte. Ohne Zweifel war
es Jâbhâl, von dem der alte Mythos als dem Sohne sprach,
den der Sonnenvater Lemekh mordete. Die Genealogie
knüpft auch demzufolge nicht an Jâbhâl an. Neben ihm
wird Jûbhâl, sein Bruder, erwähnt, der Erfinder der Musikinstrumente, der hebräische Apollon; es sind überall solarische Götter, wie Apollon selbst, und Heroen, denen
die Begründung der Musik, dieses Erzeugnisses des sesshaften Culturlebens, zugeeignet wird. Der Name jedoch
scheint nur als Assonanz zu Jâbhâl gewählt worden zu sein,
was die Semiten besonders lieben, und er wird auch nicht
dem alten Mythos angehören, sondern erst der Cultursage
seinen Ursprung verdanken.

---

¹ Vgl. Renan, Hist. génér. des langues sémitiques, p. 28.

Dass das Bruderpaar Tûbhâl Kajin und Jâbhâl kein anderes ist als Kajin und Abel, dass glauben wir oben einleuchtend gemacht zu haben. Es muss hier hinzugefügt werden, dass die Mutter des Sonnenmannes Tûbhâl Kajin Șillà heisst, die Verdeckende, Beschattende, die Nacht, die Mutter der Sonne, des Tags. Die Shêth-Genealogie schliesst mit demjenigen, den sie den Sohn Lemekh's nennt, mit Nô'ach, dem Begründer des feinern Ackerbaues, der den Menschen „Ruhe verschaffte von ihrer Arbeit und der Plage ihrer Hände durch die Erde, welche Jahve verfluchte" (V, 29). Was sagt dies anderes, als dass Nô'ach die Ackerbaugeräthe erfand? Auch diese Erfindung macht demnach die Shêth-Genealogie dem Kajin, beziehungsweise Tûbhâl Kajin, streitig und gibt der Etymologie des Namens Nô'ach, der in der That Ruhe bedeutet, eine Wendung, wonach er ebenso wenig dem alten Mythos angehören könnte, wie der des Shêth und Enôsh. Nô'ach ist ein echter Held der Cultursage, und der grösste Theil dessen, was der Mythos von ihm erzählt, ist ein Product des siegenden Solarismus, des ackerbauenden Lebens. Er ist der erste Weinpflanzer und ein neuer Ahn des menschlichen Geschlechts, denn von seinen drei Söhnen ging die ganze Menschheit aus. Mit ihm wird denn auch die Regelmässigkeit der Wirkung der Naturgesetze (Genes. VIII, 22) und die gesellschaftliche Ordnung und Gesetzlichkeit in Verbindung gebracht. Der Schutz und die Schonung, die der Nomade den Thieren bietet, hört auf; der Ackerbauer unterjocht das Thier, dafür aber beginnt mit ihm der Schutz und die Sicherheit des Menschenlebens (Genes. IX, 2—5). Neben dieser Cultursage haben wir jedoch in Verbindung mit Nô'ach einen echten alten solarischen Mythos, der alle Beachtung verdient. Nach Einführung des Weinpflanzens macht Nô'ach einmal von seiner Erfindung übermässigen Gebrauch und wird berauscht; im Rausche deckt er sich auf, entkleidet sich (Genes. IX, 21). Nur dieser letzte Zug hat mythologisches Interesse, denn das andere, was sich an diesen Kern angesetzt hat, gehört bereits in ein

anderes, weiteres Stadium der Sagenbildung, da vom Wein-
rausche natürlich erst dann gesprochen werden konnte,
nachdem dieser Genuss überhaupt bekannt geworden. Das
Wort Nô'ach bedeutet der Ruhende. Während die Tagessonne der Gehende, Laufende, Wandernde genannt wird,
ist die Abendsonne, wie sie sich zum Untergange vor-
bereitet, die Ruhende. „Nô'ach deckt sich auf." Die
untergegangene Sonne, die die Nacht über in ein verdecken-
des Kleid gehüllt war, das ihren Glanz verfinsterte, wirft
des Morgens die Kleidung ab und wird sichtbar, Licht
und Glanz verbreitend. In einem Hymnus an Ushas, die
Morgenröthe, sagt der alte indische Sänger von ihr, dass
sie ihren Busen aufdeckt (Rigv. VI, 64, 2. 10). Ist
auch das Berauschtsein in Betracht zu ziehen, so soll dieser
hervorgehobene Umstand die taumelnde Bewegung bezeichnen, mit welcher die nach langem Lauf ermüdete Sonne erschöpft der Ruhe entgegenschwankt. Die agadische Tradition hat noch ein anderes Moment des Nô'ach-Mythos aufbewahrt. Der böse Sohn Châm, der Schwarze, entmannt
seinen Vater (Sanhedrîn, 70 a). Die Entmannung der Sonne,
wenn diese männlich gefasst wird, ist in der arischen Mythologie ein Ausdruck für die Schwächung der Sonnenstrahlen
vor und bei ihrem Niedergange.[1] Der schwarze Sohn, die
Nacht, bekämpft den Sonnenvater und entmannt ihn, nimmt
seinen Strahlen alle Manneskraft und treibt ihn zur Niederlage.

9.

So sehen wir denn die Nachkommenschaft Ḳajin's als
Wiederholungen ihres Ahnherrn, als lauter Sonnengestalten
des alten Mythos, welche eine unmythologische Zeit in ein
genealogisches Verhältniss zu dem wandernden, bruder-
mörderischen Sonnenhelden brachte. Die Genealogie der
Sonnengestalten ist es, an welche die Daten der Cultursage angeknüpft wurden, denn der ackerbauende Mensch
bringt die Cultur stets mit der Sonne in Verbindung. Ausser

---

[1] Schwarz, Ursprung der Mythologie, 138—150.

dieser solarischen besitzen wir aber auch noch eine nomadische Stammtafel, welche vom Mythos des dunkeln Nachthimmels ausgeht, die Genealogie des Âbhrâm (Genes. XI, 10 fg.), welche mit seinem Urvater Shêm beginnt. Nun bedeutet aber Shêm nichts anderes als eben Abhrâm selbst. Darauf deutet der lexikalische Werth der beiden Benennungen. Ebenso wie Âbhrâm der hohe Vater ist, so ist auch der Name Shêm seiner Bedeutung nach: der Hohe, und dieser Name ist es, von welchem sich auch die semitische Benennung des Himmels (shàmajim, samà) ableitet. Wie Âbhrâm, Hebhel, Jàbhâl, Ja'ḳòbh, Lôṭ u. s. w., so besitzt auch Shêm Zelte. „Elôhìm erweitert dem Jefeth, er (Jefeth) wohnt in den Zelten Shêm's" (Gen. IX, 27), heisst es in dem erhaltenen Bruchstücke eines alten Hymnus. Jefeth bedeutet der Schöne, Glanzvolle (wenn dieser Name mit jàfe zusammenhängt), oder der sich Ausbreitende (wenn man das Stammwort pâthâ festhält), oder auch der Eröffnende (wenn man mit Gesenius und einigen Spätern die Lautverwandtschaft dieses Verbums mit pâthach urgirt); in jedem Falle aber ist es ein Sonnenname. Da die Tagessonne am Himmel beobachtet wird, von Ort zu Ort wandernd, so liegt die Auffassung nahe, dass die Sonne in den Zelten des hohen Himmels ihre Wohnung aufschlägt. „Der Sonne machte er ein Zelt in ihnen (den Himmeln)" (Ps. XIX, 5). [1]

Es ist nicht in Abrede zu stellen, dass in der Abraham's-Genealogie, wie sie in der Redaction der Genesis vor uns liegt, manche ethnographische Benennungen vorkommen, die keine mythologische Bedeutung haben (wie z. B. Arpakhshâd); daneben ist jedoch der grösste Theil der Namen von mythischem Charakter, doch können sie leider für uns eben nur blosse Namen sein, da sich kein materieller Mythos

---

[1] Wir haben bereits oben S. 129 bemerkt, dass die Zelte, welche ursprünglich dem nächtlichen Himmel angehören, auch auf den Tageshimmel übertragen zu werden pflegen. Vgl. auch Jesaias XL, 22. Auch Nô'ach entblösst sich (bethôkh oholô) inmitten seines Zeltes (Genes. IX, 21).

erhalten hat, der sich an diese Namen anknüpfte; und obwol sie sehr zu etymologischen Versuchen einladen, wie z. B. die Namen Shelach und ʽÊbher, so wollen wir dennoch davon absehen, da es nicht unsere Sache ist, uns in vage Vermuthungen einzulassen. Doch glauben wir die Bemerkung nicht unterdrücken zu sollen, dass ein Satz in dieser Genealogie so ganz den Gesichtskreis des Nomadenlebens wiederspiegelt. Peleg zeugte den Reʽû; d. h. wenn wir diese Namen, so wie sie urprünglich auch verstanden wurden, appellativisch nehmen und wörtlich übersetzen: der Bach zeugt die Weide; dem am Rande des Weideplatzes sich dahinschlängelnden Wasser, welches das Gras grün und frisch erhält, verdankt der Nomade seine Triften. Er sagt demnach statt „dass Vieh auf die Weide führen" auch: es zu den „Wassern der Ruhe" leiten. „Jahve ist mein Hirt", sagt ein Sänger (Ps. XXIII, 1. 2), „mir mangelt nichts. Auf grüner Trift lässt er mich lagern, zu den Wassern der Ruhe leitet er mich."

10.

Fahren wir nun in der Betrachtung der Kämpfe fort, welche der Mythos von dem nächtlichen Himmel erzählt, und in welchen wir bisher bereits den dunkeln Himmel gegen den glänzenden Vater oder Bruder siegen oder unterliegen sahen. Einer der hervorragendsten und in unserer Quelle am reichsten mit mythischem Inhalt bedachten Namen des dunkeln Nacht- und Wolkenhimmels ist im Mythos der Hebräer Jaʽkôbh. In etymologischer Beziehung haben wir ihm bereits oben Gerechtigkeit widerfahren lassen. Sehen wir nun zu, was der Mythos von ihm zu sagen weiss. Er besteht harte Kämpfe. Sein Vater, „der lachende Sonnenhimmel", liebt ihn nicht. Der Hass seines Bruders ʽÊsâv verscheucht ihn von Haus und Herd, und am Orte seiner Zuflucht hat er gegen „den Weissen" (Lâbhân) zu kämpfen, der, wenn auch nicht sein Bruder, doch sein naher Anverwandter ist, vielleicht jedoch in der ursprünglichen Fassung des Mythos als sein leiblicher Bruder vorgeführt wurde (vgl. Genes. XXIX, 15). Untersuchen wir nun den mythischen Charakter dieser beiden feindlichen Brüder des Ja'ḳôbh genauer. Sagen wir es gleich heraus: beide, sowol 'Êsâv als auch Lâbhân, sind solarische Gestalten. Das, was uns von ihnen in der epischen Bearbeitung des alten Mythos, wie sie in der alttestamentlichen Quelle sich erhalten hat, mitgetheilt wird, bietet eine Fülle solarischer Charakterzüge. Besonders bemerken wir diese an Esau, dessen „Ferse Jakob bei seiner Geburt erfasst“ (Gen. XXV, 26). Dieser mythische Ausdruck ist zwar schon an sich genug klar: Die Nacht kommt zur Welt mit der Ferse des Tages in der Hand, mit unsern Worten: sie folgt ihm nach, ihn vom Platze verdrängend; indessen glauben wir diese Bedeutung des mythischen Ausdrucks mistrauischen Zweiflern gegenüber zu erhärten, wenn wir darauf hinweisen, dass wir dieselbe Anschauung noch in der spätern arabischen Poesie antreffen, ohne Zweifel als Residuum einer alten mythischen Vorstellung. Ṯa'labâ b. Ṣu'ejr al-Mâzinî [1] sagt nämlich von dem Hervorbrechen der Morgenröthe: „Der Glänzende streckt seine rechte Hand nach dem Verdeckenden“, die Sonne langt mit ihrer Hand nach der Nacht, sie erfasst sie und drängt sie vor, während sie selbst sich zurückzieht (hier ist also dasselbe Verhältniss umgekehrt gefasst), und ähnlich sagt der Dichter al-'Aggâg: „bis ich nicht sehe die Schulter des glanzvollen Morgens, wie er hinaufspringt auf den Rücken der dunkeln Nacht.“ [2] Dies ist ganz mythisch gesprochen und drückt denselben Gedanken aus, den der Hebräer so fasste: „Ja'ḳôbh hält die Ferse seines rothen Bruders in der Hand“, nur dass in den angeführten arabischen Versen von dem Folgen des Tags auf die Nacht die Rede ist.

---

[1] Bei al-Gauharî s. r. kfr.

[2] Bei Ibn al-Sikkît, p. 193 ḥatta ara a'nâka ṣubḥin ablagâ ✳ tasûru fî a'gâzi lejlin ad'agâ. Der Ausdruck â'gâz al-lejl kommt auch vor in dem Verse des Farazdaḳ Kitâb al-agânî, XIV, 173. 19, des Ashga' ibid. XVII, 35. 13.

„Esau ist ein Jäger, Jakob ein Hirt, der in Zelten sitzt.“
Die Sonne ist ein Jäger: sie schiesst ihre Pfeile, ihre
Strahlen ab und kämpft mit denselben gegen Finsterniss,
Wind und Wolke. Wozu Beispiele aus der arischen Mytho-
logie anführen, wo diese Anschauung in mannichfaltiger
Variation vorkommt und zu den gewöhnlichsten gehört?[1]
Die Pfeile der Sonne sind golden, daher heisst Apollon
χρυσότοξος Πύθιος (Pindar, Pyth. 15). Auch in der Sprache
spiegelt sich diese Anschauung des Mythos mehrfach ab.
Im Aegyptischen bedeutet die Gruppe *st*: Flammen, Strahl,
Pfeil zugleich, und das slawische strêla, womit das deutsche
Strahl verwandt ist, bedeutet dort Pfeil.[2]

„Die Sonne kann nicht mehr ihren Bogen spannen“, sie
hat die Kraft dazu verloren, ist daher ein Ausdruck für
den Untergang der Sonne. Als Herakles sich zu schwach
dazu fühlt, seinen Bogen zu spannen und seine Pfeile abzuschiessen, da fühlt er sein Ende herannahen, und Odys-
seus, ein solarischer Wanderer wie Kajin, greift beim Anbruch des Frühlings, wenn nach langem Winter, wo die
Pfeile der Sonne geruht hatten, wieder die Sonne zur
Geltung kommt, zu seinem Bogen, um wieder seine Pfeile
abzuschiessen.[3] Dasselbe sehen wir auch in dem Mythos
der Semiten. Ein Beiname des Sonnengottes Bêl ist Nipru,
was nach Rawlinson soviel bedeutet wie Jäger[4], und die
Stadt Resen, deren Erbauung die Bibel dem Nimrôd zuschreibt, wird in den historischen Keilinschriften die Stadt
des Jägers genannt.[5] Dieser Nimrôd selbst, gegen den
der Nomade Abraham in demselben Sinne kämpft wie der

---

[1] Vgl. auch Shâhnâmêh VII, 395, nach der Conjectur Rückert's in
Zeitschr. D. M. G. (1856), X, 136.

[2] Lazar Geiger, Ursprung und Entwickelung der menschl. Sprache
und Vernunft, I, 447.

[3] Schwarz, Sonne, Mond und Sterne, S. 228.

[4] History of Herodotus, I, 490. Man könnte auch an arab. nafar =
fliehen, denken. Die Sonne ist, wie oben ausgeführt worden, die Flüchtige.

[5] Lenormant, Premières civilisations, II, 21.

Nomade Jakob gegen den Jäger Esau, ist ein Jäger (Genes. X, 9). Die etymologische Erklärung des Namens Nimrôd kann nicht bewerkstelligt werden, solange es nicht gelingt, auf die sichere Spur einer primärern Bedeutung des Stammes mârad zu gelangen; denn das kann man als sicher betrachten, dass der Mensch auf der mythosschaffenden Stufe den Begriff „Empörung", dessen Bildung fortgeschrittene gesellschaftliche Zustände voraussetzt, noch nicht zum Bewusstsein gebracht hat, um ihn sprachlich zu fixiren; vielmehr kann diese Bedeutung nur eine secundäre, übertragene sein. Was die grammatische Form anlangt, so ist es nicht unmöglich, dass wir auch in diesem Namen, wie in Jischâk, Jiftâch u. s. w., eine Verbalform vor uns haben und zwar die dritte Person des Imperfectum, gebildet durch praefigirtes *n*, wie im Aramäischen. Schrader[1] betrachtet dieses vorgesetzte *n* in Nimrôd als nomenbildendes Lautelement. Beiläufig will ich nur noch daran erinnern, dass wir auf babylonischem Gebiete auch dem Gottesnamen Merôd begegnen.[2] Die Kämpfe des Nimrôd mit Abraham hat die alttestamentliche Quelle nicht aufbewahrt, wol aber hat dies die agadische Tradition gethan, welche auch sonst einen Ausdruck aus dem Nimrôd-Mythos aufbewahrt hat, welcher ein rein solarisches Gepräge an sich trägt: dreihundertfunfzig Könige sitzen vor Nimrôd, um ihm zu dienen.[3] Ebenso kämpften gegen Jôsêf, den Vermehrer, den Regenhimmel, „die Leute mit Pfeilen"[4] (ba'alê chiṣṣîm, Gen.

---

[1] Die Keilinschriften und das Alte Testament, S. 17, und Die assyr.-babyl. Keilinschriften, S. 212. Vgl. Merx, Grammatica syriaca, p. 201.

[2] Levy, Phönizische Studien, Heft II, 24.

[3] Adolf Jellinek, Bêth ham-midrâsch, V, 40; vgl. oben in dem Kapitel: Quellen der hebräischen Mythologie, S. 37.

[4] Es entgeht mir nicht, dass die hebr. Poesie unter den Pfeilen häufig, ja am häufigsten den Blitz versteht. „Er sendet seine Pfeile und zerstreut sie, Blitze in grosser Zahl und verwirrt sie" (Ps. XVIII, 15). Doch bringt es die Natur des Mythos mit sich, dass die Pfeile der Gegner Josef's die Sonnenstrahlen sind. Ist der Jäger die Sonne, so können eben die Strahlen nur wieder etwas sein, womit der Jäger in

XLIX, 23), „die ihn verbittern, beschiessen und hassen“;
und denselben Kampf führt Ja'ḳôbh gegen den Jäger 'Êsâv.
Es ist immer der Kampf des Nacht- und Wolkenhimmels
gegen die Sonne, welche ihre Pfeile gegen sie sendet, um
jenen zu verdrängen. Noch einer einigermaassen compli-
cirtern mythologischen Auffassung begegnen wir in Bezug
auf die Pfeile der Sonne auf hebräischem Gebiete. Sonne
und Mond stehen still, bis dass sie nach der Richtung der
Pfeile, die vor ihnen abgesendet werden, wandern. Die
Poesie kennt noch diese Anschauung, nur dass bereits
Jahve es ist, der die Pfeile absendet, sodass Sonne und
Mond,

> Nach dem Lichte deiner (Jahve's) Pfeile wandern,
> Nach der Helle deines Speeresglanzes.

> (Ḥabaḳuḳ III, 15.)

Auch die Strahlen des Mondes sind hier als Pfeile bezeichnet.

„Esau ist ein behaarter Mann, Jakob ein glatter
Mann“ (Genes. XXVII, 4). „Der erste kam heraus
röthlich, ganz wie ein haariger Mantel“ (XXV, 25).
Lassen wir vorderhand die rothe Farbe beiseite und berücksichtigen wir speciell das Moment des Behaartseins.
Langes Lockenhaar oder langer Bart sind Züge, die der
Mythos der Sonne beilegt. Die Sonnenstrahlen werden eben
als Locken oder Haare des Sonnenantlitzes oder -kopfes angeschaut.

Helios wird von den Griechen der Gelbhaarige genannt, und χρυσοκόμης oder ἀκερσοκόμης ist in der griechischen Poesie ein häufiger Beiname solarischer Götter und
Helden, sowie auch der lateinische Dichter von den Sonnen-

---

jener alten Zeit zu schiessen pflegte. Der Mythos entsteht nicht nach
einem gewissen, wohldurchdachten System, und daher ist nichts leichter,
als dass zwei verschiedene Gegenstände vermöge eines Gemeinsamen,
das beiden eignet, unter denselben Gesichtspunkt gefasst werden. So
ist Sonnenstrahl und Blitz dem Mythos dasselbe: ein Pfeil.

strahlen als *Crines Phoebi* spricht.[1] In einer amerikanischen Sage wird der Sonnengott Bocsika als ein Greis mit langem Barte eingeführt; der Viracochaja der Peruaner, der Quetzalcoatl der Tolteken, der Coxcox der Chichimeken, lauter Sonnengestalten, theilen alle dies besonders hervorgehobene Charakterzeichen des langen Bartes.[2] Ja dieser Zug wird auch durch die Volkphantasie zuweilen auf historische Personen übertragen; so z. B. auf Julius Cäsar, wenn er als mit langem Haar geboren vorgestellt wird (auch sein Name Cäsar wird aus diesem Umstand erklärt: *caesaries*).

Hier kommt auch jene kunsthistorische Erscheinung in Betracht, welche in den zwanziger Jahren unsers Jahrhunderts die Archäologen vielfach beschäftigte, unter ihnen besonders den verdienten Numismatiker Ekhel: nämlich die Darstellung des Janus als *biceps, vultu uno barbato altero imberbi*, was einige als alte traditionelle Vorstellung von Janus betrachten, andere aber als verhältnissmässig modern, worauf kein principielles Gewicht zu legen ist.[3] In jedem Falle ist es für wahrscheinlich anzunehmen, dass man diese Darstellung des doppelköpfigen Eröffners nicht als zufällige und aller mythischen Beziehung entbehrende betrachten darf; dass vielmehr diese theils bärtige, theils unbärtige Darstellung des Sonnengottes, ein Ausdruck für die beiden Momente im Leben der Sonne ist: sie tritt vor uns als Morgen- und Abendsonne (als Eröffnerin und Zuschliesserin, Janus Patulcius und Janus Clusius) mit glattem Gesicht, ohne Barthaare, d. h. ohne starke Strahlen, dann als Mittagssonne stark bebartet, mit haarigem Antlitz.[4]

---

[1] S. weitläufiger bei Schwarz, Sonne, Mond und Sterne, S. 218—220.

[2] J. G. Müller, Geschichte der amerikanischen Urreligionen, S. 429.

[3] S. die Frage und Literatur bei Creuzer, Symbolik und Mythologie (3. Aufl.), I, 57.

[4] Der Güte meines verehrten Freundes Dr. Hampel, Custos der archäologischen Abtheilung des ungar. Nationalmuseums, verdanke ich den Nachweis eines Datums in dem Bulletino dell' instituto di corrispondenza archeologica (1853), p. 150, wo von einem Steine die Rede ist,

Wenn die Sonne untergeht und ihren Platz der Dunkelheit überlässt, oder wenn die kräftige Sommersonne durch die schwachen Strahlen der Wintersonne abgelöst wird: da wird dem Shimshôn sein langes Lockenhaar (vgl. Naftâlî im dreizehnten Abschnitt dieses Kapitels), in dem allein seine Stärke liegt, abgeschnitten durch die List seiner trügerischen Geliebten Delîlâ, der Schmachtenden [1], Schwachen, wie dieses Wort zu deutsch heisst. Auch Apollon, der Strahlende, heisst der Ungeschorene, und Minos unterwirft den solarischen Helden Nisos erst dadurch, dass dieser sein goldenes Haar verliert. [2]

Es ist demnach klar, was die Beschreibung Esau's als behaartgeborener Mensch im Gegensatz zu dem unbehaarten Jakob zu bedeuten hat. Dasselbe, was das Epitheton îsh ba'a sê'âr, „der haarige Mann“, in der Schilderung des Elias: die Strahlen der Sonne, deren mythische Bezeichnung Esau ist. Ob nun der solarische Charakter dieses unsers Sonnenheros auch aus dem Namen zu beweisen wäre, ist eine schwierigere Frage. Leiten wir 'Êsâv, um nicht zu ausserhebräischen Sprachen unsere Zuflucht nehmen zu müssen, von dem hebr. Verbum 'âsâ, thun, vollbringen, ab und deuten ihn als Vollbringer, Thäter, Bewirker oder dgl., so passt diese Bezeichnung als solarischer Name allerdings für die Cultursage, für welche die Sonne diejenige ist, welche dem Ackerlande Segen und Reife bringt, der mensch-

---

welcher dieselbe Darstellung des Januskopfes trägt wie die, welche jene Münze zeigt, nämlich: „una testa doppia, di cui una facia è barbata l'altra giovanile.“

[1] Vgl. Sol languidus (Lucretius, De rerum nat. V, 756).

[2] Schwarz, Ursprung der Mythologie, S. 144, wo auch auf Sif und Loki der germanischen Mythologie hingewiesen wird. Das Behaartsein der Sonnenhelden ist in der neugriech. Volkssage ins Ethnographische übersetzt worden. „Auf Zakynthos begegnete ich der Vorstellung“, sagt Bernhard Schmidt (Das Volksleben der Neugriechen, I, 206), „dass die ganze Stärke der alten Hellenen in drei Brusthaaren gesessen habe, und sobald diese abgeschnitten worden, geschwunden sei; wenn sie aber wieder wuchsen, stellte sich die Kraft wieder ein.“

lichen Gesellschaft gesetzlichen Zustand und sicheres, un-
gefährdetes Nebeneinanderleben, die mit einem Worte der
Bewirker und Vollbringer ist. Weniger passt hingegen
eine solche Bezeichnung im Sinne des alten Mythos, in
welchem die eben erwähnten Begriffe und Vorstellungen
noch nicht ausgebildet sind. Kann man demnach den
Namen 'Êsâv nicht im Sinne des ältesten mythischen
Vorstellungskreises etymologisch erklären, so drängt sich
uns folgerichtig die Vermuthung auf, jene Benennung selbst
gehöre nicht der allerältesten Schicht des hebräischen Sagenmaterials an, sondern sei eben ein durch die Cultursage
eingeführter Name. Diese Vermuthung wird uns dann um so
wahrscheinlicher vorkommen, als der feindliche Bruder des
Ja'kôbh in der biblischen Quelle selbst ausser dem Namen
'Êsâv noch einen viel bezeichnendern und jener ältesten
Periode der Sagenbildung ganz entsprechenden hat, nämlich:
Edôm, „der Rothe". Als in späterer Zeit die ursprüngliche Bedeutung der Mythen aus dem Bewusstsein geschwunden war, fand man in der Erzählung von dem Bruder-
kampfe, der uns beschäftigt, jene zwei Namen 'Êsâv und
Edôm als Benennung des Bruders vor, gegen welchen Jakob
kämpft; man bemühte sich, beide zu harmonisiren und knüpfte
den Namen „der Rothe" an das rothe Linsengericht an
(Gen. XXV, 30), neben jenem bezeichnendern und der alten
Mythosstufe angehörenden Zug, dass der feindliche Bruder
admônî, röthlich von Farbe ist. Aber auch der Name
'Êsâv kann für den alten Mythos gerettet werden, wenn
man sich an die Erklärung Ewald's anschliesst, welcher
ein arabisches Eigenschaftsnomen beibringt, das haarig
bedeutet und mit dem Namen 'Êsâv etymologisch verwandt
sein soll.[1] Der Name 'Êsâv schlösse sich somit auch an
jenen oben erörterten mythischen Charakterzug des Sonnenhelden an, wonach derselbe ein îsh sê'âr, ein behaarter Mann,
ist. In der phönikischen Mythologie wird der Bekämpfer des
Usov (den diejenigen, welche die Verlässlichkeit der san-

---

[1] Geschichte des Volks Israel, I, 494, das arabische Wort ist: a'ta.

chuniathonischen Angaben nicht vollends verwerfen, mit
'Êsâv identificiren), der in Zelten wohnende Shâmîn-rûm, der
hohe Himmel[1] genannt, d. h. der nächtliche, dunkle Himmel.
Die Identität der Vorstellungen: Âbh-râm und Ja'ḳôbh fände
auch hierin ihre Bestätigung. Auf eine andere Reihe solarischer Charakterzüge führt uns der Name Edôm, die unzweifelhaft alte Bezeichnung des Sonnenhelden. Wir wollen
diese Benennung für den feindlichen Bruder des nächtlichen
Himmels in Verbindung mit der andern Benennung des
feindlichen Bruders, Làbhân, betrachten. Bevor wir
jedoch daran gehen, wollen wir noch einen andern Kampf
des Ja'ḳôbh erwähnen, welchem unsere Quellenschrift nur
flüchtige Beachtung widmet: „Da blieb Ja'ḳôbh allein zurück, und es rang ein Mann mit ihm bis zum Aufgang
des Morgens. Als er sah, dass er ihm nicht beikommen
könne, da schädigte er die Hüftpfanne Ja'ḳôbh's, sodass die
Hüftpfanne Ja'ḳôbh's verrenkt wurde, als er rang mit ihm.
Und er sprach: Entlasse mich, denn es ist aufgegangen der
Morgen" (Genes. XXXII, 25—27). Jakob kämpft also mit
einem Manne, der ihm nicht beikommen kann, den er vielmehr mit Aufgang des Morgens entlassen muss. Es ist
dies die Morgenröthe, die mit dem Ende der Nacht ringt,
sich ihm aber zuletzt entwindet, um am Himmel aufzugehen.
Die Nacht ist eine hinkende Gestalt (v. 32), und dies ist
wieder ein Zug des Mythos von den Helden der Dunkelheit, dem wir auch im classischen Mythos begegnen, z. B.
bei Hermes, κυλλοποδύων[2]; dies soll wahrscheinlich einen
Gegensatz bezeichnen zu der Schnellfüssigkeit und dem
raschen, unausgesetzen Lauf des Tags, der Sonne und des
Morgenroths.

11.

Ja'ḳôbh wird verfolgt und bekämpft durch den Rothen
und durch den Weissen. Beide Worte sind Benennungen

---

[1] Vgl. Tiele, Vergl. Geschied., S. 447.
[2] Schwartz, Urspr. d. Mythologie, S. 146; vgl. oben S. 40.

für dasselbe Ding, nämlich für die Sonne. Es tritt unserm
Gefühle als etwas Sonderbares entgegen, dass der Mythos
von derselben Erscheinung bald als vom Rothen, bald
als vom Weissen spricht. Um diese Thatsache würdigen
zu können, müssen wir uns die Entwickelungsstufen des
Farbensinns in jener alten Zeit zum Bewusstsein führen.
Noch in viel späterer Zeit begegnen wir in der Sprache
auf semitischem Gebiete den weitgehendsten Schwankungen
in Betreff der Farbenbezeichnungen für solarische Erscheinungen; und da uns der Nachweis dieser Thatsache gerade
für unsern Gegenstand und für Dinge, die mit demselben
in engem Zusammenhange stehen, nicht wenig wichtig
scheint, wird der Leser entschuldigen, wenn ich bei diesem
Punkte etwas länger verweile und mir einige Abschwei-
fungen von dem Mittelpunkte unserer Untersuchungen er-
laube. Die Farbennamen sind in alter Zeit sehr flüssig; der
alte Mensch konnte sich nicht zu einer eng abgegrenzten
Unterscheidung und Klassificirung der Farben erheben. Roth
und weiss sind daher eben nicht so genau roth und weiss,
wie wir heute diese Farbenarten unterscheiden, sondern
mit einem Worte: licht-, hellfarbig. Es ist das bedeutende
Verdienst des leider zu früh heimgegangenen Lazar Geiger,
diese Erscheinung der Entwickelungsgeschichte der Begriffe
und ihrer sprachlichen Bezeichnung am deutlichsten dargelegt und mit dem Lichte der Psychologie und vergleichenden Sprachwissenschaft beleuchtet zu haben.[1] Seine geistvollen Untersuchungen haben das Resultat zur Sicherheit
erhoben, dass die Fähigkeit der Farbenunterscheidung
im Individuum, wie auch im ganzen menschlichen Geschlecht eine historisch entstandene, durch Entwickelung
angeeignete ist, deren Anfänge sehr spät auf die Anfänge anderer geistiger Fähigkeiten folgen; und dass selbst,
nachdem der Mensch über die Unterscheidung gewisser

---

[1] Zur Entwickelungsgeschichte der Menschheit, S. 45—60. — Ursprung u. Entwickel. d. menschl. Spr. u. Vern., Bd. II, drittes Buch. —
Vgl. Lazarus, Leben der Seele, II, 80; ebendas. S. 185 Anm.

Farbenklassen hinaus war, die Fixirung seiner Farbenanschauung einen sehr langsamen Fortschritt machte, sodass er von einem und demselben Gegenstande bald diese,
bald jene Farbe aussagt. Die schon erkannte und unter-
schiedene Farbenschattirung hat sich so schwer im Geiste
des Menschen festgesetzt, dass es lauter Hin- und Her-
schwanken ist, dem wir in manchen Sprachen im Punkte
der Farbennamen begegnen. Da diese wichtige Erscheinung in der geistigen Entwickelung des Menschen für die
Entstehungsgeschichte und die Erkenntniss der Elemente
des Mythos von hauptsächlichster Wichtigkeit ist, so wollen
wir an die Ausführungen Geiger's anknüpfen und namentlich noch einmal auf die schwankende Natur der Farbenbezeichnungen in der Sprache zurückkommen, vorzüglich
darauf, wie wenig fest und unverrückbar sich die Farben-
eindrücke in der Sprache, dem unmittelbarsten Ausdruck
solcher Eindrücke, abspiegeln. Wir wollen jedoch in der
Nähe unsers eigentlichen Untersuchungsstoffes verbleiben
und nur Semitisches in Betracht ziehen. Heben wir aus
diesem Gebiete die Bezeichnungen für Gold heraus. Im
allgemeinen können wir von den semitischen Sprachen
nicht sagen, dass in ihnen der optische Unterschied von
Gold und Silber in der Benennung dieser Gegenstände
nicht zum Ausdruck kommt, wie solches ein Scholiast in
Bezug auf Homer bemerkt; denn sowol die Benennungen
für jenes, als auch die für dieses (glänzend, schimmernd;
bleich) beweisen, dass wenigstens der verschiedenartige
Glanz der beiden Metalle auf der sprachschaffenden Stufe
schon ins Bewusstsein trat.[1] Nicht so bestimmt jedoch
wie diese Unterscheidung des einen Gegenstandes von dem
andern in Betreff des allgemeinen Eindrucks, den dieser

---

[1] Für Silber haben die drei nordsemitischen Sprachen, Assyrisch,
Aramäisch und Hebräisch, dasselbe Wort und treten diesbezüglich, wie
Schrader sagt, „in geschlossener Einheit den südsemitischen Sprachen
gegenüber, welche zur Bezeichnung dieses Metalls andere Wörter im Gebrauch haben." (Keilinschr. u. A.-T., S. 46.)

und jener auf die Gesichtsempfindung übt, ist die Bezeichnung dieser Empfindung in Betreff jedes dieser Gegenstände für sich allein. Die Benennungen des Goldes im Hebräischen, Aramäischen und Arabischen, zâhâbh, dahab, dahabhâ, bezeichnen im allgemeinen soviel als: glänzend, und nur dem assyrisch-phönikischen Wort für Gold, ḥuraṣu (das auch im hebräischen chârûṣ zu finden ist), liegt noch keine optische Empfindung zu Grunde.[1] Jene andern semitischen Benennungen des Goldes hingegen beschreiben eine Gesichtsempfindung, doch noch keine bestimmte Farbenempfindung; ja selbst noch ein später arabischer Dichter sagt vom Gold: al-dahab al-nàrî[2], das feurige, feuerähnliche Gold, allerdings bereits eine Farbenbestimmung, doch bei weitem keine bestimmte. Der im 2. Jahrhundert der Higrâ lebende arabische Dichter Ru'bâ b. al-'Aggâg sagt[3]:

Hal janfa'unî kadabun sichtîtu * au fiḍḍatun au dahabun kibrîtu.

> Ob mir wol nützte unverschämte Lüge,
> Ob nützte schwefelgleiches Gold, ob Silber?

Hier werden demnach Gold und Schwefel einander gleichgestellt, jedenfalls in Beziehung auf Farbe, denn nur diese kann zwischen beiden als tertium comparationis gelten; und in der That finden wir auch im Arabischen die Redensart: „gelber Schwefel, als ob er Gold wäre" (kibrît aṣfar ka'annahu dahab).[4] Ich lege hierauf deswegen besonderes Gewicht, weil es bei den Arabern eine geläufige sprichwörtliche Redensart ist, zu sagen: al-kibrît al-aḥmar, der rothe Schwefel, d. h. ein einziger Mensch, der seinesgleichen nicht hat, so wie kein rother Schwefel zu finden

---

[1] Wenn man jedoch das hebr. cheres = Sonne in Betracht zieht, so könnte man der Vermuthung Raum geben, dass sowol diese Sonnenbenennung als auch jenes alte Wort für Gold, deren lautliche Verwandtschaft nicht unmöglich ist, eigentlich von der Empfindung des Glanzes, der Sonne einer- und des Goldes andererseits ausgehen.

[2] al-Makkarî Analectes etc. (Leidener Ausg.), I, 369. 3.

[3] al-Gauharî o. r. kbr.

[4] Jâkût, Geogr. Wörterbuch, II, 609, 8.

ist (ein weisser Rabe). Nun ist es aber eben das Gold, welches sowol in der spätern Literatur als auch im Volksmunde gewöhnlich mit dem Farbennamen al-aḥmar, roth, verbunden wird (al-dahab al-aḥmar), welche Verbindung, wie Osiander nachgewiesen hat [1], auch im Himjarischen vorkommt und die dann von der arabischen Sprache in die persische und türkische übergegangen ist (persisch: zeri surch, türkisch: ḳizil altyn) und besonders dann gebraucht wird, wenn geprägtes Goldgeld zu den Silbermünzen in Gegensatz gestellt wird. Jenes ist rothes Geld, dieses weisses Geld; z. B. wa-mala'tum ajdîkum min al-dahab al-aḥmar wal fiḍḍâ al-bejḍâ, „ihr habt eure Hände angefüllt mit rothem Gold und weissem Silber" [2], dih hezâr dînâr zeri surch, zehntausend Denare rothes Gold [3], und Belin hat in einer sehr bemerkenswerthen Abhandlung in Bezug auf das Türkische nachgewiesen, das in dem Ottomanischen Reiche die klingende Münze eingetheilt ist in weisse, „aḳ", und rothe „ḳizil" [4], und noch heute wird in Aegypten zum Unterschiede von Kupfergeld (chorde) der Silberpiaster abjaḍ, der weisse, genannt. Mu'âwijjâ sagte zu Ṣa'ṣa'â: „o Rother!"; da antwortete dieser „das Gold ist roth". [5] Daraus sehen wir, dass roth die stetige Farbenbezeichnung für Gold geworden ist. In welcher Harmonie steht nun dies mit der oben angeführten Bezeichnung schwefelfarbenes Gold, wenn wir das sprichwörtliche kibrît aḥmar hinzunehmen?

Das Aethiopische bezeichnet das Gold ganz im Unterschiede von den übrigen Sprachen desselben Sprachstammes nicht durch ein Derivatum des Stammes dhb, sondern durch

---

[1] Zur himjarischen Alterthumskunde, Zeitschr. D. M. G. (1865), XIX, 247. — Vgl. Halévy, Études sabéennes, Journ. asiat. (1874), II, 523.

[2] Pseudowâḳidî (ed. Nassau Lees), S. 181. 6.

[3] Hist. de l'économie politique en Turquie (Journ. asiat. [1864]), I, 421. Vgl. jetzt auch Sprenger, Alte Geographie Arabiens, S. 56.

[4] In Betracht zu ziehen ist auch die Verwendung von schwarz: dirhem saudâ und kara ġuruś.

[5] Bei al-Ṯa'âlibî Zeitschr. D. M. G. (1854), VIII, 505.

das Wort waraḳ. Man kann a priori nicht entscheiden, ob dieses Wort seinem Stamme nach von einer Farbenempfindung ausgeht oder nicht. Auch im Arabischen finden wir in verwandter Bedeutung das waraḳ oder wariḳ, und ich glaube kaum, dass es mit Recht aus dem ursprünglichen Sprachschatze des Arabischen auszuscheiden sei. Von Kremer reiht dieses Wort den aus dem persischen Kreise entnommenen Lehnwörtern des Arabischen an und führt es auf das Huzwàreschwort warg zurück.[1] Es bedeutet in alter Zeit soviel als Vermögen, Hab' und Gut. Der Dichter Suḥejm, Mohammed's älterer Zeitgenosse, sagt in einem Gedichtchen: „Die Gedichte des Sklaven der Banu-l-Hashàs gelten am Tage des Wettkampfes soviel als edle Abstammung und waraḳ (Vermögen)[2], und in einigen mohammedanischen Traditionssätzen bedeutet eine Nebenform des Wortes, nämlich riḳà, soviel als Geld[3]; die arabischen Lexikographen bestimmen die Bedeutung beider Formen so: al-daràhim al-maḍrùbà, geprägte Geldstücke, Drachmen. In jener allgemeinen Bedeutung finden wir waraḳ bei Abù Nuwàs in einem Jugend- oder vielmehr Kindheitsgedichte. Der Dichter Ibn Munàdir entbrannte für den kleinen Abù Nuwàs, als er ihn einmal in der Moschee sich an eine Säule lehnend fand, in heftiger Liebe und richtete an ihn ein erotisches Gedicht, worauf der Besungene aus dem Stegreif auf die Rückseite der Liebesepistel folgende Verse warf:

Dass du an mich ein lobendes Gedicht richtest ohne waraḳ (Geschenk),
das gleicht einem Hause, welches auf einen Rohrgrund erbaut wird;

Ich aber würde es angenehmer finden als dein Loblied an mich,
sendetest du mir ein paar schwarze Schuhe und feines Kleid,

Wenn du anders willst, bereite für mich waraḳ (Geschenk); thust
du's, so werde ich nicht spröde sein.[4]

---

[1] Culturgeschichtliche Streifzüge, S. XI.

[2] Thorbecke, Antarah, ein vorislamischer Dichter (Leipzig 1867), S. 41.

[3] al-Harîri (Pariser Ausg., 2. Aufl.), S. 467.

[4] Kitàb al-aġànî, XVII, S. 11.

Man kann hier klar sehen, wie allgemein der Inhalt des Wortes waraḳ im Arabischen ist; selbst ein paar Stiefelchen und ein feines Kleidchen gehörten dazu. Aber es ist wahrscheinlich, dass dieses gewiss südarabische Wort auch ursprünglich speciell Gold bedeutet habe und in dieser besondern Bedeutung im Arabischen durch das häufigere dahab verdrängt, erst auf Goldgeld, dann allgemein auf Geld, auch Silbergeld, zuletzt noch weiter auf Hab' und Gut und Werthgegenstände überhaupt übertragen wurde. Den südarabischen Charakter dieses Wortes bezeugt auch der Umstand, dass es sich neben dahab und dem auch im Hebräischen vorkommenden kethem, auch im Himjarischen vorfindet [1], und es liegt keine Ursache vor, mit Halévy besonders an *de l'or en feuilles*, im Gegensatz gegen *de l'or en poudre*, zu denken. [2] Es muss hingegen in Betracht gezogen werden, dass der Stamm waraḳ in den semitischen Sprachen die grüne sowol als auch die gelbe Farbe bezeichnet und dass es somit wahrscheinlich mit dieser Farbenbezeichnung zusammenhängt, wenn im Aethiopischen das Gold waraḳ genannt wird. Doch dies Farbenwort selbst ist Gegenstand vielfachen Schwankens. Während es, wie wir sehen, im Aethiopischen die Goldfarbe bezeichnet, gibt es im Hebräischen dem Gras den Namen (jereḳ), letzterm ähnlich benennt man damit im Arabischen die grünen Baumblätter (waraḳ), nicht weniger aber bezeichnet die Deminutivform urajjiḳ (aus auraḳ) ein dunkelbraunes Kamel, und in irḳân lenkt es wieder zum Gelben und Röthlichen ein. Das talmudische Hebräisch und das Targûm gebraucht jârôḳ (auch im Althebräischen zumeist nur grün, aber auch vom fahlen Gesichte gebraucht als gelb, z. B. jêrâḳôn, Gelbsucht) mehr für die grüne Farbe, ebenso von Vegetabilien als Edelsteinen [3]; nichtsdestoweniger finden wir aber im Talmûd (bab. Nedârîm 32 a) hôriḳân bezâhâbh,

---

[1] M. A. Levy in Zeitschr. D. M. G. (1870), XXIV, S. 191.

[2] Halévy a. a. O., S. 539.

[3] J. Levy, Chaldäisches Wörterb., I, 345.

er hat es jàròk gemacht, mit Gold, d. h. vergoldet, gelblich gefärbt; man vgl. jerakrak chârûṣ (Ps. LXVIII, 14), *flavedo auri.* Beachtung verdient die Stelle Berêshîth rabbà, sect. 4 (gegen Ende), wo von den verschiedenen Farben die Rede ist, in welchen der Himmel erscheint; neben roth, schwarz und weiss, wird auch die jàròk-Farbe genannt.

Wir sehen auch aus obigen Notizen wie wenig constant und bestimmt die Beziehung der Farbennamen auf gewisse Farbentypen ist. Dasselbe sehen wir auch, wenn wir untersuchen, mit welchen Farbenbezeichnungen andere Gegenstände verknüpft werden. Denn fast immer begegnen wir dem grössten Schwanken, sowol wenn wir den etymologischen Werth jener Namen selbst in Betracht ziehen, als auch, wenn wir auf die Adjectiva achten, mit denen dieselben verbunden werden. Ueberall kommt es im besten Falle nur auf die Farbenklasse an (hell oder dunkel), innerhalb dieser waltet gar keine Bestimmtheit ob. Besonders wäre das Arabische ein Gebiet, welches hier ergiebiges Beweis- und Beobachtungsmaterial böte, wodurch die vortreffliche Arbeit L. Geiger's bestätigende Ergänzung und Erweiterung fände. Aber dies kann an diesem Orte nicht unsere Aufgabe sein. Wir wollen nun unsere Beobachtungen nur auf denjenigen Punkt beschränken, welcher hier in Betracht zu kommen hat: auf die Farbenanschauungen, welche mit Tag und Nacht, mit Sonnen- und nächtlichem Himmel, mit Morgengrauen und Abendröthe verbunden werden.

Wenn Tag und Nacht, Sonne und Finsterniss einander in den Vedas entgegengesetzt werden, so werden die einen als roth, die andern als schwarz bezeichnet. „Die Götter haben die Nacht und die Morgenröthe von verschiedenem Aussehen gemacht und gaben ihnen schwarze und rothe Farbe" (Rigveda I, 73. 7). „Die rothe Mutter des rothen Kalbes kommt, der Schwarze überlässt ihr seinen Platz" (Rigveda I, 113. 2). „Die Morgenröthe tritt hervor, vertreibend die schwarze Nacht" (Rigveda I, 92. 5; vgl. VI, 64. 3). In der hebräischen Poesie finden wir nichts Aehnliches, wo der entgegengesetzte Farbeneindruck der

beiden kämpfenden Mächte in solcher Entgegenstellung klar
gemacht wäre. Ja nicht einmal dies finden wir, dass jede
dieser Mächte einzeln mit einem Farbenattribut bezeichnet
wäre. Und dennoch scheint es in Bezug auf die Nacht
sicher, dass man sie mit der schwarzen Farbe in Verbindung gebracht habe[1]; sonst wäre ein Satz wie: „finsterer
als die Schwärze ist (châshakh mi-shechôr) ihre Gestalt"
(Klagelied IV, 8), unmöglich; dies lässt darauf schliessen,
dass die Begriffe chôshekh, Finsterniss, und shechôr,
Schwärze, eng miteinander verknüpft waren. Im Arabischen gehört diese Verbindung zu den allgemeinsten und
gewöhnlichsten Anschauungen. Die finstere Nacht wird
unter andern al-lejl al-hâlik genannt, ein Wort, welches
den tiefsten Grad der schwarzen Farbe bezeichnet. Dahin
gehört auch lejl ad'ag, welches Eigenschaftswort ebenfalls
zur Nomenclatur der schwarzen Farbe gehört. Chudârîjja
ist ein arabisches Wort, welches sowol den Raben als auch
die Nacht bedeutet (man denkt hierbei unwillkürlich an das
hebräische 'erebh, Abend, und 'ôrêbh, Rabe). Man gebraucht
von der Nacht das Verbum iktahal: sie hat sich mit der
schwarzen Schminke[2] al-kuhl gefärbt, z. B. wal-
zalâm ida-ktahal ('Antarr. VI, 53. 12). Dasselbe was die
Sprache bezeugt, bezeugt auch die Poesie. So wie in andern
Literaturen der Welt, so ist auch in der arabischen die
Finsterniss das Vergleichungsbild für alles Schwarze:
„schwarz wie die Farbe der Finsterniss, auf einem Pferde
reitend, das der Finsterniss der Nacht gleicht", wird der
schwarze Held des beliebtesten arabischen Volksromans

---

[1] Im Talmud babyl. Jômâ 28, b wird der Anbruch der Nacht bezeichnet als die Zeit, in welcher meshacharê kôthâlê, „die Mauern
schwarz sind".

[2] Bei Ḥarîrî (Pariser Ausgabe, 2. Aufl.), S. 644, 4, lesen wir von
der Morgenröthe: ḥîna naṣal chiḍâb al-ẓalâm, „als sich abstreifte die
Schminke der Finsterniss". Das hier für Schminke gebrauchte arabische
Wort wird gewöhnlich von bunter Schminke, z. B. al-ḥinnâ, angewendet;
es liegt aber in der Natur der Sache, dass in diesem Falle nur an al-
kuhl gedacht werden kann.

geschildert (aswad kalaun al-ẓalâm ʿala gawâd min al chejl jaḥkî ẓalâm al-lejl. [ʿAntarr., IV, 183, 14]). Daher stammt ein beliebtes poetisches Bild bei den arabischen Dichtern, das sie auf ihre Geliebte, wenn sie hellen Angesichts und dunkler Haare ist, anwenden; wie z. B. der Dichter Bekr b. al-Naṭṭâḥ (Hamâsà, S. 566) sich ausdrückt: „Sie ist so weiss, als wäre sie selbst der glänzende Mittagshimmel und als wäre ihr schwarzes Haar die Nacht, welche ihn verdunkelt.“ Der schwarze Held ʿAntar, indem er zwischen seiner Farbe und der seiner Geliebten ʿAblà eine Parallele zieht, vergleicht sich regelmässig mit der Nacht, seine Geliebte aber mit dem Tagesanbruch (z. B. ʿAntarroman VII, 136 penult.). Die Geliebte selbst redet ihn aber einmal so an: „Gehe im Namen Gottes, o du Farbe der Nacht“ (sir fî àmâni-llâhi jà laun al-duga, VI, 162. 4), und er selbst reflectirt sehr häufig darauf, dass er die Farbe mit der Nacht theilt. „Bin ich auch, o ʿAblà, ein schwarzer Sklave — und ist auch die Schwärze der Nacht eine meiner Eigenschaften — so ist’s mein Ruhm, dass an des Treffens Tage — sich bückt die Morgenröthe vor meinem Schwerte und meinem Speere“ (XVIII, 66. 12).

In akun jà ʿAblata ʿabdan aswadà * fasawâdu-l-lejli min baʿḍi ṣifâti
Wafachârî annanî jauma-l-liḳàʾi * jachḍaʿu-ṣ-ṣubḥu lisejfî wa-ḳanâtî.

Ebenso wie der schwarze Mensch mit der Nacht verglichen wird, so wird wieder andererseits diese mit einem schwarzen Zigeuner zusammengestellt. Abu-l-ʿAlà al-Maʿarrî, der als Naturschilderer bedeutend ist, sagt einmal von dem im Sternenschmuck erglänzenden Himmel: „diese Nacht ist eine Zigeunerbraut, geziert mit einem Perlenschmuck.“ [1]

---

[1] Im Persischen findet man für schwarzes Haar neben mû-i-zengî (Zigeuner) auch zulf-i-hindu, indisches Haar, d. h. schwarz wie ein Indier (z. B. Rückert, Grammatik, Poetik und Rhetorik der Perser, S. 287), ebenso in dem bekannten Verse des Ḥâfiẓ, wo der Dichter für das schwarze Mal (indische: bechâl-i-hinduwesh) seines Türkenknaben ganz Bochara und Samarkand hingibt (Dîwân Râ, nr. 8, v. 1; ed. Rosenzweig, I, 24).

Lejlatî hâḏihi 'arûsun minaz-zân * gi 'alejhâ kalâ'idu min gumânî

(Siḳt al-zand, I, 91, 7). Derselbe Dichter (II, 106, 4) vergleicht ein anderes mal die Nacht mit schwarzer Tinte:

Katabnâ wa-a'rabnâ bi-ḥibrin min ad-duga * suṭûra-s-sura fî ẓahri
bejḍâ'a balḳa'i.

Von dem Finsterwerden ist aber eine der gewöhnlichsten
Bezeichnungen: „die Nacht zog ihren schwarzen Kleider-
schmuck an“.[1] Es gibt nach alledem nichts Gewöhn-
licheres und Selbstverständlicheres als die Verbindung der
Nacht mit der schwarzen Farbe.[2] Der Dichter versteht
denn auch unter dem Schwarzen per excellentiam die
Nacht. Der in diesem Stücke häufig angeführte Dichter
Abu-l-'Alâ al-Ma'arrî sagt einmal (ibid. I, 131, 2): „Der
Schwarze, dessen Vater die Menschen nicht kennen, hat
mich aus sich selbst (d. h. in schwarze, düstere) in Kleider
gehüllt.“ Dennoch können wir uns auch hier überzeugen,
dass auch dieser Punkt der Farbenanschauung nicht frei von
Schwankungen ist. Die Schwärze der Nacht nämlich
ist bei weitem keine so bestimmte Anschauung als die unsrige,
wenn wir von schwarzer Nacht reden. Sie fliesst vielmehr
noch mit jener allgemeinen Kategorie von dunkler Farbe
zusammen, zu welcher auch grün und blau gehören; als
das Land der Banû Madhig einst mit Dürre heimgesucht
war, da sandte der Stamm drei Kundschafter (ruwwâd,
sing. râ'id) aus, um geeignete Weideorte auszusuchen. In

---

[1] Z. B. 'Antarroman, VII, 115, Z 4 v. u. wa-kasa-l-lejlu ḥullat al-
sawâd.

[2] Varro betrachtet es als so selbstverständlich, dass der passendste
Beiname der Nacht „die Schwarze“ sei, dass diese seine Voraussetzung
in dem Werke: De ratione vocabulorum, zu einer sonderbaren Etymologie Veranlassung gab. Er will nämlich, das Wort fur, Dieb, daher
erklären, dass das Wort fur-vum in der alten lateinischen Sprache soviel bedeutet habe als schwarz. Die Diebe aber üben bei Nacht ihr
dunkles Gewerbe aus. Sed in posteriorem ejusdem libri parte docuit
(scil. Varro) furem ex eo dictum quod veteres Romani furvum atrum
apellaverint; at fures per noctem quae atra sit facilius furentur (Aulius
Gellius, Noctes Atticae I, 18, 3—6).

dem Reiseberichte des einen dieser Kundschafter, welcher
die prächtigen grünen Fluren des durch ihn empfohlenen
Landes anpreisen will, spricht er davon, dass die Oberfläche des Landes der Nacht gleicht: so grün ist alles. [1]
Al-Afwah, ein vorislamischer arabischer Dichter und
Weiser [2], bringt in einem Verse, welchen der Lexikograph
al-Gauharî (s. r. sds) anführt, die Nacht mit der Farbe
des Sudûs in Verbindung. Ebenso der später unter der
abbassidischen Dynastie lebende und derselben lobhudelnde
Dichter Abû Nuchejlâ [3]; er sagt: „Ziehe dir als Unter-
kleid die Nacht an, die schwarze und dunkle, wie die Farbe
des Sundus" (Waddariʾî gilbâba lejlin dahmasi * aswada
dâgin mitli launi-s-sundusi). [4] Ein anderer anonymer Dichter
oder eher Verseschmied sagt in demselben Sinne: „Unter
den Nächten eine finstere Nacht, wenn das Himmelsgewölbe
ist wie Sundusfarbe." (Wa-lejlatin min-al-lajâlî hindisi * launu
hawâshîhâ kalauni-s-sundusi). [5] Aber Sudus und Sundus
bezeichnen ein Kleidungsstück, dessen Farbe regelmässig
als grünlich, achdar, angegeben wird. So z. B. zweimal
im Koran (Sure XVIII, 30; LXXVI, 21), wo von den
Freuden und Annehmlichkeiten des Paradieses gesprochen
wird und den Rechtgläubigen grüne Sunduskleider in
Aussicht gestellt werden; desgleichen finden wir in einem
Traditionssatze, den al-Gazâli [6] mittheilt, von solchen Menschen, die sich in Gott verbrüdern: „Ihre Schönheit glänzt
wie die Sonne, und sie sind in grüne Sunduskleider
gekleidet" (wa-ʿalejhim tiâb sundus chudr).

Diese Unbestimmtheit in der Verbindung der Nacht mit
einer Farbenempfindung, ist aber weniger hervortretend als

---

[1] Opuscula arabica (ed. W. Wright [Leiden 1859]), p. 30, 11; vgl.
p. 31, 12.

[2] Aġâni XI, 44.

[3] Ibid. XVIII, 139.

[4] Ibn al-Sikkît, p. 344.

[5] Ibid. p. 345.

[6] Ihjâ ʿulûm al-dîn II, 148.

das Schwanken, welches obwaltet, wenn die Farbe des Tags
geschildert werden soll. Denn bei jener ist die Schwärze,
trotz einiger Ausnahmen, die ihre Begründung auch in dem
Eindrucke finden können, den eine gewisse, besondere Nacht
auf den Sinn des Sprechenden oder Dichtenden machte,
bei weitem das Herrschende und Vorwiegende. Nicht so bei
der Farbenbestimmung der solarischen Erscheinungen. Hier
schwankt der Sprachgebrauch zwischen drei Farben, die er mit
den verschiedenen Stadien der Sonne zu verknüpfen pflegt: der
goldgelben, rothen und weissen. Am meisten Bestimmtheit waltet hinsichtlich der erstern ob. Sie bezieht sich zumeist
auf die Morgen- und Abendröthe. Im Aramäischen sagt
man vom frühen Morgen ṣafrâ. Dieses Wort erlaubt in
etymologischer Beziehung manche Erklärungen, welche die
oben auseinandergesetzten mythischen Auffassungen von der
Morgenröthe rechtfertigen. Es kann, und dies ist die Erklärungsweise der besonnensten Lexikographen auf dem
Gebiete des Semitischen [1], erklärt werden: gewundene
Haarlocken, oder die Springende, Hüpfende. Beide
Erklärungen gehen auf mythische Attribute der Morgensonne zurück, und besonders nach der zweiten erschiene
uns die Morgensonne, wie sie von hinter den Bergen als
Vogel (ṣippôr) auf dem Himmelsgewölbe einherhüpft. Doch
glaube ich, dass das Wort ṣafrâ mit dem arabischen Farbennamen aṣfar zusammenhängt, welches freilich, wie alle Farbennamen im Arabischen, höchst unbestimmter Natur ist, zwar
unter andern auch nigredo bezeichnet, aber vorwiegend die
goldgelbe Farbe benennt. Während nun das aramäische ṣafrâ
ausschliesslich die Morgensonne ist (vgl. Ἠὼς κροκόπεπλος,
Iliad. VIII, 1, während die Nacht μελάμπεπλος), wird im
Arabischen jenes angeführte Farbenwort wieder vorwiegend
der Abendsonne beigelegt. „Bis dass auf ihn kam das
Ende des Tages, und die Sonne das Kleid des Gelblichwerdens anthat" (Ila an ata ʿalejhi âchir al-nahâr wa-labisat
al-shams ḥullat al-iṣfirâr, ʿAntarroman VI, 244, 1); oder ein

---

[1] Gesenius, Thesaurus, p. 1183.

anderes Beispiel, wo die Zeitfolge noch deutlicher hervortritt: „Sie hatten al-No'mân um Mittag besiegt, dann ruhten
sie aus, bis dass die Sonne das Kleid des Gelblichwerdens
anthat, und des Abends erschien ihnen eine Staubwolke"
(Wa-kânû ḳad sabaḳû al-No'mân bi-niṣf al-nahâr wa-achadû
râḥâ ḥatta labisat al-shams ḥallat al-iṣfirâr wa-'ind al-masâ
ṭala' 'alejhim ġobâr, 'Antarroman VI, 35, 2). Bemerkenswerth ist es, dass im Aegyptischen von der untergehenden
Sonne gesagt wird, ihr Wesen strahle ta hen aus, ein Metall,
welches die gelbe Safranfarbe charakterisirt und welches
häufig der rothen Farbe entgegengesetzt wird.[1] Chabas
findet in dieser Entgegensetzung eine Schwierigkeit in Betreff des Vergleichs mit der untergehenden Sonne. Die
semitischen Analogien zeigen uns jedoch, dass die Verbindung der Safranfarbe mit der Sonne, namentlich mit der
Abendsonne, im Aegyptischen nicht vereinzelt dasteht. Es
ist mir für den Augenblick kein Beispiel auf arabischem Gebiete dafür bekannt, dass diese gelbliche Farbe, al-iṣfirâr,
auch einem andern Stadium der Sonne beigelegt wäre, als
der Abendsonne; hierher gehört aber das Wort aṣbaḥ (von
ṣubḥ, der frühe Morgen), morgenfarbig, welches vom Löwen
gebraucht wird und eine dem aṣfar nahestehende Farbenbezeichnung sein soll.[2] Auf jeden Fall ist die gelbe Farbe
im Semitischen — wie uns das aramäische ṣafrâ und der
arabische Sprachgebrauch belehren — Attribut der Morgen-
und Abendsonne. Ganz anders die beiden andern Farbenbezeichnungen: weiss und roth. Da begegnen wir grössern
Schwankungen. Bald ist es die Morgenröthe, welche als
weiss bezeichnet wird, im Verhältniss zu der fortgeschrittenen
Tagessonne, bald ist jene hellroth und diese weiss.

---

[1] Chabas, Études sur l'antiquité historique d'après les sources égyp-
tiennes etc. (2. Aufl., Paris 1873), p. 34, wo auf die Abhandlung von
Le Page-Renouf hingewiesen wird.

[2] Ibn al-Sikkît, S. 193, dem ich als zuverlässiger, alter Autorität
gefolgt bin; al-Gauharî und nach ihm Freytag fassen das aṣbaḥ etwas
anders.

Ka'anna sana-l-fagrejni lammâ tawâlajâ * damu-l-achawejni
za'farâni waajda'î.
Afâḍa 'ala |tûlîhima-ṣ-ṣubḥu mâ'ahu * faġajjara min ishrâḳi
aḥmara mushba'i.

Als wäre der Glanz der beiden Tagesanbrüche, indem sie aufeinanderfolgen, das Blut von zwei Brüdern, das des einen
safranfarbig, das des andern roth.
Der Morgen goss sein Wasser aus auf letztern und veränderte
seine hellrothe Farbe zu weiss. [1]

Das allererste Erscheinen der Morgensonne ist von Safranfarbe, darauf tritt eine hellrothe ein, und je mehr sie vorwärts schreitet, desto weisser wird sie. Die beiden Tagesanbrüche (al-fagrân) sind, wie der Scholiast zu obiger Stelle
bemerkt: al-kâḏib wal-ṣâdiḳ, die lügende, vermeintliche,
welche der rechten Morgenröthe vorangeht, und diese letztere
selbst. Derselbe Dichter aber, von dem ich das eben citirte
Fragment anführte, stellt dieses Farbenverhältniss an einer
andern Stelle gerade umgekehrt dar: so nämlich, dass zuerst
die weisse, graue Farbe auftritt, die dann ins Röthliche,
Safranfarbene übergeht. In einem Gedichte an einen Freund,
wo er eine schöne Beschreibung der Nacht liefert, lässt er
die Nacht als in die Sterne verliebt auftreten. Sie wird
aber alt

tumma shâba-d-duga wa-châfa min al hag * ri faġatta-l-mashîba
bi-z-za'farâni.

Und die Nacht bekommt graue Haare. Sie fürchtet, dass sie
nun ihr Geliebter — der gestirnte Himmel — fliehend verlassen
wird (wegen ihrer grauen Haare). Drum schminkt sie ihr graues
Haar mit Safranfarbe. [2]

Der Gedanke, den der Dichter hier ausdrücken will, ist:
die Nacht wird an ihrem Ende grau, wenn es graut; sie

---

[1] Abu-l-'Alâ, II, 107, 3—4.

[2] Siḳt al-zand I, 93, 1. In etwas drastischer Weise ist die Anschauung von diesem Farbenverhältniss bei dem sonderlichen persischen
Dichter Abû Isḥâḳ Ḥallâgî zu finden. Er sagt einmal: „Wenn die Sonne
am blauen Gewölbe ihre Wange zur Gelbe neigt, — kommt mir die Erinnerung an das Safrangericht auf azurner Schüssel" (Rückert, Grammatik, Poetik und Rhetorik der Perser, S. 126).

muss sich daher, um den Anschein ihrer Jugend zu bewahren und auch ferner ihrem Geliebten begehrlich zu sein, röthlich schminken. Aber auch den Glanz der Tagessonne (diâ al-nahâr) vergleicht derselbe Dichter mit dem grauen Haare des Greises (II, 226, 2), und dasselbe Bild wendet er vom Glanz der Sterne[1] an.

> Schon Adam — sagt er — der Nachkomme des Lehmes, sah die
> Welt, als sie graue Haare hatte. nämlich: die Plejaden, die Fische
> und die Wage.
>
> Ra'âhâ salîlu-ṭ-ṭîni was-shejbu shâmilun * lahâ biṭ-ṭurejjâ was-
> simâkejni wal-wazni.[2]

Dasselbe Bild, welches, wie wir sehen, Abu-l-'Alâ mit grosser Vorliebe anwendet, finden wir auch bei einem magrebinischen Dichter, Abu-l-Ḥasan 'Alî b. Isḥâḳ al-Waddânî, welcher vom Morgen sagt:

> Er gleicht dem grauen Haar, welches sich über das schwarze
> Haar der Jugend (die schwarze Nacht) breitet.
>
> Dâna-ṣ-ṣabâḥu wa-lâ ata wa-ka'annahu * shejbun aṭalla 'ala
> sawâdi shibâbî.[3]

Ebenso wird umgekehrt von dem Ergrauen der Haare gesagt: Die dunkle Nacht wird erhellt.[4]

Aus allen diesen Beispielen ist ersichtlich, wie das Fortschreiten der Frühsonne zur Tagessonne bald als Uebergang von der weissen Farbe in die röthliche, bald umgekehrt gefasst wird. Man beginnt bald mit der Morgenröthe, die dann zur Weisse wird, bald mit dem Morgengrauen, das in Röthe übergeht.[5] Wir haben an einigen Beispielen bereits oben bemerken können, dass, wo man den Tag der

---

[1] Ich will hier anführen, dass nach al-Ġazâlî (Ihjâ IV, 433) die Sterne verschiedenerlei Farben haben, einige neigen zur rothen Farbe hin, andere zur weissen, andere zur Bleifarbe: watadabbar 'adad kawâkibihâ wachtilâf alwânihâ faba'ḍuhâ tamîl ila-l-ḥumrâ waba'ḍuhâ ila-l-bajâḍ waba'ḍuhâ ila launi-r-ruṣâṣ.

[2] Abu-l-'Alâ, I, 195, 1.

[3] Bei Jâḳût IV, 911, 7.

[4] Ḥarîrî's Makamen, p. 675, 7. istanâra-l-lejl al-bahim.

Nacht entgegensetzt, dies so geschieht, dass die Nacht
schwarz, der Tag aber weiss genannt wird. Zu den
obigen Beispielen, auf die ich hier verweise, will ich zur
Verdeutlichung noch ein weiteres hinzufügen: 'Antarroman XXV, 5, 4: „bis dass die Weisse des Tages schwarz
wurde", ḥatta 'àda bajâḍ al-nahâr sawâdan. Dieses Attribut
weiss, in Bezug auf die fortgeschrittene Tagessonne, leuchtet
aber besonders aus einer Stelle hervor, deren Erwähnung
ich nicht unterlassen darf. Der Dichter al-Mutanabbî sagt
einmal:

> Ich besuche sie, während die Schwärze der Nacht mir zu
> Hülfe ist; und ich weiche zurück, wenn die Weisse des
> Morgens mich treibt.
>
> Azûruhum wasawâdu-l-lejli jashfa'unî * wa-anṭanî wabajâḍu-ṣ-
> ṣubḥi juġrî bî.

Ein Kritiker [1] bemerkt zu dieser Stelle, dass der Dichter hier,
statt von der Weisse des Morgens, vom Tage hätte reden
müssen, da das rhetorische Gesetz der muḳâbalà, Antithese,
als Gegensatz der Nacht (lejl) den Tag (nahâr) und nicht
die Morgenröthe (ṣubḥ) erfordert. Also besser: die Weisse
des Tags. Aus al-Ḥarîrî's Makamen will ich die antithetische
Stelle anführen: iswadda-l-jaum al-abjaḍ, der weisse Tag
färbte sich schwarz. [2] Aber auch für sich, ohne Antithese,
wird die weisse Farbe von dem Morgen und der Tagessonne angewendet: falamma-rtafa'at al-shams fabjâḍḍat,
„nachdem sich die Sonne erhoben hatte und weiss ward",
heisst es in einem Traditionssatze. [3] Im 'Antarroman (XXIV,
111, 3) heisst es von einem Pferde: „es war weisser Farbe,
als wäre es der Tag, wenn er anbricht, und der Mond [4],

---

[1] al-Anṭâḳi, Tazjìn al-aswâḳ etc., p. 405.

[2] Makamen, S. 128; vgl. Mehren, Rhetorik der Araber, S. 90.

[3] al-Buchârî IX, 35.

[4] Auch einem der hebräischen Mondnamen liegt die Anschauung von
der weissen Farbe des Mondes zu Grunde. In dem Verse: Ẓabjatun admâ'u
miṭla-l-hilâlî, „eine Gazelle, roth wie der Neumond" (Aġânî VI, 122, 21),
wird der Mond als roth aufgefasst. Wieder in der Benennung al-lajâlî

wenn er in vollem Glanze strahlt" (wahua abjaḍ al-laun ka'annahu al-ṣabâḥ ida-nfagar wal-ḳamar idà badar).

Und auch auf assyrischem Gebiete begegnen wir der Anschauung von der weissen Farbe der Sonne, zwar nicht durch ein directes Farbenwort ausgedrückt, jedoch durch ein Epitheton, welches unzweifelhaft diese Anschauung zum Grunde und Ausgangspunkte hat. In dem von Schrader „Der assyrische Königspsalm", genannten lyrischen Gedicht wird Zeile 29 dem Könige gewünscht ein Land mit Silberhimmel[1], d. h. ein Land mit einem heiterglänzenden Sonnenhimmel. Der glänzende Sonnenhimmel wird also hier silberfarben vorgestellt. Hingegen ist vielleicht der himjarische Gottesname Homar^m[2] solarischer Bedeutung = der Rothe (arabisch aḥmar); allenfalls klingt es unwahrscheinlich, wenn man hinter diesem Namen eine Art Bacchus wittert (chamr, Wein). In der hebräischen Literatur finden wir keine directen Andeutungen in Betreff der Farbenanschauung, die mit der Sonne verbunden wurde; eine indirecte Andeutung kann die Stelle Jesaias XXIV, 23 bieten, wo von dem Erblassen der Sonne und dem Erröthen des Mondes die Rede ist. ^{g} Dafür aber finden wir aus späterer Zeit in dem talmudischen Schriftthum eine gelegentliche Auseinandersetzung über die Farbe der Sonne; eine unserer Noten zu diesem Kapitel ^{h} beschäftigt sich mit dieser Stelle.

Wir haben bei der vom Gesichtspunkte der Farbe ausgehenden Anschauung der Sonne etwas länger verweilt, als dies die Symmetrie dieses Buches erlaubt, und haben namentlich so viele Beispiele aus der durch ihren Reichthum an Synonymen und Epithetis berühmten arabischen Sprache beigebracht, um es wahrscheinlich zu machen,

---

al-bîḍ (weisse Nächte), womit Nächte bezeichnet werden, die von ihrem Anfange bis zum Morgengrauen durch den Mond erleuchtet sind, wird der Mondesschein mit der weissen Farbe in Verbindung gebracht.

[1] Die Höllenfahrt der Istar u. s. w., S. 75.

[2] Halévy a. a. O., S. 556.

was wir über den mythischen Charakter Êsâv's, d. h.
Edôm's und Lâbhân's, der beiden feindlichen Bluts-
verwandten Jakob's, denken. Wir haben gesehen, dass die
Sonne ebenso häufig die Weisse als die Rothe genannt
wird [1]; ist es nun nicht mehr als sicher, dass die beiden
Feinde Ja'ḳôbh's, des nächtlichen Himmels, nämlich Edôm,
der Rothe, und Lâbhân, der Weisse, nur Namen
sind, die der hebräische Mythos, von der Farbe der
Sonne ausgehend, für dieselbe gebildet hat? Den Kampf
der Finsterniss und des Gewitterhimmels gegen den rothen
oder weissen Sonnenhimmel hat die reiche Sprache des
Mythos, welche diesem Kampfe so mannichfaltige Bezeichnungen gewidmet, in dieser reichen Gruppe als den
Kampf des auf die Ferse seines Bruders Folgenden,
gegen den Weissen und Rothen, bezeichnet. Und hier
wollen wir wieder auf dasjenige zurückkommen, was bereits oben im dritten Abschnitte dieses Kapitels vorweg-
genommen ist, dass nämlich der mythische Zug, der sich
neben andern solarischen Charakterzügen an die Beschreibung
der durchaus historischen Person David's angesetzt hat, er
sei admônî, röthlich, demselben mythischen Anschauungskreise angehört. Ein Stück Sonnenmythos: „sie ist roth
und von guter Sehkraft und schönen Augen."

So wären uns die mythischen Benennungen Jakob, Edôm,
Lâbhân klar geworden, und die Züge, die sich an diese
Namen knüpfen, hätten uns denn den nächtlichen Charakter

---

[1] Es ist bemerkenswerth, dass wir unter den arabischen Namen der
Sonne finden: al-gaunâ (Ibn al-Sikkît, S. 324), ein Farbenwort, welches
nach den arabischen Philologen zu den aḍdâd, Wörtern mit contradicto-
rischer Bedeutung, gehört und sowol die weisse als auch die schwarze
Farbe bezeichnet (vgl. Redslob, Die arab. Wörter mit entgegengesetzter
Bedeutung [Göttingen 1873], S. 27). Al-gaunâ ist vornehmlich die
untergehende Sonne, z. B. lâ âtîhi ḥatta tagîb al-gaunâ, „ich kann nicht
zu ihm kommen, bis dass die gaunâ untergeht", und für die untergehende
Sonne passt ein Farbenwort recht gut, welches, sowol die weisse als auch
die schwarze Farbe bezeichnend, dem Uebergang von Sonnenschein zu
Nachtdunkel entspricht.

jenes Hirten und den solarischen der beiden letztern eröffnet. Wir haben uns nur aufs Hauptsächliche beschränkt,
nämlich auf die Constatirung der Thatsache selbst und auf
die Identificirung der mythischen Gestalten, die im Mittelpunkte der Erzählung stehen; wollte man die Besonderheiten mit als mythisches Material verwenden, so könnte
sich eine grössere Fülle von Resultaten ergeben. Doch
müssen wir uns darauf beschränken, nur die Hauptzüge zu
untersuchen; da es bei dem heutigen Stand dieser Wissenschaft höchst bedenklich erschiene, aus der epischen Darstellung der biblischen Quelle mit Sicherheit ausscheiden
zu wollen, was dem alten Mythos angehört. Man könnte
z. B. urgiren, dass Jakob mit betrügerischem Charakter
versehen wird, indem er den Einen um seinen Segen und
um seine Erstgeburt, den Andern um seine Schafe betrügt
(Hermes), und dies als nächtlichen Zug namhaft machen,
da die Gestalten des nächtlichen Himmels auch sonst mit
diebischem Charakter gezeichnet werden. „Wie die Diebe“,
sagt der alte indische Sänger, „so schlichen die Nächte weg
mit ihren Sternen, damit sichtbar werde Surja“ (Rigveda
I, 50, 2).

Nach einer pfälzischen Sage hat der am Eismeere resi-
dirende König der Nacht einst die Sonne gestohlen[1],
und Ràchêl stiehlt die Hausgötzen ihres Vaters Làbhàn
(Genes. XXXI, 19), und Ja'ḳòbh selbst stiehlt, nach dem
Ausdrucke der Schrift, das Herz des Aramäers Làbhàn,
indem er diesem nicht mittheilt, dass er fliehen will (Vers 20).

> Jetzt in ihren Diebesmantel hüllt die Nacht sich ein
> Und verdeckt des silberknöpfigen Gewandes Schein,

sagt Arany in seinen Zigeunern von Nagy-Ida (Ges.
I, v. 21).

Damit jedoch, was wir bisher auseinandergesetzt, ist nur
die eine Seite der mythischen Charakterzüge Jakob's er-

---

[1] Mitgetheilt bei Henne-Am Rhyn, Deutsche Volkssagen u. s. w.,
S. 219, Nr. 427.

schöpft; wir haben gesehen, gegen wen er kämpfte. Jakob
hat nicht nur gekämpft, er hat auch geliebt, zärtlich und
aufopfernd geliebt. Er hat gefreit, er hat sich verheirathet,
und mit den Geschicken seiner Kinder, die er gezeugt, beschäftigt sich ein bedeutender Theil des Genesisbuchs. Die
Liebe des nächtlichen Himmels, die Namen seiner Frauen,
die er erobert, und seiner Kinder, die aus seinen Lenden
hervorgegangen, sind wol ein bedeutendes Stück des „Mythos
vom nächtlichen Himmel", und wir hätten unsere Aufgabe
noch unvollständiger gelöst als dies in der That geschehen,
wenn wir nicht auf jene Gestalten des hebräischen Mythos
näher eingehen wollten.

12.

Wenden wir uns vorerst zu seinen Frauen. Er hat
Gattinnen und sogenannte Kebsweiber. Diese Unterscheidung gehört nach meiner Ansicht der alten Fassung des
Mythos an, und wir müssen einige Worte darüber voraussenden, was dieser Unterschied bedeutet. Auch mit einem
andern bereits erörterten Namen des nächtlichen Himmels,
Abhrâm, wird eine echte Gattin (Sârâ) und ein Kebsweib
in Verbindung gebracht; diese letztere: Hâgâr, in welcher
wir den mythischen Träger eines Sonnennamens: „Die
Fliehende", erkannten. Dieser Umstand leitet uns zur Erkenntniss dessen, dass, während die Kebsweiber in der mythologischen Phraseologie im Verhältniss zu demjenigen, der
ihr Ehegemahl genannt wird, gegensätzliche Gestalten sind,
wie die Sonnengestalt Hâgâr im Verhältniss zu Abhrâm,
dem dunkeln Himmel, die Namen der echten Gattinnen
Gestalten repräsentiren, die der Bedeutung des Gemahls
homogen sind und zu derselben in keinem Gegensatz
stehen. So ist es vor allen mit Sârâ, der Gattin Abhrâm's.
Ihr Name bedeutet soviel als: Fürstin, Herrin, die Fürstin
des Himmels: der Mond, die Königin, die über das grosse
Heer des nächtlichen Himmels (ṣebhâ has-shamajîm) regiert.
Ein anderer Name des Mondes im hebräischen Mythos
scheint Milkâ (Abraham's Brudersfrau, Genes. XI, 29) zu sein,

d. h. die Königin, zwar nicht ausdrücklich die Ehefrau, aber grammatisch die Femininform von Melekh (Abhì-melekh), dem König (die Sonne), sowie Ashèrà (Mond) von Âshèr (Sonne), oder Lebhànà (Mond) von Làbhàn (Sonne). „Königin" oder „Fürstin des Himmels" ist ein sehr häufiger Name des Mondes [1], und am bemerkenswerthesten ist in dieser Beziehung, was uns die chaldäisch-babylonische Götterreihe zeigt — wol nicht mehr Mythos, aber, wie alle Theogonie, aus unverstandener Mythologie hervorgegangen. In diesem Göttersystem, wo die Gottheiten nach männlichen und weiblichen Triaden geordnet sind, sodass je eine männliche Göttergestalt der in der weiblichen Trias an derselben Stelle stehenden Göttin parallel ist, entspricht dem Sìn (Mond) der männlichen Trias, in der weiblichen Reihe „die höchste Fürstin", und dem Gula in derselben Trias Malkît, „die Königin", d. h. nichts anderes als: Sârà und Milkà. Auch die Göttin Istar wird als Fürstin (sarrat) des Himmels bezeichnet [2], was wol damit zusammenhängt, dass diese Göttin des assyrischen Pantheons, welche man gewöhnlich für die Venus hält, in späterer Zeit zum Monde wird. [3] Nach Rawlinson ist das assyrische Sheruha oder Sheruja (bei Damaskios Μισσαρή) — die Frau des Assùr — so viel als „*the queen.*" [4]   Und da es eben die Sterne sind, über welche die Königin des nächtlichen Himmels herrscht, ist gerade sie *siderum regina* bei Horaz (*Carmen saeculare*, v. 35). [5] Noch in spätester Zeit nannten die Hebräer den Mond die „Königin des Himmels", melekheth has-shamajim (Jeremias VII, 18), und sie genoss bei ihnen als solche um die Zeit des Exils göttliche Verehrung. Die nach Aegypten

<hr>

[1] Ueber regina coeli vgl. Jablonskii, Opuscula II, 54 fg. (ed. Le Water).

[2] Bei Talbot, angeführt von Schrader, Die Höllenfahrt der Istar, S. 98.

[3] Zeitschr. D. M. G. (1873), XXVII, S. 404.

[4] History of Herodotus App. B. I, Essay X (I, 484).

[5] Schwarz, Sonne, Mond und Sterne, 269. 274.

gewanderten hebräischen Frauen antworten dem sie zu-
rechtweisenden Propheten: „Wir gehorchen nicht jener
Warnung, welche du im Namen Jahve's an uns richtest;
sondern wir thun so, wie wir gelobt, dass wir nämlich
Räucherwerk opfern der Königin des Himmels, und
dass wir ihr Trankopfer darbringen, so wie wir immer gethan und unsere Ahnen, unsere Könige und Fürsten in den
Städten Jehûdâ's und in den Märkten Jerusalems, infolge
dessen wir uns auch sättigen konnten und es uns wohl
erging, und Böses sahen wir nicht; seitdem wir es aber
unterlassen, der Königin des Himmels zu räuchern
und ihr Trankopfer darzubringen, mangelt es uns an allem,
und durch Schwert und Hunger gehen wir zu Grunde;
denn wenn wir räuchern der Königin des Himmels und
ihr Trankopfer darbringen, opfern wir ihr denn ohne
unsere Männer die heiligen Kuchen, um sie abzubilden,
und opfern wir ihr denn (ohne unsere Männer) die Trankopfer?" (Jerem. XLIV, 16—19). Diese Antwort lässt darauf schliessen, dass der Mondcultus in Jehuda ein besonderer
Lieblingscultus der Frauen und von den Männern geduldet
war, und nicht als nebensächlicher Religionsdienst, sondern als Cultus hervorragender Stelle und ersten Ranges;
ein Cultus jedoch, der bei dem hervorragend solarischen
Charakter der Religion von ackerbauenden Menschen, als
Residuum einer alten nomadischen Zeit, damals mehr von
den Frauen gepflegt wurde. Und in wie alte Zeit dieser
Mondcultus bei den Hebräern zurückreicht, davon zeugt
— wie schon längst bekannt — die Rolle des Berges Sînaj
in der Geschichte der hebräischen Religion, denn dieser geographische Name hängt ohne Zweifel mit einem der semitischen Namen des Mondes, Sin, zusammen. Der Berg muss
im Alterthume ein dem Monde geweihter Berg gewesen
sein.[1] Die Anfänge der Religion der Hebräer, die, wie
wir noch sehen werden, an die Erscheinungen des nächt-

---

[1] Vgl. besonders Osiander in der Zeitschr. D. M. G. (1865), XIX,
242 fg.

lichen Himmels geknüpft waren, keimten auf dem Boden
eines alten Mythos zuerst während des Aufenthalts in Aegypten; diese Erinnerung war die Veranlassung davon, dass
sie denjenigen Theil des Aegypterlandes, den sie selbst
lange bewohnten, ereṣ sinîm, „Mondland“ nannten (Jesaias XLIX, 10). Es ist selbstverständlich, dass der Mondcultus der Nomaden mit jener vortheilhaften Rolle im Zusammenhange steht, welche den Gestalten des nächtlichen
Himmels im Mythos der Nomaden zugetheilt wird. Wenn
diese mythischen Elemente durch denjenigen psychologischen
Process, dessen Ergebnisse das Hinschwinden des Lebens
des Mythos und die ersten Anfänge der religiösen Weltanschauung sind, zur Religion werden, so werden dem Monde
nicht jene nachtheiligen Eigenschaften zugeschrieben, von
welchen die Cultursagen der amerikanischen Völker voll
sind, sondern es wird Segen und Erfolg mit ihm in Zusammenhang gebracht. Die Hebräer nannten in ihrer Heimat
die einst so reizende Palmenstadt, die fruchtbarste Stadt
ihres neuen Vaterlandes, heute allerdings ein unerquickliches
Nest, die Mondesstadt Jerèchò. Man kann zu dieser
Namengebung eine zutreffende Parallele anführen aus der
Mittheilung des arabisch-schreibenden Persers Ḥamzâ aus
Ispahan, welcher in seinem Kitâb al-muwâzanâ sagt, dass,
weil der Mond die Ursache des Wasserreichthums und des
Regens ist, die Namen der fruchtbarsten Orte Persiens
mit dem Worte mâh, welches Mond bedeutet, zusammengesetzt werden; z. B. Mâhidînàr, Mâhisheherjârân,
Mâhikârân, Mâhiharûm u. s. w. [1] Nach der Ansicht
der Eranier hängt nämlich das Gedeihen der Pflanze von
dem Einflusse des Mondes ab. [2] Die arabische Sprache

---

[1] Bei Jâkùt IV, 406.

[2] Das ständige Epitheton, den Stiersamen enthaltend, lässt die Anschauung durchblicken, dass durch den Einfluss des Mondes die Viehheerden gedeihen (Spiegel, Die heiligen Schriften der Parsen, III, xxi).
Nach Yasht VII, 5 ist es der Mond, „der das Grüne hervorbringt, der
Güter hervorbringt“. Man vgl. Catullus XXXII (XXXIV), v. 17—20,
wo der Dichter dem Monde zuruft:

zeigt noch ganz deutlich den mythischen Zusammenhang
zwischen dem Monde und der guten Weide[1] dadurch,
indem dasselbe Wort, welches als Nomen Mond bedeutet,
„al-ḳamar", als Verbum, ḳamara, den Begriff ausdrückt:
multus fuit (de aqua et pabulo) und ḳamir bedeutet: *multa
aqua.*

Die nomadischen Hebräer nannten Sârâ, die Himmelsfürstin[2], des Nachthimmels, Abhrâm's echtes Weib. Dasselbe Verhältniss zwischen Gattin und Kebsweib tritt noch
klarer hervor bei dem Synonymon des Abhrâm, bei Ja'ḳôbh.
Seine echten Frauen sind Lê'à und Râchêl; an die letztere knüpft ihn die zärtlichste Liebe, eine Liebe, die nach
der Darstellung der biblischen Quelle das Ideal aufopfernder
Gattenliebe geworden. Beide Namen sind dem mythischen
Charakter Ja'ḳôbh's homogen, die Trägerinnen dieser mythischen Benennungen sind Gestalten des dunkeln Nacht- und
Wolkenhimmels. Ernste Männer werden es wol keinen Zufall nennen dürfen, dass das Wort Lê'à seiner Bedeutung
nach nichts anderes besagt als Delîlà, nämlich *languida,
defatigata*, die Schmachtende, Müde, Schwache: die

> Tu cursu, dea menstruo
> Metiens iter annum,
> Rustica agricolae bonis
> Tecta frugibus exples.

[1] Dieser Zusammenhang ist auch in der hottentottischen Mythologie
klar. Heizi Eibib, was Mond bedeutet, ist dort der Name des Mannes,
dem im ganzen Lande von Namagna Grabeshügel geheiligt werden und
der um gute Jagd und reiche Viehheerden gebeten wird (Waitz, Anthropologie der Naturvölker, II, 324).

[2] Max Müller's Ansicht (Introduction to the science of religion,
p. 184): „When Jeremias speaks of the Queen of Heaven this can
only be meant for Astarte or Baaltis" ist nur dann richtig, wenn man
Baaltis mit dem Monde identificirt. Die Richtigkeit dieser Identificirung,
die zuerst Philo Byblius aufgestellt hat, und welche auch die alten Exegeten Grotius und Lyra und viele neuere zugestanden haben, ist mehr
als wahrscheinlich, denn der Name Baaltis steht eben in demselben Verhältniss zu Ba'al (Sonne), wie Milkâ zu Melekh, Lebbânâh zu Lâbhân,
Ashêrâ zu Âshêr. Auch Tiele (Vergelijkende Geschiedenis, p. 512) sagt
dasselbe wie Müller.

untergehende Sonne, die ihr Tagewerk erfüllt hat, oder vielmehr auch nicht mehr Sonne, sondern die Nacht, die ihrem lockigen Geliebten oder Bräutigam die Haarlocken abschneidet, *crines Phoebi*, in denen seine ganze Kraft steckt; die Nacht, welche die Sonne ihres Strahlenschmuckes beraubt, sodass der Sonnenheros entkräftet zur Erde sinkt und geblendet auf dem Kampfplatze verbleibt. Noch in einem jüdischen Literaturproduct aus späterer Zeit wird von der untergehenden Sonne der Ausdruck châlâsh, „schwach, entkräftet", gebraucht. „Sie gleicht einem Helden, welcher als Starker auszieht und kraftlos heimkehrt; so ist auch die Sonne bei ihrem Aufgange ein kräftiger Held und bei ihrem Untergange ein Schwächling."[1] Mit dem Namen Lê'à, wird nichts Aehnliches verbunden; doch ist es klar, dass dieser Name die untergehende Sonne oder die hereinbrechende Nacht benennt, wenn wir lesen: „Die Augen der Lê'à waren schwach" (we'ênê Lê'à rakkôth, Genes. XXIX, 17).[2] Wie eng die Begriffe Ende (hier des Tags) und Ermattung im Semitischen zusammenhängen, dass sehen wir sehr klar an dem aramäischen Worte shilhê, welches Ende bedeutet und eine von der Shaf'êl-Form ausgehende Weiterbildung des Stammes lehî ist (das hebräische lâ'à, woher unser Name Lê'à), welcher ermatten bezeichnet.[3] Noch klarer und unzweideutiger ist der Name Râchêl. Er bedeutet: das Schaf. Wenn der alte Mensch seinen Blick zum Himmel erhob und auf der Weide des Himmels graue Wolken langsam dahinziehen sah, da erblickte er dort oben dasselbe, was unsere Kinder erblicken, wenn sie in ihrer lieblichen Phan-

---

[1] Midrâsh Shôchêr Tôbh zu Psalm XIX, 7.

[2] Die Entgegensetzung von Lê'à's schwachen Augen gegen Râchêl's Schönheit gehört nicht der mythischen Stufe an, sondern der epischen Darstellung.

[3] Es ist kein Grund vorhanden, das Wort shilhê von dem Shaf'êl shalhî zu trennen, wie dies Levy thut im Chald. Wörterb. II, 481; vgl. Reggio in der hebr. Zeitschr. Ozar Nechmad, I, 122.

tasie am Himmel Gestalten entdecken wollen von Bergen und Thieren. Der mythosschaffende Mensch und unsere Kinder stehen in dieser Beziehung auf derselben Stufe des Geistes. Wie schön hat Angelo de Gubernatis in der Einleitung zu seinem epochemachenden Werke „Zoological Mythology" die tiefen, und auf gemüthvolles dichterisches Nachfühlen der Empfindungen einer mythischen Zeit beruhenden Erklärungen der alten Thiermythen an die lebhaften Erinnerungen jenes frühen Alters angeknüpft, wo der jetzt so gründliche Mythosforscher gen Himmel blickend selbst Mythos machte! Und was die mythosschaffende Menschheit der Urzeit, was noch das Kind unserer fortgeschrittenen Neuzeit in dem bilderreichen Buche der Natur liest[1], das finden in ihr noch jetzt diejenigen Menschen, die zwar nicht mehr Mythos machen, aber uns an unvermittelter Naturbetrachtung überragen. Die Sandhäufungen und Dünen der Sahara werden von den Eingeborenen verschiedenartig genannt: Kelb, Hund, kebsh, Schaf, chashin el-kelb oder chashin el-kebsh, Hunds- und Schafsnase.[2] Besonders aber sind es die Wolken, die der Phantasie so viel Nahrung boten. Auf arabischem Gebiete können wir auf eine Abhandlung des jedem Arabisten bekannten Sprachgelehrten älterer Zeit, Abû Bekr ibn Durejd, über die „Beschreibung des Regens und der Wolke" verweisen, welche der gelehrte Engländer Prof. William Wright in einer nutzbaren Sammlung herausgegeben hat. In dieser Abhandlung wird man so manches lebensvolle Bild finden, welches die alten mythischen Anschauungen in ihrem Fortwirken veranschaulicht[3], und, um noch einen uns näherliegenden modernen Literaturkreis zu nennen, wer kennt nicht die classische Stelle im Shakspeare, wo Polonius über die Gestaltungen der Wolke Betrachtungen anstellt, eine Reihe von mythischen Betrachtungen, die derselbe eng-

---

[1] Vgl. Zeitschr. für Völkerpsychologie u. Sprachwissenschaft (1869), VI, 237. 252.

[2] Rohlfs, Quer durch Afrika, I, 204.

[3] Opuscula arabica, p. 16—39.

lische Dichter einen andern seiner Helden zu einem mythologischen Resumée verdichten lässt:

> Sometimes, we see a cloud that's dragonish
> A vapour, sometime, like a bear or lion
> A tower'd citadel, a pendent rock
> A forked mountain or blue promontory
> With trees upon't that nod unto the world
> And mock our eyes with air —
>
> Antony and Cleopatra IV, 12.

Ist nun der Himmel ein Weideplatz, so liegt es ja am
nächsten, in den Wolken weidende Thiere zu erblicken.
Der nomadisirende Araber sieht denn auch in den Wolken
Kamelheerden[1] und nennt eine kleine Heerde von 20—30
Kamelen mit demselben Namen, mit welchem er ein ab-
gelöstes Wolkenfragment bezeichnet: al-ṣirmâ. Der Dichter
Abû Ḥibâl nennt die regenschwere Wolke dalûḥ, d. h. ein
mit vielem Gepäck beladenes Kamel[2], und nach dem arabischen Sprachgelehrten al-Tebrîzî heisst die in Begleitung
von Donner und Blitz sichtbare Wolke deswegen al-ḥan-
nânâ, die Brüllende, weil die alten Araber die donnernde
Wolke[3] ein Kamel nannten, das in schmerzvoller Sehnsucht nach der Heimatstätte in lautes Brüllen ausbricht.
Welch sinniger Mythos steckt da hinter dem Sprachaus-
drucke ḥannânâ! Das Kamel ist auf der Wanderung weit
von der Heimat abgekommen, es sehnt sich nach Hause,
es brüllt unter entsetzlichem Schmerze: — es donnert.[4] Ja,
dieser Mythos war nicht vereinzelt bei den Arabern; wir
finden eine leise Spur davon bei den spätern Juden, im

---

[1] Z. B. Ḥamâsâ, p. 609, v. 6; al-Nâbiġâ VI, v. 9.

[2] Ḥamâsâ, p. 391, v. 2.

[3] Commentar zu Ham. ibid.

[4] Die alten Araber erkannten bereits den Donner und den Blitz als
von den Wolken ausgehend und verursacht; man kann diesbezüglich auf
viele Stellen verweisen, es sei genug an Lebîd Muʿallaḳâ, v. 4. 5. Ḥanna
(seufzen, sehnsuchtsvoll ächzen) ist demnach soviel als donnern, z. B.
Aġâni XIII, 32, 8 ḳad raʿadat samâʿuhu wa-baraḳat wa-ḥannat warġaḥannat

Talmûd. Da heisst es von dem Donner: „Die Wolken ächzen". Achà b. Ja'ḳôbh erklärt die meteorologischen Erscheinungen mit den Worten: „Der Blitz funkelt, die Wolken ächzen (menahamîn 'anânê) und der Regen kommt. (Berâkhôth fol. 59 a). Diese mythische Auffassung ist nur eine Variation jener allgemeinen Anschauung, wonach der Donner ein Brüllen des Löwen ist (Hiob XXXVII, 4, nur vom Löwen wird shâ'ag gebraucht), woraus in der monotheistischen Umbildung an so vielen prophetischen und poetischen Stellen das Brüllen Jahve's wurde. Im Arabischen gebraucht man vom Brüllen des Löwen und vom Donner hamhama; auch zamgara ist ein Wort, welches beiden gemeinsam ist. In der bereits erwähnten Schrift des Ibn Durejd sagt ein Araber von der Donnerwolke: „Ihre Donner ächzen wie vom Heimweh geplagte Kamele (ṭirâb), und brüllen wie wüthende Löwen."[1]

Der Araber erblickte in den Wolken eine Kamelheerde, in der Wolke ein Kamel.[2] Auch die in der arabischen Poesie so häufig wiederkehrende Vergleichung mit dem Straussvogel wird in der Anschauung von den Wolken geltend gemacht. Zuhejr b. 'Urwâ sagt von einem hinter der grossen Wolke sichtbaren kleinern Wölkchen: es sei ein an den Füssen aufgehängter Straussvogel (ka'anna-r-rabâba duwejna-s-saḥâbi * na'âmun tu'allaḳu bi-l-arguli).[3] Vom hebräischen Mythos ist uns eine Anschauungsweise überliefert, in welcher die Wolke als Schaf angesehen wird (Lämmerwolke), als Râchêl. Sie ist die echte Frau des dunkeln, nächtlichen, umwölkten Himmels. Wenn die Wolke ihre nasse Last auf die Erde träufelte, da sagte der alte Hebräer: „Râchêl weint um ihre Kinder", eine Phrase, die als Residuum eines mythischen Anschauungskreises in ganz anderer Bedeutung sich bis in die späte Zeit erhielt.[4]

---

[1] Vgl. Opuscula arabica, p. 20, 10; 21, 7.
[2] Vgl. ibid. p. 29, 2.
[3] Kitâb al-aġânî XIX, 157, 1.
[4] Jerem. XXXI, 15.

Denn so wie der Araber den Donner als den Schmerzens-
schrei der Wolke ansah, so mochte der Hebräer in dem
Regen die Thränen der Râchêl erblicken. Und auch die
Araber sagen bis zum heutigen Tage vom Regen: der Himmel weint, die Wolken weinen [1], eine Anschauung, die
auch dem Hellenen nicht fremd war, wenn er von „Jovis
Thränen" sprach. [2] Im 'Antarroman XXV, 58, 4 heisst
es vom Regen:

> Der düstere Himmel weint mit Thränen, die da herabströmen
> aus dem Auge der regnenden Wolke;

und am schönsten spricht der Dichter Ibn Muṭejr von dem
weinenden Himmel:

> Die Wolke lächelt mit Aufleuchten (des Blitzes) und weint aus
> Augenwinkeln, deren Nass nicht durch Splitter (die im Auge
> stecken) hervorgelockt wird; und ohne Kummer oder Freude ver-
> bindet sie Lachen und Weinen. [3]

Râchêl hat einen geliebten Sohn: Jôsêf. Dieses letztere
Wort bedeutet: Er vermehrt, d. h. nach dem oben bereits wiederholt Bemerkten: der Vermehrer. Er wird in
einem Hymnus an ihn genannt: „Der Segen des Himmels von oben, der Segen der Flut, der unten
Lagernden, der Segen der Mutterbrust und des
Mutterleibes" (Genes. XLIX, 25). Kann man bezweifeln,
dass dies der Regen ist, der Vermehrende, der Segen
von oben, der unten als Wasserflut lagert, der Regen, den
man mythisch so gern als die nährende Milch der gemelkten
Wolkenkuh betrachtete? [4] Kann wol der geringste Zweifel
darüber obwalten, dass der „Vermehrer", der Sohn der

---

[1] Vgl. al-Sherbînî Hezz al-ḳuḥûf etc. lithogr. (Alexandrien), p. 253.
Auch vom gerötheten Abendhimmel sagte man im Arabischen: er weine
bluthige Thränen (al-Maḳrîzî, Chiṭaṭ, I, 430.

[2] Clemens Alex. Strom. V, 571.

[3] S. Nöldeke's Beiträge zur altarab. Poesie, S. 34.

[4] Der Mythos nennt die Wolke auch Euter. S. Mannhardt, German.
Mythenf., S. 176—188; auch im Arabischen Ibn Muṭejr bei Nöldeke,
a. a. O.

Wolke nichts anderes sein kann als der Regen, sowie der Wein die Tochter der Weinbeere [1], die Frucht der Sohn des Baumes [2] genannt wird, und so wie man im Arabischen das Brot gâbiru-bnu ḥabbata, gleichsam Kraftgeber, Frau Korns Sohn, nennt? [3] Und während diese letztern Anschauungen wol natürlich, aber nicht ganz allgemein verbreitet sind, ist diejenige: der Regen ist das Kind der Wolke, allgemein. Wir begegnen ihr bei den Hellenen, wo Pindar singt:

$$\ldots\ \text{ἔστιν δ' οὐρανίων ὑδάτων}$$
$$\text{ὀμβρίων, παίδων νεφέλας}$$

Olymp. X, 2—3;

ebenso wie bei den Arabern. Da sagt der Dichter Muḥammed b. ʿAbd al-Malik, als ein heftiger Regenguss die Ankunft seines Freundes al-Ḥasan b. Wahab verzögerte: „Ich weiss nicht wie ich mich beklagen soll gegen einen Himmel, der von mir zurückhält einen andern Himmel (den Freund), es sei denn, dass ich Fluch und Segen zugleich ausspreche: jener möge kinderlos werden, dieser aber lange leben." [4] Der Wolkenhimmel möge seine Kinder verlieren! d. h. es möge der Regen aufhören.

---

[1] Ibnat al-ʿinab in dem berühmten Weinliede des Wâlid b. Jazid (Aġânî VI, 110, 5). Bekanntlich heisst der Wein im Hebräischen „Traubenblut", dam ʿênâbh (Deut. XXXII, 14); vgl. das Pers. chôni rûz bei Waṣṣâf (ed. Hammer), p. 138, 6, shahzâdegân bâ jekdiger chôni rûz chordend.

[2] Im Siamesischen: luk mei, Sohn des Baumes, Frucht (Steinthal, Charakteristik, S. 150); man vgl. den Midrâsh rabbâ Leviticus, sect 7, wo von den Kindern der Bäume die Rede (châlaḳtâ khâbhôd lâʿêṣîm bishebhîl benêhem). Die Perle heisst bei Waṣṣâf, S. 180, 15, Zâdei jem, Sohn des Meeres. Ein merkwürdiges mythologisches Kindschaftsverhältniss findet man in der polynesischen Mythologie. Dort ist das Jahr eine Tochter der ersten Urältern, welche dann mit ihrem eigenen Vater die Monate zeugte, die Kinder dieser letztern sind die Tage (Gerland, Anthropologie der Naturvölker, VI, 233).

[3] Bei Fleischer in Zeitschr. D. M. G. (1853), VII, 502 Anm.

[4] Aġânî XX, 54, 16.

Lastu adrî mâ ḏâ akûlu wa-ashkû * min samâ'in ta'ûkunî 'an samâ'i
Ġajra annî ad'û 'ala tilka bi-ṭ-ṭuk * li wa-ad'û lihâḏihi bi-l-bakâ'i.

Dieser Vermehrer, Sohn der Wolke ist es, welcher
allein Hülfe schaffen kann, wenn die Erde durch lange
Dürre und Hungersnoth heimgesucht wird. Der vermehrende Regen gibt der dürren Erde ihre Fruchtbarkeit
zurück und verschafft der hungernden Menschheit Nahrung.
Das ist der einfache Gedanke, welcher die mythische Grundlage zu der Erzählung von der Hungersnoth in Aegypten
und Josef's Hülfe in derselben bildet. Der lebendige Mythos
ist allgemein, nicht gebunden an Ort und Zeit, er ist weder
geographisch noch chronologisch begrenzt. Der nicht mehr
verstandene und aus dem Bewusstsein der Menschen ge-
schwundene Mythos wird zur Sage mit localer Bestimmtheit
und spielt in einer bestimmten historischen Zeit. Es ist
dies dieselbe Erfahrung, die wir an den meisten hellenischen
Heroenmythen machen. Die Sonne, welche tagtäglich die
Ungeheuer der Finsterniss und das Gewitter mit eiserner
Keule bekämpft und erlegt, wirkt als personificirter Herakles
in einem kleinen Flecken Hellas, in Nemea oder Lerna.
Während Josef der dürren Erde Fruchtbarkeit verleiht und
sie als „Vermehrer" von dem Fluche erlöst, der auf ihr
lastet, wirkt der prophetische Held, an dem wir bereits
einige solarische Züge nachgewiesen, das Entgegengesetzte.
Êlîjâhû, der mit feurigem Rosse auf feurigem Wagen
gen Himmel fährt, der „haarige Mann", verflucht die
Erde des hebräischen Landes zu Âch'âbh's Zeit — wieder
Localisirung und chronologische Beschränkung dessen, was
der Mythos im allgemeinen und ohne Begrenzung erzählt —
mit Dürre, Regenlosigkeit und Unfruchtbarkeit; er ist die
Veranlassung einer grausamen Hungersnoth (I. Kön. 17, 1).

Der „Vermehrer" kämpft auch harte Kämpfe. Der be-
rühmteste davon ist jener Kampf, den er gegen die ihn so
heiss Liebende besteht, deren Namen uns nur die legen-
darische Tradition aufbewahrt, gegen Zalîchâ, die Ein-
herschreitende. Wir kennen sie bereits. Er entflieht vor

der Liebenden, lässt aber seinen Mantel zurück bei
ihr (Genes. XXXIX, 12). Dieses Moment, das uns als
Nebensächliches erscheint, mag ein wichtiger Zug des alten
Mythos gewesen sein. Wir werden noch später sehen, dass
die Gestalten des nächtlichen und dunkeln Himmels mit
einer Decke, einem Mantel versehen werden, mit dem sie
die Erde oder die Sonne verdecken: dies ist die Ursache
der Finsterniss. Ein anderer Kampf ist es, den er gegen
seine Brüder kämpft, die „Inhaber der Pfeile“, d. h.
der Sonnenstrahlen, welche die Regenwolke mit ihren Pfeilen
beschiessen und sie zu vertreiben suchen. Josef's Verfolgung durch die eigenen Brüder und seine Vertreibung nach
Aegypten ist nichts anderes als die andere Seite des Osiris-
Typhon-Mythos der Aegypter und des Adonis-Mythos der
Phönizier; nur dass dort der Sonnenheld, hier der Regen-
held der Gegenstand der Verfolgung ist. Während der Sarg
des Osiris seine Wanderung von Aegypten aus antritt und
an der phönizischen Küste in Byblos landet, wandert der
verkaufte Josef auf dem umgekehrten Wege von Kena‘an
nach Aegypten. Beide Mythen sind zur Localsage geworden,
jene in Aegypten, diese in Kena‘an, die Richtung dieser
Wanderung modificirt sich demnach im Sinne dieser Localisirung.

Aus dem Kampfe des Regenhimmels gegen die Pfeile
schiessenden Sonnenhelden entsteht nach unserm Mythos
der Regenbogen, welcher später, ebenso wie der Blitz
der „Pfeil Gottes“ genannt wurde, als der „Bogen
Gottes“ bezeichnet wird (kashtî, Genes. IX, 13), und
für dessen Entstehung die Cultursage eine Begründung
gibt, welche dem Mythos noch fremd ist. Dieser scheint
den Regenbogen dem Josef beizulegen, welcher, nachdem
er von den „Pfeilbesitzern“ besiegt und vertrieben wurde,
doch keine gänzliche Niederlage erlitten hat, „denn fest
sitzt sein Bogen“ (Genes. XLIX, 24). Dieser Ausdruck
weist auf folgende Auffassung hin: Nachdem die Regenwolke durch die Sonnenhelden von ihrem Platze verdrängt
wurde, befestigte er für einen künftigen Kampf seinen

Bogen am Himmel. Der Regenbogen ist somit nach dem hebräischen Mythos ein Bogen, der dem Gewitterhelden angehört. Dieselbe Anschauung finden wir auch in der arabischen Mythologie. Der Regenbogen heisst unter andern ḳausu Ḳuzaḥa, der Bogen des Ḳuzaḥ (dieser ist als Gewitterheld nachgewiesen), und wie man aus einigen Stellen, welche Tuch in seiner Abhandlung über die sinaitischen Inschriften gelegentlich zusammengetragen [1], combiniren kann, ist es derselbe Bogen, aus dem Ḳuzaḥ während des Gewitters seine Blitzespfeile abschiesst, der dann auch nach Beendigung des Gewitterkampfes am Himmel erscheint. Mit dem Bogen zugleich wird in dem hebräischen Hymnus, dem wir obige Angabe entnommen, erwähnt: ebhen Jisrâ'êl, der Stein Israel's. Vielleicht irre ich nicht, wenn ich vermuthe, dass die Steine hier solarische Bedeutung haben, von der Sonne gebraucht, welche nach Besiegung Josef's am Firmamente erscheint. Wir wissen aus den Nachweisungen Schwarz' [2], welche neuerdings Kuhn in seiner akademischen Abhandlung über die Entwickelungsstufen der Mythenbildung bekräftigt hat, dass die Sprache des Mythos die Sonne ebenso wie andere Lichtkörper Steine nennt. Dahin gehört ja auch, wenn David seinen Riesenfeind mit Steinwürfen erlegt. Auch Ḳajin tödtet den Hebhel durch Steinwürfe, wie die Tradition bewahrt hat. [3] Im ganzen aber kann man aus jenem Hymnus für den Mythos nur Andeutungen ablösen; denn an die Ueberreste jener uralten Hymnen, denen auch dieses Stück angehört, hat sich in späterer Zeit sehr vieles angelehnt, was aus historischen Verhältnissen und Beziehungen erwachsen ist und auch auf das Uralte verändernd eingewirkt hat, sodass wir uns in Betreff dieser Fragmente begnügen müssen, aus denselben im allgemeinen erfahren zu können, welches die Punkte und

---

[1] Zeitchr. D. M. G. (1849), III, 200. Vgl. oben S. 89.

[2] Sonne, Mond und Sterne, S. 1 fg.

[3] Weil, Biblische Legenden der Muselmänner, S. 39. Zeitschr. D. M. G. (1861), XV, 86.

Auffassungen sind, um die sie sich hauptsächlich drehen. Dass
die alte mythische Anschauung der Hebräer vom Regenbogen sich so schwer reconstruiren lässt, hat natürlich seine
Ursache darin, dass diese mythische Auffassung durch eine
später entstandene theologische Erklärungsweise (Genes. IX,
12—17) leicht verdrängt wurde. Es ist bemerkenswerth, dass
gerade in Betreff des Regenbogens der an letzterer Genesis-
stelle auseinandergesetzte Entstehungsgrund in manchen
Kreisen sich so wenig Durchbruch verschaffen konnte, dass
in den christlichen Volkssagen noch vielfach an alte mythische
Anschauungen angeknüpft wird. Wir vollen nur an eine
Mittheilung von Bernhard Schmidt erinnern, wonach das
christliche Volk auf Zakynthos den Regenbogen noch heutigentags den Gürtel oder den Bogen der Jungfrau, τὸ
ζώναρι, τὸ τόξο τῆς παναγίας, nennt. [1]

13.

Während nun die echten Frauen Jakob's, wie wir gesehen, ihm selbst homogene mythische Gestalten sind, bezeichnen seine Nebenfrauen, die beiden Kebsweiber Zilpâ
und Bilhâ, zu Jakob im Gegensatz stehende Gestalten des
alten Mythos. Den mythischen Charakter der Zilpâ haben
wir bereits oben im siebenten Abschnitt dieses Kapitels
bestimmt. Es stand uns für diese Bestimmung nur die
Etymologie des Namens zur Verfügung, da uns von dieser
mythischen Figur gar kein materieller Mythos überliefert
ist. Umgekehrt verhält es sich bei der Bestimmung dessen,
was Bilhâ bedeutet. Das Hülfsmittel der Etymologie lässt
uns hier im Stich; denn, wenn wir auch voraussetzen, dass
der Abstractbegriff, dessen Form dieser Name repräsentirt,
hier mit Participialbedeutung aufzufassen ist (Bilhâ = „die
Zitternde, Erschrockene“), leitet uns beim Mangel
an dahingehörigen Analogien die Bedeutung des Namens

---

[1] Das Volksleben der Neugriechen (Leipzig 1871), I, 36.

auf gar keine Fährte, deren weitere Verfolgung uns von Nutzen wäre. Dafür aber haben wir zum Glück einen materiellen Mythos, der sich auf Bilhâ bezieht. „Es ging Re'ûbhên und ehelichte Bilhâ, die Nebenfrau seines Vaters" (Genes. XXXV, 22).

Der Uebergang von der einen Naturerscheinung in die andere wird vom Mythos nicht immer unter dem Gesichtspunkte des Kampfes angeschaut, wobei die weichende Erscheinung den Besiegten und die bleibende den Sieger bezeichnet. Ebenso häufig als das Sprechen von solchem Kampfe, ist der Mythos vom Lieben und Vereinigtwerden, von der geschlechtlichen Vereinigung. Die schwindende Erscheinung geht in die unmittelbar auf sie folgende auf, sie werden eins, Mann und Weib. Bei dem Mythos von der geschlechtlichen Vereinigung wird zuweilen jener mythische Zug vernachlässigt, dass die beiden einander folgenden Gestalten Geschwister sind, oder Vater und Kind, Mutter und Kind. Wir hatten ein Beispiel davon in dem hebräischen Mythos von der Vereinigung des Shekhem mit der Dînâ. Sehr häufig ist dies im arischen Mythos, und es genügt wol diesbezüglich auf die betreffende Partie in Max Müller's „Essay" hinzuweisen. Ein sehr schöner Mythos dieser Art ist der, welcher uns in einer dem Plutarchos zugeschriebenen Schrift, *De fluviorum et montium nominibus* (IV, 3), erhalten ist. Bei Gelegenheit des Gangesflusses wird da erzählt: „An demselben liegt auch der Berg Anatole, d. h. „der Aufgang", so genannt wegen folgender Ursache: „Helios sah einst die Jungfrau Anaxibia tanzen und wurde von heftiger Begierde zu ihr ergriffen, und als er seine Liebe nicht mehr unterdrücken konnte, da wollte er der Jungfrau Gewalt anthun und verfolgte sie. Die Jungfrau, von überall umschlossen, flüchtete sich in den Tempel der Artemis Orthia auf dem Berge Koryphe und verschwand vor den Augen des Verfolgers. Dieser, von hinten nachfolgend, ging, als er seine Geliebte nicht einholen konnte, vor Trauer daselbst auf: daher nennen die Eingeborenen den Berg: Anatole, Sonnenaufgang, wie dies Kaimaros im 10. Buche

der «Indischen Dinge» erzählt."[1] Hier, wo der Sonnenaufgang nicht einmal Ergebniss der Vereinigung, sondern,
charakteristisch genug, der verzweifelten Liebe ist, steht
Helios in keinem verwandtschaftlichen Verhältnisse zur
Morgenröthe ebenso wenig wie Shekhem zur Dînâ, oder Abhîmelekh, der spätere Sonnengott (Melekh, vgl. Abhîbaʿal
und Baʿal) zu Rebbeka, die er heftig liebt (Genes. XXVI),
oder zur Sârâ — Mond — mit der er sich vereinigt (Genes.
XX). Es überwiegt jedoch die Anschauung, der wir noch
in dem Mythos von Lôṭ begegnen werden, dass die Liebenden oder sich Vereinigenden Blutsverwandte sind, Geschwister oder Aeltern und Kinder. Die Anschauung von
einem Sohne, der in seine Mutter verliebt ist, ist, wie Lenormant nachweist, in der asiatischen Mythologie ganz allgemein; im altbabylonischen Mythos ist Dâzî der hebräische
Tammûz, Liebhaber seiner Mutter Istar u. s. w.[2]; bei
den Aegyptern heisst Amòn der Gemahl seiner Mutter
Neith, und bei den Indern heisst Pushàn sowol der Liebhaber seiner Schwester als auch der Gemahl seiner
Mutter. Wenn nach lange andauernder Finsterniss mit
langsamem Fortschritte erst ein räthselhaftes Zwielicht eintrat, welchem mit immer schnellerm Lauf die Morgenröthe
folgte: so sagte der Indogermane: Prajàpati liebt seine
eigene Tochter Ushas und thut ihr Gewalt an, oder Indra
verführt Ahâlia (die Nacht) oder vereinigt sich mit seiner
Mutter, der Dahàna.[3] Dahin scheint auch Sârà zu gehören, welche nicht nur Gattin, sondern auch Schwester
des Abhrâm ist. Reʾûbhên ehelicht seine Mutter, oder
besser die Frau seines Vaters, Bilhà. Dass Reûʾbhên eine
dem Jaʿḳòbh homogene, d. h. nächtliche Gestalt ist, ersehen wir am besten daraus, dass er im Kampfe der

---

[1] Plutarchi fragmenta et spuria (ed. Fr. Dübner [in der Firmin
Didot'schen Sammlung], Paris 1855), p. 83.

[2] Lettres assyriologiques et epigraphiques (Paris 1872), II, 5. Brief.

[3] Müller, History of Sanskr. Lit., p. 530; Essays II, 143; Fiske,
Myths, p. 113.

„Pfeilbesitzer" gegen Josef auf des letztern Seite ist und ihn retten will, während der Sonnenmann Jehûdâ die Verkaufung des Josef vorschlägt (Genes. XXXVII, 21. 26). Ein solcher sympathischer Zug bedeutet im Mythos zum mindesten, dass der Theilnehmer und der Gegenstand seiner Theilnahme nicht gegensätzliche Gestalten sind; wir sahen dies bereits oben am Verhältniss des Isak zu Esau und der Rebbeka zu Jakob. Doch scheint Re'ûbhên hier nicht die Nacht im allgemeinen zu sein, sondern das Zwielicht, das den Anfang und das Ende der Nacht bildet, wenn wir nämlich Gewicht darauf legen, dass Re'ûbhên „Sohn" Jakob's ist; doch ist dies unwichtig und für das Verständniss des Mythos auch nicht nothwendig, doch sehr wahrscheinlich. Die Sonne ist die Mutter des Zwielichts, denn sie ist es, aus der dieses hervorgeht. Wenn also am Ende der Nacht das Morgendunkel der Sonne oder der Morgenröthe weichen muss und in diese aufgeht, da vereinigt sich Re'ûbhên mit Bilhâ. Wie immer es auch mit dem Zwielichte in diesem Mythos stehe, soviel ist sicher, dass er von der Vereinigung der Nacht mit der Mutter, dem Tage, erzählt; wenn die Nacht dem Tage weicht, aus dessen Schos sie gestern hervorgegangen, so heisst dies im Mythos: es ehelicht Re'ûbhên seine Mutter.

14.

Bevor wir jedoch in dem Kapitel von der Liebe und Vereinigung fortfahren, dessen Material zum grössten Theil aus der Familiengeschichte des Jakob zu schöpfen ist, wollen wir hier einiges über die mythologische Bedeutung dieser Familie selbst einschalten. Unsere mythologische Betrachtung, führt uns hierin zu folgendem Resultat: Der Mythos' spricht von allem Anfang an von zwölf Kindern des Jakob, d. i. des dunkeln Nachthimmels. Diese Kinder, auf deren Namen der Mythos kein Gewicht legt, können wol nichts anderes sein als jene leuchtende Schar, die oben am nächtlichen Himmel zu Hause ist; nämlich der Mond und die elf Sterne (vgl. Genes. XXXVII, 9 achad 'âsâr kôkhâbhîm). Es sind dies in anderm Sinne die Kinder Jakob's, als Isak der Sohn Abraham's, oder Josef der Sohn Rachel's ist. Denn während bei diesen letztern die Anschauung von dem Verhältniss von Vater und Kind ein Ergebniss des Eindruckes ist, den das Aufeinanderfolgen auf den mythosschaffenden Menschen ausübt, bedeutet die Schar der Söhne Jakob's eigentlich blos, dass jene Sterne und der Mond die Familie des Nachthimmels bilden, sein Hausgesinde ausmachen. Diese einmal gefasste Anschauung verhinderte daher den mythoschaffenden Menschen nicht, von einem Sohne Jakob's zu sprechen, der zu jener Familie nicht gehört. Und wäre uns ein Mythos aufbewahrt, welcher davon spräche, dass Jakob mit seinem Sohne kämpft, so wie dies von Abraham gesagt wird, so müssten wir diesen Sohn nicht in jener Familie, in jener Sternenschar suchen, die das Haus des Jakob füllt. Es muss im allgemeinen festgehalten werden, was man bei Forschungen über den Mythos nie aus den Augen verlieren darf, dass derselbe nicht ein System darbietet, dessen einzelne Momente zusammenfassende Ergebnisse, Abstractionen einer andauernden Naturbetrachtung sind. Was im Mythos gesprochen wird, ist Ausdruck dessen, wie einzelne Betrachtungen auf den Geist des Menschen wirkten. Daher kommt es, dass der Mythos auf mannichfaltige Art von einer Erscheinung spricht, immer unter einem andern Gesichtspunkte, andere Namen gebraucht, andere Beziehungen appercipirt. Wer daher Widersprüche sucht und findet, der hat sich nicht gegen denjenigen zu wenden, der den Mythos reconstruirt und neu erweckt, sondern gegen die mythosschaffende Menschenseele. Mit dieser muss er rechten, nicht mit der Methode der Mythoswissenschaft.

Die zwölf Söhne des Jakob, welche die Genesisurkunde namhaft macht, wurden schwerlich schon vom alten Mythos als jene Söhne einzeln aufgezählt, die er summarisch als die zwölf Söhne des Sternenhimmels zusammenfasste. Stammväter mit zwölf oder dreizehn Kindern (auch in der Aufzählung der Nachkommenschaft Jakob's variiren ja diese

Zahlen) wiederholen sich in der biblischen Genealogie auch in Bezug auf die Nachkommen Joḳṭân's, Nâchôr's und Ismael's, und derselben Tendenz zur Zwölfzahl in Genealogien begegnen wir auch anderswo. Nach der Sage der Oibvajer hat Getube zwölf Kinder, deren ältestes Mujokewis heisst, und das jüngste, welches zu grosser Macht gelangt und den bösen Geistern mit Erfolg widerstrebt, Vajecyvakon.[1] In einer spätern Zeit, als bereits das Harmonisiren des Sagenmaterials zu walten begann, nicht absichtlich, sondern einer bekannten Tendenz des Menschengeistes zufolge, welche eine Brücke zwischen Widersprüchen schlägt, da fühlte man auch das Bedürfniss, die Namen der zwölf Söhne zu kennen. Da das mythische Bewusstsein und die Stufe der mythischen Triebkraft des Geistes längst überschritten war, da man die Bedeutung jener Namen, mit welcher der Mythos Thaten in Verbindung brachte, nicht mehr verstand, so nahm man eben zwölf dieser Namen, deren grosser Theil bereits inhaltlos geworden, und nannte sie die zwölf Söhne Jakob's. Man gewann auf diese Weise zwölf Namen für jenen allgemeinen Satz: Die Familie Jakob's bilden die Zwölf. Es sind nun unter diesen Namen wirkliche Söhne Jakob's, d. h. solche, die der Mythos selbst als solche einführt, — und da hat die genealogisirende Erzählung Daten verwendet, die sie aus dem Mythos schöpfte. Aber es sind auch solche darunter, die der Mythos nicht als Söhne Jakob's einführt, sondern als Söhne seiner Weiber. Denn man darf nicht vergessen, dass der Mythos, wenn er von Josef sagt, er sei Sohn der Rachel, sich gar nicht darum kümmert, wer der Vater sei. Die Auffassung, deren Exponent eben dieser mythische Ausdruck ist: der Regen ist Sohn der Wolke, ist nicht das Resultat eines Nachdenkens darüber, wer das Ehepaar sei, das dem Josef das Leben gegeben; sondern der mythosschaffende Mensch sieht die regenschwangere Wolke und sieht, wie aus ihrem Schose

---

[1] Schoolcraft, Historical and statistical information of the Indian tribes (1851), II, 136.

Regen herabtrieft, er verbindet diese beiden Eindrücke und
sagt: die Wolke hat den Regen geboren. Die genealogisirende Darstellung konnte nun leicht die Kinder der Zilpâ,
der Râchêl u. a. m. demjenigen als Vater zuschreiben, welchen der Mythos als Gatten jener weiblichen Gestalten
einführt.

Andere Namen der Söhne Jakob's sind ganz und gar
ethnographisch und nicht mythisch; z. B. sicher Binjâmîn,
vielleicht auch Jehûdâ. Auch an diese ethnographischen
Namen haben sich, wie an vieles Historische, Mythen angesetzt. Von einigen haben sich keine Züge mythischer
Natur erhalten, was am meisten namentlich von Gâd zu
bedauern ist. Diesen Namen finden wir in einer spätern
Zeit mit religiöser Bedeutung (Jes. LXV, 11), und es wäre
nicht wenig lehrreich, wenn uns ein ausführlicherer Mythos
in die ursprüngliche Bedeutung und Beziehung dieses Namens einen Einblick gestattete. Man hält Gâd gewöhnlich
für den sogenannten Glücksstern (Jupiter), aber es lässt
sich schwer sagen, ob die Söhne Gâd's, indem ihnen diese
Benennung zutheil wurde, mit dem Sterne in Beziehung
gesetzt wurden. In diesem Falle hätten wir eine Analogie
zu der arabischen Benennung: Töchter des Sternes al-
Ṭâriḳ (oben S. 70). So wie einige Araberstämme sich die
„Söhne des Regens“ (benû mâ al-samâ) nennen u. s. w.,
so haben auch die hebräischen Stämme zu einer Zeit, als
noch der Mythos lebendig in ihrem Bewusstsein war, sich
nach jenen mythischen Gestalten benannt; der eine Stamm
nannte sich Söhne des Lockigen; der andere Söhne des
Vermehrenden u. s. w., und ich glaube nicht zu irren,
wenn ich annehme, dass diese Stammesbenennung älter ist als
jene Namhaftmachung der zwölf Söhne Jakob's. Man hat
vielmehr die Stämmenamen, nachdem diese schon lange da-
gewesen, als die Namen der zwölf Söhne Jakob's vorgeführt und so den Grund zu jener genealogischen Tradition gelegt, welche das Volk Israel auf den Urahn Jakob
zurückführt und von da auf dessen Vater Isak und Abraham

zurückgeht.[1] Was uns aber an mythischem Material von
den Zwölf überliefert ist, die als die Söhne Jakob's eingeführt werden, ist zusammengenommen, abgesehen von dem,
was wir bereits bisher erörtert, sehr wenig. Manche Namen
verschliessen sich aller vernünftigen Etymologie, wenigstens
einer solchen, welche dem Charakter einer mythischen Benennung entsprechend wäre. Doch können wir auch aus
diesem kärglichen Material einzelnes herausheben, was uns
als Trümmer des alten hebräischen Mythos des Aufbewah-
rens würdig dünkt, und eine eingehende Forschung wird,
wenn die Untersuchungen auf diesem Gebiete noch weiter
gedeihen werden, als wir sie in dieser Abhandlung leisten
konnten, besonders das 49. Genesiskapitel, bekannt unter
dem Namen „Segen Jakob's", dem wir auch einiges
Material entlehnten, heranziehen müssen. In diesem alten
Stücke sind nach meiner Ueberzeugung viele Reste von
Hymnen enthalten, welche ursprünglich diejenigen Mythosgestalten zum Gegenstande haben, auf welche sie sich in
ihrer jetzigen Gestalt als Segnungen beziehen. Es liegen
uns in demselben Fragmente einer Art hebräischen Vedas
vor den Augen.

Diejenigen Figuren unter den Söhnen Jakob's, an deren
Behandlung wir uns, soweit die Hülfsmittel reichen, wagen[2],

---

[1] Kuenen (in seinem Godsdienst van Israel, I, 114) spricht die
Meinung aus, dass blos das Verwandtschaftsverhältniss zwischen den
Stammvätern untereinander eine spätere Anschauung sei. Man nannte
z. B. die minder edlen Stämme Söhne der Sklavinnen Jakob's und setzte
die untereinander enger verbrüderten als Söhne derselben Mutter. Man
vergleiche jetzt noch Zunz' Gesammelte Schriften (Berlin 1875), I, 268.

[2] Es bleiben noch immer einige Namen, deren etymologische Erklärung schwer hält. So: Re'ûbhên, Shim'ôn, Bin-jâmîn. Jissâsekhâr
ist, wenn wir den Namen wörtlich übersetzen, etwa: der Taglöhner,
allerdings eine passende Benennung für die Sonne, wie sie ihr Tagewerk leistet, einem Taglöhner gleich. Jedoch kann ich sie deswegen
nicht als mythische Benennung ansehen, weil es ein nicht leicht ver-
zeihlicher Anachronismus wäre, jene uralte Zeit der Mythenschöpfung von
Taglöhnern sprechen zu lassen, namentlich in dem Sinne, wie dieser Begriff
durch den Namen Jissâ-sekhâr ausgedrückt wird: „er erhebt seinen Lohn".

sind solarischen Charakters, dahin nicht gerechnet natürlich
diejenigen, in denen wir bereits in dem Bisherigen Gestalten
des nächtlichen und Wolkenhimmels erkannten, und noch
eine Gestalt (Lêvî), in der wir etwas dem Solarismus Gegen-
sätzliches erkennen werden. Zebhûlûn hat schon Gesenius
als den Runden, Kugelförmigen erkannt. Wir können
zwar keine Analogie für eine solche Benennung der Sonne
anführen; doch wird sie jedermann ganz natürlich finden.
Ich glaube, dass Zebhûlûn der Name der Sonne ist, wenn
sie ihren Kreislauf beendet und in ihrer rothen Kugel-
gestalt am Rande des Meeres erscheint. Wer einen Sonnenuntergang am Meere zu bewundern Gelegenheit gehabt, der
versteht, warum der am Ufer des Meeres wohnende Mensch
die untergehende Sonne die Kugelrunde nennt; denn in
dieser Lage ist sie dem Menschen in ihrer wahren Kugel-
gestalt recht wahrnehmbar und in die Augen fallend. Und
dass der Name Zebhûlûn einer solchen Betrachtung sein
Dasein verdankt, das sehen wir aus den Worten des Hymnus
an Zebhûlûn, „er ruht" so heisst es da (Gen. XLIX, 13),
„am Gestade des Meeres" (lechôf jammîn jishkôn) und
in diesem Verse (namentlich in jishkôn) findet man eine
weitere Bestätigung für das oben Seite 135 Bemerkte. Naftâlî (vom Stammworte ftl, drehen, flechten, woher fatîl, der
Docht, eigentlich Flechtwerk), ist der mit geflochtenen
Haarlocken. Der Hymnus nennt ihn „eine laufende
Hirschkuh" (ajjâlâ shelûchâ Vers 21), und dies ist entscheidend für die solarische Bedeutung des gelockten Naftâlî.
Die Semiten nennen nämlich die Morgenröthe Hirschkuh,
der Hebräer ajjeleth has-shachar, die Hirschkuh der
Morgenröthe (Ps. XXII, 1), der Araber al-ġazâlâ [1], und

---

[1] Nach al-Damîrî, Ḥajât al-ḥajwân (Bûlâḳ 1274), II, 219, nur von
der aufgehenden Sonne, man sagt ṭalaʿat al-ġazâlâ (sie geht auf), man
sagt aber nicht ġarabat (die Gazelle geht unter). Der Dichter Abû
Saʿid al-Rustami (bei Behâ al-Dîn al-ʿÂmilî, Keshkûl, S. 164, 13) führt
das mythologische Bild noch weiter aus, indem er dabei das Verbum
naṭaḥa anwendet (stossen), welches von gehörnten Thieren gebraucht

so wie einerseits bereits der Talmud den Grund für die Identificirung der Morgenröthe mit der Hirschkuh sucht und findet [1],
so hat auch andererseits schon ein alter jüdisch-arabischer
Sprachgelehrter, Moses ben Ezra, in seinem Buche über
Poetik die Verwandtschaft dieser Benennung im Hebräischen und Arabischen erkannt. [2] Hiernach wäre auch an
eine solarische Bedeutung zu denken, wenn wir von der
Ausrüstung der alten mekkanischen Kaʿbâ lesen, dass daselbst neben andern Götzenbildern auch goldene Gazellen
gewesen seien, welche die Gurhumiten von dort forttrugen
und vergruben, bis sie ʿAbd-al-Muṭṭalib im Zemzembrunnen
wieder auffand. [3] Diese mythische Benennung der aufgehenden Sonne als Hirschkuh oder Gazelle hat ihren Grund
in den Hörnern dieses Thieres; denn so wie der Mythos
die Sonnenstrahlen einmal als Pfeile, das andere mal als
Haarlocken betrachtet, so fasst er sie auch noch als
Hörner auf. Darum hat auch die hebräische Sprache
nur ein und dasselbe Wort für Horn und Lichtstrahl:
„ḳeren“, und darum wird Moses, der so manche Züge
des Sonnenmythos angenommen, wie Steinthal in seiner
Abhandlung über die Prometheus-Sage so trefflich nachgewiesen, als mit Hörnern versehen aufgefasst, d. h. mit
strahlendem Antlitze (Exodus XXXIV, 29. 30. 35), ein
Merkmal, dem die heilige Ikonoplastik nur allzu getreu
anhing. Nach der Edda steckt die Spitze des Hornes
von Heimdall (Sonne) in Niflheim (Nebelheim), d. h.
die Strahlen der Sonne gehen aus der Finsterniss hervor.

---

wird, wenn sie mit den Hörnern gegen etwas anrennen. Er sagt nämlich, ein schönes Gebäude besingend: tanâṭaḥa ḳarna-s-shamsi min shara-
fâtihi, dass es durch seinen Glanz mit der Sonne wetteifernd ringt, sodass beide, Palast und Sonne, die Hörner gegeneinander stossen.

 [1] Babyl. Tract. Jômâ, fol. 29 a: „Sowie die Hirschkuh ihre Hörner
nach allen Seiten verzweigen lässt, so breitet sich auch die Morgenröthe
nach allen Seiten hin aus.“

 [2] Journal asiatique (1861), II, 437.

 [3] Caussin de Perceval, Essai sur l'histoire des Arabes avant l'Isla-
misme, I, 260.

Die glyptische Darstellung des assyrischen Sonnengottes
Bêl im Louvre ist mit einer Tiara geschmückt, umgeben
von einer Reihe Ochsenhörner. In der akkadischen Mythologie ist der Name der Göttin Ninka-si, was Lenormant übersetzt: „Die Frau mit gehörntem Angesicht", zweifellos solarischen Charakters.[1] Dasselbe ist der Fall mit
der ägyptischen Isis: Τὸ γὰρ τῆς Ἴσιος ἄγαλμα ἐὸν
γυναικήϊον βούκερών ἐστι κατάπερ Ἕλληνες τὴν Ἰοῦν γράφουσι, sagt Herodot, und Lucian, der frivole Bespötter alles
Religiösen, wundert sich Jupiter gegenüber, warum dieser
Gott mit Widderhörnern dargestellt wird[2], worauf der Gott
ihn auf ein Mysterium verweist, in welches nicht jeder Uneingeweihte einzudringen vermag.[3] Mit einem Worte, der
„lockige" Naftâlî, die schnelle Hirschkuh, ist gewisslich
nichts anderes als die „Hirschkuh der Morgenröthe".

Ob der Name Jehûdâ dem Mythos angehört, oder ob
er früher Volksname war, ehe ihn die Sage als den eines
Patriarchen einführte, ist schwer zu entscheiden. Liesse
sich der Name Jehûdâ in einer Weise, welche seine solarische Bedeutung darthäte, etymologisch deuten, so müsste
man sich für die erstere Ansicht entscheiden, wegen der
solarischen Charakterzüge, die wir mit diesem Namen verbunden antreffen. Die annehmbarste etymologische Erklärung dieses Namens wäre: der Glanzvolle oder (wegen
der Femininendung â, die zu dem Passivparticip jehûd ge-

---

[1] Lenormant, La magie chez les Chaldéens (Paris 1874), p. 140.
Die magische Décadence lässt jedoch die Hörner, nicht ohne magische
Beziehung, auch ausserhalb des Sonnengötterkreises auftreten, z. B. „on
voit Bin la tête surmontée de la tiare royale armée de cornes de taureau,
les épaules munies de quatre grand ailes etc." (ibid. p. 50). Hier gehören die Hörner zum Stossen, nicht zur Bezeichnung des Strahlens.
Jedoch ist gerade bei Bin die mythische Bedeutung nicht ganz klar.
Da er zuweilen genannt wird „die südliche Sonne über 'Elâm" (ibid.
p. 121), so können die Hörner in der angeführten Darstellung dem solarischen Charakter entsprechen.

[2] Deorum concilia, p. 10.

[3] Vgl. Herodot II, 42; IV, 181.

fügt ist, in abstracter Bedeutung) der Glanz. Ist aber die zweite Ansicht die richtige und der Name Jehùdà ursprünglich blos ethnographischen Charakters, so muss man, wie bei andern nicht urmythischen Namen, annehmen, dass sich die solarischen Mythen, in deren Verbindung wir diese — zum Theil historisch bedeutsamen — Namen antreffen, in späterer Zeit an die betreffenden Personen ansetzten.

Eine echt solarische Sage[1] ist es, dass sich Jehùdà mit der Tàmàr geschlechtlich vereinigt. Dieser letztere Name bedeutet soviel als Frucht, und der Mythos von ihrer Vereinigung mit Jehùdà ist ein Ausdruck dafür, dass die Herbstsonne die Baum- und Feldfrüchte mit ihren Strahlen bescheint. So mochte der ackerbauende Hebräer sagen, wenn zur Erntezeit die Sonne mit ihren heissen Strahlen die Reife der Früchte beförderte, und an die Herbstsonne Jehùdà mag er dann besonders mit Bezug auf die Weinlese den Hymnus gerichtet haben, der uns im sogenannten Segen Jakob's für Jehùdà erhalten ist (Genes. XLIX, 11—13):

> Er bindet an den Weinstock sein Füllen
> Und an die Rebe seiner Eselin Junges.
> Er wäscht in Wein seine Kleidung
> Und in Rebenblut sein Gewand.
> Röthlich ist sein Auge von Wein
> Und weiss sind seine Zähne von Milch.

Es ist dies eine echt mythische Schilderung der Sonne, wie diese zur Zeit der Weinernte sich mit der Weinpflanze paart. Das rothe Auge und die weissen Zähne bedürfen nach dem im elften Abschnitte dieses Kapitels Erörterten keiner ausführlichern Begründung mehr. Nur das, was vom Esel und Eselfüllen erwähnt wird, bedürfte einiger erläuternder Worte. Es genüge hier im allge-

---

[1] Wir wollen kein Gewicht darauf legen, dass bei Sanchuniathon an der Stelle des geopferten Isak ein Jeûd figurirt; also wenn Jeûd identisch wäre mit dem hebräischen Jehùdà, so bewiese auch der Umstand, dass er hier als Aequivalent des Isak gilt, für den solarischen Charakter.

meinen darauf hinzuweisen, dass der röthlichbraune Esel
eines jener Thiere ist, welche im alten Mythos zur Benennung der Sonne dienen.[1] Der Anknüpfungspunkt wird
wol in der röthlichen Farbe zu suchen sein, und daher
kommt es, dass in den semitischen Sprachen der Esel der
Rothe heisst (chamòr, arabisch: aḥmar, roth).[2] Mit der
solarischen Bedeutung des Esels hängt es wol zusammen,
wenn Shekhem's Vater „der Esel" heisst (chamôr, der
Personenname Esel ist auch im Arabischen sehr häufig)[3]
und wenn Jissâsekhâr ein „beiniger Esel" genannt wird.
Wenn es daher in unserm Hymnus heisst, dass das Füllen
und die junge Eselin an den Weinstock gebunden sind, so
ist dies gleichbedeutend mit: „die Sonne verbindet sich mit
dem Weinstock", es ist nur eine andere Seite des Mythos
von der Vereinigung des Jehûdâ mit der Tâmâr. Diese
Vereinigung der Sonne mit der Frucht, welche der Grund-
gedanke des Mythos von Jehûdâ und Tâmâr ist, hat sich
in seiner spätern Gestaltung, in Verbindung mit andern
Momenten, zur Erzählung, Genes. XXXVIII, erweitert.
Derselbe Mythos hat sich an Gestalten aus historischer
Zeit angesetzt, in der Sage von Amnôn und Tâmâr
(II. Sam. XIII, 1—20). Amnôn, Sohn David's, liebt
seine Schwester Tâmâr, behält sie unter dem Vorwande
einer Krankheit als Wärterin bei sich und thut ihr Gewalt
an. Hier hat sich der Mythos von der Liebe der Sonne
zur Frucht an Amnôn angelehnt, einem durchaus nicht

---

[1] Angelo de Gubernatis' Darstellung bietet gerade in Betreff der
mythologischen Bedeutung dieses Thieres nicht genug Bestimmtes; s. Die
Thiere in der indo-germanischen Mythologie, S. 278 fg.; vgl. Pleyte,
La religion des Pré-Israélites (Leiden 1865), p. 151, wo über den Cultus
des Esels manches Nützliche gesagt wird.

[2] Vgl. Gesenius, Thesaurus, p. 494 und 1163.

[3] Ueber den Eigennamen ḥimâr bei den Arabern ist Jâkût II, 362
nachzulesen; vgl. Ibn Durejd, Kitâb al-ishtiḳâḳ, p. 4. Auch der arabische
Eigenname Misḥal wird mit dem Esel in Verbindung gebracht; es knüpft
sich nämlich an das Schreien des Waldesels an; s. Tebrîzî's Scholien
zu Ḥamâsâ, S. 200 penult. Vgl. al-Mejdânî, II, 98: akfar min Ḥimâr.

mythische Namen. Wol aber ist Tàmàr hier dieselbe, von deren Vereinigung mit Jehùdà in der Genesis erzählt wird. In der Amnôn-Tàmàr-Sage ist es Amnôn, welcher die Tàmàr verfolgt, in der Jehùdà-Tàmàr-Sage stellt sich das Verhältniss umgekehrt. Tàmàr ist es, welche dem Jehùdà auflauert und ihn verführt. Wenn der alte Mensch die Frucht des Baumes allmählich ihre Farbe verändern sah, bis dass die Herbstsonne sie bescheint, worauf sie reif vom Baume fällt, so sah er darin nichts anderes als ein Liebesverhältniss zwischen Sonne und Frucht, das mit beider Vereinigung endigt. Wir haben es also in diesem Mythos mit derjenigen Phase der Mythologie zu thun, in welcher der ackerbautreibende Mensch, welcher noch immer auf der mythenbildenden Stufe des Geisteslebens steht, von den Phänomenen der Vegetation und ihren Ursachen in Ausdrücken spricht, welche später auf der religiösen Stufe Anlass für jene dualistischen Religionsanschauungen gegeben, welche nicht — wie dies der iranische Religionsdualismus thut — zwei feindliche Mächte einander gegenüberstellen, sondern zwei Factoren des Vegetationsverlaufs nebeneinander in Betracht ziehen (vgl. oben S. 17). Diese Art des Dualismus treffen wir sehr häufig in den semitischen — besonders nord- und mittelsemitischen — Religionen an, und würden wir die Erzählungen und Liebesgeschichten, welche die vorislamitische arabische National- und Stammesgeschichte ausfüllen, näher untersuchen, so würde sich wahrscheinlich ein zur Geschichte gewordenes mythologisches Material ergeben, welches sehr viel Aehnlichkeit mit der Jehùdà-Tàmàr-Sage bietet. Wir wollen hier nur eine dieser Geschichten hervorheben, welche ihren mythischen Charakter noch durchsichtig genug bewahrt hat. Auf den Bergen Ṣafà und Marwà, welche bei dem heiligen Wallfahrtsfeste nach Mekkà noch heute ihre Rolle haben, standen ehemals zwei Götzen, Isàf und Nà'ilà, von welchen erzählt wird, es seien zwei gurhumitische Individuen gewesen, die in der Ka'bà Unzucht trieben und zur Strafe für diese Entheiligung

des geweihten Ortes — welche, nebenbei gesagt, auch in
neuerer Zeit nicht zu den Seltenheiten gehört — in Steine
verwandelt wurden.[1] Es braucht nicht betont zu werden,
dass diese Gestaltung der Sage auf Umbildung in tedenziös-
mohammedanischer Richtung beruht, und dass der Mythos-
erklärer nur den Kern der Erzählung zu berücksichtigen
hat: die geschlechtliche Vereinigung der Nâ'ilâ mit Isâf.
Nun braucht man nur diese beiden Worte einfach zu übersetzen, um zu verstehen, was diese Erzählung als Mythos
bedeutet. Isâf heisst: *solum sterile*, „unfruchtbare
Erde‟, und Nâ'ilâ, die Beschenkende (als *nomen actionis*),
von nâla (schenken). Man braucht nur etwas aus der
arabischen Literatur gelesen zu haben, um recht zu verstehen, dass der letztere Name wol sehr einfach ein Beiname des Regens sein kann, welchen die Araber ebenso
gerne den Schenkenden nennen, wie sie den Freigebigen mit
dem Regen vergleichen (vgl. geshem nedâbhôth, Psalm
LXVIII, 10). Also der beschenkende Regen vereinigt
sich mit dem unfruchtbaren Boden und befördert die
Vegetation. Später ist hieraus, wie aus den meisten der-
artigen Vereinigungen, Unzucht geworden.

Die Namen der Söhne des Jehûdâ, Pereṣ und Zerach,
sind solarische Namen: der Leuchtende, „der mit einer
rothen Schnur auf der Hand zur Welt kommt‟, und der
Ausbrechende, Heranbrechende. Diesem Namen liegt
dieselbe Anschauung zu Grunde, welche dem deutschen
Tagesanbruch, dem ungarischen hajnalhasadás, d. h.
Durchriss der Morgenröthe (genau dasselbe was Pereṣ),
dem arabischen fagar (besonders infagar al-ṣubḥ oder

---

[1] Ḳazwînî (ed. Wüstenfeld), I, 77; II, 166. Ich nenne noch andeutungsweise die Erzählung von Muṭ'im, wie sie bei Jâḳût IV, 565 erzählt wird, und erwähne nur noch, dass Muṭ'im (der Speisende) auch
der Name eines altarabischen Idols ist. Bereits Krehl macht in seiner
Schrift über die Vorislamische Religion der Araber, S. 61, einen Versuch mythologischer Erklärung der Sage von Isâf und Nâ'ilâ; den letztern Namen erklärt er: „die Küssende‟.

faṭaḳ *(aurora)* [1] zu Grunde liegt. Die Morgenröthe durchbricht, oder besser durchreisst die Hülle der Finsterniss und bricht aus derselben hervor.

Nach dieser Uebersicht über die solarischen Gestalten unter den Söhnen Jakob's wollen wir diesen Abschnitt mit der Betrachtung über einen mythischen Namen beschliessen, der sich jenen Namen von Söhnen Jakob's anreiht, welche mit dem dunkeln Nacht- und Wolkenhimmel zusammenhängen. Es ist dies Lêvî. Wenn man diesen Namen, unbeirrt durch die etymologische Erklärung betrachtet, welche ihm in der biblischen Urkunde zutheil wird (von lâvâ, sich beigesellen), so wird man, glaube ich, nicht in Zweifel ziehen können, dass dieses Wort Lêvî zu dem Schlangennamen livjâthân in demselben Verhältniss steht, wie ein anderer Schlangenname, nâchâsh, zu dem erweiterten nechushtàn, das wir als Name der von König Hiskija zertrümmerten ehernen Schlange finden (II. Kön. XVIII, 4). Der Name bedeutet sicherlich nicht ehern; denn man benennt ein Abbild eher nach dem, was es vorstellt, als nach dem Stoffe, woraus es gegossen ist. Ja, die Form livjâthân setzt eine einfachere Grundform nothwendig voraus, aus welcher diese erweiterte Form durch Hinzufügung eines Bildungszusatzes: àthân (oder blos àn, wenn wir die Form genauer erst durch ein Femininwort, livja', hindurchgehen lassen), entstanden ist, ebenso wie nechushtàn die Existenz des einfachern nâchâsh nothwendig voraussetzt. Wenn wir im Deutschen ein Wort vor uns haben wie: nächtlich, so könnten wir auch, wenn das Wort Nacht in der Sprache actuell nicht mehr vorhanden wäre, a priori mit vollem Rechte behaupten, es müsse einmal ein Wort existirt haben: Nacht, aus welchem sich dann dieses nächtlich gebildet hat. Ebenso berechtigt die Existenz einer Form livjâthân zur Setzung einer ein-

---

[1] Abû Nawàs sagt von der Morgenröthe: maftûḳ-ul-adîmi (Jàḳût III, 697, 22).

fachen Nominalform, welche das Grundwort jener durch
Suffigirung weitergebildeten, erweiterten Form ist.

Nun aber ist uns glücklicherweise diese einfache Grundform erhalten; wir haben sie in dem Namen Lêvî vor uns,
und wir dürfen demzufolge ohne Scheu behaupten, dass
dieser Name Schlange bedeutet. Der Mythos spricht von
einer Schlange, welche die Sonne verschlingt, von einer
Gewitterschlange, gegen welche die Sonne mit ihren Strahlen
ankämpft; es sind die Schlangen, Drachen und Ungeheuer,
gegen welche die solarischen Heroen des arischen Mythos
ihre Heldenkämpfe bestehen, welche Herakles bereits in
seiner Wiege zerdrückt und dann in Lerna und Nemea
besiegt; dieselben Schlangen, welche jedoch zuweilen das
Feld behaupten und als Sieger aus dem Kampfe gegen die
Sonne hervorgehen, wenn diese durch ein stürmisches Gewitter verdrängt und besiegt den Wahlplatz am Himmel
verlassen muss.

> Die Schlange auf dem Wege,
> Die Otter auf dem Pfade,
> Beissend die Ferse des Rosses,
> Sodass der Reiter rücklings fällt

(Genes. XLIX, 17), nennt sie der hebräische Hymnus
vom Kampfe der Regenschlange gegen das Sonnenross[1];
die Schlange, welche eine fliegende Feuerschlange (sàrâf
me'ôfêf) gebärt, nämlich den Blitz (Jesaias XIV, 29), oder
wie der Blitz auch genannt wird, die flüchtige Schlange
(nâchâsh bârîach, Jes. XXVII, 1), als dessen Besieger
dann die monotheistische Weltanschauung an Stelle der
Sonne Jahve setzte, „der mit seiner Macht das Meer peitscht
und mit seiner Vernunft das Ungeheuer spaltet; durch

---

[1] Dieser Hymnus ist an Dân angelehnt, auf welchen er nicht passt,
da Dân solarischen Charakters ist. Man ist versucht zu vermuthen, dass
er sich ursprünglich auf eine nicht solarische Gestalt, vielleicht geradezu
auf Lêvî bezieht, dessen Name mit nâchâsh synonym ist, und dies ist
um so wahrscheinlicher, da diesem Sohne Jakob's in dem „Segen" kein
besonderer Abschnitt zugewendet und das für ihn Bestimmte mit Shim'ôn
zusammengefasst wird.

dessen Hauch der Himmel wieder klar wird, wenn seine Hand erlegt hat die flüchtige Schlange" (Hiob XXVI, 12. 13), und diese flüchtige Schlange ist es, deren Zischen der Donner ist, wie dies ein amerikanischer Mythos ausdrückt; und auch die Algonkins nennen den Blitz eine ungeheuere Schlange, welche Gott ausspeit. [1] Der Regen selbst wird vom Mythos als Schlange angesehen; es sind die Wassersäulen, wie sie sich schlängelnd zur Erde senken, und dann nennt sie der Mythos die sich krümmende Schlange (nàchàsh 'akallàthòn). Der fliegende Blitz, die krümmungsvolle Schlange (beide livjàthàn), und das grosse Ungeheuer, dass im Meere ist, um die Sonne zu verschlingen, wenn sie sich des Abends ins Meer niederlässt, werden von der Sonne bekämpft, und der monotheistische Prophet überträgt deren Bekämpfung auf Jahve (Jesaias XXVII; 1; vgl. Ps. LXXVI, 4). Es ist hier zu beobachten, dass noch die spätere Poesie von der Nacht und dem Sturmwinde den Ausdruck gebraucht: sie beissen, verwunden, nämlich die Schlange der Finsterniss und des Ungewitters beisst und verletzt die Sonne. „Ich sagte, die Finsterniss wird mich wol beissen (jeshùfènì), und die Nacht (wird beissen) das Licht vor mir weg" (Ps. CXXXIX, 11); ebenso vom Gewitter (Hiob IX, 17). Hier wird überall das Wort angewendet, welches an einer Stelle (Genes. III, 15) gebraucht wird, um auszudrücken, dass die Schlange die Ferse des Menschen verwundet. Wir haben also in den erwähnten poetischen Stellen einen Nachklang von dem Mythos, dass die Gewitterschlange, wenn sie siegt, den Sonnenheros beisst, verwundet oder gar verschlingt. Klarer wie in den oben angeführten Stellen begegnen wir dem Regen als Schlange in der heiligen Literatur der Parsen, im ersten Kapitel des Vendidad, Vers 2, wo gesagt wird, dass Ahuramazdao als das beste aller Länder Airyana-vaêjô erschaffen hat, während im Gegensatze dazu Aegrô mainyus, der an Tod Reiche, die flüssige Schlange erschaffen hat (azhim raoidhi-

---

[1] S. Zeitschr. für Völkerpsychol. und Sprachw. (1871), VII, 307.

tem) und den Schnee. Prof. Haug ist es, der die erwähnte
Erklärung des azhim raoidhitem gefunden hat[1]; nichtsdestoweniger übersetzt er: eine gewaltige Schlange, da
er das Wort flüssig nur vom Ausspritzen des Giftes verstehen kann, oder davon, dass der Verfasser an eine Warm-
quelle gedacht habe, die im Lande Airyana vaejo zu finden
wäre. Es liegt nahe zu behaupten, die flüssige Schlange
sei der Regen, um so eher, da sie mit dem Schnee zugleich erwähnt wird.[2] Die letzten Ausläufer dieser mythologischen Auffassung finden wir in dem Systeme der Ophi-
ten; nach ihnen ist die Schlange die feuchte Substanz.[3]

Lêvî ist es mit Shim'ôn (dessen etymologischen Werth
wir uns nicht mehr klar machen können), welchen der
hebräische Mythos (Genes. XXXIV) als den Tödter des
Chamôr (des Esels), und des Shekhem (s. oben S. 146), vorführt. Von demselben Brüderpaare heisst es in den von
uns schon einige mal angeführten Hymnenfragmenten: „sie
vernichteten in ihrem Muthwillen den Ochsen" (XLIX, 6),
das gehörnte Sonnenthier, dessen Hörner (Strahlen) die
Gewitterschlangen entwurzeln ('ikkerû). Es liegt durch diese
Auffassung gleichzeitig klar zu Tage, dass es gar keine
Schwierigkeit bereitet, was die Exegeten dieser Bibelstellen
immer wieder beschäftigt, dass nämlich das Brüderpaar im
Sinne des Hymnos (Segens) einen Ochsen (shôr) getödtet
haben soll, wovon in dem erzählenden Theile keine Rede ist.

15.

In der biblischen Erzählung von der Familie des Jakob
begegneten wir etlichen jener Liebesmythen, an welchen
der arische Mythos so überaus mannichfaltigen Reichthum
entfaltet. Eine der bekanntesten Mythen dieser Art ist die

---

[1] Das erste Kapitel des Vendidad übersetzt und erläutert (in Bunsen's: Aegyptens Stelle, V [II], 126).

[2] Da ravidhitem auch „laufend" bedeuten kan (Stammwort rudh =
fliessen und laufen), so könnte auch: eine laufende Schlange: wörtlich
nâchàsh bârîach gemeint sein.

[3] Möller, Kosmogonie, S. 193.

Erzählung vom Oedipus und der Jokaste, wie der König von Theben das traurige Orakel erhält, dass er von seiten eines Sohnes, der ihm von seiner Frau Jokaste geboren werden soll, ernstlichen Gefahren ausgesetzt sein wird; wie der König seinen neugeborenen Sohn Oedipus aussetzt, wie dieser auf wunderbare Art gerettet, in Korinth erzogen wird und, zum Mann aufgewachsen, nach Theben reist, unterwegs seinen Vater tödtet und, nachdem er in Theben angelangt, die Stadt von den Schrecken der Sphinx befreite, zum König ausgerufen wird, worauf er seine Mutter Jokaste heirathet; wie dann endlich Oedipus, nachdem er Kunde von dem Doppelgreuel erhält, das er unbewusst verübt, dem Verbrechen des Vatermordes und der Mutterschändung, sich aus Verzweiflung darüber blendet und ein tragisches Ende erreicht. Jeder kennt diese berühmte Sage der Hellenen, welche in der Oedipus-Tragödie eine so wirksame und herz- und gemüthbewegende Bearbeitung von ethischem Standpunkte gefunden hat.

Oedipus mordet seinen Vater, heirathet seine Mutter und stirbt als blinder Greis. Der Sonnenheld mordet den Vater, der ihn gezeugt, die Finsterniss; er theilt sein Bett mit seiner Mutter, mit der Abendröthe, aus deren Schos (Morgenröthe) er hervorgegangen; er stirbt geblendet: die Sonne geht unter. Wir haben oben gesehen, dass die untergehende Sonne ihr helles Augenlicht einbüsst. [1]

Was für allgemeine und durch ethnographische Unterschiede nicht berührte Thätigkeit des menschlichen Geistes die Mythosschöpfung ist, wie übereinstimmend demnach die Richtung dieser Mythosbildung bei den verschiedensten Völkern und Rassen der Erde ist, das können wir am besten ersehen, wenn wir beobachten, dass dieser selbe Mythos von der Ehelichung der eigenen Mutter ebenso bei den Hebräern wie bei den Ariern vorkommt. Wir haben bereits oben gesehen, Re'ûbhên ehelicht das Weib seines Vaters: Bilhâ.

---

[1] Max Müller, Essays, II, 143. Fiske, Mythos, p. 113; vgl. über die Blendung oben S. 128.

Wir bemerken an dem hebräischen Mythos, dass hier der
Held der Dunkelheit den Mittelpunkt bildet, während im
Hellenischen der Sonnenheld es ist, der seiner Mutter Lager
theilt. Während jedoch der Mythos von Re'ûbhên und Bilhâ
in der alttestamentlichen Quelle nur ganz kurz erwähnt
wird, besitzen wir einen andern Mythos, der in den biblischen Berichten zu einer weitläufigen Erzählung geworden
ist: den Mythos von den Töchtern des Lôṭ. Bevor
wir jedoch zu diesem übergehen, wollen wir auf ein, wie
ich glaube, bisher ganz unbeachtet gebliebenes Zusammentreffen aufmerksam machen, das wol Anregung zu weiterm
Nachdenken bieten dürfte. Die ganze Oedipus-Sage, ganz
so wie wir dieselbe bei den Hellenen finden, ist auch als
arabische Sage anzutreffen; nur die Personen sind andere.
Einer der vielen Nimrôde, deren sich die arabische Legende
bemächtigt hat — es werden deren gewöhnlich sechs
Namâridâ genannt [1] —, der Sohn des Kena'an und der
Salchâ ist der Oedipus der arabischen Sage. Er wird von
seinen Aeltern, gleichfalls infolge einer einschüchternden
Weissagung, ausgesetzt, damit er sterbe und seinem Vater
keine Gefahr bringen könne. Doch auf wunderbare Weise
wird er durch ein Tigerweibchen (daher soll auch sein
Name Nimrôd kommen, nimr heisst arabisch der Tiger)
gesäugt und später durch die Einwohner eines benachbarten
Dorfes erzogen. Grossgewachsen versteht er es, ein grosses
Heer um sich zu sammeln und verwickelt sich in einen
Krieg gegen seinen Vater Kena'an, den er in der entscheidenden Schlacht erschlägt. Im Triumph zieht er in
die Hauptstadt ein und heirathet seine Mutter Salchâ. Dies
die Grundzüge der arabischen Oedipus-Sage, wie sie sich
an den Sonnenheros der Semiten, den Jäger Nimrôd, angelehnt hat. In ganzer Weitläufigkeit wird sie in der breit-
spurigen Einleitung zum 'Antarroman (I, 13 fg.) erzählt,
und ich überlasse es den zum Urtheil berechtigten Lesern,
zwischen den beiden Möglichkeiten zu entscheiden: ent-

---

[1] Vgl. al-Damîrî, Zoolog. Wörterb., I, 70.

weder haben die Araber ihre Version der Oedipus-Sage
von den Griechen entlehnt und einfach übernommen, und
in diesem Falle kann diese merkwürdige Erscheinung zu
einer eingehenden Untersuchung anregen, erstlich über
die Mittelstufen, welche diese mythologische Entlehnung vermittelten, dann über die Ausdehnung und den Befund
solcher Entlehnungen, wie weit sie sich erstrecken und
welche mythologischen Entlehnungen nachweisbar sind; oder
wir können annehmen, dass sich die Sage bei den Arabern
selbstständig ohne Einfluss von aussen her herausgebildet
hat, sodass dieselbe, ebenso wie bei den Griechen, ihren
Elementen nach auch bei den Arabern auf jene Urzeit der
Mythenschöpfung zurückgeht, dass sie auch bei den Arabern
ursprünglich ein Mythos ist vom Kampfe der Sonne gegen
die Nacht und von ihrer Vereinigung mit der Abendröthe.
Dafür spräche der Umstand, dass in der arabischen Version
der Sage die Selbstblendung des Oedipus-Nimrod fehlt,
ein Zug, den sie gewiss auch entlehnt hätte, wenn das Vorkommen der Sage bei den Arabern blos ein erborgter Besitz wäre. Wie gesagt, es müssten noch die Untersuchungen
über die oben angedeuteten Fragen unternommen werden,
ehe man sich entscheidend für die eine oder die andere
der beiden Möglichkeiten entschliessen könnte, so sehr mich
auch mein individuelles Gefühl der Annahme der Entlehnung
geneigt macht. [1]

Diejenigen, welche sich mit der Aufzählung der „obscönen“
Stellen des Alten Testaments zu welchem Zwecke immer
beschäftigen — es pflegen dies gewöhnlich pädagogische und
polemische Zwecke zu sein — vergessen nie, ihrer Dornen-
lese jene Erzählung anzureihen, welche die Genesis von
Lôṭ und seinen Töchtern erzählt.

Der alte Lôṭ, nachdem er und seine Familie von dem
göttlichen Strafgerichte, das Sodom und Gomorrha in einen
Asphaltsee verwandelte, errettet wurden, lässt seine Gemahlin
lin an einem Punkte des Ufers des todten Meeres, den man
leichtgläubigen Reisenden noch heute zeigt, als Salzsäule
zurück und wohnt mit seinen beiden Töchtern in einer Höhle

zusammen. Diese beiden unverheiratheten Töchter berauschen ihren alten Vater in zwei aufeinanderfolgenden Nächten und verüben mit dem berauschten Alten eine Unzüchtigkeit, die uns fast unaussprechlich scheint (Genes. XIX, 30—38). Aber so wie die Mythoswissenschaft die Ehre und den sittlichen Werth der uralten Menschheit so vielfach gerettet hat, indem sie die urprüngliche mythologische Bedeutung so mancher Sage restituirte, so wird es auch mit Bezug auf die Lôṭ-Sage unsere Aufgabe sein, nachzuweisen, dass sie in dem Sinne, in welchem sie uns vorliegt, nur die Tradition des Mythos von der Sonne und der Nacht ist, dessen Verständniss ein späteres unmythologisches Geschlecht verloren hat. Und so wie die Mythoswissenschaft auf arischem Gebiete durch die geniale Gedankenreihe, welcher die solarische Theorie den Anstoss gab, mit einem Schlage die ideale Höhe des Olymp in ihrer ursprünglichen Reinheit herausragen liess aus jener unendlichen Kette von Schändlichkeiten, welche die misverstandene Mythologie den unsterblichen Bewohnern des Götterbergs vindicirte: so soll die Methode, die uns in diesen Studien leitet, dasselbe Resultat auf dem Gebiete des hebräischen Mythos erzielt haben.

Wenden wir uns zu Lôṭ zurück. Dieser Name bedeutet (von lûṭ = bedecken) „der Bedeckende". Finsterniss bedeckt die Erde und Dunkel die Völker" (Jesaias LX, 2). „Denn ich bin nicht zusammengeschrumpft vor der Finsterniss, als von meinem Antlitze die Finsterniss (alles) verdeckte" (Hiob XXIII, 17). „Du hast uns herabgedrückt an den Ort der Meeresungeheuer und hast uns mit Dunkelheit verdeckt" (Ps. XLIV, 20). Die semitischen Benennungen der Finsterniss sind zumeist von Stammwörtern gebildet, welche den Begriff des Verdeckens ausdrücken, so z. 'ôfel 'alâṭâ im Hebräischen, 'asha im Arabischen [1], und das hervorragendste

---

[1] 'ôfel geht zurück auf 'âfâ, verdecken, 'ishâ ist verwandt mit gashija, verhüllen.

semitische Wort für Nacht: lajil, lajlà, bedeutet seiner Etymologie nach ebenfalls etwas Verhüllendes. [1] Auch im
Indo-Germanischen ist aus der Wurzel var, welche verdecken bedeutet, Varûna und das griechische οὔρανος
gebildet, welche den dunkeln Himmel bezeichnen, im Gegensatz zum glänzenden Tageshimmel, Mitra. [2] Um auf
semitischem Gebiete zu bleiben, so bietet das Arabische
eine reiche Illustration für diese Anschauung. Die Worte:
ġashija, damasa, ġaṭa, saga u. a. m. (vgl. ġardaḳat al-lejl,
ta'aṭṭam al-lejl), bezeichnen sowol den Begriff der Finsterniss, als auch den des Verdeckens. Demgemäss wird
von dem Dunkelwerden gesagt: ganna al-ẓalàm, es ist
Abend geworden, d. h. die Finsterniss hat verdeckt
(z. B. 'Antarr. V, 80, 3), und was man im Deutschen einfach durch die Worte: des Abends, des Nachts bezeichnet, dafür pflegt man im Arabischen zu sagen: taḥt
al-lejl, d. h. unter der Nacht [3], eigentlich: taḥt astàr al-
ẓalàm (unter den Schleiern der Nacht), wie es vollständiger
heisst ('Antarr. X, 70, 1); und die Nacht ist oberhalb des
Tages: 'alejhà. [4] Die Nacht ist ein Kleid oder ein Teppich, der über den Tag gebreitet ist. „Er ist es“, heisst
es im Koran (Sure XXV, v. 49), „der euch die Nacht
gemacht hat als Kleid, als Hülle.“ „Wir haben die Nacht
gemacht als Bekleidung“ (Sure LXXVIII, v. 10). [5] Der
arabische Dichter Abu-l-'Alà al-Ma'arrî, gibt dieser Anschauung von dem nächtlichen Dunkel den handgreiflichsten
Ausdruck. Indem er seine schnellfüssigen Kamele beschreibt,
auf welchen er in nächtlicher Zeit weite Strecken durch-
ritt, sagt er (I, 131, v. 4): „sie zerrissen in ihrem schnellen
Laufe das Kleid der Nacht“, d. h. sie liefen so schnell,
dass sie das Kleid, welches des Nachts die Oberfläche der

---

[1] S. Gesenius, Thesaurus, S. 749.
[2] M. Müller, Essays, II, 60.
[3] Arsala achâhu Shejbûb taḥt al-lejl ('Antarr. VI, 102, 9).
[4] Ḥamâsâ, S. 566, v. 2.
[5] Libâsan, vgl. Sure VII, v. 52; XIII, v. 3, juġshi-l-lejla-n-nahàra.

Erde verdeckt, aufrollten. Auf dieser Anschauung von dem Wesen der Nacht beruht nach meiner Ansicht ein eigenthümlicher Ausdruck der arabischen Sprache. In der altclassischen arabischen Sprache heissen nämlich solche Nächte, welche entweder gar keinen Mondschein haben, oder in welchen der Mond erst gegen das Ende zu scheinen beginnt, während der Anfang derselben durch denselben nicht erleuchtet ist: lajâlin dur'un, oder man sagt mit verbalem Ausdrucke: adra'a al-shahr. Es ist zweifellos, dass dieses adra'a eine Denominativbildung ist aus dir', was einen **Panzer** oder im allgemeinen ein **Brustkleid** bezeichnet. Die angeführten arabischen Redeweisen gehen nämlich von der Anschauung aus, dass die Brust (al-ṣadr), d. i. die obere Seite, der erste Theil, solcher Nächte finster, durch ein Kleid verhüllt ist, sodass nur der unbedeckte untere Theil, d. h. das Ende, sichtbar wird. Auch in der Kosmogonie der mohammedanischen Legende wird die Nacht als Vorhang, ḥigâb vorgestellt. [1]

Das Kleid der Nacht ist von schwarzer Farbe, lejlâ ḫâlikat al-gilbâb, wie es im Arabischen lautet [2] (vgl. μελάμπεπλος νύξ) [3], ein **Pechmantel**, wie Shakspeare sagt:

> The day begins to break, and night is feed
> Whose pitchy mantel [4] overveil'd the earth.
>
> King Henry VI (1), II, 2. [5]

Je dunkler die Nacht ist, desto dicker ist das schwarze Kleid, mit dem sie versehen ist; auch in unsern Sprachen spricht man ja von dicker Finsterniss (ungar. vastag

---

[1] Bei Jâḳût I, 24, 2.

[2] Harîrî, S. 162 (2. Ausg.), vgl. den Commentar, wo auf das Verdecken der Nacht besonderes Gewicht gelegt ist: „li'annahu juġaṭṭi mâ fîhi." Vgl. al-Mejdânî II, 112, 23: al-lejl juwâri ḫaḍanan.

[3] Man nennt sie auch: ποικίλον ἔνδυμα ἔχουσα, wegen des bunten Sternengewandes, Aeschyl. Prometh., Vers 24.

[4] Schlegel'sche Uebers.: den Rabenmantel.

[5] Vgl. King Richard II., III, 2 (deutsche Uebers., Schlegel, Sc. 3): „The cloak of night being plucked from off their backs.

setétség); dies kommt auch im Arabischen zum Ausdruck, indem man eine sehr finstere Nacht eine Nacht mit schwerwiegender Decke nennt: lejl murgaḥinn.[1]

Der Name Lôṭ bedeutet demnach nichts anderes als im Hellenischen die weiblichen Gestalten Kalyke, Kalypso (von καλύπτω), die verhüllende Nacht, von welcher es sehr bezeichnend ist, dass sie als Kleider webend dargestellt werden für den Donnerer (αὐδήεσσαι)[2]; sie weben das Kleid, womit sie die Welt verdecken, wenn sie über dieselbe die Finsterniss breiten. Keiner wird es nach alledem bezweifeln, dass der Name Lôṭ eine Bezeichnung sei für die verhüllende Nacht. Wer dies trotz obiger Ausführungen bezweifeln sollte, den wird vielleicht die folgende Date aus dem Kreise der arabischen Sprache überzeugen können. Jeder kennt das arabische Wort kâfir; er kennt es wenigstens in der gewöhnlichen Bedeutung: der Ungläubige. Schon die ältern arabischen Sprachgelehrten, welche in etymologischer Beziehung, trotz mancher lächerlicher Schrullen und Eigenheiten, sehr oft ein feines Gefühl und einen ganz nüchternen Sprachsinn bekunden, haben gesagt, dass dieses Wort die Bedeutung infidelis erst durch die Dogmatik des Islam erhalten, dass es aber ursprünglich so viel bedeute als: der Verdecker, und dass dieser dogmatischen Uebertragung der Gedanke zu Grunde liege, der Ungläubige verdeckt die Allmacht Gottes (ähnlich wie im Hebräischen von Gott das Wort ḳâfar gebraucht wird, wenn er die Sünden der Menschheit verzeiht, d. h. verdeckt, im Arabischen ġafar)[3]; auch der Undankbare ist ein kâfir, ein Verdeckender, denn er verdeckt die em-

---

[1] Ich setze noch eine Stelle aus dem Ujgurischen her: Die Schöpfung zerris ihr schwarzes Hemd (d. h. es ist Tag geworden. Vámbéry, Kudatku Bilik, S. 218); vgl. S. 70: „Ich habe das Kleid der Finsterniss abgelegt.“ S. 219: „Die Tochter des Westens breitet ihren Teppich aus.“

[2] Max Müller, Essays, II, 72. — Schwarz, Urspr. d. Mythol., S. 245.

[3] al-Bejḍâwî's Korancommmuentar I, 19. 21 fg. — Abu-l-Baḳâ, Kulliât, S. 305.

pfangenen Wohlthaten, und im Späthebräischen nennt
man ihn ebenso kefûj ṭôbhâ, „das Gute Verdeckender“. [1]
Kurz, der kâfir ist eigentlich der Verdeckende. Nun
wird aber gerade die Finsterniss der Nacht von alten arabischen Dichtern kâfir genannt. Wir haben schon im zehnten
Abschnitt dieses Kapitels zu einem andern Zwecke den Vers
des Dichters aus dem Stamme Mâzin angeführt: „Der
Glänzende streckt seine Hand nach dem Verdeckenden
aus“, wo der Verdeckende kâfir, die Nacht ist. Auch der
berühmte Dichter Lebîd sagt in seinem Preisgedichte
(Muʿallaḳâ, v. 65): „Bis dass die Sterne ihre Hand aus-
gestreckt nach dem kâfir, und die Schwächen der Grenzen
verdeckt werden durch ihre Finsterniss“,

ḥatta iḏâ alḳat jadan fî kâfirin ✻ waʾaganna ʿaurâti-ṭ-ṯuġûri ẓalâmuhâ.

Und der Dichter Ḥumejd: „Sie (die Kamele) gehen zur
Tränke vor Anbruch des Morgens, während der Sohn des
Glanzes (die Morgenröthe) noch verborgen ist in der Hülle“,
d. h. bevor es noch Tag geworden,

fawaradat ḳabla-nbilâgi-l-fagri ✻ wabnu ḍukâʾa kâminun fî kafri. [2]

Ebenso wie die Finsterniss der Nacht die Verdeckende,
Verhüllende ist, so ist andererseits wieder die Morgenröthe,
oder die Sonne überhaupt, die Aufdeckende und Enthüllende.
Wir haben dieser Auffassung bereits oben bei Gelegenheit
des Noach (Seite 151) begegnet. Man sagt im Arabischen
safara oder asfara, vom Aufdecken irgendeines verhüllten
Gegenstandes, und dieselben Ausdrücke werden auch vom
Erglänzen der Morgensonne gebraucht. Es ist kein Zweifel,
dass auch diese letztere Anwendung auf die Bedeutung des
Enthüllens und Aufdeckens zurückgeht; das in den Lexicis
angeführte Beispiel: „Die Nacht, die von dem Morgen des
Freitag die Hülle entfernt“ (jusfir ʿan), d. i. welche dem
Freitag vorangeht, zeigt durch die Präposition ʿan, dass
das Aufdecken hier die Grundbedeutung ist, und die arabi-

---

[1] Vgl. die Note e. zu diesem Kapitel.
[2] Ibn al-Sikkît, S. 322.

schen Etymologen, welche ich in einer frühern Arbeit namhaft machte [1], mögen in gewisser Beziehung nicht Unrecht haben, wenn sie die meisten Derivate des Stammes safar auf diese Grundbedeutung zurückführen. Wie es aber kommt, dass im Aegyptischen, ebenso wie im Wüstenarabisch das Wort al-sufrà den Sonnenuntergang bedeutet, ist mir nicht klar. [2] Es kann nun kein Zweifel darüber obwalten, dass unser Lôṭ identisch sei mit seinem arabischen Namensbruder kàfir, dem Verhüllenden, der verdeckenden Nacht. Betrachten wir nun den Mythos. Die Töchter der Nacht vereinigen sich mit dem Vater. Wenn die Abendröthe — sie ist auch Tochter der Nacht (denn der Mythos identificirt, wie wir gesehen haben, Morgen- und Abendröthe) — sich mit den Schatten der Nacht vereinigt, immer finsterer und trüber wird, um dann endlich ganz in der Nacht aufzugehen, da sagte der mythosschaffende Mensch: Die Töchter Lôṭ's, des Verdeckenden, gehen zu ihrem Vater ins Beilager, und der muntere, lebensfrohe Charakter, den der Mythos an der Röthe wol im Vergleiche mit der dunkeln, schwerfälligen Nacht gefunden haben mag, liess ihn die Sache so erscheinen, als wäre der alte Lôṭ das Opfer einer Intrigue seiner wollüstigen Töchter, während im arischen Mythos Prajâpati es ist, der an seiner Tochter Ushas Gewalt übt. Die Namen der Töchter Lôṭ's werden in der alttestamentlichen Quelle nicht genannt; aber wir kennen sie von einer andern Seite her. Die Legende der Araber, welche durch Vermittelung von Juden die Lôṭ-Sage gleichfalls kannte, nennt uns diese Namen, und es wäre kaum glaublich, dass sie dieselben aus der Luft gegriffen haben; es ist vielmehr wahrscheinlich, dass sie auch diese, wie so vieles andere, aus der Tradition der Juden

---

[1] Beiträge zur Geschichte der Sprachgelehrsamkeit bei den Arabern, Nr. 1 (Sitzungsber. der kaiserl. Akademie der Wissenschaften [Wien 1871]), Januarheft S. 222 und 223 (Sonderabdr. S. 18 und 19).

[2] Wallin's Mittheilungen in der Zeitschr. D. M. G. (1851), V, 17; vgl. jedoch oben S. 55.

überkommen haben. Die jüdische Tradition selbst hat, wie
so vieles Unaufgezeichnete, auch diese Namen verloren. Es
liegen nun wieder andererseits in den arabischen Angaben
so verschiedene Versionen der fraglichen Namen vor, dass
jedermann leicht einsehen kann, dass wir es hier mit Beispielen jener Corruption zu thun haben, denen die fremden
Eigennamen in arabischen Handschriften regelmässig zum
Opfer fallen. Nach der einen Version ist der Name der
ältern Rajja und der der jüngern Zoġar (s. Jâḳût II, 933,
22; 934, 16), nach der letztern soll eine Stadt benannt
worden sein, welche in einigen alten Gedichten der Araber
erwähnt wird; bei Ibn Badrûn (ed. Dozy, S. 8) heissen sie
ungefähr Rasha und Raʿûsha (oder Raʿvasha?), bei Masʿûdî
(Prairies d'or, II, 193) Zaha und Raʿva. Unter diesen verschiedenen Angaben, unter welchen gewisslich eine jede auf
Textverderbniss beruht, kann nur die eine, Zaha, den solarischen Charakter der Töchter Lôṭ's im Mythos bekräftigen.
Der Lôṭ-Mythos ist aber, glauben wir, an sich genug klar,
sodass die Mythoserklärung dieser Bekräftigung füglich ent-
rathen kann.

Wenn die Vorstellung von Kerûbhîm dem hebräischen
Kreise ursprünglich und nicht erst in späterer Zeit von
der Fremde her entlehnt ist — eine Frage, die noch als
offene betrachtet werden muss —: so können wir auch in
dieser mythologischen Vorstellung dem Verhüllenden begegnen (vgl. kerûbh has-sôkhêkh, Ezech. XXVIII, 14),
der verdeckenden Wolke, und daher kommt die Function
des Verhüllens und Verdeckens, welche den Kerûbhîm im
spätern Cultus zutheil wurde, und ihre Verbindung mit den
Vorhängen.[1] „Jahve reitet auf dem Kerûbh", so redet
ein späterer religiöser Sänger (II. Sam. XXII, 11), „und
erscheint auf den Flügeln des Windes; er macht Nacht
ringsumher, Zelte, Wassersammlungen, düsteres Gewölk."
Hier ist vom finstern, umwölkten Regenhimmel die Rede,

---

[1] Vgl. Vatke, Biblische Theologie, S. 327, und Gesenius, Thesaurus,
S. 711, wo hierauf Gewicht gelegt wird.

und wenn Jahve Regen zur Erde sendet, da reitet er auf
dem Kerûbh, „und Nebel ist unter seinen Füssen“, und
der Staub, den er während des Reitens aufwirbelt, bildet
die shechâķîm, eigentlich: das Gestäube, den umdüsterten
Himmel.   Von Jahve wird auch sonst als auf Wolken
reitend gesprochen (Jes. XIX, 1).   Kerûbh wäre demnach
ursprünglich die verhüllende Wolke, und was die spätere
theologische Anschauung mit den Kerûbhîm verbindet, eine
Umbildung alter mythologischer Vorstellungen.[1]   Wenn
also der Stamm krb in himjarischen Inschriften in Titeln
der Könige verwendet wird, als Mukrib Saba oder Tobbaʿ
kerîb, d. h., wie von Kremer erklärt[2]: „Beschützer von
Saba“, „beschützender Tobbaʿ“, so ist dies sehr leicht
dadurch erklärbar, dass in den semitischen Sprachen die
Worte für den Begriff „beschützen“ vielfach von der
Grundbedeutung „verhüllen“ abgeleitet sind.   „Die
Kerûbhîm breiten ihre Flügel aus“ (I. Kön. VIII, 7), d. h.
sie verhüllen, und ebenso ist das Ausbreiten der Flügel,
kenâfajîm, über jemanden, im biblischen Sprachgebrauche
ein ständiger Ausdruck für den Schutz der jemand gewährt wird.   Im Arabischen bedeutet dasselbe Wort (kanaf)
sowol die Flügel des Vogels, als auch Verhüllung, Schatten
(vgl. Ps. XCI, 1—4) und Schutz.[3]

Anmerkung zu S. 117.

[a] Sonnenteiche und Sonnenpeitschen.   Es unterliegt
keinem Zweifel, dass die alte Auffassung, welche der auf- und
untergehenden Sonne Teiche beigesellt, ihren Ursprung in der

---

[1] Auch ins Mohammedanische ist die Vorstellung von Kerûbhîm
eingedrungen, z. B. Ḥâfiẓ (ed. Rosenzweig), III, 526 penult., chalweti
kerrûbiân ʿâlem-i-ḳuds.

[2] Ueber die südarabische Sage (Leipzig 1866), S. 27.

[3] Vgl. Thesaurus, S. 697.

Anschauung hat, dass die aufgehende Sonne aus dem Wasser emporsteigt und die untergehende in das Wasser taucht. In späterer Zeit, in welcher die ursprünglichen mythischen Beziehungen nicht mehr klar im Bewusstsein waren, erfuhr auch die Auffassung von den Sonnenteichen eine erhebliche Modification; und dies betreffend müssen wir auf zwei verschiedene Anschauungsweisen Bezug nehmen, welche beide ganz mythisch klingen und in der jüdisch-arabischen Tradition niedergelegt sind. Die eine dieser Anschauungsweisen lässt die Sonne einen allzu grossen Eifer in der Verrichtung ihres Geschäftes entfalten, einen Eifer, durch welchen die ganze Welt in Brand gesteckt würde, wenn nicht die Folgen desselben durch verschiedene Abkühlungsmittel gemildert würden; und diese Mittel sind eben die Sonnenteiche. „Im Namen des R. Nâthân wird berichtet", heisst es im Midrâsh Kôheleth zu I, 6: „Die Sonnensphäre steckt in einem Behältniss und vor ihr ist ein Wasserteich; wenn sie ausziehen will, da ist sie voll Feuerglut, und Gott schwächt ihre Kraft durch jenes Wasser, damit sie nicht die ganze Welt verbrenne." Aehnliches findet sich im Shôchêr ṭôbh zu Ps. XIX, 8 und damit wird in demselben Midrâsh zu Vers 8 die talmudische Theorie von den obern Wassern (majîm hâ-'eljônîm, welche sich oberhalb des Himmels befinden sollen), in Verbindung gebracht. Eine andere Anschauungsweise ist der eben erwähnten Auffassung gerade entgegengesetzt. Nach derselben sträubt sich die Sonne anfänglich, ihr Geschäft zu vollführen und kann dazu nur durch Zwang und gewaltsame Maassregelung bewogen werden. Die Sonne zieht nicht eher aus — so klagt sie selbst im Midrâsh 'Êkhâ rabbâ Einleit. §. 25 — bis dass man sie mit sechzig Peitschen schlägt und ihr befiehlt: „Geh hinaus und lasse dein Licht leuchten." Arabischerseits spricht der Dichter Umajjâ weitläufig über den Zwang, welcher der Sonne angethan werden muss, bevor sie die Wohlthat ihres Lichtes und ihrer Wärme den Erdbewohnern spenden will; nach der Tradition des 'Ikrimâ beschäftigen sich täglich 7000 Engel mit dieser Maassregelung der Sonne (Sprenger, Leben Mohammed's, I, 112). Auch die erstere Anschauungsweise findet sich in der mohammedanischen Tradition vertreten. Ein bei al-Sujûṭî angeführter Traditionsausspruch (tashnîf al-sam' bi-ta'dîd al-sab' Handschr. d. leipziger Universitätsbibl. Cod. Ref. nr. 357) erzählt, dass die Sonne täglich von sieben Engeln mit Schnee und Eis beworfen wird, damit ihre Hitze die Erde nicht zu Grunde richte. Dieses Abkühlungsmittel ist demnach das mohammedanische Aequivalent für den Sonnenteich. Uebrigens spricht die mohammedanische Tradition auch von einem Mondteiche (s. Sprenger a. a. O., S. 111).

Anmerkung zu S. 118.

^b **Sonnenmythos und Thierdienst.** Der ägyptische Thierdienst, wie der Thierdienst überhaupt, kann auf nichts anderes zurückgeführt werden, als auf mythische Anschauungen, welche mit dem Uebergang des Mythos in Theologie und mit der Abnahme und dem Aufhören des lebendigen Verständnisses für den erstern eine der ursprünglichen ganz fremde Bedeutung gewannen. Der Thierdienst ist demnach mit eine Quelle zur Aufdeckung mythologischer Thatsachen. Besonders ist dies aber in Bezug auf den ägyptischen Thierdienst der Fall, von welchem vorzugsweise gilt, was Plutarch (De Isid. et Osir., c. VIII) über die Religion der Aegypter sagt, dass sie nämlich auf αἰτία φυσική beruht, da derselbe Geistestrieb des ägyptischen Volks, welcher sich im figurativen Theile der Hieroglyphenschrift abspiegelt, es in Betreff der mythologischen Verwendung der Thiere, eine reiche Mannichfaltigkeit entfalten liess. So geht z. B. der vielbesprochene **Katzencultus** der Aegypter auf einen Punkt ihres Sonnenmythos zurück. Der alte ägyptische Mythos nannte die Sonne ohne Zweifel **die Katze,** wie dies in dem XVII. Kapitel des **Todtenbuchs** noch eine deutliche Spur zurückgelassen hat (Vgl. Lenormant, Premières civilisations, I, 359). Mit der Sonne — sagt Horapollon — wird auch die Pupille der Katze mit dem Vorwärtsschreiten des Tages immer grösser, bis sie mittags ganz rund wird und mit der Abnahme der Sonne wieder verhältnissmässig sich verkleinert. Der ägyptische Mythos stellte sich hinter der Sonne eine grosse Katze vor, deren Pupille eben die Sonnenkugel ist. In der jüngern **Edda** (I, 96, Gylf. 24) heisst es von Freya, dass, wenn sie ausfährt, **zwei Katzen vor ihren Wagen gespannt sind.** In dem angeführten Kapitel des Todtenbuchs, welches Brugsch, der auch die Stelle aus Horapollon beibringt, in einem interessanten Aufsatze analysirt (**Aegyptische Studien** in der Zeitschr. D. M. G., X, 683), ist vielfach davon die Rede, dass die Katze durch einen Skorpion erschreckt wird, welcher sich auf dem Himmelsgewölbe nähert, um der Katze den Weg zu versperren und den Körper derselben mit Schmuz zu bedecken. Brugsch identificirt den Skorpion mit der **Sünde**; doch scheint es mir wahrscheinlich, hier einen Wiederhall des alten Katzen-, d. i. Sonnenmythos zu vernehmen, wonach die Sonne gegen den Drachen oder das Schlangenungeheuer kämpft, welches sie verfinstert oder verschlingt. Der mythische Ausdruck: **Finsterniss bedeckt die Sonne,** lautet hier: Der Gewitter- oder Nachtdrache **bedeckt den Körper der Katze mit Schmuz.**

Ich erwähne an diesem Orte diesen wichtigen Entstehungsgrund des Thierdienstes nicht der Katze wegen, sondern um auf ein Moment des ägyptischen Thiercultus hinzuweisen, welches mit jener mythischen Betrachtungsweise der Sonne zusammenhängt, die oben im Texte des weitern ausgeführt wurde: dass sie nämlich des Abends ins Wasser taucht, um des Morgens wieder ans feste Land zu kommen. Es ist bekannt, dass in vielen Gegenden Aegyptens das Krokodil göttliche Verehrung genoss. Nun scheint dieser Cultus damit zusammenzuhängen, dass das Krokodil in erwähnter Hinsicht so zu sagen eine mythologische Hieroglyphe der Sonne ist und ohne Zweifel im alten Sonnenmythos als Benennung der Sonne figurirte. Es bringt nämlich den grössten Theil des Tages auf dem Trockenen zu, während es die Nacht über im Wasser verweilt τὸ πολλὸν τῆς ἡμέρης διατρίβει ἐν τῷ ξηρῷ τὴν δὲ νύκτα πᾶσαν ἐν τῷ ποταμῷ (Herod. II, 68); und es ist auffallend, dass Plutarch, welcher gerade in Bezug auf nüchternes Verständniss für die mythische Verwendung der im Wasser vorkommenden und aus demselben emporwachsenden Naturwesen einen ausgezeichneten Takt beweist, und z. B. das Verhältniss der Lotosblume zur Sonne in diesem Sinne auffasst, (De Isid. et Osirid. XI, οὕτως ἀνατολὴν ἡλίου γράφουσι τὴν ἐξ ὑγρῶν ἡλίου γινομένην ἄναψιν αἰνιττόμενοι), gerade in Bezug auf das Krokodil Hypothese auf Hypothese häuft, (ibid. c. LXXV) und nur insofern grössere Einsicht bekundet, dass er statt der utilitarischen Erklärung des Diodor, für den die göttliche Verehrung des Krokodils darin ihren Grund hat, dass es vom Nil Räubervölker abhält (1, 89), in der Natur des Krokodils den Ausgangspunkt des ihm gewidmeten Cultus zu finden versucht; doch trifft er eben in diesem Punkte nicht, wie sonst oft, den Nagel auf den Kopf.

Die Kehrseite des Krokodilcultus ist der Cultus des Ichneumon in der Gegend des heutigen Fajûm. Nach den classischen Berichten war dieses Thier der Buto geweiht, welche mit der Latona der Hellenen identificirt wird; diese letztere ist aber, wie Max Müller (Essays II, 72) trefflich und überzeugend nachgewiesen, einer der alten Namen der Nacht. Der Ichneumon ist demnach ebenfalls eine mythische Bezeichnung der Nacht in ihrem Verhältniss zur Sonne (Katze, Krokodil); denn was den Ichneumon kennzeichnet und womit der ihm gewidmete Cultus in Verbindung gebracht wird, das ist seine ganz besondere Feindseligkeit gegen Katzen und Krokodile.

Auch die Rolle der Kuh im Thiercultus ist auf den Sonnenmythos als auf ihren ersten Ursprung zurückzuführen. Es ist bekannt, dass eine der allerhäufigsten Benennungen der Sonne im

Mythos dies ist: die Kuh. Die Sonnenstrahlen werden als die Milch der Kuh bezeichnet, und namentlich in den Vedas ist dies eine der gangbarsten Anschauungen. — Dahin zu rechnen ist noch die Verehrung des Kantharuskäfers bei den Aegyptern; es muss nothwendig auch da ein enger Zusammenhang mit dem solarischen Mythos obwalten, obwol uns, die wir dem mythischen Bewusstsein so fern stehen, die Anknüpfung dieses Cultusmoments an jene mythologische Gruppe nicht von selbst gegeben ist. Jedoch bereits Plutarch (De Isid. et Osir. c. LXXIV) bestrebt sich ein Aehnlichkeitsmoment herauszufinden, welches hier als tertium comparationis dienen könnte, und findet es in der Art der Zeugung des Ichneumons.

Dass dem Thierdienst nicht die Erfahrung von der Nützlichkeit oder Schädlichkeit gewisser Thiere zur Grundlage dient, sondern dass derselbe stets in engem Zusammenhange mit dem Sonnenmythos steht, dessen theologisch-cultuelle Entwickelung er nur ist, sieht man am besten auch daraus, dass nicht nur wirklich existirenden Thieren göttliche Ehren erwiesen wurden, sondern dass in demselben auch Phantasiethiere eine hervorragende Rolle spielen, wie z. B. der Phönix. Dieses Wort ist aber auch nur eine alte mythische Bezeichnung der Sonne. Ist sie doch auch ein geflügeltes Thier mit rothen und goldnen Federn, τὰ μὲν αὐτοῦ χρυσόκομα τῶν πτερῶν τὰ δὲ ἐρυθρά (Herod. II, 37); eine Beschreibung der Sonne vom Standpunkte des Mythos, wie aus dem oben Seite 135 Ausgeführten zur Genüge erhellen dürfte. Der Phönix kehrt alle 500 Jahre wieder, also am Ende einer jeden grossen Sonnenperiode. Nachdem die mythenbildende Geistesstufe psychologisch überwunden war und der Phönixname von dem Inventar der Sonnennamen verschwand, konnten das den Mythos selbst überlebende Wort und die mit demselben verknüpften Residuen einer misverstandenen mythischen Vorstellung den Aberglauben von dem reellen Vorhandensein des Phönixvogels hervorbringen. Eben jene Residuen aber erlauben und ermöglichen die Reconstruction der mythologischen Bedeutung. (Ueber andere mehr abenteuerliche als mythologische Thiere des ägyptischen Alterthums kann man bei Chabas, Études sur l'antiquité historique [Paris 1873] p. 399—403, nachlesen). Auch religiöse Gebräuche können ihre Quelle in dem Anschauungskreise des alten Mythos haben. Nach Herodot's Mittheilung war bei den Aegyptern das Opfern und Essen der Kuh verboten, während auf den Ochsen diese Rücksicht nicht genommen wurde. Τοὺς μὲν νῦν καθαροὺς βοῦς τοὺς ἄρσενας καὶ τοὺς μόσχους οἱ πάντες Αἰγύπτιοι θύουσι· τὰς δὲ θηλέας οὔ σφι ἔξεστι θύειν ἄλλα ἱραί εἰσι τῆς Ἴσιος. Es ist dies eng mit mythischen Begriffen

verknüpft. An die Kuh, deren Hörner und deren Milch, wie
wir oben zu bemerken Gelegenheit hatten, der mythische Ausdruck des Lichtstrahles sind, sie es der Sonne oder des Mondes,
konnte sich folgerichtiger die ausgebreitete göttliche Verehrung
und diejenige Rücksicht anknüpfen, dass man ihren Genuss und
ihr Tödten für verboten erachtete, als an den Ochsen, der, da
ihm die Milch abgeht, nicht so ganz vollkommen dasjenige veranschaulicht, was der Mythos von der Sonne erzählt.

<hr>

Anmerkung zu S. 127.

[c] Sonne als Quelle. An das im Texte Auseinandergesetzte,
dass nämlich der Mythos die Sonne als Auge auffasst, schliesst
sich die andere parallele Anschauung, die der Sonne als
Quelle. Sprache und Mythos bekunden hier eine bemerkenswerthe Gleichartigkeit in der Identificirung. Fast nach dem
mathematischen Gesetze, möchte man sagen, dass, wenn zwei
Dinge einem dritten gleich sind, jene zwei untereinander auch
gleich sein müssen, haben viele Sprachen denselben Namen für
Quelle und Auge; so im Semitischen (ʿajin, ʿajn u. s. w.), im
Persischen ćeshm und ćeshme, im Chinesischen ian, was Quelle
und Auge bedeutet. Die 34 Quellen bei Bunarbaschi, wo
man früher das homerische Ilion finden wollte, werden vom Volke
mit runder Zahl „die vierzig Augen" genannt u. s. w. Die
Sonne nämlich ist nicht nur ein sehendes Auge, sondern auch
eine fliessende Quelle. Es ist möglich, dass hier als Vermittelndes
das thränende Auge dient, das doch auch eine Wasserquelle
ist (vgl. Jerem. VIII, 23, we ʿênaj meķôr dimʿâ).

> Aus den Himmelsaugen droben
> Fallen zitternd goldne Funken
>
> ———————————————
>
> O ihr Himmelsaugen droben,
> Weint euch aus in meine Seele,
> Dass von lichten Sternenthränen
> Ueberfliesset meine Seele,

wie Heinrich Heine in seinem „Nordseecyklus" sagt („Nachts in der
Kajüte"). Freya — wie bekannt eine solarische Gestalt, vor
deren Wagen Katzen gespannt sind —, weint ihrem verloren
gegangenen Gemahl goldene Zähren nach (Jüngere Edda I, 96.
Gylf. 35). Hier sind die Thränen des Sonnenauges die goldenen
Strahlen.

Die Sonne ist Quelle, der Lichtglanz der Strahlen ist die

aus dieser Quelle strömende Flüssigkeit. Im ägyptischen Todtenbuche wird von der Sonne gesagt: râ pu num âtef nuteru, „die
Sonne, das Urwasser, der Vater der Götter" (Lepsius, Aelteste
Texte des Todtenbuchs [Berlin 1867], S. 42); sie ist *largus fons
liquidi luminis*, wie Lucretius sie nennt (De rer. nat. V,
v. 281), „welche den Himmel mit immer neuem Glanze befruchtet."
Irrigat assidue coelum candore recenti. Dieselbe Anschauung
waltet auch auf arabischem Gebiete. Der Dichter Tarafâ z. B.
gebraucht von dem Sonnenglanze das Verbum er tränkt, indem
er sagen will: er verleiht, spendet seinen Strahlenglanz (sakathu
ijât us-shamsi, Mu'allakâ, v. 9), und ebenso verhält es sich mit
dem Glanze der Sterne. Das Wort kaukab, welches im Semitischen gewöhnlich Stern bedeutet, bezeichnet ausser dieser gewöhnlichen Anwendung auch: Wasserquelle, z. B. „und den
Weideplatz möge kein Wasser (kaukab) tränken" (Aġânî XI,
126, 15). Man vgl. eine Stelle aus der Einleitung in den Korancommentar al-Kashshâf des Zamachsharî (de Sacy, Anthologie
gramm. ar., p. 12, 8 Textband), wo beide Bedeutungen des Wortes
kaukab nebeneinander gebraucht sind. Hierher gehört auch ein
Ausspruch, der von Rabbi Ami im babylonischen Talmud, Ta'anîth
fol. 7 b, verzeichnet ist. Er erklärt nämlich die Worte Hiob
XXXVI, 32, 'al kappajîm kissâ ôr, durch: „Wegen der Sünde ihrer
Hände hält er (Gott) den Regen zurück", da unter Lichtglanz
der Regen verstanden werden müsse (ên ôr elâ mâṭâr), und zieht
die Stelle, ibid. XXXVII, 11, „auch mit Flüssigkeit belastet er
die Wolke, lässt ausgiessen die Wolke seines Regens"
(jâfîṣ 'anan ôrô), ebenfalls in das Gebiet dieser lexikalischen Auffassung des hebräischen Wortes ôr. Was für Flüssigkeit aber
die Strahlen der himmlischen Lichtkörper sind, das ist für den
Mythos nicht fest und bestimmt. Nach Vendidad XXI, 26. 32. 34
sind „Sonne, Mond und Sterne reich an Milch". Nicht minder
häufig ist die Anschauung, dass die himmlischen Lichtkörper
uriniren (vgl. besonders Schwarz, Sonne, Mond und Sterne,
S. 30 fg.). Diese letztere Anschauung von den Sonnenstrahlen
als Flüssigkeit spiegelt sich in bemerkenswerther Weise in der
ungarischenSprache ab, und es wird für die vergleichende Mythoswissenschaft und deren Forscher nicht uninteressant sein, wenn
ich einige dahin gehörige Thatsachen verzeichne. Vor allem
ist bemerkenswerth, dass in der alten ungarischen Sprache dasselbe Wort, welches in der modernen Sprache nur Urin bedeutet: hugy, für Stern gebraucht wird. In der Legende vom
heiligen Franciscus, einem alten ungarischen Sprachdenkmal, heisst
es „hugoknak folyása", das Fliessen der hugyok für lateinisch
stellarum cursus. Dahin gehören auch einige Eigennamen, welche

Aron Szilády gesammelt hat (Magyar nyelvör, I, 223), z. B.
Hugdi, Hugod, Hugus (zu lesen: Hugydi, Hugyad, Hugyos), welche
wol nichts anderes bedeuten können als: glänzend (fényes). Dieselbe Anschauung von dem Lichte als Flüssigkeit hat sich auch
in der spätern Sprache erhalten, wo neben sugár, Lichtstrahl,
ömlik (er ergiesst sich) gebraucht wird, wie in vielen andern
Sprachen.

Anmerkung zu S. 132.

^d Ḳajin im Arabischen. Bekanntlich lauten die Namen
des ersten Brüderpaares in der biblischen Legende der Mohammedaner: Hâbil und Ḳâbil. Schon Herbelot (Orientalische Bibliothek [deutsche Ausgabe], II, 12) erklärt Ḳâbil (Empfänger)
als arabische Wendung des Etymons, mit welchem der hebräische
Text den Namen begleitet, nämlich: ḳânîthî, „ich habe erworben,
empfangen einen Mann für Jahve.“ Doch kann es nicht bezweifelt werden, dass der Name Ḳâbil in dieser Gruppe keine
etymologische Unterlage hat, auch kann derselbe nicht, wie Chwolson
annimmt, auf einen blossen Abschreibefehler, der sich dann im Laufe
der Zeit eingebürgert hätte, zurückgeführt werden (s. Gutschmid in
Zeitschr. D. M. G. [1861], XV, 86), sondern er gründet sich auf eine
besondere arabische Liebhaberei in der Zusammenstellung von Namenpaaren. In dieser Beziehung kann man nämlich zweierlei beobachten.
Erstens lieben die Araber in Namengruppen die Anwendung von
verschiedenen Derivaten desselben Stammes. Sie nennen z. B. die
beiden Grabesengel Munkar und Nekir, in der Alexander-Sage
die beiden Heerscharen Munsik und Nâsik, eine Art Jâgûg
und Mâgûg (vgl. W. Bacher's Nizâmî's Leben und Werke, S. 91);
in der Josef-Sage sind Basshâr und Bushrâ die beiden Mid-
janiter, welche den Jûsuf aus der Cisterne zogen (Handschr. der
leipz. Universitätsbibl. Nachtr. 7, Bl. 30 r.). Dahin gehören auch
Shiddîd und Shaddâd, die beiden Söhne des ʿÂd, Mâlik und
Milkân, die Söhne des Kinânâ (Jâḳût III, 92; Krehl, Vorislam.
Relig. der Araber, S. 12) u. a. m. (vgl. auch Ewald, Gesch. des
Volks Isr., I, 390, Anm. 2). Diese Liebhaberei, welche von der
Legende in das praktische Leben überging, wo sie sehr oft bei
der Namengebung der Kinder maassgebend wurde (z. B. Ḥasan
und Ḥusejn, die beiden Söhne ʿAlî's, oder in grösserer Gruppe:
die drei Brüder Nebîh, Munabbih und Nabahân, Aġânî VI,
101, Amîn, Maʾmûn und Mustaʾmin, die drei Söhne des Khalifen
Hârûn al-Rashîd u. a. m.), findet sich nicht nur in Namen von

Gleichzeitigen, sondern auch in genealogischen Folgen von Namen sowol der vorgeschichtlichen Sage als auch der historischen Zeit praktisch angewendet; einige Beispiele hierfür sind: Huzâl b. Huzejl b. Huzejlâ, ein Mann von den ʿÂditen (Commentaire historique sur le poème d'Ibn Abdoun par Ibn Badroun [ed. Dozy, Leiden 1848], S. 67, 1 Text), der Tamûdite Ḳudâr b. Ḳudeirâ (Harîrî Mak., S. 201) u. a. m. Ein interessantes Beispiel solcher Namengruppirung in der modernen Volksrhetorik ist zu finden bei Burton, „Personal narrative of a pilgrimage to Mecca and Medina", I, 145. Dieser Neigung ähnlich ist eine zweite, dass man nämlich bei Namenpaaren gern Assonanz vorherrschen lässt z. B. Rahâm und Rajâm, Hârût und Mârût, Hâwil und Ḳâwil (bei Bacher a. a. O.), Jâgûg und Mâgûg für die biblischen Gôg und Mâgôg. Aus letzterm Namenpaare sieht man, dass die Neigung, assonirende Namenpaare zu bilden, auch dem Hebräischen nicht fremd ist; es gehört hierher noch das Paar Eldâd und Mêdâd, und aus der talmudischen Literatur Chillêḳ und Billêḳ. Dieser Trieb zur Assonanz bezieht sich nicht nur auf das Ende des Namenpaares, sodass die Anfangssilbe dabei indifferent ist, sondern zuweilen assoniren eben die Anfänge und die Endsilbe bleibt indifferent, z. B. in der mohammedanischen Legende Gâbalḳ und Gâbars (oder Gâbarṣ, s. Jâḳût II, 2, keinesfalls, wie Justi im „Ausland" [1875], S. 306 schreibt: Gabulka und Gabulsa), die rechtgläubigen Reste des ʿÂd- und des Tamûdvolks. Uebrigens erstreckt sich diese Vorliebe für Assonanz im arabischen Schriftthum merkwürdigerweise über das specifische Gebiet der arabischen Legende hinaus auf Fremdländisches. Als Beispiel erwähne ich eine Stelle aus dem ʿAntarroman XXIX, 72, 10, wo ein fränkisches, von ʿAntar erschlagenes Brüderpaar genannt wird: Saubert und Taubert; ohne Zweifel hat der Verfasser oder Sammler von fränkischen Namen gehört, die auf -bert endigen, schon früher nannte er einen König Gaubert. Die Neigung zu solchen assonirenden Namenpaaren ist so vorherrschend, dass die richtige Lautung des einen der beiden Namen zu Gunsten der Assonanz ohne weiteres corrumpirt wird. Dies ist bereits bei Jâgûg und Mâgûg der Fall gewesen; ein bekanntes Beispiel für diese Erscheinung ist auch das Namenpaar Soliman und Doliman für Sulejman und Dânishmand (vgl. Frankel's „Monatsschrift für jüd. Geschichte", II, 273). Der biblische Saul heisst in der mohammedanischen Legende Ṭâlût, ebenfalls infolge der Assonanz an Gâlût (Goliath). Man vgl. über die Assonanz der Namenpaare noch Zeitschr. D. M. G. XXI, 593. Es sei noch hervorgehoben, dass die erste Art der Assonanz nicht nur an Personen-, sondern auch an geographischen Eigennamen beobachtet werden kann,

z. B. Kadâ und Kudejj, zwei Berge bei Mekka (Jâkût IV, 245, 15),
Achshan und Chushejn, ebenfalls zwei Berge (ibid. I, 164, 12,
und die hierauf bezüglichen Sprichwörter bei al-Mejdânî I, 14, 2).

Dieselbe phonologische Tendenz hat auch das an Hâbil assonirende Kâbil erzeugt. Der Name Kajins wurde nämlich von den Arabern ursprünglich in seiner hebräischen Fassung ausgesprochen, was
um so leichter geschehen konnte, als Kajn ein alter arabischer
Eigenname ist (z. B. Hamâsâ, S. 221; vgl. Zeitschr. D. M. G.
[1849], III, 177). Zu Gunsten der eben besprochenen Assonanz
wurde Kajin im Munde des Volks zu Kâbil, und diese an
Hâbil anklingende Form drang später ganz allgemein auch in
die Literatur ein. Mas'ûdî kennt noch den Namen Kâjin
und verwirft ausdrücklich die Form Kâbil als unrichtig (Les
prairies d'or, I, 62); ja er führt einen Vers an, aus welchem
hervorgeht, dass ihm die biblische Etymologie aus kânâ, die ebenso
gut auch auf die arabische Sprache angewendet werden kann, bekannt ist:

> Waktanajâ-l-ibna fasummija Kâjinâ
> Wa-'âjanâ nash'ahu mâ 'âjanâ
> Fashabba Hâbilun fashabba Kâjin
> Wa-lam jakun bejnahuma tabâjun.

„Sie (Adam und Eva) erwarben den Sohn und er wurde Kâjin
genannt; und sie sahen ihn sich entwickeln, wie sic's sahen. Es
wuchs Hâbil auf, es wuchs Kâjin auf und es fiel kein Zwiespalt
zwischen ihnen vor." Dasselbe ist auch aus dem Umstande ersichtlich, dass die mohammedanische Tradition den Kâbil in dem
Orte Kanejnâ, in der Nähe von Damaskus, wohnen lässt (Jâkût
II, 588, 11), was sich nur aus dem Anklang an Kâjin erklären
lässt. Auch der Zusammenhang, in welchem bei Abulfarag „Historia
dynastiarum", p. 8 die Erfindung der Musikinstrumente mit den
Töchtern des Kajin gebracht wird (s. Gutschmid a. a. O., S. 87),
dadurch nämlich, dass diese Tradition an das arabische Wort für
Sängerin = Kajnâ angelehnt wird, beweist für die ursprüngliche
Geltung der biblischen Namensform bei den Arabern.

In dem „Christlichen Adam-Buch des Morgenlandes", welches
Dillmann übersetzt hat, ist der Name Kajin's durch „Hasser"
verdolmetscht, „denn er hasste seine Schwester in seiner Mutter
Leibe, und deswegen nannte ihn Adam Kajin." Dillmann vermuthet mit Recht, dass sich diese Auffassung an eine Etymologie
des Namens aus kinnê, „gegen jemand eifern", anlehnt (in
Ewald's „Jahrb. für bibl. Wissenschaft" [1853], V, 139, Anm. 53).

Anmerkung zu S. 136.

' Grammatisches zu Jô'êl II, 2. Wir haben die Begründung jenes Gebrauchs, den wir vom Verse Joel II, 2 im Texte machten, für einen kurzen Excurs in diesen Anmerkungen zurückgelegt. Es ist bekannt, dass in den semitischen Sprachen das Participium passivi häufig für das des Activs angewendet wird, ähnlich wie etwa im Englischen *possessed of* .... für *possessor* und im Deutschen Bediente r für der Bedienende. Im Arabischen, wo die Nationalgrammatiker diese Spracherscheinung als maf'ûl bima'na-l fâ'il sehr weitläufig constatiren, sagt man z. B. higâb mastûr für sâtir, der verdeckte Vorhang, statt der verdeckende (Korân XVII, 47; vgl. al-Harîrî, [2. Ausg.], S. 528, 17) u. s. w.; im Aramäischen achîd 'âmartâ, der Eroberer der Welt, statt âchêd; râfukâ, der Gräber, für râfêk (talm. babyl. Sôtâ 9 b); im Samaritanischen kethûbhâ, der Schreiber (Le Long, „Bibl. sacra", p. 117; de Sacy, „Mémoire sur la version arabe des livres de Moïse" in den „Mem. de l'Acad. des Inscriptions" [1808], p. 16); im spätern talmud. Hebräisch lâkûach, der Käufer, statt lôkê'ach, kefûj tôbhâ, der das Gute, die genossene Wohlthat Verdeckende, der Undankbare (vgl. oben S. 222), statt kôfe; dôbh châtûf, statt chôtêf, der reissende Bär (Targ. II; Genes. XLIX, 27). So auch vielfach im biblischen Hebraismus, z. B. achûzê cherebh statt ôchazê (Hohelied III, 8), 'erûkh milchâmâ statt 'ôrêkh (Joel II, 5; vgl. Jerem. VI, 23; L, 42, wo das Verbum 'àrakh, wenn von dem Anordnen der Schlachtreihen die Rede ist, mit der Präposition lamed verbunden ist, welches l jedoch fortbleiben kann, wie z. B. in kôhên meshûach milchâmâ, der für den Krieg gesalbte Priester in der Mischna). In dieselbe Kategorie zähle ich auch das Shachar pârûs unsers Verses, wo das passivische pârûs nach meiner Ansicht statt pôrês steht.

Doch ist zum Verständnisse meiner Erklärung des Verses noch der Hinweis darauf nöthig, dass im Hebräischen neben solchen Verben, welche regelmässig mit einem gewissen Nomen als Subject oder Object verbunden werden, dieses Nomen auch fortzubleiben pflegt, das Nomen liegt in diesem Falle implicite in dem Verbum mitbegriffen; und dies ist in der Natur der Sache begründet. Wenn ich z. B. sage: er klatschte, so steckt in diesem Verbum „klatschte" begrifflich darin: mit den Händen. Dieselbe elliptische oder besser prägnante Redeweise, welche das Hebräische bei den Verben, welche Bewegung ausdrücken, hinsichtlich eines andern Verbums anzuwenden liebt (Gesenius-Rödiger, „Hebr. Gramm." [1872], §. 141, S. 279; Ewald, „Ausführl. Lehrb.

der hebr. Spr." [1870], §. 282 c, S. 708), wird daher in Fällen
erwähnter Art auch in Bezug auf das Nomen angewendet, z. B.
Num. XX, 26, We-Aharôn jê'âsêf umêth shâm, Aharon wird
eingesammelt (zu seinen Vätern oder Volksgenossen) und stirbt
dort; die Worte „und stirbt dort" machen das Complement el
'ammâw, welches ibid. v. 24 hinzugefügt ist, überflüssig; ebenso
kann neben sâfôk, klatschen, das objective Complement kappajîm fortbleiben (Hiob XXXIV, 37; vielleicht auch Jes. II, 6) u. s. w.
Dahin zähle ich auch das pârûs resp. pôrês unserer Stelle; nach
demselben Sprachgebrauch ist daneben kenâfajîm oder kenâfâw,
die oder ihre Flügel, fortgeblieben. Der Ausdruck die ausbreitende Morgenröthe ist selbstverständlich: die ihre Flügel
ausbreitende Morgenröthe. Die Thatsache aber selbst, dass das
Objectscomplement hinter pârûs wegbleiben konnte, beweist eben,
wie allgemein in der hebräischen Sprache die Anschauung von
dem Vogel der Morgenröthe mit den ausgebreiteten Schwingen
zum Ausdruck gelangen mochte.

Anmerkung zu S. 177.

·ᶠ Hajnal. Wie sehr die Sprache in der Bestimmung der
Farbenart des Sonnenanfangs vielfaches Schwanken darbietet,
das sieht man auch aus dem Ungarischen. Das Wort, welches
im Ungarischen Morgenröthe bedeutet: hajnal, ist etymologisch
verwandt mit dem Worte, welches Schnee bezeichnet: hó; jenes
bedeutet demnach ursprünglich: die Weisse (Paul Hunfalvy in
der Monatsschrift „Magyar Nyelvör" [1874], III, 202); wenn man
nun sagt hajnalpir, die Morgenröthe, so heisst dies eigentlich
soviel als: die Röthe des Weissen. Es hat aber auch im
Ungarischen die Anschauung von der Morgenröthe über diejenige
gesiegt, welche bei dem Auftreten des Sprachausdrucks hajnal
gewaltet haben muss und nun nur noch durch die etymologische
Analyse wieder erkannt werden kann. Man sieht dies auch daraus, dass in der Érmelléker Gegend rothe Leute hajnal, d. h.
Morgenroth (eigentlich: Morgenweiss), gespottet werden (dieselbe
Zeitschrift [1873], II, 179).

Anmerkung zu S. 179.

ᵍ Das Erblassen der Sonne und das Erröthen des
Mondes. Obwol, wie wir sahen, der Mythos mit der Sonne sowol

die röthliche als auch die weisse Farbe verbindet, so ist doch noch die Beobachtung zu machen, dass dies nur von der ältesten Mythosstufe gilt. Eine spätere Periode verbindet die Sonne lieber mit der Farbenanschauung von röthlich und gelb, während die weisse Farbe mehr dem Monde eignet. Lâbhân, der Weisse, als Sonnenname hat sich in der Sprache nicht festsetzen können, wol aber lebhânâ, die Weisse, als Name des Mondes. Zum Verständniss der Farbenanschauung, die der Mythos mit Sonne und Mond verknüpft, kann auch eine Stelle dienen, in welcher davon die Rede ist, dass Sonne und Mond vor Scham und Schande ihre Farbe verlieren; nämlich Jesaias XXIV, 23: wechâferâ hal-lebhânâ u-bhôshâ ha-chammâh, „Es erröthet der Mond und es erblasst die Sonne, denn es regiert Jahve die Scharen auf dem Berge Zîjjôn und in Jerusalem.“ Die Vertheilung der beiden Ausdrücke für Schande, bôsh und châfar, welche auch sonst im Parallelismus abwechseln, ist hier, wo von Sonne und Mond, also von Gegenständen die Rede ist, die man sich auch vor dem Erröthen mit gewissen Farben versehen vorstellte, nicht aufs gerathewohl hin gewählt, sondern muss der Farbennatur dieser beiden Gegenstände entsprechend sein. In Bezug auf Menschen werden beide Verben ohne Unterschied angewendet; aber das „Weissmachen“ als Beschämen ist dennoch überwiegend, sodass sich in späterer Zeit das „Weissmachen des Gesichts seiner Nebenmenschen“ als Ausdruck für seine „Beschämung“ festgesetzt (ham-malbîn penê chabhêrô oder achwâr appê, Bâbhâ Meṣîâ fol. 58 b; vgl. Levy, „Chald. Wörterb.“, I, 245 a; II, 173 a) und das Erröthenmachen verdrängt hat. Das Wort bôsh für „sich schämen“ ist auch in älterer Zeit häufiger als châfar. Jenes Wort bedeutet: weiss werden und gehört etymologisch in die Gruppe des arabischen bâḍ, woher abjaḍ, weiss; dieses ist der Gruppe ḥmr angehörig (mit Wechsel der verwandten Lippenlaute p und m), woher aḥmar, roth. Wenn demnach gesagt wird, dass die Sonne bôsha, weiss wird, und der Mond châferâ, erröthet, so setzt dies die Vorstellung von einer röthlichen Sonne (Edôm) und einem weissen Monde (Lebhânâ) voraus.

Dasselbe Verhältniss zwischen den Farben der Sonne und der des Mondes, an welches die obige hebräische Stelle anknüpft, setzt auch der alte persische Dichter Asadî voraus in dem „Wettstreite des Tages mit der Nacht“, auf welches Gedicht wir bereits oben S. 111 Bezug zu nehmen Gelegenheit hatten. Dort sagt nämlich der Tag zur Nacht (bei Rückert-Pertsch a. a. O., S. 62, v. 18): „Wenngleich gelb einhergeht die Sonne, doch ist sie besser als der Mond; wenngleich gelb einhergeht das Goldstück, doch ist es besser als der Silbergroschen.“

Anmerkung zu S. 217.

[b] Farbe der Sonne. Ich will hier ein Stück Talmûd in wortgetreuer Uebersetzung folgen lassen, das uns zeigen soll, wie man in späterer Zeit über die Farbe der Sonne speculirte und wie man selbst bei so fortgeschrittener Fixirung des Sprachausdrucks noch nicht über eine bestimmte Farbenanschauung, die man mit der Sonne verband, im Klaren war. Es befindet sich im Tractat Bâbhâ Bathrâ, fol. 84 a des babylonischen Talmûd, und ich muss zur Orientirung des Lesers nur soviel voraussenden, dass es sich eigentlich um ein Farbenwort handelt: shechamtîth. Es wird nämlich in der Mischnâ, auf welche sich dieses Stück Talmûd bezieht, gesagt:

Shechamtîth we-nimṣa'ath lebhânâ, lebhânâ we-nimṣa'ath shechamtîth shenêhem jekhôlin lachazôr bâhen, „Wenn Käufer und Verkäufer über Weizen übereingekommen, welcher die Farbe shechamtîth haben soll, und der Verkäufer liefert weissen oder umgekehrt, so können beide Parteien den Kauf rückgängig machen." Es wird nun im Talmûd vorausgesetzt, dass dieses Farbenwort von chammâ, Sonne, stammt und soviel bedeutet als sonnenfarbig.

„Rabh Pâpâ sagt: „Da es (als Gegentheil) gesagt wird: (der Verkäufer liefert) weissen, so ist ersichtlich, dass die Sonne roth ist (sûmaktî); und in der That ist sie beim Auf- und Untergang roth, und dass wir sie nicht den ganzen Tag in dieser Farbe sehen, daran ist nur unser Gesichtssinn schuld, welcher nicht genug kräftig ist. Frage: Es heisst (von einer Gattung des Aussatzes): eine Farbe, tiefer als die Haut (Levit. XIII mehreremal) d. h. die Farbe der Sonne, welche tiefer erscheint als die Farbe des Schattens, während doch offenbar von weisser Farbe des Aussatzes die Rede ist? (Die Farbe der Sonne wäre also weiss.) Antwort: Von der Farbe des Aussatzes gilt beides: Sie gleicht der Sonnenfarbe, insofern diese tiefer ist als der Schatten (und auch hier von einerArt des Aussatzes die Rede ist, in welchem seine Farbe tiefer ist als die der Haut); sie gleicht der Sonnenfarbe nicht, insofern diese roth, während sie selbst weiss ist. In der Fragestellung aber (welche eine weisse Farbe der Sonne voraussetzt) war die Ansicht maassgebend, dass die (ursprünglich weisse) Sonne sich beim Aufgang und Untergang nur deshalb roth färbt, weil sie während des Aufgangs vor den Rosen des 'Édengartens vorübergeht, beim Untergange aber die Pforten des Gêhinnôm (Hölle) passirt (und jedesmal reflectirt sich die rothe Farbe derselben an der übrigens weissen Sonne). Einige fassen das Verhältniss umgekehrt auf (und lassen beim Aufgange die Farbe der gegenüber-

liegenden Hölle, beim Untergange die der gegenüberliegen-
den Paradiesesrosen auf die Sonne reflectiren)."

Anmerkung zu S. 217.

¹ **Umbildung fremder Sagen in der mohammedanischen Legende.** Die mohammedanische Legende und Volkstradition liefern uns häufig Beispiele dafür, dass sie Sagen, welche
der fremde Sagenkreis an ihre Lieblingsgestalten anknüpft, in
der Weise entlehnt, dass an Stelle jener Gestalten solche treten,
welche der mohammedanischen Tradition geläufig sind. In dieser
Weise sind viel iranische Localtraditionen und Sagen nach der
Unterwerfung des iranischen Geistes unter die Herrschaft des
Islam im mohammedanischen Sinne umgedeutet worden, eine Erscheinung, die uns in der orientalischen und occidentalischen
Religions- und Sagengeschichte auf Schritt und Tritt begegnet.
Ich will mich hier mit der Anführung eines einzelnen Beispiels
begnügen. Der Berg Demâwend, in der Gegend von Rejj,
spielt eine grosse Rolle in der altiranischen Sage von dem Kampfe
des grossen Königs Ferîdûn gegen Zohak Bujurasp; an diesen
Berg fesselte der Dämonenüberwinder das entmenschte Ungeheuer
und machte es unschädlich. Nun hat der mohammedanische Sagenkreis von den Juden den Sulejmân (Salomo) entlehnt und ihn
mit den Zügen ausgerüstet, welche die Agâdâ von dem grossen
Hebräerkönige erzählt — Züge, die, was ich beiläufig bemerken
will, selbst sehr stark auf den Einfluss der iranischen Ferîdûn-
Sage hinweisen. Dahin gehört namentlich die Unterwerfung der
Dämonen durch den geheimnissvollen Ring, welche von der Agâdâ
in den Koran (Sure XXI, v. 82) und in die islamische Tradition
übergegangen ist. Nachdem der Demâwend mohammedanisches
Gebiet wurde, sollte er auch die Erinnerungen an den alten sagen-
reichen Iranierkönig abstreifen. „Das gemeine Volk glaubt", wird
bei Jakût II, 607 erzählt, „dass Sulejmân, der Sohn Dâ'ûd's,
an diesen Berg einen der abtrünnigen Satane fesselte, welcher
Sachr, der Abtrünnige, hiess; andere glauben, dass Ferîdûn den
Bujurasp an diesen Berg anband, und dass der Rauch, welchen
man von einer Höhle dieses Berges herauskommen sieht, sein
Athem sei." Wir erfahren zugleich aus dieser Notiz, dass neben
der Umdeutung auch die ursprüngliche Sage Bestandesfähigkeit besass. Ausser der durch das „Königsbuch" angeregten eranischen
Geistesbewegung förderte die Conservirung der alten National-

erinnerungen noch ein bemerkenswerther Schlag von National-
gelehrten, die neben ihrer Capacität in der arabischen Philologie
die Aufbewahrung alter Nationalerinnerungen anstrebten (z. B.
Ḥamzâ al-Iṣfahânî; vgl. Jak. I, 292—93. 791, 20; III, 925.
629, 18 fg.; IV, 683, 10 und meine „Beiträge zur Geschichte
der Sprachgelehrsamkeit bei den Arabern“, Nr. 1 [Wien 1871],
S. 45, und Nr. III [1873], S. 26). Seltener dürften Entlehnungen
und Umdeutungen aus der griechischen Mythologie sein. Der im
Text angeführte Fall ist ein Beispiel für eine solche Entlehnung,
und wir haben gesehen, dass in diesem Falle an die Stelle der
unbekannten Personen des griechischen Mythos die dem Islam
geläufigern des Nimrôd und seiner Familie getreten sind. Es
gibt jedoch auch Fälle dafür, dass Namensveränderungen in der
Legende vorkommen, obwol der aufgegebene Name ebenso geläufig
ist wie der für die betreffende Legende neu eingeführte. Ein
solches Beispiel ist folgendes, welches ich aus Jâḳût's geographi-
schem Wörterbuche, IV, 351, 16 fg., entnehme. Der erwähnte
Schriftsteller erzählt nämlich bei Gelegenheit der Ortschaft al-
Lagûn im Westjordanlande: „In al-Lagûn befindet sich ein runder
Felsen in der Mitte der Ortschaft und darüber ist eine Kuppel
(Ḳubbâ), von welcher man glaubt, dass sie ein Gebetplatz des
Abraham war. Unter dem Felsen ist eine Quelle mit reichlichem
Wasser, und man erwähnt, dass Abraham zur Zeit seiner Reise
nach Aegypten mit seiner Heerde in diese Ortschaft kam, in
welcher Mangel an Wasser war. Da baten die Bewohner den
Abraham, er möchte doch von ihnen fortziehen, da ohnehin zu
wenig Wasser da wäre. Da — so wird erzählt — schlug
Abraham mit seinem Stabe auf diesen Felsen und es
strömte viel Wasser aus demselben hervor. Der Felsen
besteht bis zum heutigen Tage.“ Es bedarf keiner weitern Er-
örterung, dass diese mohammedanische Legende nichts anderes ist,
als eine Umbildung der biblischen Erzählung von Moses, der
mit seinem Stabe den Felsen schlug und Wasser für das durstige
Volk herbeischaffte. An die Stelle des der mohammedanischen
Legende ebenso geläufigen Mûsa ist jedoch Ibrâhîm getreten.

Wie beliebt übrigens diese Wendung, dass nämlich durch das
Schlagen mit dem Stabe aus hartem Stoffe auf wunderbare Weise
Wasser hervorsprudelt, in der Legende ist, dass sehen wir aus
ihrem Wiederkehren bei anderer Gelegenheit, nämlich in der
Legende des Königs Salomo. Von der Tränkestation Lînâ im
Negdlande in Arabien wird nämlich erzählt, dass die dortige
Quelle von den Dämonen gegraben wurde, welche im Dienste
Sulejmân's standen. Dieser zog nämlich einmal von Jerusalem
aus, um nach Jemen zu reisen, und zog an Lînâ vorüber. Da

überkam seine Mannschaft ein gewaltiger Durst und sie fanden kein Wasser. Da lachte einer der Dämonen. „Was ist's, das dich so lachen macht?" fragte Sulejmân. Da erwiderte der Dämon: „Ich lache über den Durst deiner Leute, während sie doch über einem ganzen Meer von Wasser stehen." Da befahl ihnen Sulejmân mit ihren Stöcken zu schlagen und es sprudelte darauf Wasser hervor. (S. Jâkût ibid. S. 375, 22 fg.)

SECHSTES KAPITEL.

Der Culturmythos und die älteste Gestaltung der hebräischen Religion.

1.

Im engen Zusammenhange mit derjenigen Entwickelungsstufe der Mythenbildung, in welche sie mit dem Beginne des Agriculturlebens tritt, steht eine natürliche Consequenz des Sonnenmythos beim ackerbauenden Menschen: der Culturmythos.

Wir haben gesehen, dass mit dem Fortschritte des Culturzustandes von dem Nomadenleben zur ackerbauenden Stufe jener Umschwung in der Richtung des Mythos im Zusammenhange steht, welcher die Sonne in den Vordergrund stellt, eine ihr günstige Stimmung als Grundton des Mythos herrschen lässt, während auf der nomadischen Stufe der nächtliche Himmel und die damit verwandten Naturerscheinungen es waren, welche die Sympathie des Mythosbildners in Anspruch nahmen. Nun begegnen wir aber hier noch einer bemerkenswerthen Erscheinung. Es bedarf nämlich nicht erst einer eingehenden psychologischen Begründung oder eines historischen Beweises, dass nicht blos unsere Culturstufe die geistige Fähigkeit besitzt, sich selbst mit einer niedrigern, von ihr bereits längst überwundenen, oder mit einer höhern, von den Bessern unter uns eben erst angestrebten, zu vergleichen, um den ihr zukommenden Werth von

einem Gesichtspunkte aus zu messen, den uns unsere Weltanschauung bietet; denn sobald dem Menschen zwei verschiedene Culturstufen, Gesellschaftssysteme und Zustände
vor das Bewusstsein treten und er bemerken kann, dass
das Andere etwas ist, was von dem Seinigen sich wesentlich unterscheidet, so wird mit diesem Bewusstwerden der
Verschiedenheit auch der Trieb angeregt, die beiden gegeneinander abzumessen und sich ein Urtheil über die Vollkommenheit des einen und die Mangelhaftigkeit des andern zu bilden. Und zwar nicht nur der auf einer höhern
Stufe angelangte Mensch fühlt sich angetrieben, seinen
neuen Zustand mit dem jener Menschen zu vergleichen,
welche auf der unvollkommenern, von ihm selbst bereits überwundenen Stufe zurückgeblieben sind, sondern die auf der
niedern Stufe Stehenden, denen die veränderte Lebensweise
anderer nicht unbekannt geblieben ist, ziehen jene fortgeschrittene Stufe in den Bereich ihrer Betrachtungen und
messen ihren Werth an derjenigen Culturstufe, auf welcher
sie noch jetzt stehen. So haben wir oben gesehen, dass
Jäger und Fischer ihre Gedanken über das Ackerbauleben
haben. Mehr aber noch als die auf einer primitivern Stufe
Stehenden, wird allerdings der auf eine höhere Gelangte
zu einer solchen Gedankenreihe angeregt, und wenn sich
diese in seinem Geiste vollzieht, so wird sie schliesslich in
der Frage danach culminiren: was die Ursache oder wer
der Urheber des grossen Fortschritts war, der ihm den
Niedrigerstehenden gegenüber so viele Vortheile gewährt?
Nicht immer zwar ist sich der ackerbauende Mensch dessen
bewusst, dass seine Culturstufe Resultat eines Fortschritts
ist, denn bei vielen Völkern vermissen wir das Bewusstsein
dessen, dass der ackerbauenden Stufe bei diesem Volke
selbst eine unvollkommnere vorangegangen sei. Aber das
Auftauchen jener Frage ist nicht durch dieses Bewusstsein
bedingt; dieselbe zu stellen wird man auch durch die blosse
Betrachtung des Unterschieds angeregt. Zumal dann,
wenn der allmähliche Fortschritt innerhalb der ackerbauenden
Stufe selbst schon so weit gediehen ist, dass sich die

socialen Folgen des fortgeschrittenen gesellschaftlichen Zu-
standes in ihrer Fülle ausgebildet haben, wird sich jene
Frage noch mehr in den Vordergrund drängen. Sociale
Ordnung und Gesetze bestehen für den Nomaden, bei welchem
noch kein festes Gesellschaftssystem herausgebildet ist, noch
nicht. Sie sind auf seiner Stufe nicht nur überflüssig, sondern gewissermaassen auch undenkbar. Die Zwistigkeiten,
deren Objecte zumeist Brunnen und Weideplätze sind, werden nicht nach ein für allemal festgestellten Gesetzen und
Rechten entschieden und ausgeglichen, sondern durch die
Macht des Armes, oder, wenn die Streitenden friedlicher
Natur sind, durch Trennung voneinander: „Und es entstand
Zwietracht zwischen den Hirten des Besitzes Abhrâm's und
zwischen den Hirten des Besitzes Lôṭ's. Da sprach Abhrâm
zu Lôṭ: Es möge keine Zwietracht sein zwischen mir und
dir, zwischen meinen Hirten und den deinigen; sind wir ja
Brüder. Ist doch das ganze Land vor dir, so trenne dich
doch von mir; gehst du nach links, so gehe ich nach rechts,
und wählst du rechts, so gehe ich nach links" (Genes. XIII,
7—9).[1] Und als ein Brunnenstreit entstand zwischen Isak
und Abhimelekh, da sprach wieder dieser zu jenem: „Geh
doch fort von uns, denn du bist ja um sehr vieles stärker
als wir! Und es ging fort von dort Isak und lagerte sich
im Thale Gerâr und liess sich dort nieder" (ibid. XXVI,
16. 17). Künste, Handwerke und andere Gewerbe sind auf
dieser Culturstufe undenkbar; denn die Bedürfnisse des
Nomaden sind noch so beschränkt, dass in seinen Zelten,

---

[1] Eine interessante arabische Parallelstelle hierfür ist bei Jâḳût III,
496 zu finden. Takîf und al-Nacha', die mit ihren Heerden zusammen
wanderten, wollen sich voneinander trennen: „da sagte der eine zum
andern: Fürwahr das Land kann mich und dich nimmermehr tragen.
Aber wenn du gen Westen ziehest, so will ich nach Osten, und wenn
ich nach Westen ziehe, so ziehe du gen Osten. Da sprach Takîf: Nun
ich will den Westen wählen; da sprach al-Nacha': So ziehe ich gen
Osten." Ibid. S. 498 findet man ein gleichfalls höchst bemerkenswerthes
Uebereinkommen zwischen zwei Nomadenstämmen.

Heerden und Weiden sich alles erschöpft, was die Bedingungen seiner Existenz bildet.

Die Antwort nun, welche der ackerbauende Mensch auf die Frage nach dem Ursprung der Künste und Handwerke, der gesellschaftlichen Ordnung und Gesetzlichkeit, dieser Schöpfungen des ackerbauenden Lebens, gibt, ist dasjenige, was man am besten Cultursage nennt. Die Cultursage, der wir bei den verschiedensten Völkern begegnen, weist die Urheberschaft des fortgeschrittenen, verfeinerten Culturzustandes den solarischen Gestalten des Mythos zu, denjenigen also, welche der menschliche Geist mit dem Fortschritt zum Ackerbau, zum Nachtheil der Gestalten des dunkeln Himmels in den Vordergrund stellt. Es ist daher die eigene That des menschlichen Geistes, die zur Ursache einer Erscheinungsreihe gemacht wird, von der sie selbst nur eine Wirkung ist.

Die griechisch-römische Mythologie ist überreich an Daten für den solarischen Charakter der Sagen von der Entstehung der Cultur und Gesittung. Künste und Gewerbe werden stets mit mythischen Namen in Verbindung gebracht, welche die vergleichende Mythologie als Benennungen der Sonne erkannt hat. Sowol der Musiker als auch der Schmied des Olymps sind solarische Gestalten, desgleichen der erste Schifffahrer und Städtebegründer. Solange jene sogenannte euhemeristische Auffassung der Mythologie das richtige Verständniss derselben verhinderte, die Auffassung nämlich, dass die Götter der Mythologie, namentlich der griechisch-römischen — denn andere konnten ja noch kaum in Betracht gezogen werden — nichts anderes sind als grosse Wohlthäter der Menschheit, welche dann nach ihrem Tode göttlicher Ehren theilhaftig wurden, eine Auffassung, die bis in die neueste Zeit hineinragt, musste die Cultursage sich ebenfalls in den Rahmen dieser bequemen Auffassung fügen. Die Nachwelt hat die Erfinder der Künste, so sagte man, aus blosser Dankbarkeit auf den Thron der Göttlichkeit erhoben. „Wir wissen‟, sagt Petrarca, „von den Begründern einiger Künste, dass sie nach ihrem Tode göttlicher Ehren theilhaftig wurden, mehr aus dankbarem als aus frommem Gefühle . . . . . So machte den Apollon die Leier, so denselben und den Aeskulapios die Heilkunst, den Saturnus, den Liber und die Ceres der Ackerbau, den Vulcanus aber seine Werkstätte zu Göttern." [1]   Und diese Art, die Dinge zu betrachten, hat sich nicht nur von Euhemeros bis zu Petrarca erhalten, sondern konnte bis in die neueste Zeit die Auffassung der hierher gehörigen Sagen beherrschen.

Jedoch lehrt uns die Betrachtung des Sagenschatzes der gesammten Menschheit, soweit dieser in dem gesammelten und nach historischen und psychologischen Grundwahrheiten analysirten Material zu übersehen ist, dass der Begründer aller der Ordnung und Gesittung, welche Folgen des ackerbauenden Culturlebens sind, im Sinne der alten Sagen die Sonne ist. Mit ihr, beziehungsweise mit der reichen Synonymik, welche ihr im Mythos zutheil wird, sind die sogenannten Culturmythen stets in Verbindung gebracht, Mythen, welche bei keinem Volke fehlen können, sobald es sich von dem Nomadismus zur Agricultur emporgerungen hat, von dem Stammesleben zur Gesellschaft. Sobald der ackerbauende Mensch nur das Pflugeisen zu benutzen begann, sobald er sah, wie er, im Gegensatz gegen den Nomaden, welcher seine Zeltpflöcke alle Tage anderswo in die Erde befestigt, von Weideplatz zu Weideplatz ziehend, über feste Wohnsitze verfügt, wo bestimmte, unverbrüchliche Gesetze seinen Besitz schützen, sobald er nur die abwechselungs- und genussreiche Regelmässigkeit seiner Lebensweise, im Unterschiede von der einförmigen Unbändigkeit des Beduinen-

---

[1] De vita solit. I. „Inventores artium quarundam post mortem divinitatis honori cultus audivimus, grate quidem potius quam pie. Nulla enim est pietas hominis qua Deus offenditur, ut erga memoriam de humano genere bene meritorum inconsulta gratitudo mortalium, humanis honoribus non contente, usque ad sacrilegas processit ineptias. Hinc Apollinem cithara, hinc eundem ipsum atque Aesculapium medicina, Saturnum Liberumque et Cererem agricultura, Vulcanum fabrica deos fecit."

lebens, betrachtete und die Frage aufwarf, woher dieser Unterschied komme, wurden alle diese Fortschritte der Sonne zugeeignet, als Urheberin und Befördererin des Ackerbaues und Erfinderin der feinen Künste und Lebensgenüsse. Auch der Zusammenhang, in welchen die Cultursage die Städte- und Culturbegründer mit dem Wolf bringt, wie z. B. Romulus, welcher von einer Wölfin gesäugt wird u. a. m., ist in allerneuester Zeit durch Prof. Sepp, mit vollem Rechte, wenn auch in der Ausführung der Specialitäten etwas zu weitgehend, mit der Bedeutung in Verbindung gebracht worden, welche dem Wolf in dem solarischen Mythos eigen ist.[1] Ebenso wie Apollo, so ist auch Osiris γεωργίας εὑρετὴς Μουσῶν μαϑητής, der Erfinder des Ackerbaues und Lehrer der Künste"[2], und in diesem Zuge sind die Mythen der Völker verschiedenster Rasse übereinstimmend. Nur einige Beispiele aus Kreisen, die voneinander fernliegen, mögen dies beleuchten.

Einer der solarischen Helden der Cultursage ist bei den Persern Dschemschîd, dessen Charakter nach den übereinstimmenden Zügen, mit welchen der Epiker Firdôsî und der historische Schriftsteller Mirchond die Beschreibung seines Lebens ausfüllen[3], für den Mythosforscher kaum zweifelhaft sein kann. Schon sein Name deutet auf die solarische Bedeutung klar genug hin; hierzu kommt, dass er so viele Züge der solarischen Träger des Culturmythos in sich vereinigt. Er gibt dem bis dahin verwilderten Eran das erste mal die Wohlthaten der Cultur. Er ist der erste Städteerbauer, der Erfinder der schönen Künste, besonders der Musik, der Schifffahrt (dies eignet besonders dem Sonnenmythos, wie wir bereits gesehen) und, was Mirchond weitläufig hervorhebt, der Weincultur: ein eranischer Nô'ach. Er theilt das gesammte Volk in vier Klassen ein: in Schrift-

---

[1] Ausland (Jahrg. 1875), S. 219 fg.

[2] Wilkinson zu Herodot II, c. 79, note 5.

[3] Bereits Herder hat im Anhange zum ersten Band seiner Schriften über Philosophie und Geschichte diese beiden Hauptquellen der Dschemschid-Sage nebeneinander gestellt.

gelehrte, Krieger, Ackerbauer und Künstler; also er ist es, der dem nomadischen Stämmeleben ein Ende macht. Und in dieser Kasteneintheilung findet sich in der That nicht die leiseste Spur einer Berücksichtigung des Hirtenlebens, vielmehr wird in der Ausführung des spätern Darstellers der Dschemschid-Sage, wahrscheinlich in engem Zusammenhange mit der lebendigen Mythostradition, auf den Ackerbau besonderes Gewicht gelegt. Auch die solarische Zeitrechnung hat in Dschemschid ihren Begründer. „So oft der Chosrev der Gestirne", sagt Mirchond, „die Sonne, das königliche Strahlengewand von dem Schweife des Fisches wegnahm und auf den Nacken des Widders warf, befahl Dschemschîd eine Versammlung der Grossen und Edlen zu den Füssen des Thrones. Er veranstaltete alle Mittel der Freude, breitete aus den Teppich der Wonne und nannte diesen Tag den Neurûz." Ueberraschend aber ist die Prometheus-Seite der Dschemschid-Sage. Auch der persische Culturheld wird von Gott wegen seiner Ueberhebung bestraft und gestürzt; seinen Sturz veranlasst der ihn besiegende Zohak, von dessen Schultern Drachen emporwachsen (die Drachen des Gewitters und der Nacht). Nach hundertjährigem Sturze erscheint er am Ufer des Chinesischen Meeres. Die Sonne wird vom Ungeheuer verschlungen, das am Meeresgrunde seiner lauert, steigt aber später wieder vom Meere hervor, wie der Jonas des hebräischen Mythos.

Und wenden wir uns nun vom alten Eran zu den Stämmen Amerikas, so treffen wir dieselbe Richtung des Culturmythos. Auch da ist die Sonne, an welche der Ursprung der Gesittung, Gesetzlichkeit und Ordnung angeknüpft wird. Ich gebe nach J. G. Müller, der sich um die Bearbeitung der amerikanischen Mythologie in Deutschland ein dauerndes Verdienst erworben, eine der zahlreichen Culturmythen, die in seinem Buche über amerikanische Religionen enthalten sind. Es ist dies der Culturmythos der Muysca, der Bewohner der Terra Firma in der Bogotaebene, welche von den Anfängen ihrer Cultur Folgendes erzählen: „In den ersten Zeiten, damals als der Mond noch nicht war, war die Hochebene von Cundinamarca geschlossen und der Pass von Tequendana noch nicht offen. Damals waren die Menschen der Muyscas Wilde, ohne Landbau, ohne Religion, ohne Sitte, ohne Staat. Da erschien einmal von Morgen her ein bärtiger Greis, der drei Namen trug: Botschika, Nenequetheba, Zuhé, und der auch mit drei Häuptern abgebildet wurde. Derselbe lehrte die Wilden Kleider tragen, das Land bebauen, die Götter verehren, Staaten bilden. Sein Weib hatte ebenfalls drei Namen: Huythaca, Chia, Yubecayguaya. Sie war zwar von blendender Schönheit, aber dergestalt bösartig, dass sie alle heilsamen Unternehmungen ihres Gatten zu stören trachtete. Und wirklich wusste sie es durch ihre tückischen Zauberkünste zu bewirken, dass der Landesfluss Funzha (jetzt Rio Bogota) dermaassen anschwoll, dass die ganze Hochebene durch eine Flut überschwemmt wurde. Nur der kleinere Theil der Menschen derselben konnte auf die Gipfel der Berge entfliehen. Jetzt aber entbrannte der gerechte Zorn Botschika's, er verjagte das böse Weib für immer von der Erde und verwandelte es in den Mond. Seitdem gibt es einen Mond. Um aber dem Uebel auf Erden abzuhelfen, öffnete Botschika die Felsenwand und gab dem Wasser durch den fünfhundertundsiebzig Fuss hohen majestätischen Wasserfall von Tequendana seinen Ablauf. Nachdem so das Land trocken gelegt war, wurden die übriggebliebenen Menschen zur Cultur berufen und der Sonnendienst mit einer Priesterschaft, mit periodischen Festen, Opfern und Wallfahrten eingeführt. An die Spitze der Staaten stellte er ein weltliches und ein geistliches Oberhaupt, ordnete das Jahr und nach einem Leben von zweitausend Jahren zog er sich zuletzt unter dem Namen Idacanzas zurück." [1]

So weit die Cultursage. Schon J. G. Müller hat in Botschika, dem Culturbegründer der Muyscas, die S o n n e

---

[1] Geschichte der amerikanischen Urreligionen (Basel 1867), S. 423.

erkannt; er fühlt jedoch noch nicht die mythologischen
Beziehungen heraus, die den Sonnencharakter Botschika's
bestimmen. Vor allem ist eine solche der Zug, dass Botschika
ein bärtiger Greis ist, der von Osten her kommt.
Die Sonnenstrahlen sind also auch hier, wie auch in andern
amerikanischen Mythen, als der lange, weisse Bart des
Sonnengreises gefasst, in demselben Sinne, wie sie anderwärts als Lockenhaare erscheinen (vgl. oben S. 159), und
ebenso wie das Altägyptische die aufgehende Sonne anders
benennt als die untergehende, ebenso wie sich dieser Namens-
unterschied auch im hebräischen Mythos ausprägt (Lê'â,
Delîlâ einerseits und Dînâ, Zilpâ, Âshêr u. s. w. andererseits), so ist im Mythos des Muyscavolks durch die drei
Namen der Sonne auf ihre unterschiedliche Erscheinungsform als aufgehende, mittägliche und untergehende Sonne,
welche wahrscheinlich im alten Mythos der Muysca eine
Rolle spielen, Bezug genommen. Die dem entsprechenden
drei Gesichter drücken dieselbe Anschauung aus, welche
den Mythos von dem Doppelgesicht des Janus erzeugte
(vgl. S. 159), nur dass der amerikanische Mythos drei Phasen
des Sonnenlebens in Betracht zieht, während der römische
nur auf zwei derselben reflectirt. Der Sonne tritt der Mond
feindlich entgegen, der Tageshimmel liegt im ewigen Kampfe
gegen den Nachthimmel; und der Zug, dass der Mond die
Ueberschwemmung verursacht, stimmt genau zu der amerikanischen Anschauung, welche das Wasser mit dem Mond
in Verbindung bringt. [1] Auch dem Monde werden in unserm
amerikanischen Culturmythos drei Namen beigelegt, und
diese drei Namen bedeuten dasselbe, was die drei Gestalten
bei der Sonne, nämlich die Auffassung jeder der drei veränderten Erscheinungsformen des Mondes als etwas an sich
Selbstständiges. Der schweizer Mythosforscher Dr. Anton
Henne hat zu allererst die Bedeutung der drei Gestalten
des Mondes, welche in den Augenschein fallen (entgegen
den vier astronomischen Mondphasen), im Mythos, besonders

---

[1] Brinton, Myths of the New World (Neuyork 1868), p. 130.

dem germanischen, in Betracht gezogen und hierzu einige
Parallelen aus der classischen Mythologie beigebracht. [1]
Obwol nun dieses Moment der Dreigestaltigkeit des Mondes
unzweifelhaft in vielen Mythen zum Ausdruck kommt, so
unter andern auch in unserm amerikanischen, so scheint
Henne-Am Rhyn dennoch etwas weit gegangen zu sein, wenn
er die vielfältig variirte deutsche Sage von den drei spinnen-
den Mädchen u. dgl. auf diese Mythosanschauung zurückführt. Viele dieser Variationen tragen geradezu das unleugbare Gepräge an sich, dass sie den Kampf der untergehenden Sonne oder der Nacht gegen die helle Tagessonne
mythisch bezeichnen, namentlich da, wo von den drei
Schwestern die eine ganz weiss, die andere halb weiss
halb schwarz, die dritte blind ist. Es ist unzweifelhaft, dass
die Tagessonne es ist, welche die ganz weisse; die dem
Untergange nahe, welche die halb weisse und halb schwarze
genannt wird; während die Nacht es ist, auf welche sich
die Benennung: die blinde Schwester (vgl. oben S. 128)
bezieht. [2] Niemand wird die solarische Bedeutung der Prin-
zessin Märthöll (Nr. 586 Rhyn), welche schön ist wie
die Sonne und nur goldene Thränen weinen kann
(vgl. oben S. 230), verkennen.

Der nächtliche Mondeshimmel ist im Sinne des Culturmythos allen den Segnungen abhold, welche die Sonne dem
Ackerbauer gewährt, und in dieser Rolle erscheint er eben
besonders im amerikanischen Mythos noch vielfach [3], während der östliche Mythos an den Zusammenhang des Mondes
mit dem Wasser eben die Anschauung knüpft, der Mond
bewirke Fruchtbarkeit und Frische des Bodens (vgl. oben

---

[1] Otto Henne-Am Rhyn, Die deutsche Volkssage u. s. w., S. 281 fg.

[2] Ibid. S. 285 sagt hingegen der Verfasser: „Die blinde Schwester
ist natürlich immer der unsichtbare Neumond, die halbschwarze und halb-
weisse der Halbmond, die ganz weisse der Vollmond."

[3] Vgl. Hellwald, Ueber Gynäkokratie im alten Amerika, 3. Art.
([Ausland 1871], Nr. 44, S. 1158). In der Sprache der Algonquins werden die Begriffe: Nacht, Tod, Kälte, Schlaf, Wasser, Mond durch ein
und dasselbe Wort ausgedrückt.

S. 185). In der Cultursage der Vogulen, von der ein kleines Fragment nach den Sammlungen Anton Reguly's in dem inhaltreichen Werke des ungarischen Akademikers Paul Hunfalvy über das „Land und Volk der Vogulen" enthalten ist[1], ist es Kulyater, mit dem das Erbauen der ersten Stadt in Verbindung gebracht ist. An dem solarischen Charakter Kulyater's kann man nicht zweifeln, wenn man folgenden Passus der vogulischen Sage in Betracht zieht: „Er hielt sich in einem mit sieben eisernen Schlössern verschlossenen Hause auf. Tarom wurde böse auf ihn und packte ihn an einem Fusse an und er fiel in das Herz des schäumenden Meeres." Es ist dies der Sonnenuntergang. Dass aber der Städtegründer hier in ungünstigem Lichte erscheint — der Vogule zählt ihn unter die bösen Geister und er ist Veranlassung des Todes[2] —, hat seinen Grund eben darin, worin wir bald den Grund finden werden für die antipathische Art, mit welcher die hebräische Sage den Ackerbauer Kajin vorführt. Die Vogulen sind bis zu ihrer Russificirung vorwiegend ein Jägervolk geblieben, und ihr Mythos hat sich nicht zur Weltanschauung des ackerbauenden Culturmenschen erhoben. Die vogulische Schöpfungssage[3] spiegelt ganz und gar den Gesichtskreis des Jäger- und Fischervolks wieder; es ist da nur von Jagd und Fischfang die Rede.

Wir haben nun gesehen, wie der Culturmythos bei den Völkern der verschiedensten Rassen dieselbe Anschauung zum Ausdruck bringt. Gewerbe und Künste, sociale Ordnung und Gesetzlichkeit werden immer der Sonne als Ur-

---

[1] A vogul föld és nép, Reguly Antal hagyományaiból (Pest 1864), p. 139.

[2] Auch in der hottentottischen Sage ist es der Hase (s. über dessen solarische Bedeutung oben S. 138), welcher als der Veranlasser des Todes, im Gegensatz gegen den Mond, vorgeführt wird (Waitz, Anthropologie der Naturvölker, II, 342).

[3] S. den Artikel „Une genése vogule" in Ujfalvy's Revue de philologie (Paris 1874, 1. Heft). Vollständig zu finden in Text und ungarischer Uebersetzung in P. Hunfalvy's eben citirtem Werke, p. 119—134.

heber zugeschrieben, sowol von Ariern als auch von den ethnographisch noch unklassificirten amerikanischen Stämmen. Wäre die Kenntniss der amerikanischen Sprachen schon weiter fortgeschritten als sie es in unsern Zeiten ist, und wären die amerikanischen Sprachverhältnisse nicht „die verwickeltsten und unaufgeklärtesten, die irgendeiner der grossen Sprachstämme der Betrachtung darbiet"[1], so könnte ein gründliches Verständniss der vielen Eigennamen, denen wir im obigen Mythos begegneten und in den übrigen Gliedern des reichen amerikanischen Mythenschatzes begegnen, die Kenntniss des Mythos der Amerikaner in grösserer Lebendigkeit und Originalität vermitteln, als dies bei den versteinerten Culturmythen der Fall ist. Wir wollen jedoch, bevor wir von denselben Abschied nehmen, nur noch darauf hinweisen, dass die Einführung von gesellschaftlichen Gesetzen, der Ordnung des Staats und der religiösen Institutionen, wie sie der Muyscamythos dem Sonnengreise zuschreibt, auch häufig von den Söhnen der Sonne erzählt wird. Es bedarf keines Beweises, dass in solchen Sagen die Söhne der Sonne identisch sind mit ihrem Vater, der Sonne. So ist es z. B. Orpheus, der Sohn der Sonne, welcher die wild in Wäldern lebenden Menschen in die Städte ruft und sie zu gebildeterer Lebensweise aneifert; der indische Gesetzgeber Vaivasuta ist Sohn der Sonne, und, um auch hier auf amerikanischen Mythos Bezug zu nehmen, es sind im peruanischen Culturmythos die beiden Kinder der Sonne, Manco Copac und Mama Oello, welche als Culturlehrer vorgeführt werden. Es ist kein Grund vorhanden, ja es widerspräche der ganzen Natur des Culturmythos Mama Oello, wie J. G. Müller will, mit dem Mond zu identificiren.[2] In dem Werke der Einführung der Cultur und Gesetzlichkeit ist es ja, wie wir an dem oben mitgetheilten amerikanischen Mythos gesehen, eben der Mond, welcher die Arbeit der Sonne paralysirt. Hier-

---

[1] Whitney-Jolly, Die Sprachwissenschaft, S. 496.
[2] Amerikanische Urreligionen, S. 305.

her gehört auch die Anschauung, welche wir bei vielen
Völkern finden, dass sie nämlich ihre Gesetzgeber und
Religionsstifter von Jungfrauen geboren werden lassen,
welche durch Sonnenstrahlen schwanger geworden. [1] Dieses Moment des solarischen Mythos wirkt noch in einer
Erzählung des persischen Dichters Ferîd al-Dîn 'Aṭṭâr fort;
er leitet den Traum eines Mädchens folgenderweise ein:
„Es sah darauf das Christenmädchen im Traume, dass ihr
eine Sonne in den Schos fiel, welche den Mund öffnete
und sagte . . . . " [2]

2.

Die Quellen der alten hebräischen Mythologie haben
uns nicht minder beträchtliche Reste des Culturmythos des
hebräischen Volks aufbewahrt, und zwar bewegt sich der
Culturmythos der Hebräer in derselben Richtung, die oben
gekennzeichnet wurde. Es sind solarische Gestalten, an welche
die Erfindung der Künste und Handwerke, der Gesittung
und Gesetzlichkeit und der gesellschaftlichen Ordnung angelehnt werden. Es ist in dieser Beziehung besonders das
vierte Kapitel der Genesis zu berücksichtigen, wo von dem
Beginn des Städtebauens, der Erfindung der Ackergeräthe
und der Musikinstrumente die Rede ist, und das neunte
Kapitel desselben Buchs, wo der erste Anfang der gesetzlichen Ordnung in der Gesellschaft erzählt wird. Alles dies

---

[1] Waitz a. a. O., I, 464 Anm. Unter andern Beispielen citirt Waitz:
„Huitzlipochtli in Mexico ist von einem Weibe geboren, das einen vom
Himmel herabsteigenden Federball in seinen Busen aufnahm." Ob dieser
Federball eine solarische Bezeichnung ist, ist schwer zu bestimmen. Ich
will jedoch in Verbindung damit nur das erwähnen, dass auch Shakspeare
einmal die Sonne einen feurigen Federkamm nennt:

> But even this night, whose black contagious breath
> Already smokes about the burning crest
> Of the old, feeble and day-wearied sun
> Even this ill night your breathing shall expire.
>
> (King John V. 4)

[2] Manṭik al ṭejr ed. Garcin de Tassy, p. 58 (Mittheilung meines
Freundes Dr. W. Bacher).

wird an Namen angelehnt, von denen uns ausser diesen Culturzügen noch andere mythische Züge erhalten sind, welche auf ihre solarische Bedeutung hinweisen, zu deren Vervollständigung uns die Erzählung von der Culturthätigkeit ihrer Träger dient.

Aber nicht nur Handwerke und gesetzliche Ordnung sind es, welche die Sonnengestalten zu Urhebern haben: das menschliche Geschlecht selbst hat die Sonne zum Urvater, durch dessen Kinder sich die Menschheit fortgepflanzt. Der Name „Âdàm“, abu-l-bashar, „der Vater alles Fleisches“, wie ihn die Araber nennen, ist, wie man auf den ersten Blick erkennt, eine solarische Benennung: der Rothe, er ist, etymologisch genommen, dasselbe Wort wie Edôm, und wenn die hebräische Cultursage die Menschheit von dem Rothen abstammen lässt, so bedeutet dies dasselbe, als wenn der Grieche die Stammmutter der Menschheit, Pyrrha, „die Rothe“ nennt.[1] Die Stammmutter der Menschheit nennt der Hebräer Chawwâ, „die Mutter alles Lebenden“ (Genes. III, 29)[2], d. i. die Umkreisende (arabisch ḥawa V), ein Name der Sonne, das weibliche Synonymon von Zebhûlùn, dem Runden; eine sehr alte Benennung der Sonne, deren Spuren wir auch in den Veden begegnen, wenn nämlich, wie in Rigveda I, 174, 5, die Sonne ein Rad genannt wird, oder, wie sonst häufig, ein Wagen. Da liegt nicht blos die Anschauung von den Sonnenrossen zu Grunde, welche den Sonnenwagen ziehen, sondern die Anschauung von diesem letztern geht, wie Lazar Geiger so trefflich nachgewiesen[3], darauf zurück, dass der ursprüngliche Wagen

---

[1] Unter der Rothen ist wol zweifellos die Sonne verstanden, nicht, wie Max Müller sagt (Introduction etc., p. 64), die Erde.

[2] Nebenbei sei hier noch bemerkt, dass im Arabischen, wo die Menschen gewöhnlich so wie im Hebräischen, banù Âdàm, genannt werden, auch der Ausdruck banù Ḥawwâ vorkommt; z. B. in einem Verse des Kumejt (Aġânî XV, 124, wa-chejru banî Ḥawwâ'a), in einem Gedichte des Abu-l-Alâ al-Ma‘arrî I, 96, 1, des Murtaḍî, im Keshkûl des ‘Âmilî, S. 169.

[3] Ursprung der menschl. Sprache und Vernunft, II, 42.

eben nur aus einem Rade oder, bei einer schiefen Ebene aus einem Cylinder bestand.

Es ist hier auch in Betracht zu ziehen, dass die mythologische Genealogie der Hebräer — natürlich müssen wir hierbei von der spätentstandenen Shêth-Genealogie absehen, zu deren Abfassungszeit bereits auch das Minimum von mythischem Bewusstsein geschwunden war, welches die Concipirung des Culturmythos voraussetzt — die Welt durch die Nachkommen Ḳajin's, Kinder der Sonne, sich bevölkern lässt, und dass ein zweiter Generator des menschlichen Geschlechts, Nô'ach, ebenfalls eine solarische Gestalt ist. Es ist nicht unmöglich, dass ursprünglich zwei oder noch mehrere nun nicht mehr vorhandene Versionen des Bevölkerungsmythos existirt haben, die eine, welche den Stammvater des menschlichen Geschlechts Âdâm nennt, die andere, welche die Fortpflanzung der Menschheit an den Namen Nô'ach anknüpft, und dass diese beiden Versionen dann nach Dazwischenkunft der Flutsage, welche die ganze Menscheit zu Grunde gehen lässt, im Volksbewusstsein harmonisch ineinander wuchsen. Auf alle Fälle aber steht es fest, dass der Hebräer Sonnengestalten als Ahnen der Menschheit auftreten liess.

So antwortete denn auch für den Hebräer der Sonnenmythos auf die Frage nach dem ersten Ursprung der ackerbauenden Cultur, und so bildete sich dann aus dieser Anregung ein vollendetes Bild von dem, was unsere Exegeten mit Vorliebe die „Ursprünge" nennen. Und diese Seite der Sagenbildung ist diejenige, welche sich im Menschen am längsten lebendig und productiv erhält. Denn immer schlummert im Menschen jener mächtige Trieb und gewaltige Drang, alle Fragezeichen zu tilgen und über den Ursprung alles dessen, was ihn umgibt, Aufschluss zu geben und zu gewinnen. Wir wissen ja, wie viele Sagen im Munde des Volks cursiren, Sagen relativ modernen Ursprungs, welche alle die Entstehung von Flüssen, Bergen und Einrichtungen zum Gegenstande haben. Wie lieblich sind nicht jene Sagen des ungarischen Volks, in welchen es sich die Entstehung der beiden grossen Ströme, die sein schönes Land durchschneiden, erklärt? Und wer wüsste nicht, in welche geringfügige Details dieser Trieb des Menschengeistes eindringt? Nichts ist ihm selbstverständlich und durch seine Existenz allein genügend motivirt, überall hat er ein Warum und ein Wodurch, das ihm nicht unbeantwortet bleiben darf. Nicht nur für das überwältigende Ganze des Weltuniversums und für die erhabenen Erscheinungen in demselben, für Berg und Meer, sucht er Entstehungsgründe, ergründet er Kosmogonien; das was das eine Wesen vom andern unterscheidet, die Hörner des Ochsen und die kurzen Ohren des Kamels, die Mähne des Löwen und den schwarzen Streifen am Eselsrücken lässt er nicht unmotivirt und unverstanden. Derselbe edle Trieb des Menschengeistes ist es, der die Fabeln über die Ursprünge der Dinge geschaffen, und derselbe, der die grossartigen Erkenntnisse naturwissenschaftlicher Wahrheit befördert: der Trieb, alles was ausser uns ist recht zu verstehen.

Bei den Semiten, könnte man sagen, hat sich dieser Trieb, die Ursprünge der Dinge zu erklären, am längsten als lebendige, sagenbildende Macht erhalten. Man blieb nicht einmal in den Kreisen, in welchen man aus den biblischen Berichten Aufschluss holte, bei diesen Berichten stehen, sondern liess die Sage frei und ungehindert walten.[a] Ein grosser Theil der Aufschlüsse über die Anfänge, ja fast das Ganze derselben, ist bei den Arabern ein nachislamitisches Product der Volkssage. Alles, was darüber den Arabern durch Tradition und lebendig fortbestehende Sagenbildung bekannt geworden, wurde in Literaturwerken gesammelt, denen man den Namen Kutub al-awâ'il gab, „Libri principiorum" etwa. Das bekannteste und verbreitetste derselben ist das von dem arabischen Vielschreiber des zehnten mohammedanischen Jahrhunderts, Gelâl al-Dîn al-Sujûṭî, verfasste Kitâb al-awâ'il, von welchem ein Theil von Professor Richard Gosche in Begleitung einer lehrreichen literarhistorischen Einleitung herausgegeben wurde[1] und welches im Oriente früher so sehr verbreitet war, dass es auch Gegenstand einer Umarbeitung wurde, welche noch vor der Reinschrift (tabjîḍ) allenthalben copirt und vergriffen war.[2] Aber mehrere hundert Jahre vor al-Sujûṭî bereits verfasste ein andalusischer Gelehrter, Tâg al-Dîn b. Ḥammûjâ al-Sarachshî (geboren im Jahre 576 der Higra) ein Werk in acht Bänden über die Anfänge der Dinge, und ich glaube, dass dieses Werk, von welchem der classische Geschichtschreiber der Mauren in Spanien berichtet[3], das umfangreichste seiner Gattung ist. In der obenangeführten Arbeit vertritt Gosche die Ansicht, dass das ganze sêfer tôledôth, welches in der vor uns als aus verschiedenen Bestandtheilen zusammenredigirten Genesis als die eine der zu Grunde liegenden Quellen verbreitet ist, sich zumeist mit diesen „Anfängen“ beschäftigt habe und der hebräische Repräsentant der reichen Awâ'il-Literatur der Araber sei. Damit wird man nicht einverstanden sein können, wenn man bedenkt, dass dieses Quellenbuch, nach den uns bekannten Fragmenten zu urtheilen, mehr genealogischer Natur zu sein scheint, worin allerdings auch die Culturmythen ihre Stelle fanden, nicht mehr aber die Kosmogonie, welche entschieden spätern Ursprungs ist. Will man daher für das sêfer tôledôth um jeden Preis eine Analogie in der arabischen Literatur finden, so bieten sich die vielen Werke dar, welche die reiche genealogische Literatur der Araber ausmachen und Kutub al-ansâb genannt werden.[4]

---

[1] Die Kitâb al-awâ'il der Araber (Halle 1867), Begrüssungsschrift bei Gelegenheit der damaligen Jahresversammlung der D. M. G. in Halle.

[2] Ich kenne diese Schrift (betitelt: Muḥâḍarat al-awâ'il wa-musâmarat al-awâchir) aus einer Handschrift, welche in der öffentlichen viceköniglichen Bibliothek in Kairo von derselben vorhanden ist. Im Katalog vom Jahre 1289, S. 92 antepenult., ist sie irrthümlich unter den Titel: Muchtaṣar al-awâ'il wal-awâchir aufgeführt.

[3] al-Maḳḳarî, Analectes de l'histoire et de la littérature des Arabes d'Espagne, II, 69, die awâ'il werden da uṣûl al-ashjâ genannt.

[4] Diese Literatur kann jetzt nach Ibn al-Nedîm's Fihrist überblickt werden.

3.

Man muss jedoch in Betreff der Culturmythen der Hebräer noch einen Umstand in Berücksichtigung ziehen, wobei wir nochmals darauf zurückgreifen müssen, was oben über die Entwickelungsphasen der Mythosentwickelung gesagt wurde. Wenn man auch, wie oben näher erörtert wurde, bei der Bestimmung des Mythenschatzes, der in je einer Periode der menschlichen Culturentwickelung zur Ausbildung gelangte, nicht so sehr von dem Materiale ausgehen darf und von den Elementen, welche in den betreffenden Mythen zur Verwendung kommen, als vielmehr von der Richtung und Tendenz des Mythos und von der Weltanschauung, welche in demselben zur Geltung kommt, so bedarf diese Ansicht dennoch einer kleinen Beschränkung, insofern in der Phraseologie des Mythos die Bezeichnung einer menschlichen Beschäftigung verwendet ist. Ich erwähne dies mit besonderer Erwägung des Namens Kajin, welcher Schmied bedeutet. [1] Es ist selbstverständlich, dass dieses Handwerk in der Gesellschaft schon bestanden haben muss, als ein solcher Name im Mythos zur Anwendung gelangte. Andererseits aber kann der Mythos von dem Kampfe der Sonne gegen die Wolke oder den Windhauch nicht erst so späten Ursprungs sein. Man muss demnach noch einen Einfluss des Culturmythos auf die Gestaltung des Mythenmaterials einräumen, einen Einfluss, der nicht blos auf die Richtung des Mythos verändernd einwirkte, sondern auch das Eintreten neuer Namen und Gestalten veranlasste, deren Entstehung auf der Stufe des Culturbewusstseins schon durch die sprachliche Bedeutung des blossen Namens evident ist. Die Sage von der Ermordung des Hebel gehört allerdings zu den uralten Mythen, die schon auf der nomadischen Stufe ausgebildet waren; als Mörder wird ein Sonnenname genannt gewesen sein, ganz

---

[1] Auch der Name Jissâ-sekhar käme hier in Erwägung, wenn wir ihn als Sonnennamen (Taglöhner) festhalten (vgl. oben S. 203).

so wie bei der dialektischen Variante des Hebbel, nämlich
Jâbhàl, sein Vater Lemekh als Mörder genannt wird.
Später auf der Stufe des Culturmythos tritt als Mörder
des Hebbel Ḳajin ein, der Schmied und Erfinder der
Ackergeräthe, zwar wieder ein Sonnenname, aber bereits
dem Culturmythos angehörig. Dasselbe ist der Fall in der
Ja'ḳôbh-Sage. Der feindliche Bruder des Ja'ḳôbh heisst im
nomadischen Mythos ursprünglich Edôm, der Rothe, die
Sonne. An die Stelle dieses Namens rückte der Culturmythos
den Namen 'Esâv (wenn wir nämlich denselben = der Vollbringer, Bewirker erklären, vgl. S. 161) ein, einen Namen,
der seiner Natur nach wieder ein Sonnenname ist, der nur
erst mit dem Culturmythos auftauchen konnte.

In dieser Weise hat also der Culturmythos in den Anschauungen von der Sonne, ausgehend von der Weltansicht
des Ackerbauers, einen weitern Gesichtskreis eröffnet und
mit dem neuen erweiterten Anschauungskreise neue Namen
für die Sonne geschaffen, welche dann einige ältere Benennungen aus der ältesten Fassung des Mythos verdrängten.

4.

Bevor wir unsere Auseinandersetzungen über den Culturmythos abschliessen, wollen wir noch einen flüchtigen Blick
auf die Erscheinungsformen dieser Mythosgruppe bei andern
semitischen Völkern werfen. Der Culturbegründer des
assyrisch-babylonischen Mythos ist der Oannes des Berosos. „Während des Tages verkehrte Oannes mit
den Menschen, lehrte sie Wissenschaften und Künste,
Erbauung von Städten und Tempeln, Gesetze und die Einführung von Flächenmaassen; er unterwies sie ferner darin,
wie man säen und ernten müsse, er unterrichtete sie mit
einem Worte in allem, was für das Zusammenleben der
Menschen nothwendig ist, sodass sie nach dieser Zeit
nichts Neues mehr lernen mussten", mit einem Worte,
Oannes ist der Culturlehrer und Erfinder aller Künste
und Wissenschaften, aller Gesetzlichkeit und Ordnung. Dass
dieser Culturbegründer solarischen Charakters ist, wie die

Culturhelden aller übrigen Völker, das zeigen uns die gleich auf das eben Angeführte folgenden Worte bei Berosos: „Als aber die Sonne unterging, da versank Oannes ins Meer, wo er die Nacht zuzubringen pflegte.“ Es ist hier natürlich von nichts anderm als von der Sonne die Rede, welche des Abends ins Meer taucht, um des Morgens wieder hervorzukommen und den Tag auf dem Trockenen in Gesellschaft der Menschen zuzubringen. Er ist halb Fisch, halb Mensch, und in dieser Eigenschaft identisch mit dem kena'anischen Dâgôn, ein Name, der selbst Fisch bedeutet; und auch Dâgôn ist sowol bei den Assyrern als auch bei den Kena'anitern Gott der Fruchtbarkeit des Bodens und Begründer der Cultur. Er ist „Erfinder des Pflugs, Getreidespender, Schutzherr des Ackers“, und in Assyrien finden wir in seiner bildlichen Darstellung das Haupt mit einer gehörnten Mütze bedeckt.[1] Die Anknüpfung ist nicht darin zu suchen, dass man mit dem sich rapid vermehrenden Fische die Vorstellung von dem Gotte der Fruchtbarkeit verband, sondern in der solarischen Bedeutung, welche der Mythos mit dem Fische verbindet. Es ist nicht zu übersehen, dass es der aus dem Wasser hervorkommende Fisch ist, von dem in solcher Beziehung immer die Rede ist —, von der Sonne also, welche, nachdem sie die Nacht im Wasser zugebracht, des Morgens wieder emporsteigt.

Dasselbe sehen wir auch in dem übrigen phönikischen Culturmythos, welcher von dem Sanchuniathon des Philo Herennius mitgetheilt wird. Wie sehr auch die Sagen der Phönikier unter der Feder des griechischen Schriftstellers, welcher den phönikischen Mythos durch das Medium der griechischen Kosmogonie betrachtete, verdreht und verderbt worden sein mochten; wie sehr auch besonders die Eigennamen corrumpirt und hellenisirt seien: so liegen diesen Mittheilungen ohne Zweifel dennoch reelle Sagen zu Grunde, die unter den Phönikiern wirklich vorhanden waren. Es ist schade, auf dieselbe so viel Tiefsinnigkeit und symbolisirende Combina-

---

[1] Vgl. Duncker, Geschichte des Alterthums (1874), I, 206. 266.

tion zu verwenden, wie dies von Bunsen, Movers und einer
Menge anderer Gelehrter geschehen ist; es ist aber andererseits ebenso verfehlt, das ganze Material als unnützes Fal-
sum zu verurtheilen und es für die phönikische Alterthums-
forschung als der Berücksichtigung unwerth zu erklären.
Die Aufgabe ist vielmehr, aus dem wirren Labyrinthe von
Misverständnissen das einfach Ursprüngliche herauszuschälen.
Die Bestätigung, welche die auf Berosos' Berichterstattung
zurückgeführten Babylonica in neuerer Zeit von seiten der
Keilinschriften erfahren, sollte auch in Bezug auf die Phö-
nicica, welche von Sanchuniathon, Môchos u. a. angeführt
werden, die extreme Skepsis mässigen.

Von Khusôros, dessen solarischer Charakter als der
des Eröffners, Schiffers und Schmiedes uns bereits
oben S. 115 klar geworden, lässt die phönikische Kosmogonie des Philo Herennius den Ἄγρος oder Ἀγροτής und den
Ἀγρύηρος abstammen und sagt von diesen: „Von ihnen
stammen die Ackerbauer und jene, welche mit Hunden
jagen. Diese letztern nennt man auch Ἀλῆται oder die Hin-
und Herwandernden. Von ihnen stammen Ἄμυνος und Μάγος,
welche die Menschen lehrten Dörfer zu gründen und Heerden zu weiden." Es ist dies wieder nur der Culturmythos
des Ackerbauers, welcher allenthalben die Anfänge des
Ackerbaues, die Gründung der Städte und der Cultur mit
der Sonne in Verbindung bringt. So wie von Kajin Henoch
stammt, dessen Namen mit der ersten Stadt der Welt verknüpft ist, so stammen von dem phönikischen Kajin, Khry-
sôros, diejenigen ab, welche ihre Aufenthaltsorte zu allererst den Bedürfnissen ständiger Wohnstätten anpassten.
Mit einem Worte, der genealogische Ausdruck will nichts
besagen, als dass die Sonne die Veranlassung ist von der
Wahl der festen Wohnsitze und damit des ackerbauenden
Lebens. Dass aber zugleich mit dem Ursprung des Ackerbaues das Jäger- und Nomadenleben eingeführt wird [1] und
mit den Begründern von jenem auch die ersten Anfänge

---

[1] Ob in Ἀλῆτης das semit. ôhel (Zelt der Nomaden) steckt?

des andern in Zusammenhang gebracht werden, macht einige Schwierigkeit, die nicht hinweggeleugnet werden kann. Es ist nun allerdings möglich, dass der phönikische Culturmythos, als Mythos eines Volks, in dessen Nachbarschaft neben dem Ackerbauleben noch das Nomadenleben in voller Blüte stand, — wenn wir uns nämlich den unmittelbaren Gesichtskreis der Phönikier über das ganze Palästina mitsammt dem Jordanthale ausgedehnt denken —, auch den Ursprung dieses anders gearteten Culturzustandes auf die Sonne zurückführte, den Begründer alles gesellschaftlichen Zusammenlebens. Aber auch das ist möglich, dass das, was von Philo nach der phönikischen Quelle über Nomaden und Jäger gesagt ist, auf Misverständniss der ursprünglichen Mittheilung beruht. Es wird nämlich von den Söhnen Khrysor's, der Sonne, als von Jägern und Umherziehenden, Wanderern die Rede gewesen sein. Jäger und Wanderer sind, wie wir gesehen, Namen und Attribute der Sonne, die ihre Strahlenpfeile abschiesst gegen die Gewitterungeheuer, und „unstet und flüchtig" auf der Wanderung von Ost nach West begriffen ist. Kajin ist ein flüchtiger Wanderer, aber kein Nomade. Aus Misverständniss aber mag aus dem solarischen Jäger und Wanderer der Begründer des Jäger- und Nomadenlebens geworden sein. Bereits Bunsen hat, freilich durch andere Gründe geleitet und von anderm Gesichtspunkte ausgehend, diesen einen Passus als von Philo ausgegangene Verdrehung des phönikischen Berichts bezeichnet, welche Verdrehung vollkommen in das von Philo befolgte System hineinpasst.[1] In dem phönikischen Originalberichte wird er allerdings anders gelautet haben.

5.

Trotzdem nun Kajin und Esau dem althebräischen Mythos erst mit der Entwickelung des Mythos von dem Anfange der Cultur einverleibt sein können, behalten diese solari-

---

[1] Aegyptens Stelle in der Weltgeschichte, V (I), 311.

schen Gestalten jene nachtheilige, antipathische Rolle bei,
in welcher der nomadische Mythos die solarischen Gestalten
immer auftreten lässt. Auch diese Erscheinung hängt mit
jener allgemeinen Beobachtung zusammen, die wir oben
besonders in Bezug auf das hebräische und arabische Volk
machten (vgl. S. 97), dass nämlich in vielen Völkern das
Bewusstsein von dem Fortschritte, den der Uebergang zum
ackerbauenden Leben bezeichnet, gar nicht oder erst sehr
spät erwacht, dass sie diesen Fortschritt vielmehr als Rück-
schritt ansehen und auf den nomadischen Zustand als auf
einen vollkommenern zurückblicken. Bei den Hebräern ist
demnach, mit Ausnahme des Nô'ach, den Culturhelden des
Ackerbaues bei weitem nicht jene vortheilhafte Stellung im
Mythos eingeräumt, den die Culturheroen bei andern Völkern einnehmen, und das sympathische Licht, in welchem
Nô'ach erscheint, hängt seinerseits wieder eng mit seiner
Stellung innerhalb der Flutsage zusammen, welche sich sehr
spät der hebräischen Sagenreihe anschloss.

Zum Verständniss dieser Erscheinung muss man jedoch
noch einen Blick auf die älteste Stufe der hebräischen
Religion werfen, auf jene Stufe, wo sich die Religion zu
allererst bildet und noch mit dem Mythos eng verwachsen
ist und sich von demselben noch nicht vollends losgelöst
hat. Welche auch immer jene psychologischen Factoren
seien, welche in dem Menschen die religiöse Tendenz hervorbringen, — eine Seelenrichtung, die man heute nicht mehr
als dem Menschen mitgeboren betrachten wird —, soviel
muss als feststehend und sicher angesehen werden, dass
sich der psychologische Vorgang der Religionsentstehung,
ein Process, auf den erst in seinen fortgeschrittensten Stadien ethische und ästhetische Momente einwirken, zuvörderst
aus jener ältern Seelenthätigkeit herausbildet, deren Ergebniss die Mythosschöpfung ist. Ist die mythosbildende
Seelenthätigkeit erschöpft — und diese Erschöpfung ist
nicht nur gleichbedeutend mit dem Schwinden der mythosschaffenden Productivität, sondern mit dem Erblassen des

lebendigen Verständnisses für den Mythos —, hat der Mensch sozusagen die Etymologie des Mythos nicht mehr im Bewusstsein, so tritt das ein, was man am besten die Individualisirung der Mythosgestalten nennt, und damit läuft parallel die sprachgeschichtliche Erscheinung des Schwindens der Polyonymie und des Zusammenlaufens des ganzen Begriffsinhalts in einen oder in einige wenige Sprachausdrücke. Die mannichfaltigen Synonyma, welche im Mythos für Sonne, Finsterniss u. s. w. auftreten, verlieren ihre Bedeutung; die verschiedenen Namen für diese Naturerscheinungen, in welchen je ein Zeichen, je ein Moment derselben sprachlich fixirt ist, unterliegen einem einzelnen Namen, welcher nun alle Zeichen und Momente in sich aufnimmt; die Namen Helios, shemesh, treten an die Stelle aller übrigen Bezeichnungen, die der Mythos für das Sonnenphänomen schuf. Diese übrigen Bezeichnungen, also z. B. auf hebräischem Gebiete Jiftàch, Àshêr, Edòm u. a. m. büssen ihre ursprüngliche Bedeutung, die sie im Sinne der Mythosschöpfung innegehabt, ein, und werden dafür individualisirt. Diese Namen werden zu Personennamen, und die Erzählungen, in welchem sie als Subjecte figuriren, werden zu socialen Vorgängen. So entstehen aus Natursagen Götter- und Heldensagen, so wird aus der Nomenclatur der Sonne und der Dunkelheit ein Heer von Götter- und Heldennamen. Denn die Personen, die auf diese Weise concipirt werden, sind mächtige Himmelsbewohner, die unverstandenen Vorgänge, von welchen der Mythos erzählte, behalten vorerst auch weiter ihren himmlischen Schauplatz bei.

Dieser Umwandlungsprocess des Mythos ist ein nothwendiger, weil mit den Gesetzen der Entwickelung des menschlichen Geistes und der menschlichen Sprache zusammenhängender; der Mythos muss auf einer bestimmten Stufe der Geistes- und Sprachentwickelung zur Theologie werden. Er ist aber auch ein allmählicher, sodass die ersten Stufen der theologischen Entwickelung noch nicht ganz von dem allmählich erblassenden, aber noch nicht vollends

geschwundenen mythischen Bewusstsein losgetrennt sind. Der
Culturmythos zeigt uns am besten eine solche Stufe, wo
der Mythos zur Religion wird; denn den Culturhelden klebt
schon immer ein Stück Gottesnatur, eine Art Persönlichkeit
an, und lange leben noch einzelne, noch nicht vollends er-
blasste Mythen, selbst, nachdem sich schon ein bedeutender
Theil in Theologie, in Religion metamorphosirt hat. So
z. B. gehen die Keime der Religionsentstehung bei den
Hebräern bis in die nomadische Zeit zurück. Schon
auf dieser Stufe, natürlich bereits gegen ihr Ende, sehen
wir den hebräischen Mythos von dem wohlthätigen Nacht-
und Regenhimmel zur Religion werden. Wenn wir nämlich die Religion der nomadischen Hebräer eingehend untersuchen, so finden wir, dass diese die Verehrung des dunkeln
und bewölkten Himmels zum Gegenstande hatte, und dass
sie sich, wo dies nicht klar ausgesprochen ist, an mythische
Gestalten anlehnte, welche unzweifelhaft nächtlichen Charakters sind. Wir erinnern hier noch kurz daran, was wir
oben Seite 88 von dem Cultus des nächtlichen Himmels
und des Regens bei den Arabern andeuteten. Die religiöse
Stufe der nomadischen Hebräer lässt sich noch aus den
Reminiscenzen erkennen, welche die theokratischen Geschichtschreiber von jener Zeit überliefern, welche ihnen
als die vierzigjährige Wüstenwanderung gilt und der Zeit
der Eroberung Palästinas vorangeht. Dazu gehören noch
als Quellen für die Reconstruirung dieser religiösen Stufe
einige Berichte, die sich in den prophetischen Büchern finden; und man kann nicht umhin, diese Berichte als historisch glaubwürdig zu betrachten, natürlich in dem Sinne,
wie solche Reminiscenzen für die Geschichte in kritischer
Weise verwerthet zu werden pflegen. Denn das ist unzweifelhaft, dass solche Rückerinnerungen bei den Völkern
des Alterthums lange Zeit fortgelebt haben, und dass diese
Berichte, abgerechnet die besondere Tendenz des Bericht-
erstatters, objectives, historisches Material abgeben können.

Das wichtigste Datum ist in dieser Beziehung die historisch weittragende Frage des Propheten von Tekŏʻâ, eine

Stelle, welche so viele gelehrte Köpfe zu scharfsinnigen Erklärungsversuchen angeregt hat. [1]

Habt ihr mir denn Schlachtopfer und Geschenk dargebracht in der Wüste, durch vierzig Jahre, Haus Israel? Ihr truget die Hütten (lies: sukkôth) eueres Königs und Kijjûn euern Götzen, den Stern (l. kôkhûbh) euern Gott, den ihr euch gemacht habt? (ʿAmôs V, 25. 26).

Die nomadischen Hebräer, soviel ist aus dieser wichtigen Stelle ersichtlich, verehrten ihren Gott oder ihre Götter durch Hütten, und der Gegenstand ihrer Verehrung war unter andern ein Stern, gleichviel was für ein Stern Kijùn immer sei, ob identisch mit dem arabischen kejvân, oder sonst was anderes. Also dem nächtlichen Himmel galt ihre Götterverehrung, soweit man aus den Worten des Propheten ʿAmôs abstrahiren kann. Der Nomade schaut den nächtlichen Himmel als Weideplatz an, wo der Hirte (denn die mythischen Gestalten des nächtlichen Himmels werden von ihm zumeist als Hirten angesehen) seine Thiere weiden lässt, und es ist leicht zu begreifen, dass er auf der theologischen Stufe die zum Gott umgewandelte mythische Gestalt in Hütten verehrt, ihm dieselbe Wohnung anweisend, die er oben auf dem Himmelszelte einnimmt. Und das wichtigste Fest der nomadischen Hebräer war das Sukkôth-Fest, das Hüttenfest, das mit diesen Gottessukkôth wol in ganz engem Zusammenhange steht und auf der ackerbauenden Stufe zum Erntefeste wurde; aber selbst noch auf dieser Stufe lebt im Bewusstsein des Volks der Zusammenhang dieser Feier mit dem nomadischen Leben und seiner eigenen nomadischen Vergangenheit (vgl. Leviticus XXIII, 43). Das was sie in den Zelten anbeteten, war nicht die Sonne [2],

____

[1] Viel Tüchtiges haben neben deutschen Gelehrten auch namentlich holländische Orientalisten und Religionshistoriker über die ʿAmôs-Stelle geliefert, zuletzt Tiele: in Vergelijkende Geschiedenis, S. 539 fg., wo auch die hervorragendsten holländischen Arbeiten über dieses Thema in einer Anmerkung verzeichnet sind.

[2] Auf das Wort malkekhem, worin viele ein Datum für das hohe Alter des Môlekh-Dienstes bei den Hebräern sehen wollen, ist

der helle Tageshimmel, sondern kôkhâbh, ein Stern, ohne
Zweifel nicht irgendein bestimmter Stern, sondern eben nur
der gestirnte Himmel im allgemeinen. Denn mit den Sternen, d. h. mit dem nächtlichen Himmel, wurde der Regen
identificirt, das wohlthätigste Element des Nomaden. Die
altarabische Anschauung kennt am gestirnten Himmel auch
Hyaden; wir begegnen in der Poesie dem Ausdruck: marâbî'
al-nugûm, d. h. Frühlingsregen der Sterne (Muʿallaḳâ des
Lebîd, v. 4). In der Sprache des arabischen Nomaden ist es
eine gangbare Redensart: „das Gestirn hat Regen gebracht [1], und Mohammed verbietet den Muslimîn ihrer gewöhnlichen Auffassung von dem Ursprunge des Regens in der
ihnen geläufigen Redensart Ausdruck zu geben: muṭirnâ binau'
kaḏâ, „es ist uns Regen gegeben worden von dem oder
dem Gestirn“, lässt jedoch den Zusammenhang des Regens
mit dem Sterne zu und will nur als erste Ursache Allâh hingestellt wissen, während das nau' die directe Veranlassung bleibt. [2]
Ebenso wurde auch den mohammedanischen Arabern verboten,
den Regenbogen den Bogen des Gewittergottes Ḳozaḥ zu nennen. [3] Auch der Thau steht mit den anwâ' in Verbindung. Es
ist nicht uninteressant, dass sich diese Anschauung bei einem
jüdisch-arabischen Schriftsteller des Mittelalters findet. [4] Die
Verehrung des Kôkhâbh bei den nomadischen Hebräern wird
daher speciell mit der Regenspendung in Verbindung stehen.

---

hier kein Gewicht zu legen; denn die Suffixform deutet darauf hin, dass
dieses Wort nicht dem Môlekh als Gottesnamen gilt. Auch gilt der
Cultus dieses Gottes allgemein als von den Kananäern entlehnt.

[1] Z. B. in folgendem Gedichtsfragmente: „Mit einem Volke lebten
wir in Chaffân zusammen, möge ihnen Gott durch das Gestirn der Fische
Regen schenken (saḳâhum Allâh min al-nau' nau' al-simâkejn), dann
möge sie reichlich tränken ein Gestirn (farawwâhum nau'), dessen Leuchten Glanz verbreitet“ (bei Freytag, Darstellung der arabischen Verskunst,
S. 253).

[2] Vgl. Lane in Zeitschr. D. M. G. (1849), III, 97. — Krehl, Vorislamische Religion der Araber, S. 9.

[3] Jâḳût IV, 85, 19. Tâg al-ʿarûs II, 209.

[4] Saʿadjâ nämlich übersetzt Hiob XXXVIII, 28: eglê ṭal durch
arab. anwâ' (Gesenius, Thesaurus, S. 21).

Der alte Mensch unterscheidet nicht zwischen dem wolkenlosen Himmel, welcher des Nachts dunkel wird, und zwischen dem düstern Wolken- und Regenhimmel bei Tage (vgl. oben S. 54). Blos die Finsterniss ist es, worauf er achtet, die verschiedenen Tageszeiten der Verfinsterung unterscheidet er nicht. Daher ist ihm der sonnenlose Himmel überhaupt der Regenbringer, und in welchem Zusammenhange er sich die Hütten (sukkôth) mit dem Regenhimmel dachte, dafür will ich nur einen Vers aus einer Hymne an Jahve anführen, welche dem David zugeschrieben wird und die er aus seiner Errettung aus Saul's Gewalt gesungen haben soll:

Er macht die Finsterniss ringsherum zu Hütten (sukkôth), Wassersammlungen, Himmelswolken.   (II. Sam. XXII, 12).

und die Variante des Ausdrucks Wassersammlungen (chashrath majim), wie sie in einer Stelle aufbewahrt ist, wo dieser Hymnus in einer etwas verderbten, nicht mehr ursprünglichen Gestalt erscheint, verdient trotzdem alle Berücksichtigung. Da (Psalm XVIII, 12) heisst es nämlich für chashrath majim, was Wassersammlungen bedeutet, cheskhath majim „Finsterniss des Wassers", regenbringende Finsterniss.

Und wenn wir in der Beachtung der Nachricht über die Religion des nomadischen Hebräers weiter gehen, so kommen wir immer mehr zur Ueberzeugung, dass sie in einer Verehrung des Wolken- und Regenhimmels bestand und sich unmittelbar aus den Elementen des nomadischen Mythos herausbildete. Wir erfahren, dass Gott in der Wüste vor den Hebräern einherging als Wolkensäule des Tags und als Feuersäule des Nachts, dass er ihnen den Weg zeige (Exodus XIII, 21)[1], dass er (und dies geschieht bei Nacht, denn nach Exod. XIV, 24 folgt darauf das Heranbrechen des Tags) als Wolkensäule tritt zwischen die verfolgten Hebräer und zwischen die verfolgenden Aegypter

---

[1] Vgl. Numeri XIV, 14, wo von Erwähnung der beiden Säulen nur gesagt wird, „dass die Wolke über ihnen stand".

(Exod. XIV, 19. 20), dass er dem Aharôn und der Mirjâm
in der Wolkensäule erscheint (Numeri XII, 5), dass er
mit seinem Propheten, wie die spätern Psalmensänger mit
Bewahrung der theologischen Nomenclatur einer alten Zeit
sagen, als Wolkensäule spricht (Ps. XCIX, 7). Doch wozu
alle die Stellen aufzählen, in welchen von dem Gotte der wandernden Hebräer in Verbindung mit der Wolkensäule gesprochen, und das Fortwenden Gottes als der Rückzug der Wolke
bezeichnet wird, welche sich dann später in einer monotheistischen Zeit als kebhôd Jahve, „die Herrlichkeit Jahve's“,
in der Tradition des Volks erhalten hat?[1] Soviel geht aus
denselben zum mindesten hervor, dass die nomadischen
Hebräer ihre religiöse Verehrung an die Wolke anknüpften,
wovon noch ein letzter, später Rest in dem Namen 'Ananjâh
(Ananias), d. i. Wolkengott, und in der Redensart aufbewahrt ist, „dass Gott in den Wolken“ thront. Wenn
nach al-Damîrî's Nachricht „die alten Araber einem weissen
Lamm göttliche Ehren erwiesen, und wenn der Wolf kam
und das Lamm frass, sie ein anderes Lamm aussuchten, um
ihm die göttliche Ehre zu erweisen[2], so ist dies ebenfalls
nichts anderes als ein Moment der nomadischen Religion.
Nach dem, was wir oben Seite 190 bei Gelegenheit Râchêl's
sagten, ist es unschwer zu begreifen, dass dieses weisse
Lamm nichts anderes ist als die helle Lämmerwolke. Und
diese Wolkenvergötterung finden wir auch anderwärts. Das
Bonnyvolk an der Westküste von Afrika fasst die Vorstellung der Gottheit in den Namen Schur oder der
Wolkenhimmel zusammen[3], und wenn der gelehrte italienische Assyriolog Felix Finzi[4] recht hat, so finden wir

---

[1] Für Hebraisten bemerke ich, dass ich im Texte im be'ammud 'ânân
des Urtextes das be als Beth essentiae gefasst habe.

[2] Ḥajât al-ḥajwân II, 52.

[3] Bastian, Geographische und ethnographische Bilder, S. 169, und
einige Stellen aus afrikanischen Reisewerken, bei Waitz, Anthropologie
der Naturvölker, II, 169.

[4] Ricerche per lo Studio dell' antichità assira (Turin 1872), p. 467.

auch unter den assyrischen Hauptgottheiten die Wolke, gleichsam als Rest aus jener alten Zeit, wo das assyrische Volk statt der Sonnenmächte die des finstern Himmels seiner Verehrung würdigte. Der genannte Gelehrte will nämlich den assyrischen Gottesnamen Anu als etymologisch identisch mit dem hebräischen 'Ânân, Wolke, erklären, zu welcher Auffassung allerdings die beiden Epitheta dieser assyrischen Gottheit gut passen: „Herr der Finsterniss" und der „Sammler der Schatten". [1] Keinesfalls könnte aber dann die Identität des Anu mit dem Oannes des Berosos aufrecht erhalten werden, da an dem solarischen Charakter des Oannes nicht gezweifelt werden kann; jedoch ruht diese Identificirung auf sehr schwachen Füssen und fördert weder das Verständniss des Anu, noch das des Oannes.

Mit der Verehrung der Wolke vereinigt sich natürlicherweise die des Regens, dessen Vergötterung bei vielen primitiven Völkern vorkommt. Wir finden sie z. B. in Westafrika an der Goldküste beim Akravolke. Wenn dieses Volk fragen will: „wird es regnen?" so drückt es diese Frage mit den Worten aus: „wird Gott kommen?" [2] und bei den Heiden des Baghirmivolks in Innerafrika, mit denen uns der eben aus jenen Gegenden zurückgekehrte Reisende Dr. Nachtigall bekannt gemacht hat, ist der Name Gottheit identisch mit der Bezeichnung für Gewitter [3]; in der Sprache der Wamasai in Ostafrika ist das Wort Aï (mit Artikel Engaï) weiblichen Geschlechts und hat zugleich die Bedeutung von Gott und Regen. [4] Und diese Vergötterung von Regen und Gewitter ist es, was mit dem Schlangencultus identisch ist, wo er auch vorkommt.

---

[1] Tiele, Vergelijkende Geschiedenis, p. 301, nennt jedoch dieses letztere Epitheton „viel allgemeiner, als dass man daraus Schlüsse folgern könnte."

[2] Lazar Geiger, Ursprung und Entwickelung der menschl. Sprache und Vernunft, I, 346.

[3] In Petermann's Geograph. Mittheilungen (1874), XX, 330, Heft 9.

[4] Bei K. Andree, Forschungsreisen u. s. w., II, 362.

Schlangen- und Drachenverehrung knüpft sich nämlich an
die mythische Anschauung an, welche den Regen als „flüssige
Schlange" bezeichnet (vgl. oben S. 214), und wo wir diesen
Cultus auf fortgeschrittener Culturstufe antreffen, dort ist
er Residuum jener Stufe, auf welcher der Mensch keine
wohlthätigere Macht kennt als den finstern, umwölkten
Himmel, den Regen, den Drachen, welcher die Sonne Bêl
bekämpft. Die ägyptischen und indischen theologischen
Anschauungen von der Schlange sind solche Residuen aus
der alten nomadischen Weltanschauung. Wo sich ein
Sonnencultus herausbildet, bleibt die alte Anschauung von
der wohlthätigen Schlange entweder unverstanden und unvermittelt neben der neuen Weltanschauung bestehen, oder
ihre Niederlage durch den Sieg der Sonne wird Element
der Religion und die Schlange tritt als feindliche Gestalt
auf. So z. B. in Persien und anderwärts, und es ist gerade
der durch Max Müller so glänzend eingeführten und aufrecht erhaltenen Methode der vergleichenden Mythologie
entgegen, wenn derselbe Gelehrte die These aufstellt: „*There
is an Aryan, there is a Semitic, there is a Turanian, there
is an African serpens, and who but an evolutionist would
dare to say, that all these conceptions came from one and
the same original source, that they are all held together by
one traditional chaine?*" [1] Diese einheitliche Traditions-
kette ist freilich eine genug unwissenschaftliche Annahme,
aber nichtsdestoweniger ist es überall dieselbe originelle
Quelle, die dem Schlangendienst zum Ursprung dient: die
alte mythische Anschauung; und nicht nach ethnologischen
Rassen sind die verschiedenartigen Auffassungen, denen wir
begegnen, zu klassificiren, sondern nach historischen Stufen
der Culturentwickelung. Allerdings muss dabei die von
den Symbolikern noch bis in unsere neueste Zeit hinein so
gern festgehaltene „Anschauung von der hohen Weisheit
der Schlange und von den geheimen Kräften, die in ihrem
Wesen liegen sollen", als Motivirung des Schlangencultus

---

[1] The Academy (Jahrg. 1874), p. 548, c. 2.

endlich fallen gelassen werden. Der Schlangendienst als religiöse Form ist ebenso und in demselben Sinne eine Weiterentwickelung der unverstanden gewordenen mythischen Aussprüche, welche den Regen als Schlange bezeichnen, wie der Krokodildienst, Katzendienst u. s. w. auf den unverstanden gewordenen Sonnenmythos zurückgeht. [1] Die einander scheinbar widersprechenden Bedeutungen, die sich an die Schlange in Mythos und Cultus knüpfen, sind nicht auf entgegengesetzte Anschauungen der verschiedenen Menschenrassen zurückzuführen, sondern auf vielfache Apperceptionsweisen des Mythos, die alle von der Vorstellung der Schlange ausgehen konnten. Wie oft finden wir nicht im Mythos desselben Volks denselben Gegenstand zur Apperception des Verschiedenartigsten, oft Gegensätzlichen verwendet!

Auch bei den in der Wüste nomadisirenden Hebräern ist die Verehrung der Schlange nachweisbar; denn nur in diesem Sinne ist die eherne Schlange zu begreifen, deren göttliche Verehrung von den Hebräern der Wüste bezeugt ist und deren Vergötterung bis in die späteste Zeit hinabreicht (Numeri XXI, 9; II. Kön. XVIII, 4). Es verdient ausserdem Beachtung, dass derjenige hebräische Stamm, dem seit ältester Zeit die Besorgung religiöser Dinge oblag und durch dessen Vermittelung die Gottesverehrung erfolgte, sich „Söhne der Schlange“, Benê Lêvî [2], nannten (vgl. oben S. 211), und dass es eben diese waren, welche über ihre Volksgenossen herfielen, als das aus Aegypten kommende Volk durch die Verehrung des goldenen Kalbes in die Religion ein solarisches Moment einzuführen be-

----

[1] S. die Note b. zu unserm fünften Kapitel S. 227.

[2] Diese Benennung gehört demnach in dieselbe Kategorie wie diejenigen, auf welche oben S. 202 Rücksicht genommen worden ist. Auch anderwärts finden wir die Schlange als Stammvater in genealogischen Aufzeichnungen; ich erwähne nur aus der unserm Gegenstande am nächsten liegenden arabischen Vorgeschichte al-Af'a b. al-Af'a (die Viper), das Oberhaupt eines Zweiges des Gurhumvolks (Ibn ʿAbdûn, S. 71 fg.).

gann. [1] Da waren die Söhne des Lêvî, die Priester
der alten Nomadenreligion, diejenigen, welche den Conser-
vativismus vertraten und den solarischen Stiercult nicht
aufkommen lassen wollten. [2]

Es gehört demnach die Stammesbenennung: „Söhne
der Schlange" in die grosse Reihe von Stammesnamen,
welche an Thiere anknüpfen. [3] Namentlich haben Lubbock
und Tylor diese Art von Stammesbenennung mit dem sogenannten Totemismus in Verbindung gebracht; in jedem
Falle aber liegt es nahe vorauszusetzen, dass die ursprünglichste Beziehung des Thieres zu dem Ursprunge des Stammes oder des Volks, welches ein bestimmtes Thier seinen
Urahn nennt, mythologischer Art sei.

6.

So schloss sich denn die älteste Religion der Hebräer
in der Wüste unmittelbar an den Mythos der Nomaden
an, und zur Vervollständigung der obigen Ausführungen
haben wir nur noch auf die Spuren des Mondcultus zu
verweisen, von welchem wir in einem vorangegangenen
Kapitel handelten (S. 183).

Erst nach dem Einzuge in Palästina, d. h. nach dem
Uebergange vom nomadischen Wüstenwanderleben zum
sesshaften Ackerbauleben, tritt bei den Hebräern der solarische Cultus auf und zwar zumeist in dem nördlichen
Theile und auch da nur angeregt durch die Culte der benachbarten kena'anäischen Völker, die seit langer Zeit als
Ackerbauer in Palästina ansässig, einen vollendeten Sonnendienst ausgebildet hatten. Die Hebräer selbst brachten einen

---

[1] Ueber die solarische Bedeutung des Stiercultus vgl. Kuenen, De
Godsdienst van Isr., I, 236.

[2] In diesem Sinne, glaube ich, ist das Historische in Exod. XXXII,
26—29 aufzufassen. Es ist dort der Sonnencult, der sich eindrängen
will in die rein nomadische Religion der Hebräer, und die Leviten sind
Wächter der alten nomadischen Religion.

[3] Vgl. Bastian in der Zeitschr. für Völkerpsychologie (1868), V, 153.

solchen nicht in das eroberte Land mit, vielmehr war, wie
wir sahen, ihre Religion eine durchaus nomadische, sich
um die Verehrung des dunkeln, nächtlichen Himmels, als
um ihren Mittelpunkt drehende. Und die Erscheinung, dass
sie eine solche war, geht auch daraus hervor, dass der in
Aegypten ausgebildete solarische Cultus während des Aufent-
haltes in diesem Lande keine religiöse Anregung für das
Volk wurde. Die Hebräer sind also auch hierin wesentlich verschieden von andern in Aegypten eingewanderten
Völkerstämmen, die man gewöhnlich unter dem Gesammt-
namen der Hyksos zusammenfasst. Denn bei einigen dieser
Stämme finden wir bereits während ihres Aufenthalts in
Aegypten eine ganz ausgebildete solarische Religions-
form, ja selbst mit den wildesten Ausschweifungen des
Molochcultus. [1]

Wolken- und Regenhimmel waren es, denen sich die Verehrung der nomadischen Hebräer zuwandte. Aber nicht nur
die directe Gottesverehrung wandte sich der Wolke und dem
Regen zu; auch ihr Wille wurde als Schicksalsoffenbarung
betrachtet und befragt. Anfangs mochte jeder Nomade nach
der Wolke und der Schlange sehen, um zu erfahren, was die
Götter wünschen; solche Kenntnisse pflegen aber späterhin
gewöhnlich Eigenthum gewisser Leute zu werden. (Vielleicht auch ursprünglich eine Art Regenmacher — Mganga
— wie noch heute in Ostafrika vorkommt.) Die Personen,
welche diese Offenbarung verstanden und auf die hohen Mächte
durch Zauberei Einfluss üben konnten, waren bei den Hebräern
die me'ônenîm und menachashîm, die Wolken- und
die Schlangenseher, wie sie regelmässig nebeneinander angeführt werden (Deuteron. XVIII, 10), und in demselben
Gesetzbuche, in welchem die Verehrung der se'îrîm aufs
strengste verboten wird, wird auch untersagt, nach den Wolken und den Schlangen zu sehen (Levit. XIX, 26). Wir ver-
hehlen es uns nicht, dass von namhafter Seite der Zusammen-

---

[1] Ebers, Aegypten und die Bücher Moses, I, 245 fg.

hang dieser beiden Benennungen mit den Worten für Wolke und Schlange geleugnet wird [1]; jedoch sind die Einwendungen, wenigstens in Bezug auf das erstere, durch nichts Haltbareres ersetzt. Eine andere Frage ist es jedoch, welche hier noch in Betracht zu kommen hat, und mit deren Beantwortung wir dieses Kapitel abschliessen wollen. Indem der Mythos der nomadischen Hebräer, der Mythos von dem Siege des Nachthimmels über den Tageshimmel, oder von der ungerechten Vergewaltigung, deren Opfer der dunkle Himmel wird, sich zur nomadischen Religion umwandelte, in welcher die mythischen Gestalten individualisirt und zu verehrten, angebeteten Mächten wurden: hat sich da die göttliche Verehrung nicht auch an die Namen angeknüpft, mit denen der nächtliche Himmel im Mythos des Nomaden erscheint? Mit andern Worten, hat man nicht auch die Gottheiten Abhrâm, Ja'ḳôbh u. s. w. genannt, so wie man bei den Ariern die zu Göttern gewordenen mythischen Gestalten mit dem Namen nannte, den diese Gestalten im Mythos führen? Denn die unverstanden gewordenen Benennungen sind es doch zunächst, welche den Umwandlungsprocess veranlassten, und es sollte erwartet werden, dass in der Religion diese Namen in den Mittelpunkt gelangen. Dies wäre auch die Consequenz, die wir a priori aus allem Vorangegangenen nothwendig folgern müssten. Wir müsten folgern, dass jene Namen des nächtlichen und Regenhimmels, um welche sich der Mythos des Nomaden drehte, auf der theologischen Stufe zu Namen von theologischer Bedeutung wurden. Dass aber dies aus den alttestamentlichen Quellen nicht genug hervorleuchtet, dies hat seinen Grund darin, dass die meisten historischen Bücher, welche der Bibel einverleibt sind, die Färbung theokratischer Auffassung an sich tragen und als literarische Werke bereits aus jener Stufe des Volksbewusstseins herausgewachsen sind, auf welcher aus den mythischen Gestalten

---

[1] Zuletzt von Ewald, Die Lehre der Bibel von Gott, I, 234 — 235.

Ahnen geworden. Denn nicht nur Religion, auch Geschichte wird aus dem Mythos auf einer bestimmten Stufe seiner Entwickelung. Dass aber jene mythischen Namen wirklich erst der theologischen Nomenclatur angehörten, ehe sie zu historischen Ahnennamen geworden, dafür braucht nur die Erwähnung des Umstandes wiederholt zu werden, auf welchen man bereits früher zu andern Zwecken hingewiesen hat und welchen in neuerer Zeit wieder Dozy in seinem Buche über jüdisch-arabische Religionsgeschichte mit gutem Takte betont hat [1], dass nämlich keiner dieser mythischen Namen im Verlaufe der alten Geschichte — und auch in der neuern erst ziemlich spät [2] — als Personennamen vorkommt, ebenso wenig wie indische Menschen sich Surja, Uschas oder Dahana, oder ein Römer sich Jupiter oder Saturnus und ein Hellene sich Herakles, oder eine hellenische Dame sich Aphrodite nannte. 'Dies weist darauf hin, dass diese mythischen Namen der hebräischen Nomaden mehr als menschliche Bedeutung besassen, ehe sie historisch wurden.

Doch auch noch aus einem Datum spätester Zeit leuchtet hervor, dass die Erinnerung an eine einstmalige Verknüpfung theologischer Vorstellungen mit den Namen Abhrâm und Ja'kôbh auch dem spätern Israeliten noch nicht ganz entschwunden war. Der grosse Prophet des hebräischen Volks im Babylonischen Exile, dessen Name uns unbekannt bleiben musste, damit wir den göttlichen Schwung seines edlen Geistes um so mehr bewundern, ruft nämlich in einem Gebete an seinen Jahve:

> Denn du, o Jahve! bist unser Vater,
> Abhrâhâm kannte uns nicht,
> Und Jisrâ'êl (Jakob) wusste nichts von uns,
> Du, o Jahve! bist unser Vater,
> Unser Erlöser, von Ewigkeit an ist dein Name.
>
> (Jesaias LXIII, 16.)

---

[1] De Isralieten te Mekka (Haarlem 1864), p. 29. Die deutsche Uebersetzung dieser Schrift ist mir jetzt nicht zugänglich.

[2] Vgl. meine Anmerkung in der Zeitschr. D. M. G. (1874), XXVIII, 309.

Jeder sieht hier, das dem Jahve-Namen der Name von Abhrâhâm und Ja'ḳôbh entgegengesetzt wird. Also Jahve, nicht
Abhrâhâm, Jahve, nicht Ja'ḳôbh! Jener ist der allwissende Er-
löser und Fürsorger des israelitischen Volks, diese haben keine
Sorge für dasselbe. Kann man aus dieser Entgegensetzung
etwas anderes herauslesen als die Entgegensetzung eines als
einzig wahr erkannten Gottesgedankens mit der Erinnerung
an anderes, was vor alters als göttlich gegolten, aber dessen
Verehrung völlig werth- und sinnlos wird in einer Zeit,
wo der Prophetismus eben die Allwissenheit Jahve's als
das stärkste Argument der Ausschliesslichkeit dieses Gottesgedankens ins Treffen führt? Ich glaube, man kann nichts
anderes herauslesen. Auch ist es nicht umsonst hervorgehoben, dass Jahve von ewig her, „mê'ôlâm", der Er-
löser des hebräischen Volks ist, d. h. auch von jener Zeit
her, in welcher Abhrâm und Ja'ḳôbh für das Volksbewusstsein über den Kreis der Menschlichkeit hinaus in die Sphäre
des Göttlichen hineinragten. Was hier ferner in Betracht
kommt, ist die Namensänderung des Abhrâm und Ja'ḳôbh
in Abhrâhâm und Jisrâ'êl (Genes. XVII, 5; XXXII, 28),
und dass namentlich die Umänderung des erstern, „hoher
Vater", in einen andern so motivirt wird, dass dadurch der
historische Ahnencharakter des Patriarchen in den Vordergrund tritt, „denn zum Vater von Volksmengen habe
ich dich gemacht", und dass dem Jakob der spätere ethnographische Name des Volks gegeben wird. So sollte die
Erinnerung an das, woran der alte Hebräer göttliche Verehrung geknüpft, als Aufblick zu etwas Jahve Fremdem,
Göttlichem, ganz verdrängt werden, und an ihre Stelle sollte
die Erinnerung an die Ahnen des Volks treten, und als
solche wird dem Volke von demselben Propheten (LI, 1—2)
die Erinnerung an die Stammältern warm empfohlen. Welche
aber die nächsten Antriebe dazu waren, dass das hebräische
Volk aus der Nomenclatur seines uralten Mythos die Namen
seiner Ahnen bildete, dass mit andern Worten ein beträchtlicher
Theil seiner mythologischen Phraseologie sich ins Ethnologische übersetzte, dies wollen wir weiter auseinandersetzen.

Anmerkung zu S. 257.

^a Die Anfänge. Um hierfür ein Beispiel anzuführen, erwähne ich, dass, ganz entgegengesetzt der biblischen Cultursage, welche die Weinpflanzung mit Noach in Verbindung bringt, die rabbinische Agâdâ bereits Adam die Frucht des Weinstocks geniessen lässt. Diese sei die verbotene Paradiesesfrucht gewesen, Leviticus rabbâ sect. 12: ôthô hâ-ʿêṣ sheâkhal mimmennû Âdâm hâ-rîshôn ʿanâbhîm hâjâ. Die mohammedanische Legende nennt als ersten Weintrinker den mit Noach gleichzeitigen kanaʿanitischen König Daramshîl; er war der erste, welcher den Wein auspresste und ihn trank: auwal man-iʿtaṣar-al-chamr washaribahâ (Ibn Ijjâs in dem Buche Badâʿi al-zuhûr fî waḳâʿi al-duhûr [Kairo 1865], p. 83), vgl. meinen Aufsatz: Zur Geschichte der Etymologie des Namens Nûḥ in Zeitschr. D. M. G. (1870), XXIV, 209. Nebenbei will ich hier noch bemerken, dass der Zug, welcher in letzterm Aufsatze von der Noach-Legende der Araber erwähnt ist, die Langlebigkeit nämlich, auch im Zusammenhange mit dem alten solarischen Mythos zu stehen scheint. Langes Leben ist es, was in der Genesis die Nachkommenschaft Adam's auszeichnet und welche Eigenschaft in Methûshelach gipfelt. Mit seiner solarischen Bedeutung im Mythos hängt auch die Langlebigkeit zusammen, welche der Volksglaube, namentlich in Italien, dem Kukuk zuschreibt (Angelo de Gubernatis, p. 519). Die Langlebigkeit Noach's wird im Arabischen geradezu sprichwörtlich: ʿumr Nûḥ, die Lebensdauer des Nûḥ. Beim Dichter Ru'bâ finden wir:

Faḳultu lau ʿummirtu ʿumra-l-ḥisli * au ʿumra Nûḥin zaman-al-fiṭaḥli.

„Ich sprach: Wäre mir auch die Lebensdauer der Eidechse gegeben oder die Lebensdauer Noach's zur Zeit der Sintflut" (Ibn al-Sikkît, p. 19, al-Gauharî s. v. fṭḥl. Ueber die sprichwörtliche Lebensdauer der Eidechse vgl. Kâmil [ed. W. Wright], p. 197, 18, al-Damîrî II, 94, al-Gauhari s. v. ḥsl, Burckhardt's Reisen in Syrien, deutsche Ausg., S. 1077). In einem Gedichte des Marzûḳ al-Mekkî an Moḥammed al-Amîn: Faʿish ʿumra Nûḥin fî surûrin wa ġibṭatin, „Lebe die Lebensdauer des Nûḥ in Freude und Wohlbehagen" (Aġânî XV, 67, 4) und bei Abu-l-ʿAlâ (Saḳṭ al-zand I, 65, v. 4).

Fakun fi-l-mulki jâ chejra-l-barâjâ * Sulejmânan fakun fi-l-ʿumri Nûḥâ

So sei in der Regierung, o Bester der Geschöpfe, ein Sulejmân und sei an Lebensdauer ein Noach.

Daher finden wir auch bei Ḥâfiẓ (Rosenzweig III, 465):

Komm, gib mir jenen Goldstaub, Schenke ihn, der stets sieggewohnt,
Uns mit Ḳârûn's so reichen Schätzen und Noe's Alter lohnt.

Dass nun eben Noach's lange Lebensdauer besonders hervorgehoben wird, mag sich an die südsemitische Bedeutung des
Verbums nôch angelehnt haben. Aethiopisch heisst Noach: Nôch,
und jenes Verbum bedeutet *longus fuit*. Von der Langlebigkeit
des Methusalem heisst es z. B. in einem äthiopischem Gedicht
(bei Dillmann, Chrestomath. aethiop., p. 111, nr. 13, v. 1) ôza-
wahabkô nûch mawâʿel la-Matûsâlâ.

SIEBENTES KAPITEL.

Einfluss des erwachenden Nationalitätsgedankens auf die Umbildung des hebräischen Mythos.

1.

Die nomadische Stufe der hebräischen Stämme erreichte mit jenem Zeitpunkt ihr Ende, in welchem ein grosser Theil dieser Stämme am rechten Ufer des Jardênflusses sich ein Vaterland eroberte, und damit beginnt eigentlich die Geschichte der Hebräer. Der Nomadismus birgt nichts Welthistorisches in sich. Darum verschwimmt auch das nomadische Zeitalter der meisten grossen Völker ins Unbestimmte, und höchstens sind es individuelle, zumeist vollends gleichgültige Erinnerungen der Stämme von ihren „Schlachttagen“, welche dem Historiker Anhaltepunkte zur Construirung eines geschichtlichen Bildes bieten. Es gibt wol kaum ein Nomadenvolk mit wechselvollerm, mannichfaltigerm Lebenslaufe als das arabischer Stämme; und dennoch liefern sie uns kaum einige fixe Punkte, wenn wir ihre Geschichte überblicken möchten. Denn sie knüpft sich nicht nothwendig an einen bestimmten, fest begrenzten Boden, es zieht sich keine geographische Einheitlichkeit durch das Ganze. Wahre Volksgeschichte ist unzertrennlich von einem Erdboden, welcher im Frieden die Bedingungen der Culturentwickelung, im Kriege das Object der erobernden und vertheidigenden Begeisterung bietet. Es kann keine Ge-

schichte geben ohne ein begrenztes Land, an welchem
die Geschichtsereignisse haften. Dem Nomaden ist es
nicht so sehr um ein bestimmtes Erdgebiet, als um Hab
und Gut zu thun, wenn er Kriege führt. Die Wüste
und der Wanderer, der sich auf ihrem weiten Gebiete
tummelt, hat keine eigentliche Geschichte. So sind es auch
nur abgerissene, verschwommene Erinnerungen, die sich an
ein grosses geographisches Gebiet anknüpfen, was uns an
Anhaltepunkten für die Geschichte der hebräischen Nomaden
zu Gebote steht. Ihre eigentliche Geschichte hebt mit der
Eroberung Kena'ans an. Diese Eroberung war keineswegs
ein in der Seele des Volks seit langer Zeit genährtes Programm politischer Constituirung, wie man noch vielerseits
voraussetzt; vielmehr weist der Umstand, das wir die aus
Aegypten ziehenden Stämme (und dass sie daher kamen,
daran kann kein ernster Historiker zweifeln) vor ihrer Ein-
wanderung in Palästina auf dem linken Ufer des Jardên
auf Wanderungen begriffen finden, darauf hin, dass sich
das Hebräervolk die Aussicht nicht träumen liess, sein
Nomadenleben einst mit dem städtischen zu vertauschen. Von
Aegypten nach Palästina wäre in diesem Falle dem Volke
ein Weg offen gestanden, wenn wir von dem Seeweg absehen, der doch auch schon wegen des Mangels an Mitteln
und der äussern Vorbereitung nicht in Betracht kommen
kann. Sie hätten also durch den nördlichsten Theil der
Wüste al-Tîh geradenwegs gen Hebrôn ziehen müssen, ungefähr auf demselben Wege, auf welchem nach der biblischen Erzählung die Familie des Patriarchen von Kena'an
nach Aegypten hinunterzog. Der theokratische Geschichtschreiber selbst stösst sich an diesem Umstand und setzt
zur Motivirung des Gegentheils bei Moses strategische
Gesichtspunkte voraus: „Und nicht führte sie Elôhîm auf
dem (regelmässigen) Wege ins Land der Philistäer, denn
er ist nahe; denn, so dachte Elôhîm, es könnte das Volk
reuen, wenn es Krieg sieht, und es möchte nach Aegypten
zurückkehren" (Exodus XIII, 17).

Aber die Sache steht so, dass das aus Aegypten ziehende

Volk bei seiner Lebensweise verbleiben wollte, es wollte von Wüste zu Wüste wandern, Weideplätze nach Weideplätzen aufsuchen; das cultivirte Jardênufer war ihm gleichgültig, es suchte das Wüstenufer auf, das östliche Jardênufer, welches noch heute der Tummelplatz beduinischen Lebens ist, welches sich von dem Gestade des Euphrat bis zum Sherràgebirge fortsetzend hinzieht. Das Nomadenleben ist das Conservativste, was sich denken lässt. Seit Jahrhunderten und Jahrtausenden leben auf dieser Fläche dieselben Stämme, sich abwechselnd untereinander gegen den gemeinsamen Feind verbindend, welcher häufig bis in unsere neueste Zeit der Städter ist, oder gegeneinander kämpfend, wegen der gleichgültigsten Anlässe. Ein ganz und gar neuer Stamm, der von anderwärts her einzieht, könnte sich nur mit schwerer Mühe da erhalten, und es ist nicht Wunder zu nehmen, wenn die nomadischen Hebräerstämme in der Ostjordanwüste durch fortwährende Kämpfe hindurch immer weiter gen Norden ziehen und, endlich zur Einsicht gekommen, dass hier ihre Selbsterhaltung unmöglich, sich dazu entschliessen, den Jardên zu überschreiten und ihr Glück in den Städten zu versuchen. Dazu kam noch ein Umstand. Je mehr sie nämlich gegen Norden vorrückten, desto näher kamen sie der nordischen Grossmacht, welche ihrem Zuge ein Hinderniss in den Weg setzte. Die grossen Reiche, deren Gebiet von Wüsten begrenzt war, haben diese Wüsten und ihre Bewohner nie ausser Beachtung gelassen, und sie beschäftigten sich immer eifrig genug mit der Unterwerfung der Stämme: so war es vor alters, so ist es noch heute. Die Kriege des Grosstürken gegen die Beduinenstämme in Syrien, Palästina und Arabien, die Kriege der nordafrikanischen Mächte gegen die Nomadenstämme, welche ihre Grenzen bilden, sind historische Fortsetzungen von politischen Vorgängen der allerältesten Zeiten. Sehr gut bemerkt demnach der ägyptische Priester und Historiograph Manethos: „Sie sind an Zahl nicht geringer als 240,000 Mann, nach dem Vertrage mit ihrem gesammten Haushalte und ihren Besitzthümern von Aegypten in die Syrische Wüste gezogen.

Aus Furcht aber vor dem Reiche der Assyrer — denn diese hätten damals die Macht in Asien besessen — hätten sie in dem jetzt Judäa genannten Lande eine Stadt gebaut u. s. w." [1]

Hier tritt im Leben des hebräischen Volks jener merkwürdige Wendepunkt ein: das Verlassen des nomadischen Lebens und der Uebergang zum städtischen Culturleben. Die Ueberschreitung des Jardênflusses bezeichnet diesen Wendepunkt. Dieser Fluss ist noch heutigentags die Grenzscheide zweier Culturstufen, des nomadischen Lebens und des Städtelebens. Nicht die ganze Gesammtheit des Volks unterwarf sich dieser Aenderung; wir wissen, dass ein grosser Theil desselben auf einer halb nomadischen Stufe verblieb und mit dem Uebergange sich nicht einverstanden erklärte, vielmehr auf jenem Ufer des Jardên verbleiben wollte, wo das Paradies des Nomaden liegt, auf jener mit prächtiger Weide und herrlichen Waldungen gesegneten Fläche, von welcher der Beduine noch in der neuesten Zeit sagt: „Du findest kein Land wie Belḳâ". Die biblische Urkunde bezeichnet auch ausdrücklich mit Namen denjenigen Theil des hebräischen Volks, welcher sich dem Uebergange zum Städteleben widersetzte; die Liebhaber des Nomadenlebens werden bezeichnet als die Söhne des Re'ûbhên, die Söhne des Gâd und einen Theil des Stammes Menasshe. Wir haben nicht das Recht darüber zu urtheilen, wie viel Historisches an jenem, zwischen den beiden Theilen des hebräischen Volks geschlossenen Vertrage ist, von welchem die alttestamentliche Quelle weitläufig handelt, wonach die Menge des Volks nur unter der Bedingung, dass der zurückbleibende Theil den kriegerischen Brüdern bei der Eroberung in allem Hülfe leisten werde, seine Einwilligung dazu gab, die Vorliebe für die Viehzucht im Ostjordanlande zur Geltung zu bringen (Numeri XXXII). Genug an dem, nach vielen lang-

---

[1] Joseph. Flav. contra Apionem, I, c. 14.

wierigen Kämpfen gegen die Urbevölkerung brachten die vorwärtsschreitenden Hebräer einen grossen Theil Kena-'ans in ihre Gewalt. Die Details und die chronologische Bestimmung dieser Kämpfe gehören nicht mehr in den Rahmen dieser Studien. Die Culturgeschichte der kena-'anitischen Hebräer haben wir hier nur von einer Seite in Betracht zu ziehen: von der religionsgeschichtlichen. Wir haben in dem vorangehenden Kapitel das nomadische Volk an dem Punkte verlassen, wo es, in den Wüsten wandernd, jene wohlthätigen Mächte göttlich verehrte, welche den Nomaden mit den Bedingungen seines Lebens versorgen und ihn gegen die dem Wanderer feindliche, sengende Glut schützen: den Regen, seine Mutter, die Wolke, und das leuchtende Lächeln der Wolke, den Blitz. Mit den Anfängen der Religion stirbt nicht mit einem Schlage der ganze Mythos ab. Denn nicht die dem Mythos-erzählen und Mythosschaffen entsprechende Seelenthätigkeit ist es, welche mit dem Schwinden der Polyonymie aufhört, sondern durch diesen sprachgeschichtlichen Process büsst jene Thätigkeit nur ihre unverkürzte Lebendigkeit ein. Dieser Process geht jedoch nur allmählich vor sich; das Mythoserzählen dauert demnach auf denjenigen Ge-bieten fort, welche jener sprachgeschichtliche Vorgang noch nicht vollends angetastet hat. Es kann noch ein Theil übrigbleiben, nachdem ein anderer zur Religion ge-worden. Jenes Gesetz, das wir im vierten Kapitel um-schrieben haben, würde nun fordern, dass dieser Theil des hebräischen Mythos, der noch nicht zur Religion geworden, nach der Niederlassung in Städten und nach Ergreifung einer ackerbauenden Lebensart, dem Entwickelungsprocess unterliege, welcher dem Uebergange vom nomadischen Leben zum Ackerbau entspricht, dass nämlich die solari-schen Gestalten, die Besieger von Finsterniss und Ge-witter, jene vortheilhafte und sympathische Stellung ein-nehmen, welche ihnen der Ackerbauer gegen ihre Feinde und Widersacher so gern verleiht.

2.

Hier haben wir jedoch noch auf eine aus der Einnahme Kena'ans sich ergebende Besonderheit der hebräischen Entwickelung zu achten.

Das sich in Kena'an niederlassende hebräische Volk. konnte nämlich wol in politischer Beziehung einige kleine Stämme verschlingen, welche vor der hebräischen Besetzung des Landes das Innere desselben einnahmen; aber es brachte ein solches Minimum von Cultur und geistigem Inhalt in das eroberte Land mit, dass es in geistiger Beziehung nichts besass, was es der seit langer Zeit festgesetzten Cultur der Ureinwohner [1], besonders aber der Bildung und Gesittung des benachbarten und damals schon eine alte, welthistorische Stellung geniessenden phönikischen Volks, hätte entgegensetzen können, und es war namentlich in mercantilischer und industrieller Beziehung von diesem letztern Volke, das der hauptsächlichste Vermittler des alten Handels und der Industrie des Alterthums war, sehr abhängig. [2] Wie hätte das hebräische Volk sich dieser Abhängigkeit entziehen können, da doch das phönikische nicht nur die auf niedrigerer geistiger Stufe stehenden kena'anäischen Völkerschaften, sondern auch die westlichen Völker, mit denen es verkehrte, in intellectueller Beziehung mächtig beeinflusste, wie in neuerer Zeit wieder Ewald [3] betonte und wie es, trotz der Gegenrede mancher die phönikische Cultur unterschätzenden Gelehrten [4], ziemlich festzustehen scheint.

In der Weltgeschichte hat sich unzähligemal die Thatsache wiederholt, dass ein besiegtes Volk, welches in geistiger

---

[1] Vgl. Duncker, Geschichte des Alterthums (1874), I, 253.

[2] Ezechiel XXVII, 17 werden die Waaren detaillirt aufgezählt, deren Export die Hebräer von den Phönikiern abhängig machte.

[3] Die Vorurtheile über das alte und neue Morgenland (Abhandlung der königl. Gesellsch. der Wissensch. [Göttingen 1872]), XVII, 98.

[4] So z. B. James Fergusson, Rude stone monuments, p. 38; Mommsen, Römische Geschichte, I, 491.

Beziehung das siegende und unterjochende übertraf, diese geistige Ueberlegenheit, trotz aller politischen Abhängigkeit, zur Geltung bringen konnte, indem es sich das zur Herrschaft gelangte Volk assimilirte. Der politisch Siegreiche hat nicht die Kraft das unterjochte Volk einzuverleiben, wenn es ihm keine höhere Cultur entgegensetzen kann. Die Hyksos z. B., welche stark genug dazu waren, die Herrschaft des ägyptischen Volks im Delta zu vernichten, konnten keine selbstständige Cultur im eroberten Lande begründen, sondern eigneten sich ganz und gar die ägyptische Bildung an. Dasselbe sehen wir ihn China zuerst im 10., dann nochmals im 17. Jahrhundert. Die erobernden Khitemdynastie, ebenso wie später die Mandschudynastie, welche noch bis zum heutigen Tag das Scepter führt im Reich der Mitte, konnte nichts anderes thun als die einheimische Cultur und das Wesen des alten chinesischen Volks annehmen und entwickeln. Und wer denkt hier nicht auch an das so häufig angeführte Beispiel der Franken als Eroberer von Gallien? wem entgeht die culturhistorische Erscheinung, welche uns das merkwürdige Verhältniss der Normannen zu der durch sie besiegten Bevölkerung Frankreichs bietet, zu dessen Gunsten die Eroberer ihre Muttersprache verloren, deren Institutionen, Bräuche und Gesetze sie sich aneigneten, ja deren Sprache gerade von den Normannen später auch nach England verpflanzt wurde?[1] Dieselbe Erscheinung bestätigt sich auch auf religiösem Gebiete.[2] Und, um nun wieder bei den Phönikiern zu verbleiben, so war es um so leichter für sie ihr Wesen da einzubürgern, wo sie als Sieger eine Bevölkerung vorfanden, der sie an Geist überlegen waren. Als sie, in Karthago Fuss fassend, sich in Nordafrika festsetzten, da übten sie auf die libysche Bevölkerung einen Einfluss, welcher das Einheimische fast ganz verdrängte: „Die phönikische Civilisation herrschte

---

[1] Whitney-Jolly, Die Sprachwissenschaft, S. 252—53; vgl. F. v. Hellwald, Culturgeschichte, S. 154.

[2] Hellwald, ibid. S. 482.

in Libyen ähnlich wie in Kleinasien und Syrien die griechische nach den Zügen Alexander's, wenn auch nicht mit
gleicher Gewalt. An den Höfen der Nomadenscheikhs ward
phönikisch gesprochen und geschrieben, und die civilisirten
einheimischen Stämme nahmen für ihre Sprache das phönikische Alphabet an; sie vollständig zu phönikisiren lag
indess weder im Geiste der Nation, noch in der Politik
Karthagos."[1] Dieselbe phönikische Sprache, welche als
Trägerin einer höhern Cultur die Sprachen der umgebenden
Stämme und die mit denselben zusammenhängenden Cul-
turen verdrängte, musste aber wieder ihrerseits in den
Hintergrund weichen, als eine mächtigere und mit grösserer
Intensität auftretende Cultur auf sie eindrang: die arabische, welche die arabische Sprache des erobernden Volks
in Nordafrika an die Stelle der bis dahin herrschenden Sprache
der karthagischen Colonien setzte. Renan sagt mit Unrecht:
„*L'arabe n'absorba que les dialectes que lui étaient congénères,
tels que le syriaque, le chaldéen, le samaritain. Partout ailleurs
il ne put effacer les idioms établis.*"[2] Ohne hier eine er-
schöpfende Untersuchung darüber führen zu wollen, inwie-
weit die arabische Sprache im Mittelalter und in der neuen
Zeit die Herrschaft anderer Idiome verdrängen konnte,
wollen wir der Aufstellung Renan's nur die Erwähnung
zweier Umstände entgegensetzen: Erstens ist es kaum
einzusehen, welchen Einfluss eine Sprachverwandtschaft,
wie die es ist, welche zwischen Arabisch und Phönikisch
obwaltet, eine Verwandtschaft, die nur dem Linguisten klar
werden kann, die aber weder der arabisch, noch der phönikisch redende gewöhnliche Mensch fühlt, noch aber auch
im Volksgeiste instinctiv — wenn wir anders diesen Ausdruck in der Psychologie gelten lassen können — enthalten
ist, auf die Verdrängung der schwächern Cultur, welche mit
der einen dieser untereinander verwandten Sprachen verbunden ist, durch eine kräftigere, welche von der andern

---

[1] Movers, Die Phönizier, II (2), 439 fg.
[2] Histoire générale des langues sémitiques, p. 200.

getragen wird, üben kann. Sind ja die semitischen Sprachgelehrten selbst, *auch solche*, welche das eine oder andere der semitischen Idiome noch ausser ihrer Muttersprache kannten, verhältnissmässig sehr spät zur Erkenntniss dieser Verwandtschaft gelangt. [1] Das kann man einsehen, dass innerhalb der arabischen Sprache der nördliche Dialekt den südlichen verdrängte, als die nordarabischen Stämme, und unter ihnen vornehmlich der kurejschitische, die politisch-sociale Hegemonie über Arabien errangen und als sich jener Dialekt durch die Schrift in der Literatur einbürgerte; hier machte neben politischen und religionsgeschichtlichen Factoren die ausserordentliche Aehnlichkeit der zwei Schattirungen der arabischen Sprache, welche auch dem gewöhnlichsten Araber im Bewusstsein lag, die Verdrängung der einen zu Gunsten der andern leicht; dasselbe, was wir auch an den Dialekten so vieler europäischen Sprachen zu erfahren Gelegenheit haben. Dass aber die blos auf sprachwissenschaftlichem Wege erkennbare Sprachverwandtschaft den culturhistorischen Process der Sprachenverdrängung befördere, ist nicht leicht zu begreifen. Für den Araber ist die syrische Sprache ebenso fremd wie die französische oder eine andere wildfremde. Ein hervorragender Gelehrter in Bejrût, der Lexikograph seiner Muttersprache und eifrige arabische Journalist Botrus al-Bustâni, hatte, als er in den maronitischen Klöstern des Libanon dem Studium der syrischen Sprache oblag, nicht weniger Schwierigkeiten zu überwinden als damals, als er durch den Umgang mit dem amerikanisch-protestantischen Missionsinstitute des Herrn Dr. van Dijk die englische Sprache erlernte; — vielleicht noch mehr, da ihm in letzterm Falle die lebendige Conversation zur Seite stand. Ein maronitischer Priester in Damaskus versicherte mir, dass ihm die Aneignung der italienischen Sprache nicht gar zu viel harte Nüsse zu knacken gab, während er es in seiner syrischen Kirchensprache nicht weiter bringen konnte als bis zu den für sein

---

[1] Vgl. meine Studien über Tanchûm Jeruschalmi (Leipzig 1870), S. 12.

Amt unentbehrlichen Elementen. Der Finne hat sich nicht schwerer schwedisiren können, weil Schwedisch eine germanische, Finnisch aber eine ugrische Sprache ist, und in Ungarn hat das Türkische während einer langen Herrschaft des Türkenvolks, ein paar Lehnwörter abgerechnet, kaum erhebliche Eroberungen machen können, obgleich Ungarisch und Türkisch einer und derselben Sprachengruppe angehören. Die Sprachverwandtschaft ist es nicht, welche bei den Eroberungszügen von Idiomen als fördernder Factor wirkt: einzig und allein die Ueberlegenheit in geistiger Beziehung und in Sachen der Cultur übt entscheidenden Einfluss. Zweitens aber ist es auch historisch unrichtig, wenn Renan sagt, dass die arabische Sprache nur über verwandte Sprachen zu siegen vermochte, anderswo aber die einheimischen Idiome nicht überwältigen und verdrängen konnte. Wo ist nun aber die koptische, diese einst so gewaltige und mit dem Arabischen nicht verwandte Sprache, deren lebendigen Gebrauch in Aegypten die arabische Sprache total vernichtete, der Dialekte der Negerländer gar nicht zu gedenken, welche nun schon immer mehr dem Arabischen zu weichen beginnen und deren endliche Niederlage im Wettkampf mit dieser Sprache, die Fortschritte der viceköniglichen Gewalt über die Aequatorialländer beschleunigen werden.

Dieses ist der bedeutungsvolle Daseinskampf auf dem Gebiete des Geistes, der Weltgeschichte, ein Kampf, den die nach Kena'an mitgebrachte geringe Culturentwickelung der Hebräer gegen die ansässigen und gegen die benachbarten mächtigen Kena'anäer der Meeresküste nicht bestehen, ja nicht einmal aufnehmen konnte. Daher könnte auch die übrigens bisher nur noch auf sehr schwachen Füssen ruhende Hypothese begründet werden, welche wir neuerdings wieder von dem baseler Professor Müller entwickeln hörten [1], dass die Hebräer ursprünglich eine andere,

---

[1] Die Semiten in ihrem Verhältniss zu Chamiten und Japheiten (Basel 1872), S. 134.

mit der kena'anäischen nicht verwandte Sprache geredet,
und dass sie die Sprache, welche wir Hebräisch nennen,
welche mit alledem, was uns an Resten der alten kena'anäischen Sprachen bekannt ist, eine weit augenfälligere Aehnlichkeit besitzt, als dies bei blos verwandten, doch an sich
verschiedenen Sprachen der Fall ist, von den Kena'anäern
übernommen haben sollen, mit Aufopferung ihrer ursprünglichen Sprache, die sie nach Kena'an mitbrachten und welche
sie in ihrem neuen Vaterlande nicht zur Geltung bringen
konnten. Und wahrlich, wenn jemand das unlängst aufgefundene moabitische Sprachdenkmal, die Säule des siegenden Königs Mèsha', betrachtet, welches uns eine Sprach-
form vorführt, die wir mit Hülfe der hebräischen Grammatik und des hebräischen Lexikons ganz gut verstehen
und deren Stil sich von dem historischen Stil des Hebräischen in nichts unterscheidet, so drängt sich ihm unwillkürlich der Gedanke auf, dass hier eher von Sprach-
gleichheit als Sprachverwandtschaft gesprochen werden sollte. Desgleichen ist auch mit den phönikischen
Sprachdenkmälern der Fall; nur dass diese einen nördlichern Dialekt veranschaulichen im Verhältniss zu dem
zumeist südlichen Dialekt der meisten Bestandtheile der
Bibel. Und in der That wird auch von dem hebräischen
Propheten seine Muttersprache die Sprache Kena'ans
(sefath kena'an) genannt (Jesaias XIX, 18). Wenn aber
auch diese Ansicht von der Sprachentlehnung der Hebräer
in Kena'an, besonders in jener extremen, scharfen Fassung,
wie sie von J. G. Müller formulirt wird, keinen hohen
Grad von Wahrscheinlichkeit und Annehmbarkeit besitzt —
für uns auch schon deswegen nicht, weil der nomadische
Mythos der Hebräer, welcher ganz unabhängig von Kena'an
geschaffen wurde, immer nur hebräische Namen enthält —: so ist es um so sicherer, dass die Hebräer mit
ihrem Eintritt in Kena'an von den besiegten Ureinwohnern
und den mächtigen Nachbarn in Dingen der Cultur und
Gesittung, in welchen die von der nomadischen Stufe sich
eben emporarbeitenden Hebräer noch eine ganz primitive

19*

Stellung einnahmen, beeinflusst wurden, und dass diese
Einflüsse zunächst in der Gestaltung der Religion und
der social-politischen Institutionen zur Geltung
kamen. Die Hebräer besassen noch nicht so viel geistige
Widerstandskraft, um die solarischen Elemente ihres eigenen Mythos zur Religion eines ackerbauenden Volks zu
entwickeln, aber desto stärker und für die schwachen Hebräer
unwiderstehlicher drängte sich die kena'anäische Sonnen-
religion an sie heran, welche sich bereits seit langer Zeit
aus einem alten kena'anäischen Solarmythos herausentwickelt
haben muss, und das Hebräische konnte den Kampf nicht
aufnehmen und unterlag. Mit den allgemeinen Vorstellungen
und Begriffen der Religion nahmen sie auch die Formen
derselben an und ihre Einrichtungen, die Tempel, welche
sich zu den gottesdienstlichen sukkôth so verhalten, wie
das feste Haus des Städters zu der Hütte des Nomaden, die
Höhen [1], die geheiligten Bäume und Wälder, die Menschenopfer und die Priesterschaft, welche sich wieder zu den
Söhnen Lêvî's der Nomaden so verhalten, wie die Familie
des Beduinenscheikhs zu einer kräftigen Dynastie, die Ordnung des Opfercultus und noch vieles andere. Mit der
Religion und ihren Institutionen bürgerte sich auch die
religiöse Terminologie der Kena'anäer bei den Hebräern
ein. Das phönikische Titelwort des Priesters Kôhèn —
Κοίης (aus Κοίην gräcisirt) ἱερεὺς Καβείρων ὁ καθαίρων φονέα
οἱ δε κοής (Hesychius) — wurde auch bei den Hebräern
Amtsname der öffentlichen Opferer, und wie sehr es sich auch
in die gewöhnliche Sprache einbürgerte, das sehen wir aus
dem Verbalderivat dieses Namens. [2] Die Denkmäler, welche
wir von dem phönikischen Opfercultus besitzen, also die

---

[1] Vgl. Merx' Archiv f. wissensch. Erforsch. d. A. T., 1. Heft (1867), S. 108.

[2] Ich will bemerken, dass wir im spätern aramäisirten Hebräisch
das Femininum kehantâ (also = kôheneth) für eine Priestergattin finden,
soviel als êsheth kôhèn, s. Levy, Chald. Wörterb., I, 356 a, dann finden
wir aber auch dieses Femininwort in verallgemeinerter Bedeutung, als:
ehrbare, unbescholtene Frau, im Gegensatz gegen pundâkîth, eigentlich
Obdachgeberin, in der Mishnà Jebhâmôth XVI, 7.

sogenannte Opfertafel von Marseille, welche im Jahre 1845 entdeckt wurde und die von Davis in neuerer Zeit publicirten karthagischen Opferdocumente [1] veranschaulichen im wesentlichen dasselbe, was uns in einem Theile des Leviticus-Buchs vorliegt, und es ist vorauszusetzen, dass, obwol die nachexilische Entstehung dieses biblischen Buchs nach den Resultaten der gründlichen Forschungen von Graf [2] und Zunz [3] sich immer mehr in den Vordergrund drängt, die in demselben enthaltenen Opfergesetze nur die Codificirung älterer Opferverordnungen sind, welche zur Zeit der hebräischen Herrschaft in Kena'an in priesterlichen Kreisen entstanden sind und Geltung hatten, dem Volke aber nicht bekannt waren, auch nicht bekannt sein mussten, da sich dieselben doch nur auf priesterliche Functionen bezogen. Es wäre nicht recht denkbar, dass ein geregelter Opfercultus ohne solche Verordnungen und ohne festgestelltes Ritual bestehen könne.

Ebenso wie religiöse Institutionen, so drang auch Socialpolitisches von den Phönikiern ins öffentliche Leben der Hebräer ein. Woher hätte sonst dieses plötzlich vom nomadischen Leben zum Städteleben übergehende Volk ohne politische Vergangenheit die Einrichtungen entwickeln sollen, ohne welche sich ein Volk weder staatlich constituiren noch fortbestehen kann? So finden wir denn bei den Hebräern anfänglich die Shôfeṭîm, welche als Suffeten von den Karthagern her aus Livius und den Inschriften bekannt sind und von welcher Institution man voraussetzen muss, dass, obwol im Mutterlande nicht klar nachgewiesen, ihre Wurzel dennoch dort zu suchen ist; und dies steht mit der entwickelten Städteverfassung der Phönikier im Zusammenhang. Ein Schluss von den Institutionen der Colonien auf die

---

[1] Vgl Ernst Meier's Aufsatz über erstere in der Zeitschr. D. M. G. (1865), Bd. XIX, und Davis' Carthago and his remains (London 1861).

[2] Die geschichtlichen Bücher des A. T. (Leipzig 1866).

[3] Bibelkritisches in der Zeitschr. D. M. G. (1873), XXVII, 682—89, besonders die Thesen 22—26. Zunz scheint unabhängig von Graf gearbeitet zu haben, kommt aber zu fast denselben Ergebnissen.

des Mutterlandes wird hierin wie auch in andern Fällen
als unbedingt berechtigt betrachtet werden müssen. Denken
wir nur daran, dass wir auch von dem ausgebildeten Priester- und Opferwesen der Phönikier ohne zwei merkwürdige
Monumente des phönikischen Alterthums keine Kenntniss
hätten: die Opfertafel von Marseille und die von Karthago. Ueber eins der wichtigsten Momente des phönikischen Religionslebens muss man demnach Aufschlüsse bei
den Colonien holen, und sicher gilt dies auch für sociale und
politische Fragen. In unserm Falle ist dies um so mehr
gestattet, als wir den Amtsnamen shôfêṭ in griechischer
Uebersetzung von Tyrus und Sidon finden. Es ist allerdings nicht daran zu denken, das die Shôfeṭîm der Hebräer den Suffeten der Phönikier ganz und gar an die
Seite gestellt werden können. Während bei diesen das
Suffetamt eine ständige Würde und feste Institution ist,
sind die Shôfeṭîm der Hebräer nicht so sehr Beamte als
eine Art von *duces ex virtute*, „die kommen und vergehen,
ohne dass sich in den gesetzlichen Grundfesten des Reichs
etwas änderte“, wie sie Ewald bezeichnet.[1] Doch wenn wir
auch zugeben müssen, dass die hebräischen Shôfeṭîm nicht
Vertreter einer so festen Institution sind wie die gleichnamigen Würdenträger der Phönikier, sondern blos Guerillahäuptlinge zu Zeiten kriegerischer Noth waren, so lässt
sich der phönikische Einfluss dennoch nicht verkennen, wenn
wir sehen, dass diese Häuptlinge zu einer Zeit, wo die
nomadische Stämmeeintheilung locker zu werden beginnt und
dem Städteleben Platz macht, mit einem Namen benannt
werden, den wenn auch anders geartete phönikische Würdenträger als Amtsnamen besitzen. Man sieht daraus,
dass die Hebräer ihre provisorischen Oberhäupter sich als
Aequivalente dieser phönikischen Staatsbeamten dachten,
sie appercipirten sie, sozusagen, mit einer von Phönikien
her eingedrungenen Vorstellung. Andererseits beruht diese
Anschauung von dem Wirkungskreise der Shôfeṭîm auf der

---

[1] Geschichte des Volks Israel II, 509.

Schilderung der Wirksamkeit dieser Männer im „Buche der Richter". Nun darf aber nicht vergessen werden, dass ein grosser Theil der Richternamen mythische Namen sind (wie Shimshôn, Jiftàch, Gide'ôn), mit welchen eine Periode ausgefüllt wurde, welche für das spätere Bewusstsein ganz in Dunkel gehüllt, und deren historischer Inhalt eben nur die Thatsache des fortwährenden Kampfes gegen die Philistäer ist. Dieser geschichtliche Rahmen wird, wie wir gleich sehen werden, durch Mythen ausgefüllt, welche in nationalem Sinne umgedeutet, eine Reihe von Nationalhelden ergaben, die dann als Shôfeṭîm eingeführt wurden. Die Harmonisirung der Nationalsagen erlangte aber nicht das Maass von Continuität, um die Unterlage für ein festes historisches Bild zu werden. Wir thun daher gut, uns mehr durch den Namen Shôfeṭîm selbst, als durch die Natur der mit diesem Namen verknüpften, nationalisirten Mythen bestimmen zu lassen, wenn wir uns ein Urtheil über die Dignität der sogenannten Richter bilden. In neuester Zeit hat wieder Grätz [1] die Existenz der Shôfeṭîm-Institution bei den Hebräern in Zweifel ziehen wollen und namentlich jeden Zusammenhang der Shôfeṭîm mit den punischen Suffetes bekämpft, und hierfür steht ihm die Anschauung der competentesten Fachgelehrten zur Seite. Aber abgesehen von der Anschauung, die er sich von den Shôfeṭîm als Vertretern einer Institution bildet, stellt er noch eine sprachliche Vermuthung auf, die mannichfache Bedenken erregen kann. Denn es gehört eine gewaltige etymologische Phantasie dazu, um dem hebräischen Worte shàfaṭ die Bedeutung judicare abzusprechen. Die Stellen, die Grätz zur Rechtfertigung und Unterstützung seiner lexikalischen Vermuthung anführt, werden nüchternen Bibelforschern und Sprachkennern kaum imponiren. Man vergleiche nur, um andere Stellen gar nicht zu erwähnen, die Worte Jesaias I, 17. 23 mit den Schriftstellen, in welchen, wie Grätz sagt, von dem Beispringen zur Hilfe von „Be-

---

[1] Geschichte der Juden (Leipzig 1874), I, 407 fg.

drückten, Beschädigten, Witwen und Waisen" die Rede
sein soll. Das Wort rîbh ist nicht geeignet diese Vermuthung zu unterstützen. Dass aber die Shôfetîm obwol — was keiner leugnen wird — nicht erbliche und
auch nicht bezahlte Staatsbeamte, doch gewiss Staats-
oberhäupter waren, eingesetzt durch die Stimme des Volks,
das beweist eben der Umstand, dass der shôfêt vom
Gesichtspunkte des melekh angesehen und nur als eine
specifische Sonderheit derselben Gattung betrachtet wird,
so z. B. Richter IX, wo die Einsetzung des shôfêt mit
hamlikh bezeichnet ist, oder Richter XVII, 6. XVIII,
1. 21. 25, wo das Interregnum zwischen einem shôfêt und
dem andern als eine Zeit bezeichnet ist, „in welcher kein
melekh (König) über Israel herrschte und jeder thun konnte,
was in seinen Augen recht." Dass aber dieses Shôfêtamt
eine durch phönikische Sitte angeregte Institution ist, dazu
gibt auch die Betrachtung des betreffenden Wortes selbst
Anleitung. Dieser Ausdruck wird in der erwähnten Bedeutung ausser in den beiden kena'anäischen Sprachen (das
Samaritanische [1], wo wir shâfat ebenfalls finden, können wir
wol nicht besonders in Betracht ziehen) sonst in keiner semitischen Sprache gebraucht. [2] Die Hebräer haben aber, wie dies
so oft vorkommt, den terminus shôfêt mitsammt der entsprechenden Institution den gebildeten Nachbarn entlehnt;
denn es lässt sich nicht voraussetzen, dass der Ausdruck
für einen so fortgeschrittenen Culturbegriff wie Richter
seiner Entstehung nach in die Urzeit ethnographischer
Gemeinsamkeit zwischen Hebräern und Kena'anäern zu-
rückreiche. Und später, als die Hebräer die Institution

---

[1] Problematisch ist auch das Shefat-'Adad im Nabatäischen bei
Ernst Meier, Zeitschr. D. M. G. (1873), XVII, 609.

[2] Vgl. jetzt Stades gründliche Auseinandersetzung in den Morgenländischen Forschungen, S. 197. Wir können jedoch nicht die Ansicht
unsers verehrten Freundes theilen, welche er a. a. O. ausspricht, dass
nämlich die Hebräer von den Phönikiern nichts entlehnen konnten, weil
beide Völker eine gänzlich verschiedene religiöse und politische Entwickelung durchgemacht haben.

des Königthums, wie sie bei vielen Nachbarvölkern sich vorfand, zu würdigen begannen[1], da wünschten auch sie von Königen regiert zu werden und der theokratische Geschichtschreiber selbst führte diese Neuerung als Entlehnung vor: „Gib uns“, so lässt er das Volk zu dem Propheten Samuel sagen, „einen König, dass er über uns richte, so wie alle Völker (einen König haben), dass wir auch seien wie alle Völker, und unser König über uns richte und vor uns einherziehe und unsere Kämpfe führe“ (I. Sam. VIII, 5. 20). Ja selbst was die politische Verdrängung der kena'anäischen Völker betrifft, so ist in dieser Beziehung bereits seit langer Zeit die Erkenntniss durchgedrungen, dass sie durchaus keine so gründliche war, wie regelmässig vorausgesetzt wird, dass vielmehr das kena'anäische Element inmitten der hebräischen Herrschaft mächtig genug war[2], um den von aussen kommenden religiösen und Bildungseinflüssen von innen heraus genügende Nahrung zu geben. „Sie haben nicht vernichtet“, so ruft ein späterer Lehrdichter aus, „die Völker, deren Vernichtung ihnen Elôhîm anbefohlen; sie vermengten sich unter die Völker und lernten ihre Handlungen (Psalm CVI, 34. 35).“ In diese Zeit nun fällt die Einbürgerung von theologischen Termini und mit diesen von theologischen Anschauungen, für deren selbstständige Herausbildung die Hebräer nicht die historischen Voraussetzungen und die Continuität religionsgeschichtlicher Stadien durchgemacht hatten, die aber bei den Kena'anäern Ergebniss einer consequenten religionsgeschichtlichen Entwickelung waren. Zu jener Zeit, als das Nomadenvolk der Hebräer in Kena'an einzog, entwickelte es erst, sozusagen, die ersten Grundzüge einer Religion aus dem alten Mythos heraus; von einem Religionssystem kann für jene Zeit auf keine Weise die Rede sein. Dafür hatte sich aber bei den Völkern Kena'ans bereits systematische Religion

---

[1] Duncker, Geschichte des Alterthums, I, 371.

[2] Die hierher gehörigen Daten sind lichtvoll zusammengestellt bei Kuenen, De Godsdienst van Israel, I, 181.

herausgebildet. Die Anpassung an diese war den Hebräern,
abgesehen von der überwiegenden geistigen Macht der einheimischen Bevölkerung, um so näher gelegt, als ihnen die
Sprache, welche ihnen mit den Kena'anäern gemeinsam war,
vieles nahe brachte, was die religiöse Terminologie der
kena'anäischen Religionen ausmachte. Seitdem die Hebräer
zu den Anfängen religiöser Anschauungen durch eigene
Entwickelung gelangten, nannten sie jede Macht, die sie
göttlich dachten, êl und shaddaj, den Mächtigen, Kräftigen, und weil sie diese Mächte, welche sie zugleich 'elôhîm
nannten, d. h. solche, denen man dient, die man fürchtet,
am dunkeln Himmel sahen, darum war ihnen Êl, auch
'eljôn der Höchste (ein Synonymon von Abh-râm). Für
die Hebräer waren diese Namen noch nicht ausschliesslich
theologische Namen, *termini technici* der Religion. Diese
war noch nicht so sehr erstarrt und fest geworden, dass jene
Namen ihren appellativischen Charakter eingebüsst hätten
und bei Elôhîm und 'Eljôn dauerte der Appellativcharakter
noch bis in die späteste Zeit fort. Dieses alte semitische
Sprachgut hatte aber bereits bei den Kena'anäern zu jener
Zeit den Schritt zum terminologischen Werthe hin gemacht;
die Ausdrücke wurden schon genug lange Zeit in theologischer Beziehung angewendet, um zu religiösen Kunst-
wörtern werden zu können. Ja, viele Synonyme jener oben
erwähnten Ausdrücke finden sich bei den Phönikiern als
religiöse termini und bei den Hebräern, wo sie in der
Sprache gleichfalls heimisch sind, behalten sie ihre appellative Natur vollends bei, z. B. Ba'al, Herr, Kabbîr, Grosser, Mächtiger.

Diese Sprachgemeinschaft beförderte lebhaft das Eindringen kena'anäischer Religion bei den Hebräern. Die
Hebräer verbanden mit jenen Namen ganz andere Anschauungen, sie konnten bei ihnen noch nicht religiös spe-
cialisirt und beschränkt sein; aber das Verständniss, das
sie, um mich so auszudrücken, für den lexikalischen Werth
jener Benennungen mitbrachten, beförderte die Aneignung
des Cultuellen, was die Kena'anäer daran knüpften. So

geschah es, dass bei den Hebräern in Kenaʿan neben Êl, Elôhîm, ʿEljôn, Shaddaj auch an Baʿal sich religiöser Cultus knüpfte, wovon die biblischen Urkunden vielfach berichten (und es ist vorauszusetzen, dass Baʿal nicht die einzige phönikische Entlehnung blieb) und dass auch diejenigen Namen, welche schon von früher her die Anfänge religiöser Bedeutung annahmen, durch ihre Gemeinsamkeit mit dem Kenaʿanäischen, in begrifflicher sowie in praktischer Beziehung mit kenaʿanäischem Inhalt erfüllt wurden. Es ist also der thatsächlichen Sachlage gerade entgegengesetzt, wenn man den Elôhîm-Gedanken specifisch hebräisch nennt, gegenüber dem Jahveismus, welcher kenaʿanäisch sein soll, wie einige holländische Theologen wollen. Auch daran ist nicht zu denken, dass jene Namen selbst den Hebräern bis dahin unbekannt gewesen seien, wie. J. G. Müller im Anschlusse an seine ethnologische Hypothese folgert. [1] Die Namen als Bestandtheile des Sprachgutes sind dem Kenaʿanäischen ebenso eigenthümlich wie dem Hebräischen; nur ihre theologische Anwendung und der Cultus, mit dem diese Namen in Verbindung gebracht wurden, ist als kenaʿanäisch zu betrachten. Diese Anwendung ist es aber besonders, welche in culturhistorischer Beziehung in Betracht zu kommen hat.

So sehen wir denn, wie das hebräische Volk in Kenaʿan in politischer Beziehung, ebenso wie in religiöser, von den besiegten und benachbarten Ureinwohnern entlehnte. Die auf der nomadischen Stufe aus dem nomadischen Mythos herausentwickelten Religionsanschauungen verloren sich, und nur einige Reste der alten nomadischen Religion erhielten sich als thatsächliche Residuen oder als Erinnerungen bis in eine späte Zeit. Das geistig arme Volk war dem mächtigen Einflusse der ausgebildeten Cultur Kenaʿans überliefert und diesem gegenüber vollends zur Receptivität verurtheilt. Es konnte demnach nicht dazu gelangen, dass es seine Mythen auf der ackerbauenden Stufe fortentwickele

---

[1] Semiten, Chamiten und Japhetiten, S. 160 fg.

und zu Elementen einer Religion verarbeite, und daher kommt
jene merkwürdige Erscheinung, dass wir von diesem Punkte
an den Mythos der Hebräer nicht mehr in der Weise sich
entwickeln sehen, in welcher sich die Mythen der arischen
Völker entwickelten. Nur ein kleiner Cyklus von Sonnen-
und Culturmythen bildete sich in dieser Zeit; das consequente Fortschreiten des Mythischen zum Religiösen aber
ward gehemmt durch den religiösen Einfluss, der sich mit
ganzer Macht von aussen her aufdrängte. Der vollständigste
und abgerundetste Sonnenmythos, den uns die Quellen erhalten, ist der Shimshôn-Mythos, ein Kreis von mythischen
Vorstellungen, der sich dem griechischen Herakles-Mythos
kühn an die Seite stellen kann. Nie aber kam Shimshôn
dazu, in den Kreis des Göttlichen einzutreten. Es ist blos
übelwollende Verdrehung von seiten derer, welche sich einer
mythoswissenschaftlichen Untersuchung auf dem Gebiete
des Semitischen entgegenstellen, wenn sie sagen, die Mythosforschung habe Simson zum *deus solaris* umgestempelt. [1]
Während die Hebräer so von den Kena'anäern etwas
ihnen ganz Neues aufnahmen, wodurch die consequente
Weiterentwickelung ihres Eigenen gehemmt wurde, ist es
natürlich, dass ein beträchtlicher Theil ihres eigenen Sagenschatzes verkümmern musste; denn was sich nicht entwickelt,
das verfällt dem langsamen Siechthume, bis dass es der Ver-
gänglichkeit zur Beute wird und aus dem Bewusstsein ganz
verschwindet. Da war der erste Keim gelegt zu jener Mangelhaftigkeit und fragmentarischen Art, welche uns bei der
Reconstruction des alten hebräischen Mythos entgegentritt,
wenn wir ihn mit der Fülle und Mannichfaltigkeit des arischen Mythos bei jenen Völkern dieses Stammes vergleichen,
welche consequent und ohne äussere Hemmung und ent-
scheidende fremde Beeinflussung ihren Culturweg durch alle
Stufen hindurchgemacht haben.

---

[1] Ebenso übertrieben ist aber von der andern Seite Tiele's Ansicht
(Vergelijk. Gesch., p. 182), welcher die Simson-Sage als Entlehnung von
den Kena'anäern betrachtet. Vgl. auch Duncker a. a. O., II, 65.

Der Mythos wird entweder zur Religion oder zur Geschichte, die Gestalten des Mythos werden entweder zu Göttern und göttlichen Helden oder zu Urahnen des Volks, das die Reste des Mythos aufbewahrt. Was vom Mythos nicht Religion werden kann oder nicht geworden ist, oder was aufgehört hat Religion zu sein, ohne aufzuhören im Bewusstsein des Volks fortzuexistiren, das wird zur Geschichte; denn alles was im Bewusstsein des Menschen als lebendiger Bestandtheil desselben übrigbleibt, muss seine bestimmte Prägung haben; da gibt es kein bedeutungsloses Vegetiren. Nichts ist ohne ausgeprägte Form, und ist eine ältere bedeutungslos geworden, so wird eine neue geschaffen, und diese neuen Umprägungen sind es, welche die Elemente des alten Mythos im Bewusstsein des Menschen weit über die mythische Zeit hinaus lebendig erhalten. Dass aber bei den Hebräern diese neue Triebkraft in der Umbildung und Umprägung der im Bewusstsein gebliebenen Elemente des Mythos noch mächtiger und entscheidender wirkte als anderwärts, dass hier fast aller Mythos historisch geworden [1], dazu wirkte noch ein bedeutender culturgeschichtlicher Factor mit, der auch die Richtung bezeichnete, in welcher sich dieser Mythos zur Geschichte umbilden sollte. Wir wollen hier auch diesen culturgeschichtlichen Factor in Betracht ziehen.

3.

So sehr auch das hebräische Volk in geistiger Beziehung von den Ureinwohnern Kena'ans abhängig war, so sehr es sich auch in Sachen der Cultur und der Religion jenen gegenüber receptiv zu verhalten hatte: so war es dennoch

---

[1] Auch diese Thatsache widerlegt die eben den entgegengesetzten Entwickelungsgang voraussetzende Annahme Buckle's, wonach die Geschichte das Frühere ist, welches dann zu „einer Mythologie voller Wunder erniedrigt wird." Diese Annahme ist übrigens ihrem wahren Werthe nach beurtheilt worden von Hermann Cohen in seiner Abhandlung: Die dichterische Phantasie und der Mechanismus des Bewusstseins (Zeitschr. für Völkerpsychologie und Sprachwissenschaft [1869], VI, 186 – 193).

unumgänglich, dass sich zwischen beiden Seiten ein gewaltiger Antagonismus entfalte. Das hebräische Volk keilte sich in das kena'anäische Völkersystem gleichsam als ungerufener Gast hinein, und so wie es sich seine politische Stellung in diesem System nur durch Eroberung und Verdrängung erringen konnte, so konnte es dieselbe auch nur durch fortwährende Vertheidigungskriege erhalten, beschützen und befestigen. Wir finden Philistäer, Moabiter und Edomiter fortwährend als die Todfeinde des staatlichen Bestandes der Hebräer, und die Geschichte des kena'anäischen Israel ist unaufhörlich mit kleinen und grossen Kämpfen ausgefüllt, welche das kaum sich niederlassende Hebräervolk gegen die verdrängte Urbevölkerung einerseits und gegen die bedrohte Nachbarbevölkerung andererseits zu führen genöthigt war. Und weil im hebräischen Volke immer noch jener nomadische Charakterzug vorhanden war, das Andenken seiner nationalen Besonderheit getreu zu bewahren, so konnte der Inhalt seines neuen geistigen Lebens, den es von den Fremden entlehnte, diesen Zug seines Charakters nicht ganz verdunkeln, da ihn die fortwährenden Kriege, die das Volk gegen jene zu führen hatte, nur immer anfachten und bestärkten; vielmehr nährte jener Stämme- und Rassengeist, jene abstossende und exclusive Tendenz, welche die kena'anäischen Völker charakterisirt [1], auch in den Hebräern die Bestrebung, auch ihrerseits auf die Geltendmachung und Entwickelung ihrer individuellen Besonderheit Gewicht zu legen. Diese Exclusivität, dieses in der Seele des Volks lebende Bewusstsein der individuellen Besonderheit, konnte jetzt nicht in der Religion zum Ausdruck gelangen. Wenn selbst die moderne Bibelkritik, die Erbschaft einer ursprünglich aus confessioneller Animosität zur Geltung gekommenen Auffassung antretend, noch immer den „Nationalgott der Hebräer" urgirt, so ist dies, wenigstens in Bezug auf jene Zeit, von welcher wir jetzt handeln, und besonders in

---

[1] Mommsen l. c. I, 492.

Betreff des Elôhîm, entschieden ein Irrthum. Das Bewusstsein von der nationalen Besonderheit konnte auf dieser Stufe der Religion bei den Hebräern nicht auf dem Gebiete der Religion zum Ausdruck gelangen. Aber es musste Ausdruck gewinnen und konnte dies nicht anderswo, als auf einem Gebiete, wo sich noch die alleroriginellste Ausprägung des eigenen Geistes zeigte: in den Mythen, soweit sie durch den fremden Einfluss noch nicht hinweggefegt waren.

Das Erwachen des nationalen Bewusstseins spielt eine sehr hervorragende Rolle in der Entwickelungsgeschichte des Mythos. Mit dem Augenblicke, wo in alter Zeit sich die Seele einer grossen Völkergemeinschaft mit diesem Gedanken zu erfüllen beginnt, greift er in das ganze Material der Mythologie umgestaltend ein, und auch dies ist ein Zeugniss dafür, mit welcher Macht dieses edle Bewusstsein das ganze geistige Wesen des Menschen umwandelt, sodass es allem, was die Seele des Menschen erfüllt, eine bestimmte, mit diesem Bewusstsein zusammenhängende und unter seinem Einfluss stehende Richtung gibt. Ebenso wie in modernern Zeiten das Auflodern nationalen Selbstbewusstseins, befördert durch das Erwachen des geistigen Gegensatzes gegen Fremdes, das bisher die nationale Individualität verdrängte, in dem besten Theil der Literatur und der geistigen Arbeit für den Gedanken dieses erwachten nationalen Gegensatzes Documente schaffen lässt: so hat dieses Gegensatzbewusstsein in alter, noch nicht literarischer Zeit, sein Gepräge vor allem dem Mythos aufgedrückt und sich denselben dienstbar gemacht. Und wenn wir das Verhältniss des Mythos zur Nationalitätsidee studiren, so sehen wir auf vielen Gebieten, wie eng und unzertrennlich beide miteinander verknüpft sind, und wie nicht nur diese Idee auf den Mythos umgestaltend einwirkt, sondern auch wie sehr das Erwachen jenes Bewusstseins eines Mythos als Stütze bedarf, welcher, in die ältesten Zeiten hinaufreichend, demselben gleichsam einen historischen Rechtstitel verleiht und der intensiven Leidenschaft, mit welcher es auftritt, ein rechtfertigendes Motiv, eine breite Basis gibt. Daher kommt es, dass Völker, bei denen sich kein grosser Cyklus origineller Mythen erhalten hat, an den sich das erwachte nationale Bewusstsein anlehnen könnte, gleichsam instinctiv solche Sagen schaffen und zwar in relativ moderner Zeit, in welcher ein nach allen Seiten hin krystallisirtes Religionssystem, vereint mit der gleichzeitigen Stufe der geistigen Entwickelung, dem Erwachen der mythischen Thätigkeit nicht mehr Raum geben würden. Zwei nennenswerthe Beispiele gibt es hierfür, das eine aus dem Mittelalter (12. bis 13. Jahrhundert), das andere aus diesem unsern Jahrhundert. Als in den waleser Kymern jener nationale Gegensatz lebendig wurde, welcher zwischen ihnen und den Engländern besteht, da fühlten sie das Bedürfniss die Berechtigung dieses Gegensatzes aus der ältesten Urzeit herzuleiten. Damals war es, dass es den Kymern zu allererst gesagt wurde, dass sie Nachkommen der alten, berühmten keltischen Nation sind, und zur Belebung dieses keltischnationalen Stolzes führten sie eine neue Druideninstitution ein, eine Art geheimer Freimaurergesellschaft. Diese neuen Druiden lehrten, ebenso wie die ältern, eine Art Nationalreligion, welche sie aber, da das Volk sich schon längst zur christlichen Religion bekehrt hatte und nicht mehr selbstständige Nationaltraditionen pflegte, gröstentheils selbst erfinden mussten. So entstand die sogenannte keltische Mythologie von dem Gotte Hu und der Göttin Ceridolu u. s. w., lauter poetische Fictionen, welche nie im Nationalglauben lebten.[1] Das andere Beispiel hierfür bietet die ungarische Nationalliteratur in jener Zeit, als Andreas Horváth und Michael Vörösmarty zur Erweckung des „alten Ruhms", an die Stelle des nur fragmentarisch vorhandenen altungarischen Mythencyklus, neuen Mythos, mythische Gestalten und ein Nationalepos schufen, um durch diese neue Mythenschöpfung das nationale Gefühl und das nationale Bewusstsein in ihrem Volke zu beleben. Und

---

[1] Holtzmann, Deutsche Mythologie, S. 28.

einige dieser neuen Schöpfungen haben sich im Laufe weniger Jahrzehnte so kräftig in das nationale Denken hineingelebt, dass man sie wie etwas Uraltes und Originelles handhabt, so z. B. die Gestalt des Schlachtengottes Hadúr u. a. m. [1]

Viel organischer und natürlicher ist die Wirkung des nationalen Bewusstseins und Gegensatzes auf die Gestaltung des Mythos dort, wo es ein reiches Mythosmaterial vorfindet, auf das es umgestaltend einwirken kann. Die Gestalten der Mythologie und das, was von denselben erzählt wird, der ganze Inhalt der Mythen, wird von den nationalen Regungen appercipirt und erhält von daher seine Deutung. Man kann dies ganz deutlich an dem altpersischen Mythos erfahren, von dem wir schon oben (Seite 18) kurz angedeutet haben, dass alles, was er von den Kämpfen und von dem gegenseitigen Verhältniss der Sonne zur Nacht erzählt, auf der Stufe des nationalen Bewusstwerdens zu Kämpfen Iran's gegen Turan wird; die Helden der Mythologie werden zu nationalen Heroen, die siegreiche Sonne wird zum siegenden Helfer und Retter der Nation, und die ränkereiche tückische Finsterniss wird zum listigen Helden des feindlichen Volks. Es ist diese nationale Deutung des Mythos nur eine andere Seite jenes Processes, welcher die Individualisirung der mythischen Gestalten zur Folge hatte und Persönlichkeiten von theologischer Bedeutung schuf. Wir haben bereits hervorgehoben, dass ein anderer Theil der zu Individuen gewordenen mythischen Gestalten geschichtliche Bedeutung gewinnt; und zwar geschieht dies entweder so, dass der zu Geschichte gewordene Mythos durch das Stadium der Religion hindurchgeht, ehe er zu Geschichte wird, oder aber die geschichtliche Umwandlung vollzieht sich in unmittelbarem Anschlusse an die alte mythologische Stufe, oder endlich die mythologischen Ge-

---

[1] Paul Gyulai's Leben des Vörösmarty (Vörösmarty élete [Pest 1866]), S. 49 fg.

stalten nehmen eine Bedeutung an, die zugleich sowol religiöser als auch geschichtlicher Natur ist, wie die griechischen Helden. Auch auf die Entwickelung des hebräischen Mythos war das Erwachen des nationalen Geistes von grossem Einflusse. Das Bewusstsein der Individualität gab dem ganzen Ideenmateriale des hebräischen Volks, so auch dem Mythos, eine neue Richtung. Statt dass, wie bei den Hellenen und Indern, die Hauptgestalten des Mythos, abgesehen von der hie und da platzgreifenden Localisirung, einen kosmopolitischen Charakter bewahrt haben — denn Zeus, Indra u. a. m. haben gar keinen specifisch nationalen Charakter —, werden die Gestalten des hebräischen Mythos in dieser Periode zu den nationalen Ahnen des hebräischen Volks, der Mythos selbst zur nationalen Vorgeschichte des hebräischen Volks vor der Niederlassung im Lande Kenaʿan. Abhrâm, der hohe Vater, wird zum Abhrâhâm, dem âbh hamôn gôjîm, dem Vater einer Volksmasse, und gleichzeitig zum Hebräer: hâ-ʿibhrî (Gen. XVII, 4. 5; XIV, 13), und alle übrigen Gestalten des Mythos treten in den Dienst des nationalen Gedankens. Einerseits wollen sie den Ursprung, die edle Abkunft und die ruhmreiche Vergangenheit des Volks documentiren, andererseits nähren sie den Gegensatz gegen andere Nationalitäten, auf welche sie Schande werfen. Das Volk der Edômiter erhält den ʿÊsâv als Urahn, und die Reminiscenz nomadischer Weltanschauung, welche ihre Sympathie dem Jakob zuwendet, dem verfolgten Bruder, und sich mit Antipathie gegen den rothen Sonnenjäger kehrt, belebt sich wieder im Dienste der nationalen Sagenbildung, welche den ʿÊsâv in den widrigsten Farben zu malen strebt. Der alte mythologische Incest der Töchter Lôṭ's wird die Entstehungsursache zweier kenaʿanäischer Völkerschaften, der ʿAmmoniter und Môâbiterʾ. Auch die Philistäer werden in den sagenbildenden Process des nationalen Antagonismus hineingezogen. Jener uralte himmlische Vaterkönig (Abhîmelekh), welcher zur Ehefrau des lächelnden Morgenhimmels in heisser Liebe entbrennt und ihre Verführung beabsichtigt,

wird zum Philistäerkönig, und Shekhem, der frühe Morgen, der Verführer Dînâ's, verwandelt sich zum Fürsten der
Chivviten. Namentlich in der Sage von Dînâ, wie sie
uns in der Darstellung des Genesisbuchs vorliegt, haben
wir ein sprechendes Zeugniss für die nationale Animosität,
welcher diese Wendung des Mythos ihr Dasein verdankt,
und diese Seite der Sage hat besonders ein holländischer
Gelehrter, Dr. Oort, sehr ausführlich nachgewiesen. Sie
zeigt uns eine Richtung innerhalb des zum nationalen Selbstbewusstsein erwachten Volks, welche alle Verbindung mit
den Kena'anäern verabscheut und führt als ihre Vertreter
oder Vorbilder die Brüder Shime'ôn und Lêvî, die Eiferer
für die Reinheit der hebräischen Familie, vor. [1] Die nationale Darstellung des Mythos ist also, wie wir sehen, nicht
blos erzählender Natur, sie tritt vielmehr zugleich be-
lehrend, didaktisch, auf. Châm, der unwürdige Sohn,
welcher die Blösse des Sonnenhelden aufdeckt, wird als
Schänder seines Vaters der Urahn aller Kena'anäer und
vom Fluche seines Vaters ereilt. „Und Noach erwachte
von seinem Weine und erfuhr, was ihm sein kleinster
Sohn gethan. Da sprach er: Verflucht ist Kena'an,
Knecht der Knechte sei er seinen Brüdern. Und er sprach:
Gelobt ist Jahve, der Gott Shêm's, und Kena'an sei
ihnen ein Knecht" (Genes. IX, 24—25). Wir sehen,
dass die nationale Leidenschaft sich besonders gegen Kena'an
kehrt, denn es ist nicht Châm selbst, den sie durch den
beleidigten Vater verfluchen lässt, sondern direct Kena'an,
den die ethnographische Genealogie zum Enkel macht.
Man kann hier die Factoren nicht übersehen, welche im
Hintergrunde einer solchen Auffassung verborgen sind. Auch
'Êsâv lässt die nationale Sage seine Weiber aus den Töchtern Kena'ans auswählen, gegen welche Isak, der Patriarch
der Hebräer, und Ribhḳâ, die Stammesmutter, einen Wider-

---

[1] Godgeleerde Bijdragen (1866), p. 983 fg. Ihm schliesst sich
Kuenen an, De Godsd. v. Isr., I, 309.

willen hegen (Genes. XXVII, 46; XXVIII, 1. 6. 8), so sehr, dass die Mutter lieber stürbe, als dass ihr Lieblingssohn Jăꞌḳòbh ebenfalls eine jener Töchter zum Weibe nehme, und der Vater schärft es ihm wiederholt ein, dass er dieses Volk meide. Und bei dieser selben Gelegenheit wird hervorgehoben, dass ꞌÊsàv identisch ist mit Edòm, oder nach einer andern Version der Vater Edòm's ist (Genes. XXXVI, 43).

Der Nationalstolz des zum Bewusstsein des Werthes seiner Individualität erwachten Volks will sich und muss sich an der Erinnerung an nationale Helden kräftigen und in derselben Nahrung und Belebung finden, und dieser Trieb wirkt noch in späterer Zeit, in welcher die historischen Erinnerungen aus älterer Zeit bereits zu verblassen beginnen, nach. Auch Helden findet das Volk in einigen Gestalten des Mythos und sie werden zu hebräischen Nationalheroen, ihr himmlischer Kampf aber wird ein nationaler Heldenkampf gegen die Philistäer und in die Zeit der Shôfeṭîm verlegt, an welche sich das Andenken der härtesten Kämpfe und der erbittertsten Kriege gegen die Philistäer knüpfte; in dem geblendeten Shimshòn, der untergehenden, ihres Lockenschmucks und Augenlichts beraubten Sonne, wird ein Opfer der perfiden List der Kenaꞌanäer vorgeführt. Die Ziege, Jàꞌêl, und der Blitz, Bârâḳ, der Zerschmetterer Gideꞌòn, lauter mythische Ausdrücke (als solche von Steinthal ins Klare gebracht), werden gegen die Philistäer ins Treffen gesandt, und die anziehende Rolle des schönen, röthlichen, helläugigen Jünglings, welcher das Ungeheuer der Finsterniss mit Steinwürfen erlegt, wird ein biographischer Zug des historischen Heldenkönigs Dàvîd, welcher den philistäischen Riesen Goljâth im Zweikampfe erlegt und das hebräische Volk von seinem bösen Feinde befreit. [1] Wir sehen aus diesem letztern Momente, wie nicht nur mythische Gestalten zu historischen werden, sondern dass eben auch noch im Dienste der nationalen Idee

---

[1] Gleich dem ungarischen Nationalhelden Nikolaus Toldi, welcher den czechischen Helden im Zweikampfe besiegt.

historische Gestalten biographische Züge erhalten, welche den mythischen Helden angehören. Nicht nur die mythischen Gestalten werden zu geschichtlichen, indem man sie theilnehmen lässt an historischen Vorgängen: auch mythische Vorgänge werden in die historische Zeit verlegt, indem man dieselben an historische Personen ansetzt.

Das ganze Sagenmaterial kleidet sich in eine nationale Hülle. Die Hebräer behielten in Kena'an die nomadische Stämmeeintheilung bei. Jeder Stamm erhält seinen Ahn, und jeder dieser Ahnen wird ein Sohn des Jakob, der nun mit Israel identificirt wird. Die zwölf Sterne des nächtlichen Himmels lassen sich nieder auf Kena'ans neues Volk und nehmen die Rolle von Urahnen auf sich. Die Geschichte eines jeden dieser Stammväter wird zur historischen Erinnerung des Stammes. Die nationale Leidenschaft, das stark wiedererwachte Bewusstsein der Individualität belebt den glimmenden Kohlenfunken der Sagenbildung zu heller Flamme und bestimmt ihre Richtung, ihre Tendenz. Daher kommt — und die Geschichte dieser Epoche motivirt die vorwiegend nationale Entwickelung des hebräischen Sagenmaterials — daher kommt es, dass die individualisirten Gestalten des hebräischen Mythos uns als nationale Ahnen und Stammväter erscheinen, theils als die des hebräischen Volks mit negativem und gegen alles Fremde exclusivem Geiste, theils als Stammväter der feindlichen Völkerschaften, den hebräischen Ahn bekämpfend und befehdend. Ihre eigenen Schicksale, ihr eigenes Verhältniss zu den Völkern Kena'ans sehen sie in einer grauen Urzeit sich an den Urvätern abspielen. Derselbe psychologische Process, der in späterer Zeit die agadische Hermeneutik den Grundsatz aussprechen liess: ma'asê âbhôth sêmàn lebhânîm, „die Thaten der Urväter sind Typen für die der Nachkommen“[1], war in gerade umgekehrter Weise die schaffende Ursache der Sagenkreise von den Vätern und ihren Schicksalen.

---

[1] Vgl. Genes. rabbâ, sect. 48.

In solcher Weise hat das hebräische Volk seinem Indi-
vidualitätsbewusstsein, das es in seiner geistigen Abhängigkeit von den Nachbarn leicht hätte ganz und gar einbüssen
können, durch eine neue Deutung seines alten Mythos Ausdruck verschafft. Als es durch Entlehnungen auf dem Gebiete der Religion und der Gesittung ganz kena'anäisch
wurde, da durchzuckte nochmals ein gewaltiger Funke sein
ganzes Gemüth, da erweckte das durch harte Kämpfe be-
stärkte Selbstgefühl einen neuen Geist in ihm; und was
es nicht in die Religion, die es nicht selbstständig entwickeln
konnte, hineinlegte, das schuf es in eine herrliche Sagen-
poesie hinein. Diese wurde der Ausdruck sowol für das
nationale Bewusstsein einerseits, als auch für die nationale
Leidenschaftlichkeit andererseits, und es ist anzunehmen,
dass die Gestaltung der Sage mit dem Fortschritt der Feind-
seligkeiten an Schärfe zunahm. Wir haben bereits oben
die Entwickelung der persischen Nationalsage als Beleg dafür herangezogen, wie sich aus dem Mythos Nationalsage
bildet. Wir wollen zum Schlusse dieses Kapitels noch einmal auf dasselbe Sagengebiet hinweisen, um ein Beispiel
dafür zu bieten, wie die nationale Leidenschaftlichkeit noch
bis in die späteste Zeit hinein, in welcher neue Sagen kaum
noch gebildet werden können, auf das alte Material umgestaltend einwirkt. Bei Firdòsî finden wir nicht nur die
aus dem Mythos herausgebildeten Nationalsagen von den
Kämpfen gegen Tûràn; sondern auch noch der eben erwachte Antagonismus der Perser gegen das zur Ueber-
gewalt gelangte und das Iranierthum verdrängende Araber-
thum findet in der Gestaltung der Sagen bei Firdòsî seinen
Ausdruck. Wenn wir die Schilderung des Betragens der
arabischen Sendboten am Hofe des Ferîdûn lesen, so
merken wir, wie die Sage hier ein araberfeindliches Moment
in sich aufgenommen und zur Kritik der Schattenseiten des
arabischen Nationalcharakters wurde; und die Leiden des
Iredsch, des Urvaters der Iranier, soll ein Typus sein
für die Unterdrückung und die Schicksale des iranischen
Stammes. Selm selbst (der Schem des Schahnahme im

Verhältniss zu Iran und Turan) wird als ein böswilliger, leidenschaftlicher und listiger Mann vorgeführt. [1]

Anmerkung zu S. 306.

[a] Einfluss der nationalen Leidenschaft auf genealogische Angaben. Dieselbe Tendenz, welche in hebräischen Kreisen die Zurückführung der 'Ammôniter und Mô'âbiter auf den blutschänderischen Umgang der Töchter Lôṭ's mit ihrem Vater zu Stande brachte, bewirkte viele Jahrhunderte später in einem ganz andern, jedoch verwandten Kreise genau dasselbe. Es ist den Kennern der Culurgeschichte des Islams nicht unbekannt, dass die Bessern der persischen Nation trotz ihrer Unterwerfung unter das Scepter des Islam, lange und lebhaft genug gegen die Arabisirung, welche sie als der talentvollern und, wie sie glaubten, berufenern persischen Nation ganz unwürdig erachteten, reagirten. Diese Reaction hat auch viele literarische Documente zu Tage gefördert, und namentlich gehört eine ganz merkwürdige, noch nicht gehörig gewürdigte Bewegung dahin, welche von dem Kreise der Shu'ûbîjjâ ausging (vgl. A. von Kremer, Culturgeschichtliche Streifzüge auf dem Gebiete des Islams [Leipzig 1873]). Um aber als den Arabern ebenbürtiges Mitglied in der grossen islamischen Familie zu erscheinen, trugen die Perser Sorge dafür, ihre Vorgeschichte mit der islamischen Religionslegende zu verweben. Dies geschah durch zweierlei Mittel. Erstens bestrebten sie sich, ihren Stammbaum auf einen Sohn Abraham's zurückzuführen und den Arabern mit ihrem Stammvater Ismael ein Gegengewicht entgegenzusetzen. So entstand die Zurückführung der Nicht-Araber auf Isak, mit der immer daneben einhergehenden Tendenz, diese Abstammung als eine edlere als die von Ismael darzustellen (s. Kitâb al-'ikd, Handschr. der kaiserl. Hofbibl. Wien, A. F., Nr. 84, Bd. I, Bl. 188 fg. Die dahin gehörigen Daten habe ich in einer in ungarischer Sprache gearbeiteten Abhandlung über die Nationalitätenfrage im Islam [Buda-Pest 1873] zusammengestellt). Ja auch der Angabe begegnen wir im Kitâb al-'ajn, dass Abraham ausser Isak und Ismael einen Sohn Namens Farrûch gezeugt haben soll, von dem die Nicht-Araber (al-'agam) abstammen (vgl. al-Navavî's Commentar zu Muslim's Traditions-

----

[1] S. Shâhnâmeh (ed. Mohl), S. 124, v. 121—29 und S. 139—40 u. a. m.

sammlung [Kairoer Ausgabe], I, 124). Zweitens wird die genealogische religiöse Geschichte in araberfeindlichem Sinne umgewandelt; so z. B. soll nicht Ismael derjenige sein, den Abraham
opferwillig für Allâh hinschlachten will, sondern der Stammvater
der Nicht-Araber, Isak, im Sinne der hebräischen Tradition (vgl.
al-Damîrî Ḥajât al-ḥajwân, II, 316—17), und die Sage vom
Brunnen Zemzem wird mit Sabûr, dem Perserkönig und andern
Reminiscenzen in Verbindung gebracht (al-Mas'ûdi, Les prairies
d'or, II, 148—49; Ḳazwînî [ed. Wüstenfeld], I, 199; Jâḳût, Mu'gam,
II, 941). In dem Commentaire historique sur le poème d'Ibn
Abdoun par Ibn Badroun (herausgegeben von Prof. Dozy, S. 7
des arabischen Textes) begegnen wir verschiedenen Angaben betreffs der Abstammung der Perser. Der grösste Theil dieser
genealogischen Nachweise führt die Perser auf je verschiedenen
Wegen auf Sâm b. Nûḥ (Shêm, Sohn des Noe) zurück (der eine
leitet sie von Josef, dem Sohne Jakob's, ab). Die ethnologische
Ableitung eines Volks von Sâm involvirt zwar nach Anschauung
der Araber nicht die Ansicht von der Vorzüglichkeit des betreffenden Volks; die räthselhaften Nasnâs der arabischen Fabel, eine
Art misgestalteter Halbmenschen — im Vulgärarabischen werden
auch Affen „nesnâs" genannt —, führt die Genealogie auf semitische Abkunft zurück (al-Maḳrîzî, Geschichte der Kopten [ed.
Wüstenfeld, Göttingen 1847], S. 90). Jedoch Antipathisches
liegt in einer genealogischen Ableitung von Sâm auf keinen Fall.
Obige Angaben haben also keine direct perserfeindliche Tendenz,
wollen jedoch diese Nation nicht geradezu in den Vordergrund
stellen und lassen den Hintergedanken durchleuchten, dass die
arabische eine vorzügliche Nation sei. Ganz anders verhält es
sich mit einer andern an angeführtem Orte vorgebrachten Ableitung. Nach dieser sind die Perser von den Nachkommen Lôṭ's,
und ihre Vorältern wurden von diesem mit seinen beiden Töchtern gezeugt. Ebenso behaupten auch die Samaritaner von
den Drusen, dass diese Nachkommen von Lôṭ's Töchtern seien
(Petermann, Reisen im Orient, 1, 147). Ich glaube, dass dieser
genealogischen Ableitung dieselbe Tendenz zu Grunde liegt, welche
die alten Hebräer 'Ammôn und Mô'âb auf dieselbe Weise abstammen lässt. Vielleicht hat auch die Localtradition, welche
sich beim Dorfe Gejrûd, nördlich von Damaskus, auf dem Wege
nach Palmyra, findet, dass nämlich an dem Orte des dort befindlichen Salzsees (Memlaḥa oder Mellâḥa) ein Stamm vom Volke
Lôṭ's gewohnt haben soll, dessen Stadt durch den Zorn Gottes
vertilgt worden sei (Kremer, Mittelsyrien und Damaskus, S. 194),
ihren Ursprung in einem etwaigen Kampfe der spätern mohammedanischen Bevölkerung gegen eine frühere Einwohnerschaft oder

gegen dort hausende Beduinèn.   Uebrigens muss die Bemerkung gemacht werden, dass in den Berichten mohammedanischer Schriftsteller die Neigung vorherrscht, die mu'tafikâ oder maklûbâ, d. h. das biblische Sodom, nach dem weitern Norden in Syrien zu versetzen, um Hâma und Haleb.   So folgt dies z. B. aus Jâkût III, 59. 124.   In dem erwähnten besondern Falle allerdings scheint die Existenz jenes Salzsees zur Ausbildung der Localsage mitgewirkt zu haben (im talmudischen Sprachgebrauche ist der Begriff des jam ham-melach sehr ins allgemeine erweitert und gleichsam zur rhetorishen Figur geworden, s. die Stellen in den Tôsâphôth zu Pesâchîm fol. 28 a. init. 'Abhôdath); vgl. über den See Jammune im nördlichen Libanon Seetzen's Bericht, angeführt von Ewald, Gesch. des Volkes Israel, I, 450, Anm. 2. Ebenso hat die spätere arabische Localtradition eine Episode der Sodom-Sage auf das andere, transjordanische Ufer des Todten Meeres localisirt.   Es lässt sich nämlich nicht verkennen, dass die Sage von der Verwandlung der Frau Lot in eine Salzsäule der Volkstradition zu Grunde liegt, welche der Reisende Palmer (Desert of Exodus, p. 483) verzeichnet.   Nicht weit vom Todten Meere nämlich, in dem ehemaligen Moabdistricte, ist ein Ort Namens El-Jehûdîjja (die Jüdin), wo von einem grossen, schwarzen Basaltklotz die Sage geht, er wäre ursprünglich eine Frau gewesen, welche in einen Stein verwandelt worden sei, zur Strafe dafür, dass sie die Sicherheit des Todes (the certainty of death — freilich etwas unklar —) geleugnet habe.

ACHTES KAPITEL.

Anfänge des Monotheismus und Differenzirung des Mythos.

1.

Ein neues Gefühl sahen wir erwachen im Busen des hebräischen Volks, erwachen und zur Geltung kommen mit solcher Gewalt und Intensität, dass das Volk nun einen Gedanken besass, welcher die Seele desselben mit selbsterzeugtem Inhalt erfüllen konnte und seinem politischen Leben geistige Bedeutsamkeit und Richtung verlieh.

In der Weltgeschichte sehen wir häufig Nationen auftreten, die sehr wenig nach aussen wirkenden historischen Beruf mitbringen, deren geistige Aufgabe vielmehr ganz subjectiv, oder, wenn wir wollen, negativ ist, insofern ihr ganzes historisches Leben durch die Geltendmachung jener Bestrebung ausgefüllt wird, dass sie nicht dem von aussen her auf sie eindringenden fremden Geiste zur Beute fallen, sondern ihr individuelles Wesen, ihre Eigenart, ihre Nationalität bewahren, nicht nur in ethnologischem, sondern auch in historischem Sinne.

Das hebräische Volk wurde durch das Erwachen des Bewusstseins von seiner nationalen Individualität, von dem Zustande geistiger Passivität bewahrt. Das Bewusstsein der Individualität erwachte in ihm, und als dieses Bewusstsein lebendig wurde, da begann auch im Leben des Volks jener Abschnitt, den eine eigenartige Productivität auf ideellem Gebiete kennzeichnet. Die von aussen her empfangenen Einflüsse konnten, da sie das beste Theil dessen ausmachten, was den Inhalt des Geistes dieser Nation bildete, von dort weder ausgelöscht, noch auch vertilgt werden; aber durch das Nationalitätsbewusstsein war nun die Culturbedingung dafür vorhanden, dass dieses Fremde in individueller, selbstständiger Auffassung verarbeitet werden könne. Es bedurfte zweifellos einer langen Zeit, dass die Culturresultate dieser nationalen Reaction in der Seele des Volks Wurzel schlugen; aber wir werden sehen, wie aus dem Kena'anäismus in langsamem Vorwärtsschreiten ein wahrhafter Hebräismus wird, bis endlich in den auserwählten und erhabensten Geistern des Volks der Gedanke lebendig wurde, welcher die Nationalitätsidee zu vollem Ausdruck brachte und von den letzten Nachwirkungen des Kena'anäismus erlöste.

2.

Die Folgen der nationalen Reaction zeigen sich eben in den ersten Vertretern der David'schen Dynastie in der Geschichte der hebräischen Nation und in dem Streben nach politischer Einheit, welche der alten Zerfahrenheit ein Ende mache und das Volk gegen den Kena'anäismus kräftige. Jene religiöse und politische Centralisation, welche das Programm David's und Salomo's ist, war der erste und kräftigste Ausdruck des erwachten und erfassten nationalen Geistes. Lassen wir nun die politische Constituirung abseits liegen; denn so sehr sie auch in den Rahmen jener allgemeinen Charakteristik hineingehört, welche wir nach unserer Auffassung von dieser Zeitperiode zu liefern haben, so weist uns die Natur dieser unserer Studien doch mehr auf die Beachtung der religionsgeschichtlichen Momente hin. Und diesbezüglich müssen wir einige fast selbstverständliche Bemerkungen über das Verhältniss des Polytheismus zum Monotheismus voraussenden, selbstverständliche zwar, doch darum, weil auf diesem Gebiete selbst die unbefangensten Forscher über Fragen des Alterthums und der alten Culturgeschichte noch immer einer alten traditionellen Auffassung das Wort reden [1], auch noch jetzt angezweifelte und bestrittene. Ebenso unwahr wie die Auffassung ist, dass es in einer gewissen Rasse oder in bestimmten Völkern einen monotheistischen Instinct gebe, — eine Auffassung, welche nicht nur in Bezug auf die Semiten, deren völkerpsychologische Betrachtung den Anstoss zur Aufstellung jener Meinung gegeben, durch die historische Sachlage widerlegt, sondern auch durch Steinthal's und M. Müller's psychologische Kritik des Instinctbegriffs im allgemeinen als unhaltbar dargethan wurde, — ist auch die Anschauung von einem ursprünglichen Monotheismus, der sich dann historisch in Polytheismus aufgelöst habe. Diese in älterer Zeit fast ausschliesslich dominirende religionsgeschichtliche Auffassung, welche noch dazu den Urmonotheismus mit dem der Bibel identificirte, hat in neuerer Zeit der französische Ethnologe Rougemont in seinem Werke „Le peuple primitif" (1855) zu begründen gesucht, indem er sich den Polytheismus vermöge eines Ueberflusses von religiösem Leben und eines Ueberreichthums an poetischer Begeisterung aus dem ursprünglichen Monotheismus durch Vermittelung des Pantheismus entstanden dachte. [2] Es ist bekannt, dass viele theologische Systeme diese These aufrecht erhalten wollen; aber auch Gelehrte, die weniger durch theologische Voraussetzungen beeinflusst sind, unterstützen sie zuweilen auf ihren speciellen Forschungsgebieten und nehmen zu Ableitungsmethoden ihre Zuflucht, welche zum grössten Theile eine veraltete Mystik angeregt hat.

---

[1] Hartung bewegt sich in dem ersten Theil seines „Religion und Mythologie der Griechen", in Bezug auf diese Materie, in fortwährenden Widersprüchen. Bald lässt er den Monotheismus aller Religionsentwickelung vorangehen (S. 3), bald sieht er im Monotheismus überhaupt nichts Religiöses (S. 28), bald aber strebt die Entwickelung der Religion vom Polytheismus zum Monotheismus, nicht umgekehrt (S. 32).

[2] Waitz, Anthropologie der Naturvölker, I, 363 Anm.

So z. B. nimmt der gediegene Franz Lenormant an, dass in Aegypten sich der Polytheismus aus einem ursprünglichen Monotheismus entwickelt habe, dadurch dass „*l'idée de Dieu se confondit avec les manifestations de sa puissance, ses attributs et ses qualités furent personnifiés en une foule d'agents sécondaires distribués dans une ordre hiérarchique, concourant à l'organisation générale du monde et à la conservation des êtres.*" [1] Dies ist die alte Geschichte von dem Auseinandergehen des einheitlichen Gottesbegriffs, den eine angebliche Uroffenbarung gab, in seine Theile und Factoren! Auch ein anderer berühmter Erforscher des assyrisch-babylonischen Alterthums, Julius Oppert, spricht von einer gemeinsamen monotheistischen Grundlage aller menschlichen Religion. [2] Nun liegt es aber in der Natur der Sache und ist in Uebereinstimmung mit den Entwickelungsgesetzen des menschlichen Geistes, welche aus der Erfahrung abstrahirt werden können, dass sich die Sache gerade umgekehrt verhält, dass sich vielmehr die Entwickelungsgeschichte der Religion, freilich modificirt im Sinne unserer gebildetern Auffassung der Religionsentstehung im grossen und ganzen so stellt, wie sie bereits der alte Hume in seiner „Natürlichen Geschichte der Religion" umschrieben: „Es scheint sicher, dass, übereinstimmend mit dem natürlichen Fortschritt des menschlichen Denkens, die unwissende Menge erst einen niedrigen und gewöhnlichen Begriff von höhern Mächten hegen muss, bevor sie ihre Auffassung zu jenem vollkommenen Wesen erhebt, welches Ordnung brachte in die ganze Masse der Natur. Wir können vernünftigerweise uns ebenso wenig vorstellen, dass die Menschen erst in Palästen wohnten, dann erst in Hütten und Baracken, oder dass sie Geometrie studirten, bevor sie Ackerbau erlernten, als wir behaupten können, dass die Gottheit ihnen als reiner Geist, allwissend, allmächtig und allgegenwärtig erschien, bevor sie ihn auffassten als mäch-

---

[1] La magie chez les Chaldéens, p. 72.

[2] Annales de la philosophie chrétienne (Jahrg. 1858), p. 260.

tiges, doch beschränktes Wesen mit menschlichen Leiden-
schaften und Gelüsten, Gliedmaassen und Organen. Der
Verstand erhebst sich stufenweise vom Niedrigern zum
Höhern. *(The mind rises gradually from inferior to
superior.)*" [1] .... Dies wird um so sicherer, wenn wir
in Betracht ziehen, dass die Religion dort beginnt, wo das
Leben der Mythologie endet, aus deren Elementen die
ersten Anfänge der theistischen Religion entstehen. Da
nun aber dieser Elemente immer eine grosse Anzahl ist, so
ist es nicht anders möglich, als dass jede Religion mit einer
Menge von Göttergestalten beginnt, mit dem Polytheismus.
Denn nirgends wird man eine Mythologie aufweisen können, die sich um einen einzigen Namen dreht, sodass dann
aus derselben unmittelbar eine monotheistische Religion
entstehen könnte. Der Polytheismus ist demnach das historische Prius des Monotheismus, und dieser kann sich nirgends anders offenbaren, denn als ein historisches Evolutions-
moment des erstern. Die muntere Göttergesellschaft des
Olympos ist daher älter als die ersten Regungen einer
monotheistischen Tendenz bei den Hellenen, und diejenigen,
welche die historische Reihenfolge umkehren, tragen das
Postulat ihres eigenen Geistes in den religiösen Zustand der

---

[1] Natural history of religion in Hume's Philosophical works IV, 420;
vgl. Buckle's Geschichte der Civilisation in England (Ritter'sche Uebers.),
V, 167; Pfleiderer, Die Religion und ihre Geschichte, II, 17. Vor Hume
war die Ansicht allgemein anerkannt, dass der Polytheismus eine Entartung des Monotheismus sei, welche vor demselben bestanden. Aber
die Darlegung Hume's machte dieser grundfalschen Anschauung kein
Ende. Gar nicht zu erwähnen, dass Creuzer's grosses Werk „Symbolik und Mythologie der alten Völker, besonders der Griechen" auf
dieser falschen Auffassung fusst und dass die Religionsphilosophie Schelling's von derselben ausgeht, so sprechen viele tüchtige Gelehrte des
englischen Volks noch immer und immer von der Entartung des Urmonotheismus zu Polytheismus. Und nicht nur einseitige Theologen
gehen von diesem Axiom aus; auch das mythologische System Glade-
stone's (Homer and Homeric age; — Juventus mundi) ist auf dasselbe
gebaut, trotz aller Fortschritte der Geschichte, Philologie und Mythoswissenschaft.

alten Menschheit hinein und statten den Geist des Urmenschen mit einer Richtung aus, auf welche sie selbst nur nach mühsamen philosophischen Abstractionen gelangen konnten.

Da jedoch aller Inhalt des menschlichen Geistes, ebenso wie der der stofflichen Welt, einer steten Evolution unterworfen ist, einer Weiterbildung zum Vollkommenern, so bringt auch der Polytheismus seine Tendenz zur Weiterbildung mit zur Welt. Ist er ja selbst auch ein Weiterbildungsproduct der Mythologie! Und diese Tendenz arbeitet der Entstehung des Monotheismus vor; denn dieser ist es, zu welchem die polytheistischen Religionsstufen auf ihrem Entwickelungsgange hinstreben. Im Grossen und Kleinen können wir am menschlichen Geiste die Neigung zur Unification des als Vielheit unterschiedenen Gleichartigen kennen lernen: er erreicht in der Begriffsbildung und Abstraction den Höhepunkt seiner Denkthätigkeit. So ist es in der Politik und ebenso in der Auffassung der Natur.

Dieselbe einheitschaffende Geistesthätigkeit ist es auch, welche in der religionsgeschichtlichen Entwickelung im Polytheismus eine Tendenz zum Monotheismus hin wirksam sein lässt. Selbst bei den ethnologischen Rassen, denen Renan, im Gegensatze gegen die semitische Rasse, einen polytheistischen Instinct vindicirt, ist diese Tendenz wirksam, und wo uns innerhalb eines Kreises eine abgerundete und abgeschlossene Kette religionsgeschichtlicher Evolution vorliegt, da sehen wir stets am Anfangspunkte den Polytheismus und als Schlussglied die einheitliche Gottesauffassung, ob nun als pantheistischen Monismus oder als abstracten persönlichen Monotheismus, ob nun mit Hervorhebung der Transcendenz Gottes oder seiner Immanenz, ob nun angeregt durch religiöse Beschaulichkeit und Vertiefung, wie bei den hebräischen Propheten, oder durch philosophische Speculation, wie bei den hellenischen Philosophen. Einen Durchgangspunkt dieser Entwickelung vom Polytheismus zum Monotheismus be-

zeichnet die religiöse Auffassung, welche zwar die Vielheit
der Götter voraussetzt, doch den einen dieser Götter als
den mächtigsten unter allen, als denjenigen, der nicht nur
die Welt, sondern auch die Göttermenge regiert, hervorhebt;
dieser Durchgangspunkt, auf welchen sich auch die Homer'sche
Auffassung vom Zeus als πατὴρ ἀνδρῶν τε θεῶν τε befindet,
hat ebenso viel vom Monotheismus als vom Polytheismus
an sich und ist ein kräftiger Ausdruck der monotheistischen
Neigung, welche die Vielgötterei in sich birgt. Max Müller
hat mit Recht einen Unterschied gemacht zwischen Monotheismus und Henotheismus. Eine eingehende Untersuchung der hellenischen und indischen Literatur, dieser
Hauptrepräsentanten dessen, was Renan polytheistischen
Instinct nennen will, könnte die allmählich entstandenen
Schichten monotheistischer Umgestaltung, die sich an den
arischen Polytheismus angesetzt und ihn nach der monotheistischen Seite hin gefördert haben, eingehender nachweisen, und die classischen Philologen haben es nicht ver-
säumt, diesbezüglich den religiösen Geist zu studiren, der
in den hellenischen Tragikern und Historikern, der Philosophen gar nicht zu gedenken, waltet.

Wir haben oben zwei Arten von Anregungen namhaft
gemacht, durch welche ein monotheistischer Umschwung
der Vielgötterei befördert zu werden pflegt: die religiöse
Vertiefung und Beschauung einerseits und die philosophische Speculation andererseits. Noch ein mächtiger
Umstand ist in dieser Beziehung zu erwähnen: die politische Gestaltung, denn auch diese übt einen nicht geringen Einfluss auf die Richtung des Gottesbegriffs aus.
Hat nämlich der Mensch mit der Gottheit das Attribut der
Macht und Regierung verbunden, und dies ergibt sich
für ihn sehr leicht, so wird er die Anschauung, die er sich
von der Macht der weltlichen Herrscher durch Erfahrung
angeeignet, auf die Götter anwenden und ihre Macht nach
derselben Qualität auffassen, die er an seinen irdischen
Beherrschern alle Tage erfährt; denn mit der Vorstellung
von diesen appercipirt er alles, was für ihn mit Macht und

Herrschaft ausgerüstet ist. Nur dass er von den Unsterblichen alles das ins Unendliche ausdehnt, was er an seinen weltlichen Beherrschern als Endliches erfährt; denn was im Menschen das religiöse Gefühl anregt, ist eben der Drang, „über jedes Gegebene, über alles, was er vorfindet, hinauszugehen, von jedem Beschränkten vorzuschreiten zum Unendlichen, zum Vollkommenen ohne Fehl." Aber dieses Hinausschreiten über das Vorliegende ist nicht nur „zugleich an sich selbst eine Werthschätzung des Vorliegenden, ein Messen desselben am Unendlichen", wie Steinthal so trefflich in seiner schönen Vorlesung über „Mythos und Religion" sagt [1], sondern es knüpft die Werthschätzung des Unendlichen und die Qualität, mit der es vorgestellt wird, an das aus tagtäglicher Erfahrung gekannte Vorliegende an. Daher kommt es, dass die Richtung der religiösen Auffassung in engem Zusammenhange steht mit den Auffassungen, welche das staatliche und sociale Leben verkörpert, wie bereits Aristoteles es ausspricht „dass die Menschen deswegen von den Göttern sagen, dass sie regiert werden, weil sie selbst, sowol jetzt als auch in alter Zeit, stets der Regierung unterworfen waren, sowie die Menschen überhaupt die Lebensverhältnisse der Götter, ebenso wie ihre Gestalt, ihren eigenen Umständen gemäss vorstellen": καὶ τοὺς θεοὺς δὲ διὰ τοῦτο πάντες φάσι βασιλεύεσθαι ὅτι καὶ αὐτοὶ οἱ μεν ἔτι καὶ νῦν οἱ δὲ τὸ ἀρχαῖον ἐβασιλεύοντο· ὥσπερ δὲ καὶ εἴδη ἑαυτοῖς ἀφ' ὁμοιοῦσιν οἱ ἄνθρωποι οὕτω καὶ τοὺς βίους τῶν θεῶν [2], und wie in demselben Sinne

---

[1] In der Virchow-Holtzendorf'schen Sammlung von populär-wissenschaftlichen Vorträgen (1870), S. 20.

[2] Polit. I, 2. 1252 b; Waitz, Anthropologie der Naturvölker, I, 466, sagt: „Bei der Menge der höhern Geister liegt es freilich nahe genug, nach Analogie der menschlichen Verhältnisse, die oft mit grosser Consequenz durchgeführt wird, Abstufungen der Macht unter ihnen anzunehmen und insbesondere einen als den ersten und höchsten von allen zu betrachten, aber auch dieser Gedanke bleibt leicht gerade durch die Analogie unfruchtbar, aus der er entsprungen ist, weil innerhalb der menschlichen

Schelling ganz kurz sagt: „Fast unnöthig scheint es, daran
zu erinnern, wie innig bei allen Völkern obrigkeitliche
Gewalt, Gesetzgebung, Sitten, selbst Beschäftigungen
mit Göttervorstellungen zusammenhängen." [1] Was sind
zum Beispiel die Bewohner des hellenischen Olymp? Eine
mächtige und selbstbewusste Aristokratie, an deren Spitze
der unter ihnen Mächtigste steht, aber nicht der Allmäch-
tige, denn er ist abhängig vom mächtigern Geschick, das ihn
hindert, alles zu vollführen, was sein Wille beschlossen hat;
abhängig von der ihn umgebenden Aristokratie der übrigen
Götter, die ihren mächtigen Herrscher eines Tages gebunden
haben! Seine Herrschaft selbst verdankt er dieser Aristokratie; nachdem Zeus über die Titanen siegte, so erzählt
Hesiodos [2], da boten ihm die Götter die höchste Herrschaft
an (ὄτρυνον βασιλευέμεν ἠδὲ ἀνάσσειν), und nachdem er dieselbe angetreten, da vertheilte er die Aemter und Würden
unter seinen Wählern (ὁ δὲ τοῖσιν ἐῦ διεδάσσατο τιμάς). Sind
dies andere Zustände als die der aristokratischen Republiken
Griechenlands; ist das Verhältniss des Zeus zu den untergeordneten Göttern ein anderes, als das des εἷς κοίρανος zu
den seinem Befehle unterworfenen, aber trotzdem auf ihn
einen bedeutenden Einfluss ausübenden Mitgliedern der
Aristokratie? Und wenn wir unsere Betrachtung auf ein
in neuester Zeit entstandenes Religionssystem hinlenken, so
machen wir dieselbe Erfahrung. Dem nordamerikanischen
Bürger am Salzsee gilt Gott als Präsident der unsterblichen Wesen. „Die Benutzung gangbarer politischer Vorstellungen, die Verwendung einer politischen Symbolik für
theokratische Zwecke liegt auf der Hand: Präsidentschaft

Gesellschaft Macht und Ansehen der Einzelnen vielfach wechseln." Aber
auch dieser Umstand ist nicht unfruchtbar in religiöser Beziehung; er
lässt eben eine Götterwelt nach dieser Analogie entstehen mit immer
wechselndem Oberhaupte.

[1] Schelling's sämmtliche Werke (Cotta'sche Ausg. 1856), II. Abth.
I, 52 (Einleitung in die Philosophie der Mythologie).

[2] Theogon, v. 882 — 85.

Gottes! Niederlassung, Wählbarkeit, Rasse.“ [1] Freilich ist dies eher auf Apperception als auf Symbolik zurückzuführen.

In einem despotischen Staate wird auch die Gottesauffassung eine andere Richtung nehmen, weil die Apperception des Herrschafts- und Machtbegriffs sich wesentlich anders gestaltet. Nicht nur bei Völkern höherer Cultur kann man diese Beobachtung machen, sondern sie bietet sich uns auch dar, wenn wir die religiösen und politischen Zustände der sogenannten Naturvölker miteinander vergleichen; natürlich wird die Analogie bei den letztern nicht mit solcher Sicherheit durchgeführt werden können. Andeutungsweise wollen wir hier z. B. auf eine Vergleichung der politischen Verhältnisse der zu einer monotheistischen Religionsanschauung sich hinneigenden Negerstämme mit denen der polytheistischen Polynesier hinweisen. [2] Molina fand auch in Chili, dass die Weltherrschaft des Gottes Pilan genau zu dem araucanischen Staatswesen stimmt, und schliesst mit der Bemerkung: „Diese Ideen sind gewiss sehr roh, aber man muss annehmen, dass die Araucanen nicht das einzige Volk sind, welches die himmlischen Dinge nach den irdischen eingerichtet hat.“ [3] Bleiben wir jedoch diesmal bei dem sichern Gebiete der Culturvölker. Nehmen wir z. B. das grosse assyrische Weltreich. Ein gewaltiger, mit unbeschränkter Macht ausgerüsteter Herrscher, vor dessen Befehlen Klein und Gross, Vornehm und Sklave auf die Knie sinkt, dessen Willkürherrschaft ohne Widerstand fast ganz Vorderasien unterworfen ist, leitet von Menschen unabhängig, die Geschicke seines kolossalen Reichs. Nach ihm folgen die Statthalter der einzelnen Provinzen, die Satrapen und eine Masse von Hof- und Staatsbeamten mit

---

[1] von Holtzendorff in der Zeitschrift für Völkerpsychologie und Sprachwissenschaft (1868), V, 378.

[2] Waitz a. a. O., II, 126 fg. und besonders S. 167. 439 über die Negerreligion und Politik, und Gerland im VI. Bande desselben Werks (an vielen Stellen) über die entsprechenden Verhältnisse der Polynesier.

[3] Bei Tylor, Anfänge der Cultur, II, 338.

genau umschriebener Machtsphäre und in wohlgegliederter
Rangordnung. Wer sie ehrt und ihnen unterwürfig ist, der
ehrt in ihnen nur den König der Könige und erweist in
ihnen nur dem allmächtigen Beherrscher seine Unterwürfig-
keit. So war's zur Blütezeit dieses gewaltigen Reichs; und
diesem politischen Systeme ist auch die religiöse Auffassung,
die sich mit der Entwickelung des Grossmachtstaats aus
kleinen Anfängen parallel ausbildete, ganz entsprechend.
An der Spitze vieler untergeordneter Götter steht der „Gott
der Götter", auf den sich auch mittelbar alle Opfer und
Huldigungen beziehen, die den untergeordneten, sozusagen
Satrapengöttern, dargereicht werden. Jener wird in den
Tempeln angebetet, die zu Ehren dieser errichtet werden
(s. oben S. 143). Er ist „Gott der Heerscharen" ebenso,
wie der König der Könige „Herr der Heerscharen"
ist. Mit einem Worte, wir haben es da mit einer absolut
monarchisch-polytheistischen Religionsform zu thun.
Und ist es wunderzunehmen, wenn bei dem grossen Einflusse, den das mächtige Assyrische Reich auf Vorderasien
ausübte, dessen Völkern es an Gesittung und Cultur überlegen war, diese Religionsrichtung auch bei diesen der
Grundton der Theologie wurde?

Politische Zersplitterung fördert demnach in der Religion den Polytheismus, staatliche Einheit und Centralisation
hingegen hilft der monotheistischen Entwickelung zum Durchbruch; so wie die einzelnen Volksindividuen durch die Centralisation des Staatswesens in den einheitlichen politischen
Organismus aufgehen und in Besonderheiten sich verlieren,
welche jedes einzelne Individuum zu einem Unterschiedenen
machen, so erhebt sich auch ein gemeinsamer Gottesgedanke
über die vielen Localgottheiten, welche sich dann jenem
Gemeinsamen als Allerhöchstem unterordnen.

Im hebräischen Volke war es gleichfalls die politische
Centralisation, welche in der durch die Namen David's und
Salomon's bezeichneten Epoche durchgriff, und welche zur
selben Zeit die Erstarkung des Monotheismus beförderte.
Man kann nicht mit Bestimmtheit wissen, was für Cultus jener

Gottesdienst war, welcher an verschiedenen Punkten des Landes neben der sogenannten „Bundeslade“ (arôn habberîth) ausgeübt wurde, bevor David diese Lade in das politische Centrum überführte, und bevor Salomo jenen Prachttempel aufführte, von welchem die Bücher der „Könige“ und der Chronik eine so weitläufige architektonische Beschreibung liefern. Aber es ist anzunehmen, dass mit der centralistischen Bewegung, mit jener Zeit nämlich, als der König das religiöse Gefühl des ganzen Volks nach Jerusalem hinleitete, die monotheistische Bearbeitung des Elôhîm-Gedankens in der hebräischen Nation zusammenfällt, und diese religiöse Entwickelung wurde wieder mächtig und entscheidend befördert durch den erstarkten Nationalgeist, von dessen Einfluss auf das geistige Leben des Volks wir im vorhergehenden Kapitel geredet haben. Dadurch nämlich, dass sich das hebräische Volk in scharfem Gegensatze zu den Völkerschaften wusste, in deren Mitte und Nachbarschaft es wohnte, haftete auch seiner Gottesauffassung die exclusive Tendenz und der negative Charakter dieses Bewusstseins an, sodass sich bei demselben die Idee eines Gottes herausbildete, welcher den göttlichen Gegensatz gegen die Götter der Völker bildet, ebenso wie die der hebräischen Nation als einer den übrigen entgegengesetzten. Während das Volk, in welchem kein lebendiges Bewusstsein seiner nationalen Besonderheit arbeitete, und dessen Geist noch nicht dazu gelangte zu sagen: ich bin etwas ganz anderes als jene, keine Ursache dazu finden konnte, dass es sich den Religionsobjecten der andern Völker gegenüber negativ verhalte; während es vielmehr in religiöser Beziehung ganz von jenen, zu denen es sich receptiv verhielt, abhängig war: hielt das zum Bewusstsein seiner nationalen Individualität gelangte Volk ausschliesslich seinen eigenen Gott als den existirenden und negirte die Existenz der Götter von Völkern, gegen die es sich im nationalen Gegensatz wusste. Die Keime dieser den Monotheismus erheblich fördernden religiösen Entwickelung sind mit dem Erwachen eines starken nationalen Bewusstseins gegeben, ohne dass es jedoch

an sich hinreichen würde, den Monotheismus allsogleich mit
einem Wurfe zu erschaffen: es wirkt nur anregend und
fördernd und bedarf noch anderer psychischer und historischer Mitfactoren. Eduard Hartmann, welcher den Einfluss
des Nationalitätsgedankens auf die Entwickelung des Monotheismus in seiner neulichen religionsphilosophischen Schrift
mit gutem Recht betont, macht in dieser Beziehung noch
eine Stufe im Verhältniss der Nation zu den Göttern der
fremden Völker namhaft, die Stufe nämlich, auf welcher
die fremden Götter als unrechtmässig betrachtet werden:
„Mit dem wachsenden Nationalgefühl aber", sagt er dort,
wo er von den drei Entwickelungsphasen des hebräischen
Monotheismus spricht [1], „steigerte sich auch der Stolz auf
ihren Gott; von da an, wo sie ihn zum alleinigen Schöpfer
Himmels und der Erde erhoben, mussten sie zugleich die
Herrschaft anderer Götter auf der von Jehovah geschaffenen
Erde als unrechtmässig ansehen und zur Ehre ihres
Gottes hoffen, dass einst die Völker zu ihm sich bekehren
und ihn anbeten würden, als den höchsten Gott, den alleini-
gen Weltschöpfer. Die fortschreitende Entwickelung des
Monotheismus gelangt nun aber weiter dahin, die fremden
Götter nicht nur für unrechtmässig neben Jehovah an-
zusehen, sondern sie für falsche Götter zu erklären."
Was für Bedeutung soll dieser Anschauung von der Un-
rechtmässigkeit der Götter in der Entwickelung des
Monotheismus innewohnen? Es gibt in der religiösen Entwickelung keine Stufe, auf welcher man gewisse göttliche
Personen als mächtig und auf die Geschicke der Welt oder
eines Volks Einfluss übend anerkennt und dabei diese Macht
und diesen Einfluss als unrechtmässig erklären würde.
Ungerecht wol, aber nie unrechtmässig. Man identificirt die Existenz der Götter mit ihrer Rechtmässigkeit.
Wenn in den Theogonien und Mythologien einzelne Götter
von andern besiegt, überwunden werden, so hat man diesen
Vorgang nicht mit der Annahme dessen in Verbindung ge-

---

[1] Die Religion der Zukunft (Berlin 1874), S. 102.

bracht, dass die eine der kämpfenden Mächte die Macht in unrechtmässiger Weise usurpirte, sondern damit, dass die überwundene schwächer war als die siegreiche, überwindende.

Diese monotheistische Entwickelung war eine allmähliche und machte, wie schon hervorgehoben, sich vom Polytheismus heraus entwickelnd, viele Stufen durch. Man sprach von dem „Gott der Elôhîme Jisrâ'èls" (èl elôhê Jisrâ'êl), ohne aber Rechenschaft zu geben über diese Elôhîme, wer sie seien und wie sie genannt werden, und, was man auch immer sagen möge, die Pluralform Elôhîm selbst, deren Deutung als Majestätsplural schon dem reinern Monotheismus angehört, weist entschieden auf die Pluralitätsvorstellung, welche mit diesem Worte verknüpft wurde, hin. Solche Ausdrücke, geschaffen noch durch das polytheistische Bewusstsein, wurden aber auch auf den monotheistischen Stufen beibehalten; sie verloren, so wie früher der Mythos, ihre ursprüngliche Bedeutung, und der Monotheist benutzte sie, ohne an den Polytheismus zu denken, der sie geschaffen und dem sie noch Ausdruck gegeben, und begeisterte Vertreter des Monotheismus führen sie ohne Anstoss auf den Lippen. Dieser Monotheismus tritt zur Erscheinung durch die monotheistische Wendung, die dem Elôhîm-Namen widerfuhr; und jemehr das nationale Leben erstarkte und je intensiver das Nationalgefühl wurde, desto eifriger ergriff das Volk diesen Elôhîm-Gedanken als nationale Idee und sah gänzlich davon ab, dass dieser Name selbst nicht ihm ausschliesslich eigenthümlich ist. Zu vollkommener Ausbildung gelangte der elohistische Monotheismus am Schlusspunkte seiner Entwickelung; aber schon zu allem Anfang lebt im Geiste der Nation die Ueberzeugung von der Wahrheit, dass „Elôhîm nicht sei wie die Elôhîm der Völker", und die monotheistische Wendung kommt in der Form hâ-Elôhîm = ὁ Θεός (welche sich zu Elôhîm so verhält, wie im Mohammedanischen Allâh zu Ilâh) zu deutlicher Ausprägung. Einen bedeutenden Antheil hatte noch damals an der Beförderung dieser monotheistischen Entwickelung die levitische Priesterschaft, welche den centralisirten Cultus

besorgte; ferner jene begeisterten Männer kühner Thaten,
welche wir in der ersten Zeit des hebräischen Königthums
als Lehrer und Warner auftreten sehen, als Vorläufer des
später zur Geltung kommenden echten Prophetenthums, als
Vorbereiter jener Epoche der *prophètes écrivains*, wie sie
Renan richtig nennt. [1] Der spätere Prophetismus hat, obwol er in der historischen Darstellung diese Vorboten vollends mit seinen eigenen Intentionen ausrüstet, ihre Eigenschaft als Vorläufer nicht verkannt. Elias (mit Samuel
ein Typus des Prophetenthums, in deren Lebenslauf und
Wirksamkeit der prophetische Geschichtschreiber der spätern Zeit sein eigenes Programm entwickelte) wird noch
mit Schwächen ausgerüstet, die dem spätern Jahvismus
fremd sind, und diese Mängel werden als solche hervorgehoben. Und Elijâhû gilt dem Propheten der nachexilischen
Zeit, als man bereits eine Entwickelungsgeschichte des mit
dem Gesetze ausgesöhnten Jahvismus (tôrâ) vors Bewusstsein führte, mit Mosen als gesetzvermittelnden Propheten an der Spitze, als Vorbote des „grossen, gewaltigen Tages
Jahve's.“ Male'âkhî nämlich (III, 22—23), ein Hauptvertreter des später zu schildernden Ausgleichs zwischen den
beiden Gegensätzen: Priesterthum und Jahvismus, ermahnt
das Volk der Tôrâ Mose's zu gedenken, und in demselben
Athemzuge spricht er von Elias (dem Hauptvertreter des
ältern Prophetismus) als Vorboten des grossen Tages Jahve's.
Dies sind zwei historische, für den Propheten der nachexilischen Zeit religiös werthvolle Erinnerungen. [2] Wie allmählich die Ausbildung des Monotheismus bei den Hebräern
auch vor sich gehen mochte, das lässt sich, wenn wir die
chronologischen Verhältnisse betrachten, nicht in Abrede
stellen, dass sie einen viel raschern Verlauf hatte als anderswo.
Und diese Raschheit des Umschwungs drückt sich so recht

---

[1] Hist. géner. etc., p. 131.

[2] Also nicht eine Weissagung ist in dem vielbesprochenen Verse
enthalten, sondern eine Erinnerung an die Phasen der Religionsentwickelung in der Vergangenheit.

bezeichnend in der monotheistischen Wandlung des Wortes
Elôhîm aus. Als hätte man, um mathematisch zu reden,
die einzelnen Elô'ah-s addirt und in Klammer gebracht,
um eine göttliche Einheit darzustellen, die der aus der
eben erst geschlichteten politischen Zerfahrenheit rasch er-
wachsenen nationalen Einheit adäquat sei.

So drückte sich die erwachte Nationalitätsidee auch auf
religiösem Gebiete aus. Es ist nun aber leicht begreiflich,
dass diesem religiösen Ausdrucke ein fühlbarer Mangel an-
haftete und dass er einen durch das blosse Nationalitätsbewusstsein allein nicht auszugleichenden Widerspruch in sich
trug, solange er einzig und allein an das mit dem Kena'anis-
mus gemeinsame Elôhîm geknüpft war. In diesem Widerspruche lag der allererste Anstoss zur Schöpfung des Jahve-
Wortes, dieses specifisch hebräischen Religionsterminus. Die
Entstehung dieses Gottesnamens Jahve eben als Gottes-
benennung wird demnach am besten in diese Periode zu
setzen sein als nothwendiges Product der religiös gewordenen Nationalitätsidee. Ein ackerbauendes Volk konnte
den Gottesbegriff ganz gut als den des „Seinmachenden",
des „Hervorbringers" fassen, und es ist nicht unmöglich,
dass die erste Entstehung dieser Benennung bis in die Zeit der
Bildung eines Culturmythos zurückreicht und dass sie ursprünglich solarischer Bedeutung ist, dann aber in religiösem
Sinne gefasst wurde. Aber Jahve blieb für diese ganze Periode
nur ein blosses Wort, ein Name, *flatus oris*, ein national
gefasster Elôhîm. Tieferer Inhalt, der Jahve von dem
kena'anäischen Elôhîm unterscheidet, war noch nicht damit
verbunden; diese Verbindung gehört in eine spätere Zeit,
in die des Prophetismus. Auch drang der Name selbst
noch nicht tief in das Bewusstsein des ganzen Volks ein,
er ist blos äusserlich geblieben, ein Gottesname, identisch
mit hä-elôhîm und mit dem Begriffsinhalte des letztern erfüllt. Erst Kämpfe, wie die, welche das Prophetenthum
kämpfte, schufen die Jahve-Religion, im Gegensatz gegen
den Elôhismus. Wir thun daher am besten, wenn wir
bis dahin, wo der Jahve-Name religiös bedeutsam und mit

seinem erhabenen Inhalt erfüllt zu werden beginnt, auf die
Existenz dieses Namens noch nicht Gewicht legen.

3.

Mit der monotheistischen Idee zugleich entstand eine
Menge religiöser Ansichten, welche auf die historische Entwickelung der Mythen einen Einfluss üben mussten, und
insofern die Hebraisirung des Elôhîm-Begriffs das nationale
Bewusstsein kräftigte, ja sogar zum Mittelpunkt desselben
wurde, musste die nationale Wendung der Mythen, von
welcher wir im vorigen Kapitel geredet haben, eine eigenthümliche religiöse Schattirung erhalten.

Hier sehen wir zugleich die Keime jenes theokratischen
Charakters, welchen man so gern schon in die älteste Geschichte des hebräischen Volks einführt, aber welcher ohne
Zweifel eine hohe Entwickelung des Elôhîm-Begriffs voraussetzt. Die theokratische Weltanschauung ist die Verbündung der religiösen Idee mit der nationalen. Sowie der
Mythos der vorhergehenden Periode seine Umbildung in
nationalem Sinne verdankt, so setzt sich nun in dieser
elôhistischen Zeit an die in nationalem Sinne umgedeuteten
Mythen die theokratische Tendenz an, welche dem alten
Mythenschatz wieder ein ganz neues Gepräge verleiht und
uns das Denken und Fühlen der hebräischen Nation mit
reicherm Inhalte vorführt. Jene Sagengestalten, welche in
der Epoche nationalen Aufschwungs zu Patriarchen, zu
Urahnen des hebräischen Volks geworden, treten jetzt in
den Dienst der theokratischen und religiösen Idee, sie werden
zu frommen Gottesdienern und Gotteslieblingen. Mythische
Vorgänge und Kämpfe, welche in der nationalen Periode zu
nationaler Vorgeschichte wurden, erscheinen jetzt in gottes-
dienstlicher, religiöser Wendung. Nur jetzt konnte die Frage
ganz bestimmt vor das Bewusstsein treten, warum Abhrâhâm den Jișchâḳ zu tödten bereit war? Und die Antwort
lag ganz nahe. Er that es auf Befehl Elôhîm's, er opferte,
denn er war Elôhîm's treuer, opferfähiger Diener. Auch die
übrigen Patriarchen werden zu frommen, gottesfürchtigen

Individuen, ihre Geschicke und ihr Lebensgang werden Vorbilder der elôhistischen Frömmigkeit, ebenso wie sie früher zu Typen der nationalen Geschichte wurden. Und auch die politische Idee, d. h. die Ueberzeugung, dass es nothwendig sei, dass die hebräische Nation jenes Ländergebiet besitze, welches es sein Eigenthum nennt, wird in die Patriarchenzeit zurückgeführt, indem Elôhîm zu wiederholten malen den Patriarchen verheisst, dass ihre Nachkommen dass Land Kena'an erobern werden. Dies war die höchste, die religiöse Sanction der nationalen Idee, und diese Auffassung war der hervorragendste Factor zur Erzeugung jener Richtung, welche die Patriarchensagen in dieser Zeit nehmen. Während die nationale Sage nur die edle Abkunft der hebräischen Nation und ihren in die Urzeit zurückreichenden Antagonismus gegen die Nationen, mit welchen sie nun in Feindschaft liegt, documentiren wollte; während die Tendenz der nationalen Sage nur die ist, zu begründen, wie sehr die nationale Eigenart und mit ihr zugleich der nationale Vorzug der Hebräer von Urzeiten her begründet ist und aus der Ahnengeschichte volle Berechtigung holen kann: ist in dieser religiösen und theokratischen Epoche die Tendenz der Sage die, aus den Ahnen religiöse Vorbilder und Individuen zu formen, an welchen die alte Vorliebe Elôhîm's für die hebräische Nation nachgewiesen und die Wahrheit begründet werde, dass diese Vorliebe Elôhîm's eine uralte Auszeichnung des Volks ist, welche es von den übrigen kena'anitischen Völkern vortheilhaft unterscheidet.

Dies ist es also, was die Gestalt bestimmt, in welcher der schon durch einige Modificationen hindurch gegangene Mythos durch das Aufkommen eines religiösen und theokratischen Ideengangs erscheint, und es wäre, glaube ich, unnöthig, hier im einzelnen jeden Bestandtheil des hebräischen Sagenmaterials vorzuführen, an welchem wir diese Schichte der Sagenentwickelung bemerken. Es entzieht sich diesem Entwickelungsmomente kaum ein Theil der Patriarchensagen, und es müssten diese ihrem ganzen Umfange nach reproducirt werden, wollten wir dem Gesagten eine Beispiel-

sammlung folgen lassen. Nur so viel sei noch diesbezüglich
bemerkt, dass dieser Trieb der Sagenentwickelung sich
nicht nur auf Kena'anäisches richtet. Auch die Geschichte
der Hebräer in Aegypten zieht er mit in das Gebiet seiner
Wirkung hinein. Ganz abgesehen nämlich davon, dass die
Auffassung des Aufenthalts des hebräischen Volks im Lande
der Pharaonen eine theokratische Richtung erhält, wird das
spätere Verhältniss dieser beiden Völker, des hebräischen
und ägyptischen, zueinander in der Patriarchensage präformirt und erhält an dem Verhältnisse Abraham's zum
Pharao einen Typus. Eine Hungersnoth in Kena'an veranlasst den Abraham zum Zuge nach Aegyptenland, und
dieser wird die Ursache davon, dass „Gott den Pharao und
sein Haus mit grossen Plagen plagt" (Genes. XII, 17),
bis dass „Pharao seinetwegen Leuten einen Befehl ertheilt,
und diese den Abhraham und seine Frau und alle, die zu
ihm gehören, entlassen" (Vers 20). Diese Vorbildung späterer
historischer Ereignisse und ihre Hineinarbeitung in alte
Sagenstoffe ist also, wie wir sehen, ein bedeutender Factor
auch der hebräischen Sagenentwickelung. Jede Epoche
bildet dasjenige in das alte Sagenmaterial hinein, was das
Denken der Zeit vorwiegend beschäftigt, und zwar in einem
Sinne, welcher die Geistesrichtung und Tendenz der spätern
Zeit charakterisirt.

4.

Es ist hier aber noch eines Moments der Sagenentwickelung Erwähnung zu thun, welches mit einer wichtigen
Veränderung in engem Zusammenhange steht, die innerhalb
der politischen Verhältnisse des hebräischen Volks auftrat.
Dieses Moment ist noch eng mit der nationalen Umgestaltung der Sagen verknüpft, gehört aber historisch in die
Zeit, mit welcher wir es in diesem Kapitel zu thun haben.
Wir nennen diese Seite der Sagenentwickelung am besten:
die Differenzirung der nationalen Sage.

Die politische und religiöse Centralisation, welche das
Regierungsprogramm der beiden ersten Vertreter der David-

Dynastie bildete und die höchste Staatsmacht an eine Stadt, Jerusalem, als geographischen Mittelpunkt knüpfte und mit einer Familie, als deren sichtbaren Repräsentanten, verwob, fand nicht überall im hebräischen Volke ungetheilten Beifall. Jerusalem liegt fast am südlichsten Ende des hebräischen Staatsgebietes und das in den Vordergrund Treten des Südens konnte die nördlichern Theile des Reichs allen Einflusses auf die Angelegenheiten des Staats und des Cultus berauben. Die Bewohner des nördlichern Gebietes waren fast ausschliesslich nur zum Tragen der Lasten verurtheilt, die der im Mittelpunkte der Regierung und des Cultus entfaltete Luxus den Staatsbürgern auferlegte, eine Pracht und ein Glanz, von dessen Genuss und Stolz ihnen nur sehr wenig zutheil werden konnte. Andererseits benahm die religiöse Centralisation den im Norden zerstreuten Heiligthümern und Versammlungsstätten, wie deren vor der Centralisation im ganzen Reiche in gehöriger Proportion zerstreut waren, alle Wichtigkeit und Bedeutsamkeit. Es ist daher nichts natürlicher als jene nördliche Reaction, welche nach dem Tode des Salomo unter seinem schwachen Nachfolger platzgriff und mit der Theilung des Reichs endete. Die Geschichte dieser Theilung und die Umstände, unter welchen sie erfolgte, ist aus der alttestamentlichen Erzählung genügend bekannt, und man kann mit Recht annehmen, dass in dem im I. Königsbuche, Kap. XII, Erzählten nichts Wesentliches ist, dem wir die historische Glaubwürdigkeit nicht beimessen könnten. Alles dort Erzählte ist eine natürliche Consequenz der damaligen Zustände des hebräischen Staats. Es ist nun sehr leicht begreiflich, dass im nördlichen Reiche jenes centralistische und theokratische Wesen, das im Grunde genommen Veranlassung der politischen Secession war, nicht zur Geltung kommen konnte, dass vielmehr das nördliche Reich auf jener, noch nicht zum reinen Monotheismus durchgebrochenen elohistischen Stufe verblieb, welche in religiöser Beziehung noch kaum wesentlich vom Kena'anäismus losgelöst war, wol aber in nationaler Beziehung das hebräische Gesammt-

bewusstsein nährte. In der geistigen Entwickelung des
nördlichen Staats wird daher auf die theokratische Auffassung der nationalen Vergangenheit, wie sich dieselbe,
angeregt durch die centralistische Bewegung, entfaltete,
nicht nur gar kein Gewicht gelegt, sondern sie taucht dort
entschieden gar nicht auf, was allerdings nicht nur von dem
geistigen Zustande der nördlichen Hebräer nach der Secession anzunehmen ist, sondern von ihrem geistigen Leben
während der ganzen Zeit, die im Süden jenen theokratischen
Geist herausbildete, gilt. Denn eben der Umstand, dass
die Nördlichen wenig Verständniss und gar keine Empfäng-
lichkeit für diese Richtung, die das Staats- und Gemeinwesen beherrschten, besassen, gab den Anstoss zu den
secessionistischen Bestrebungen, welche das starke Regi-
ment Salomo's nicht zum Ausbruche kommen liess, welche
aber mit dem Eintreten einer schwächern Herrschaft um
so kräftiger und nachhaltiger losplatzten. Während aber
der theokratische Geist, diese charakteristische Eigenthümlichkeit des südlichen Staats, einen Unterschied bildet
zwischen dem Wesen des Nordens und dem des Südens,
ist die Intensität des nationalen Bewusstseins und des nationalen Gegensatzes gegen die Kena'anäer beiden Theilen gemeinsam. Dieses Gefühl bildeten sie gemeinsam aus. Es
ist aber sehr natürlich, dass die politische Trennung auch
diesbezüglich ihre Folgen hatte. Nationalität ist aufs engste
mit einem politischen Gemeinwesen verknüpft. Der abstracte
Nationalitätsbegriff wird illusorisch, wenn es nicht einheitliches Staatswesen ist, an welchem jener zur concreten Erscheinung wird. Das Bewusstsein der nationalen Einheit
wird abgeschwächt, mindestens aber alterirt, wenn nicht
Staat und Nation zu einem einzigen Begriffe werden. Darum
sehen wir auch einerseits in gesonderte Staatsstücke ge-
trennte Nationen sich zum Kampfe für ein einheitliches
Staatswesen begeistern, wenn in ihnen das nationale Bewusstsein aus dem Schlafe erwacht, und andererseits umgekehrt in Staaten, welche eine Vereinigung von Völkern

verschiedener Nationalität darbieten, das ganz gewiss be-
rechtigte Streben, dass die stärkste und sonach auch herrschende Nationalität dieses Staats ihr eigenes Bewusstsein
auch der schwächern einimpfe und dadurch ein einheitliches
Gemeingefühl schaffe.

Durch die politische Trennung des nördlichen Theils
von dem centralisirten hebräischen Staate erfuhr das gemeinsam ausgebildete Nationalitätsbewusstsein eine merk-
liche und sehr wichtige Alteration. Der politische Gegensatz zwischen Nord und Süd beförderte auch das Geltend-
machen einer Differenz in der gemeinsamen Abstammung,
und so wie der allgemeine hebräische Nationalitätsgedanke
seine Nahrung aus dem Sagenschatze holte, so knüpft sich
auch das Bewusstsein dieser secundären Differenz an den
Mythos an. Dieses Differenzbewusstsein tritt lebendiger an
dem nördlichen Hebräer zu Tage als an dem südlichen.
Jene schrieben den Namen Jòsêf auf ihre Fahne und leite-
ten sich direct von diesem Sohne des gemeinsamen Urvaters
ab und legten den Südlichen gegenüber immer mehr Gewicht auf diese Besonderheit in der Abstammung; ja auch
nicht so sehr Josef ist es, der in Betracht kommt, als
Efrajim, der als Sohn Josef's erwähnt wird. Wir dürfen
nicht vergessen, dass dieser Name Efrajim nur secundären
Ursprungs ist. Nachdem nämlich die nationale Richtung
der Sage in dem Geiste des Volks concipirt war, da entwickelte sie sich in Bezug auf die Details in ungebundenster
Weise. Der Lebenslauf, um so zu sagen: die Biographie
der Ahnen, wurde ganz erschöpfend ausgebildet; wozu der
vorhandene Sagenstoff selbst nicht Anlass und Gelegenheit
bot, das ergänzte die rastlose Thätigkeit des Volksgefühls.
Einzelne Orte Kena'ans wiesen von uralter Zeit her Grabes-
höhlen auf, oder besser gesagt Höhlen, die dann zu Gräbern verwendet wurden, denn es ist wol sicher, dass die
ursprüngliche Bestimmung dieser Höhlen mehr auf das
Leben als auf den Tod gerichtet war. Was war nun einfacher, als sich die Gebeine der Ahnen dorthin vorzustellen

und an jene Orte die heilige Pietät zu knüpfen, welche
nationale Begeisterung für die verehrten Begründer des
Volks hegte? Und wie jedem bekannt, ist ja diese Art der
Entstehung von Grabestraditionen keine Seltenheit in der
Cultur- und Religionsgeschichte. Heiligengräber werden
umgedeutet wie Feiertage und Volksfeste. In Chebhrôn
bot sich ein geeigneter Platz dar, dass die Volkssage die
Gebeine der Patriarchenpaare dahin versetze und die allgemeine nationale Pietät an jenen Ort knüpfe, und König
David handelte demnach im Sinne der eben erwachten
nationalen Begeisterung, wenn er seine Residenz in Chebhrôn
wählte (II. Sam. II, 1. 11). Und es ist wahrhaft wunderbar,
in welchem Maasse der auf die Patriarchengräber bezügliche fromme Volksglaube sich in der Seele der Nation
festsetzen konnte, um dann noch in spätern Generationen
ein Anknüpfungspunkt für die Pietät dreier Confessionen für
das heilige Alterthum zu werden. Mohammedaner, Juden,
Christen, allesammt wetteifern in den Huldigungen, mit
denen sie die „Doppelhöhle" in Chebhrôn überhäufen. Und
der Mohammedanismus, für welchen der Prophet Ibrâhîm
al-Chalîl höher steht als für Juden und Christen, hat betreffs der Authenticität der Patriarchengräber in Chebhrôn
auch mehr geleistet als die beiden Mutterconfessionen, von
welchen er die Tradition dieser Gräber überkommen hat. Ich
kenne kein Literaturproduct von christlicher oder jüdischer
Seite, das im Interesse der Authenticität dieser Gräber-
höhle abgefasst wäre. Die Ueberzeugung von derselben
wurde mehr dem Glauben und der Pietät als der historischen Sicherheit anheimgestellt. Aber ein Mohammedaner,
nicht einmal Araber, sondern Perser, war es, der diese Aufgabe übernommen. 'Alî b. Ga'far al-Râzî schrieb ein Buch
unter dem Titel: „Al-musfir lil-ḳulûb 'an ṣiḥḥat ḳabr Ibrâhîm Isḥâḳ wa-Ja'ḳûb" („Aufklärer der Herzen betreffs der
Richtigkeit des Grabes des Abraham, Isak und Jakob"):
ein weitgereister maġrebinischer Mohammedaner, Ibn Baṭûṭâ, der auch nach al-Chalîl (Hebron) pilgerte, citirt und
excerpirt dieses Buch bei Gelegenheit seiner Beschreibung

der Grabesstätte der Patriarchen. [1]   Mehr noch als die
Schrift hat die Volkstradition von Erinnerungen an Patri-
archen- und Prophetengräber aufbewahrt, und zwar die mohammedanische noch bedeutend mehr als die jüdische. Es ist
dies ein sprechendes Zeugniss dafür, wie sehr sich die Sage
unvollkommen wähnt, solange sie nur von Vorgängen und
Personen erzählt, ohne alles an Oertlichkeiten zu knüpfen.
Die Volkssage fühlt stets das Bedürfniss nach topographi-
scher Ergänzung, solange sie nicht mit Bestimmtheit Rechenschaft darüber geben kann, wo die einzelnen Vorgänge
stattgefunden, von welchen sie spricht, wo ihre Lieblings-
helden gelebt und gewirkt, wo ihre Wiege stand und wo
sie den letzten Schlaf schlummern. Derselbe Antrieb war
es, der schon in alter Zeit die Localisirung des Mythos
anregte. Die mohammedanische Volkstradition weiss daher
von dem Grabesorte des Adam auf dem Berge Abû
Ḳubejs [2], von dem einiger Söhne Jakob's, wie z. B. des
Re'ûbhên in Gahrân, einem südarabischen Orte [3], des
Âshêr und des Naftâlî in Kafarmandâ, zwischen Akka
und Tiberias; ja selbst Ṣippôrà, die Gattin des grossen
Propheten Moses, war der Volkssage nicht zu gleichgültig,
um auch für sie einen Grabesort ausfindig zu machen [4],
ebenso wie die mohammedanische Volkstradition in der
Umgegend von Chebrôn ein Chörbet râs Ken'ân als
Begräbnissort des Stammvaters der Kena'anäer festgehalten
hat [5], und am Rande der transjordanischen Wüste das Grab

---

[1] Voyages d'Ibn Batoutah I, 115 fg. Die Eifersucht, mit welcher
die Mohammedaner Christen und Juden lange Zeit hindurch den Besuch
der Patriarchengräber verboten, beginnt erst mit dem Jahre 664 der Higra.
„L'an 664 Bibars défendit aux chrétiens et aux juifs d'entrer dans le
temple de Hebron, avant cette epoque ils y allaient librement, moyennant
un rétribution" (Quatremère, Mémoire geogr. et historique sur l'Égypte
[Paris 1841], II, 224).

[2] Ibn Ḳutejbà, Handbuch der Geschichte (ed. Wüstenfeld), S. 10.

[3] Jâḳût, Mu'gam, IV, 291. 11 fg.

[4] Ibid. S. 438, 16.

[5] Rosen in Zeitschr. D. M. G., XI, 59.

des Ûrijjà zeigt. [1] Auch das Grab des Aharôn liessen
sich Mohammedaner angelegen sein, und sie erst vermittelten
die darauf bezügliche Ortstradition den Juden. [2] Es ist
nun aber auch nicht selten, dass die Volkstradition einem
und demselben Patriarchen oder Propheten an verschiedenen,
gar weit voneinander entfernt liegenden Orten begraben
sein lässt. Verschiedene Länder setzen einen Ruhm darein
und wetteifern miteinander um den Vorzug, die letzten
Ueberreste verehrter Personen in ihrer Erde zu besitzen.
Selbst eine so feste Tradition, wie die, welche die Patriarchengräber nach Chebhrôn versetzt und namentlich sich in Bezug
auf Abraham (al-Chalil) fixirte, ist nicht unverrückbar genug, als dass sie sich nicht auch anderwärts localisiren
könnte. Auch der Bezirk von Damaskus hat seine Abraham-
Tradition, und das Dorf Berze seine Höhle mit dem
Abraham-Grab. [3] Das erwähnenswertheste Beispiel dieser
Art ist wol das Grab Moses' selbst. Es ist bekannt, dass
die Bibel nichts Bestimmtes von dem Begräbnissplatze dieses
Propheten zu berichten weiss, und daher ist auch in der
jüdischen Volkstradition die Ansicht vorherrschend, man
könne den Ort nicht bezeichnen, wo die Gebeine des Propheten ruhen, mit dem die Anfänge der Religion so eng
verknüpft sind, sowie die sunnitischen Mohammedaner dasselbe von dem Grabe des 'Alî behaupten. [4] „Und er (Jahve)
begrub ihn im Thale im Gebiete Mô'àbh's, gegenüber von
Bêth Pe'ôr, und kein Mensch hat sein Grab gekannt

---

[1] Jâḳût III, 720, 3.

[2] Zunz, Geogr. Literatur der Juden, Nr. 109 (Gesammelte Schriften,
I, 191).

[3] Alfred von Kremer, Mittelsyrien und Damaskus (Wien 1853),
S. 118.

[4] al-Damîrî, Ḥajàt al-ḥajwàn, I, 59: „'Alî ist der allererste Imâm,
dessen Grabesstätte nicht bekannt ist. Man sagt, er habe vor seinem
Tode die Verheimlichung derselben angeordnet, wissend, dass die Söhne
Umajja's zur Macht gelangen werden und dass dann sein Grab nicht
sicher wäre vor Schändung. Dennoch wird sein Grab an verschiedenen
Orten gezeigt."

bis auf den heutigen Tag" (Deuteron. XXXIV, 6),
und die kleine Pesiḳtà meint, dies sei deswegen, „damit
die Israeliten nicht diesem Grabe göttliche Ehren erweisen
und ein Heiligthum dabei errichten möchten, und damit
auch die Völker nicht den Ort verunheiligen durch Götzendienst und Greuel." Soviel ist aber sicher, dass man sich
die Grabesstätte des Moses, wie aus den eben angeführten
Bibelworten erhellt, im Thale und im Transjordanlande
dachte, denn der Prophet selbst überschritt ja nicht den
Jardênfluss. An dem durch die Bibel bezeichneten Gebiete
mag es auch gewesen sein, wo — nach dem Berichte des
ältesten Midràsch über das Deuteronomium — ein römi-
scher Kaiser zur Auffindung des Grabes vergeblich Re-
cherchen anstellte — ein gekrönter Vorläufer der Palaestina
Exploration Society —: „Die Regierung des Kaiserhauses
sendete Leute aus mit dem Befehle: Gehet doch und sehet
wo das Grabmal des Moses ist! Da gingen sie hin und
untersuchten oben, da sahen sie etwas unten; da gingen
sie wieder herab und bemerkten's oben; da theilten sie sich,
und wieder sahen's die Obenstehenden unten und die Unten-
stehenden oben."[1] Dafür weiss aber der Islam an mehrern Stellen das Grabmal Moses' zu bezeichnen. Der bekannteste Ort ist der Berg Nebì Mùsa, eine wunderschöne
und romantisch gelegene Höhe, deren Besuch der Mühe
lohnt, wenn man von Jerusalem aus nach dem Todten
Meere einen kleinen, allerdings beschwerlichen Umweg nicht
scheut, wegen ihrer unbequemen Lage jetzt weniger von
Pilgern besucht; da kann man im Mittelpunkte eines fast
verfallenen Complexes die Grabeskapelle des Propheten
sehen, einen grossen Sarg, dessen Teppich die Aufschrift
trägt, welche uns vom ehrwürdigen Inhalte berichtet. Also
nicht im Thale, sondern auf einer Anhöhe, nicht im Transjordanlande, sondern auf der jerusalemer Seite. Aber auch
in einer alten Moschee in Damaskus wurde, wenigstens

---

[1] Sifrê debhê Rabh (ed. M. Friedmann [Wien 1864]), §. 357 und
die Anmerkung Nr. 42 des Herausgebers.

vor sechs Jahrhunderten, gesagt, in derselben sei das Grabmal Moses' [1], und drei Tagereisen von Moḳḳa soll auf
einem, Hôreb genannten Berge gleichfalls das Moses-Grab
sich befinden. [2]

Auch für die Begräbnissstätte Aron's hat die mohammedanische Tradition zwei Orte angewiesen, den einen ungefähr da, wo sie nach dem biblischen Bericht zu suchen
wäre [3], den andern, der vorzugsweise als das Grab des
Aron besucht wird, auf dem Berge Ohod [4]; man hat diese
letztere Stelle mit einer Legende über den Aufenthalt Moses'
und Aron's im Hedschaz in Verbindung gesetzt. [5] Der
arabische Gelehrte 'Abd-al-Ganî al-Nâbulsî hat in seinem
Reisewerke Veranlassung genommen, die Erscheinung, dass
das Grab desselben Patriarchen an verschiedenen Orten gezeigt wird, näher zu besprechen. [6] Zuweilen wird an einer
jeden solcher Grabesstätten eine Inschrift gefunden.
Solche Inschriften sind nicht etwa *mala fide* von Betrügern
und Volksbethörern angebracht worden. Sie sind nur der
schriftliche Ausdruck und die Fixirung dessen, was im
Volksglauben lebt, und wenn sich solche Inschriften, welche
auf das Grab desselben Propheten an verschiedenen
Orten hinweisen, finden, so ist eben die locale Volkstradition
an jedem Orte, an welchem sie sich ansetzte, zu graphischem
Ausdrucke gelangt. [7] Ein interessantes Beispiel hierfür ist

----

[1] Jâḳût II, 589, 21.

[2] Sepp, Jerusalem und das Heilige Land, II, 245.

[3] Ṭûr Hârûn Jâḳût III, 559; Ḳazwînî I, 168: vgl. Burckhardt bei
Gesenius, Thesaurus, S. 392.

[4] Zeitschr. D. M. G. (1862), XVI, 688.

[5] Burton, Personal narrative etc., II, 57.

[6] Zeitschr. D. M. G. a. a. O., S. 656.

[7] Eine mala fides ist nicht einmal bei Inschriften anzunehmen, wie
die, welche Procopius erwähnt, De bello Vandalico V, 2. 13; vgl. Munk-
Levy, Palästina, S. 193, Anm. 5. Ueberall sind es alte, sagenhafte
Volkstraditionen, die in späterer Zeit durch eine Inschrift fixirt werden.
Von solchen Inschriften sind andere fingirte Grabesmonumente zu unter-
scheiden, bei welchen die betrügerische Absicht hervorleuchtet, z. B. die

das Grab des Propheten des 'Âd-Volks, dessen Verschwinden — ein ungelöstes ethnographisches Räthsel — Veranlassung gab zur Entstehung der mohammedanischen Legende von dem Propheten Hûd. Das Grab des letztern wird sowol in Damaskus[1] als auch in der Gegend von Żafâr in Südarabien, dem Wirkungsschauplatze dieses Propheten, gezeigt; und wie uns Ibn Baṭûṭâ berichtet, der beide Grabmäler besucht hat, sind beide durch eine Inschrift mit folgenden Worten bezeichnet: „Dies ist das Grab Hûd's, des Sohnes von 'Âbìr, die vorzüglichsten Gebete und Grüsse für ihn."[2]

Auch Râchêl's Grab hat die Sage nicht unbezeichnet gelassen; sie hat es in der Nähe von Efrâth bestimmt, dem nachmaligen und noch heutigen Bêth Lechem (Bethlehem), und dieses Grabmal ist bis zur heutigen Zeit das Wallfahrtsziel dreier Confessionen geblieben. Der Mythos nennt Jôsêf den Sohn der Râchêl, und wir kennen als Sohn des erstern den Efrajîm. Dieser letztere Name selbst nun scheint bereits der differenzirten Nationalsage anzugehören und eine secundäre Form neben jenem Efrâth zu sein, welches als der Begräbnissort der efrajimitischen Ahnfrau gilt. Wir finden denn auch das *nomen relativum* Efrâthî, d. h. zu Efrâth zugehörig, sowol in der Bedeutung: der Mann aus dem Orte Efrâth, als auch im Sinne: der von Efrajîm Stammende, und Efrajîm selbst wird an einer Psalmenstelle Efrâthâ genannt.[3] Auch vom Propheten Samuel und seinen Ahnen wird gesagt, sie seien Efrâthî-Männer gewesen (I. Sam. I, 1).[4] Diese Identität zwischen

---

Inschrift auf den Gräbern der Eldad und Medad, worüber Zunz a. a. O., Nr. 43, S. 167. In Betreff jüdischer Berichte über Grabesstätten der Alten ist daselbst S. 182 u. 210 nachzulesen.

[1] Sepp a. a. O., II, 269.

[2] Voyages I, 205; II, 203. Eine kleine Zusammenstellung von Prophetengräbern, die in Tiberias und ausserdem noch an andern Stellen gezeigt werden, s. bei Jâḳût III, 512.

[3] Vgl. Gesenius, Thesaurus, S. 141.

[4] Wenn sich dies auf seine Zugehörigkeit zum Efrajîm-Stamme be-

dem Namen des Begräbnissortes der Mutter Jòsêf's und
dem seines Sohnes ist wol nicht zufällig; vielmehr sicherlich unter dem Einfluss der nördlichen Nationalitätstendenzen
zu Tage getreten, und eine Gegenwirkung des südlichen
Geistes mag es gewesen sein, welcher den alten Ortsnamen
Efràthâ verdrängte und durch das moderne Bêth Lechem
ersetzte. Der Name Efrajîm nun ist unserer Ansicht
nach ursprünglich nicht Personenname, sondern Volks- und
Nationalname. Die nördlichern Hebräer nannten sich nach
ihrer Separation von den südlichen: die zu Efrâth Gehörigen. Es liegt nämlich in dem Worte Efrajîm die
Pluralform eines sogenannten relativen Adjectivs (arabisch: nisbâ) vor, das aus Efrâth gebildet ist mit Abwerfung der Femininbildungssilbe ath und mit directem
Anschlusse an den Stammkörper des Wortes, was auf dem
Gebiete der semitischen Formenbildung regelmässig im
Arabischen stattfindet, wo bei der Bildung der sogenannten
nisbâ die Femininendung (-t) des Eigennamens abgeworfen
wird und sich dann die Relativendung an den Wurzel-
körper des Eigennamens ansetzt (z. B. von Baṣra [Baṣrat-^{un}]
nicht Baṣratî, sondern Baṣrî = der Mann, aus Baṣrà). Im
Hebräischen findet diese Abwerfung der Femininendung statt,
wenn die Endung bereits zu -â abgeschwächt ist, z. B. Jehûd-à,
Jehûd-î, Timn-â, Timn-î. Doch finden wir auch ein Beispiel für die Abwerfung des th vor der relativen Adjectiv-
bildung. Wir finden nämlich für das so häufig vorkommende Kerêthî und Pelêthî auch Kârî (neben Pelêthî,
II. Sam. XX, 23, im Kethibh); vor dieser verkürzten

---

zieht, so ist es leicht zu verstehen, warum der Verfasser des Chronikbuchs I. IV, 18 fg. denselben Propheten zum Lêvi-Stamme zählt, wenn
wir die allgemein anerkannte levitische Tendenz dieses späten Geschichts-
buchs in Betracht ziehen. Im Sinne dieser Tendenz wäre es nicht möglich, dass ein Mensch, von dem es häufig erwähnt wird, dass er opferte
(I. Sam. IX, 13) und dass er im Heiligthum von Siloa neben dem Hohen-
priester 'Êlî Dienst that, nicht Levite gewesen sein sollte.

Adjectivform auf i ist somit das th [1] ausgestossen worden, mit gleichzeitiger Verlängerung des Vocals in der ersten Silbe als Ersatzdehnung *(productio suppletoria)*. Wir setzen in unserm Fall dieselbe Spracherscheinung innerhalb des Hebräischen voraus, insofern von Efrâth das Relativum (neben dem freilich regelmässig gebrauchten Efrâthî) mit Wegwerfung des th direct an den Stammkörper Efr angelehnt wird. Wir wissen ferner, dass das Idiom des nördlichen Theils des hebräischen Sprachgebietes vieles davon enthält, was man regelmässig Aramäismus nennt. Eine solche aramäische Relativbildung ist die mit aj, der wir auch im Hebräischen in einigen Beispielen begegnen [2], und dahin gehört Efraj, woraus Plural: Efrajîm. Diese letztere Form bedeutet demnach: die zu Efrâth Gehörigen und ist die Nationalbenennung der nördlichen Hebräer und wurde später für den Stammvater selbst gebraucht; ein Vorgang, dem wir in den biblischen Genealogien an mehrern Beispielen begegnen.

Die nördlichen Hebräer lehnen also ihre nationalen Erinnerungen an Jôsêf-Efrajìm an. Es ist demnach ganz natürlich, dass, je augenfälliger, lebhafter und bewusster jene nationale Differenz wurde, welche sich zwischen Nord- und Südländern herausbildete, sich desto mehr im Geiste der erstern jener Sagenkreis in den Mittelpunkt drängte, welcher sich um die Person Jôsêf's und um seine Geschicke gruppirt. Und hierzu bot der vorhandene Sagenstoff Gelegenheit genug, und ein ergiebigerer Stoff konnte sich wol kaum darbieten, als die Sage von der Feindschaft der Brüder gegen Jôsêf, den Patriarchen des Nordens. Die Nördlichen ergriffen daher diesen Theil der Patriarchensage und bildeten ihn im Sinne ihres nationalen Separatismus aus, immer die Suprematie Jôsêfs über Jehûdâ hindurchschimmern lassend. Gern wird dieser letztere dargestellt,

---

[1] Das abgeworfene th ist demnach als Bildungsconsonant zu betrachten und zeigt uns, dass dieser Name nichts mit Kreta zu thun hat.

[2] Ewald, Ausführl. Lehrb. der hebr. Sprache, §. 164 c.

wie er sich vor dem herrschenden Jôsêf ganz unterthänig
im Staube krümmt, und wie sein Leben und Tod ganz in
die Hand des grossmüthigen, einst so bitter angefeindeten
Bruders gelegt ist. Mit Befriedigung und Stolz wird Jôsêf
als derjenige unter den Brüdern vorgeführt, den der alte
Vater mit grösster Vorliebe und Auszeichnung behandelt,
und dessen Leben allein im Stande war, dem verzweifelten
Vater die Lebensgeister wieder einzuhauchen, ebenso wie
die Mutter Jôsêf's des Erzvaters einzige Liebe war, während die Südlichen von der hässlichen Lê'à, der Mutter
Jehûdà's, die nur durch Betrug und List des Erzvaters
Weib wurde, und von Sklavinnen abstammen.

Nationalsagen werden durch das erwachte Bewusstsein
des Gegensatzes geschaffen, und sie bilden, wie wir oben
gesehen haben, die nationale Gegensätzlichkeit, welche ein
Vorgang der Gegenwart ist, in die Urzeit hinein und lassen ihn
sich zwischen den betreffenden Stammvätern abspielen. Dies
ist auch der Geist des Jôsef'schen Sagenkreises, wie ihn
die nördlichen Hebräer im Gegensatz gegen die südlichen
Brüder ausgebildet. Die Feindschaft der beiden Hebräer-
reiche wird in die Urzeit versetzt und in der Darstellung
des Verhältnisses Jôsef's zu seinen Brüdern präformirt. Die
in späterer Zeit literarisch fixirte Gruppe dieses nördlichen
Sagenmaterials ist es, deren Haupttheile in dem durch die
meisten Exegeten als Rechtsbuch unterschiedenen Quelle
des Pentateuchs enthalten waren. [1]

Wir müssen hier noch auf eine, unsere Frage betreffende,
nicht wenig scharfsinnige Auffassung hinweisen, welche vor
noch nicht langer Zeit von A. Bernstein aufgestellt wurde. [2]
Dieser Forscher stellt sich die Differenzirung des hebräischen Sagenmaterials so vor, dass die Abraham-Sage,

------

[1] Aug. Knobel, Die Bücher Numeri, Deuteronomium und Josua,
S. 544. Betreffs des nördlichen Ursprungs dieses Rechtsbuchs (sêfer
haj-jâshâr) sind die meisten nüchternen Bibelforscher einig.

[2] Ursprung der Sagen von Abraham, Isak und Jakob. Kritische
Untersuchung von A. Bernstein (Berlin 1871).

die Sage vom Patriarchen von Chebhrôn, dem südlichen
Reiche angehört, während die Sage vom Bêth-Êl-Patriarchen
Jakob durch die politischen Tendenzen des nördlichen Reichs
hervorgebracht wurde. Vor diesen neuern Sagen bestand
die älteste der Patriarchensagen, die mit dem Cultus in Be'êr-
Shebha' verknüpft war, die jedoch von der jüngern Abraham-
Sage verdunkelt wurde. Bernstein lässt diese politischen
Tendenzsagen gegeneinander kämpfen und verwickelt sie
mit in den Antagonismus zwischen Nordreich und Südreich,
bis sie dann nach dem Schwinden der Gegensätze gemeinsam werden und miteinander verschmelzen. Obwol es
nach dem auch von uns Ausgeführten nicht in Abrede zu
stellen ist, dass in der Ausbildung oder vielmehr Umbildung
des Sagenstoffs die politische Lage und Stellung kein un-
bedeutender Factor war, so ist es dennoch unmöglich, die
drei Patriarchen als Producte blos politischer Tendenzen hinzustellen. Denn wir haben nachgewiesen, dass die Entstehung der Namen derselben in die älteste Zeit der Mythosschöpfung hinaufreicht. Der eine oder der andere Zug in
der Gesammtgestaltung der Sage hat sicherlich verschiedenen Charakter angenommen, je nachdem ihn die Bewohner des nördlichen Reichs oder die des südlichen
tradirten, und auf diese Verschiedenheiten haben die nüchternen Bibelexegeten seit lange her vorzügliche Aufmerksamkeit verwendet. Aber die Namen sind nicht spätere
Erfindungen oder Erdichtungen; sie sind vielmehr uralt
und gehören dem ältesten Bestandtheile der hebräischen
Sprache an; ebenso sind die hervorragendsten Züge der
Sagen, soweit sie dem alten Mythos entstammen, frei von
jeder nationalen oder politischen Tendenz, welche sich erst
in späterer Zeit an das uralte Material ansetzte.

5.

Im allgemeinen wurde im nördlichen Reiche, in welchem
sich an den vorhandenen Sagenschatz keine theokratisirende
Tendenz umgestaltend ansetzte, die in nationale Richtung
geleitete Sage desto stärker festgehalten und mit um so

grösserer Vorliebe gepflegt. Ausser den Patriarchensagen
sind es besonders diejenigen, welche die Shôfeṭîm-Periode
ausfüllen, welche den meisten Anhalt für das nationale
Hochgefühl bieten konnten. Da sind die Sagen von den
wahrhaften hebräischen Nationalhelden und von ihren
heroischen Kämpfen gegen das Philistäervolk. In theokratischer Beziehung hat diese ganze Zeit wenig zu bedeuten, und die Sagen waren zu einer theokratischen Umbildung ganz und gar ungeeignet. Denn das ist ja eben
die Tendenz der hebräischen Theokratie, einerseits die theokratische Bestimmung des hebräischen Volks in der Geschichtserzählung von der Urzeit vorzubilden, dann aber
eben den wohlthätigen Umschwung, welcher durch die
David'sche Dynastie herbeigeführt wurde, in womöglich
günstigem Lichte erscheinen zu lassen. Dazu war es aber
nöthig, dass sich diese Zeit der theokratischen Bewegung von
der einer solchen minder günstigen, untheokratisch gesinnten
vortheilhaft abhebe und dass David's Regierung und der
Geist derselben zu den ihm vorangehenden Regierungsformen
einen Gegensatz bilde. Die Richtersagen erfuhren demnach
keine theokratische Umbildung; aber in der Umbildung und
Entwickelung pulsirt eben das Leben der Sage. Wird diese
nicht der neuen Geistesströmung angepasst, so hört sie auf
zu leben, sie wird vernachlässigt, denn in ihrer alten Gestalt hat sie alle Bedeutung für die neue Zeit verloren.

Und dass die Richtersagen für das theokratische
Bewusstsein ganz und gar abgestorben waren, dass sie durch
dasselbe vernachlässigt wurden, darauf deuten unzweideutige
Zeugnisse hin; namentlich zwei. Das Buch der Chroniken (dibhrê haj-jâmîm), in welchem man sich schon
längst gewöhnt hat ein in rein priesterlichem Sinne geschrie-
benes Geschichtsbuch zu erblicken und welches mit Namen
aufzählt alle Priester, Leviten, Sänger und Pförtner des
jerusalemischen Centralheiligthums, erinnert sich mit keiner
Silbe der ganzen Richterperiode, beginnt vielmehr die eigentliche Geschichte mit der Tödtung Shâûl's und dem Thron-
antritt Dâvîd's. Und ein anderer Theil des Kanons das

Buch Ruth, dessen Tendenz es ist, die Genealogie des Königs David an eine Idylle anzuknüpfen und welches dem gemässigten Theokratismus der Restauration angehört, dessen Erzählungsstoff jedoch in chronologischer Beziehung keine bestimmte Stelle hat, drückt eben diese chronologische Unbestimmtheit durch die Worte aus: „wajehî bîmê shefôṭ has-shôfeṭîm“, es war zur Zeit als die Richter regierten, d. h. es war einmal in alter Zeit (Ruth I, 1). Die „Richterzeit“ ist demnach hier ein Exponent für das zeitlich Unbestimmte, chronologisch Verschwommene. Und in der That ist auch diese Periode, selbst wie sie im Kanon auftritt, mit einer den Chronologen fast verwirrenden Unbestimmbarkeit behaftet; und die Redaction des biblischen Kanon selbst hat nur einen äusserst laxen Zusammenhang herstellen können zwischen den drei Perioden: der Occupirung Kenaʿans durch die Hebräer, der Königszeit seit David, und der zwischen beiden liegenden noch untheokratischen Periode.

Den nördlichen Geist hat die Richterperiode und die Sagen, welche sich an diese Zeit anknüpfen, desto lebhafter angezogen, denn er stellte sich auf den Standpunkt einer Continuität, welcher die vordavidische Geschichte ganz homogen war, und so verdanken wir auch literarisch den Grundstock des Richterbuchs einem Schriftsteller des nördlichen Reichs. [1] So hat sich denn die Differenzirung des hebräischen Sagenstoffs vollzogen.

---

[1] Da die Redaction des Kanons in eine Zeit fällt, in welcher der Antagonismus zwischen Nord und Süd nicht mehr vorhanden war, so haben auch die nördlichen Literaturerzeugnisse, soweit sie sich aus alter Zeit vorfanden, Platz gefunden, jedoch immer mit dem theokratischen Charakter, der das Ganze durchdringt, durch einige eingeschobene Wendungen in Harmonie gebracht.

NEUNTES KAPITEL.

Der Prophetismus und die Jahve-Religion.

1.

Den Glanzpunkt der hebräischen Religionsgeschichte bildet eine geniale Schöpfung, welche das hebräische Volk in die Religionsentwickelung einführte, ein einziger origineller Gedanke, aber an sich genügend, um der kurzen Geschichte der hebräischen Religion einen bleibenden Platz in den Blättern der Weltgeschichte zu sichern. Es ist der Jahve-Gedanke, den ich im Auge habe. [1]

Fragt man, wann wurde dieser Gedanke geboren, dessen Erhabenheit eine so grosse und unwiderstehliche Macht auf

---

[1] Wir glauben, in Bezug auf die Originalität und den specifisch hebräischen Charakter des Jahve-Begriffs bleibt immer das Richtigste, was Ewald in Betreff des angeblich phönikischen Gottesnamens Jah ausgesprochen hat; denn wenn wir die Stellen und Daten ansehen, auf welche Movers' und Bunsen's gegentheilige Anschauung begründet ist, so fällt die apokryphe Natur jener Angaben gleich in die Augen; besonders gilt dies — um blos eines zu erwähnen — von jener Stelle des Lydus, De mens. IV, 38, 14: Οἱ Χαλδαῖοι τὸν θεὸν ΙΑΩ λέγουσιν ...... τῇ Φοινίκων γλώσσῃ καὶ ΣΑΒΑΩΘ δὲ πολλαχοῦ λέγεται κτλ. (vgl. Bunsen, Aegyptens Stelle in der Weltgeschichte, fünfter Halbband, S. 272). In Bezug auf das Vorkommen des Jahve-Namens in der assyrischen Theologie herrscht noch nicht genug Gewissheit. Eberh. Schrader, welcher auf dasselbe verweist, denkt an Entlehnung aus dem Hebräischen (Die Keilinschriften und das Alte Testament, S. 4).

die edelsten Gemüther ausübte, so kann nur die Antwort gegeben werden, dass wir die pünktliche Zeitangabe seiner Entstehung zu finden, uns vergebens abmühen. Wie den Nilusstrom, dem diejenigen, deren Wiege an seinen Ufern stand, eine so mächtige Zauberkraft zuschreiben, so können wir auch den Jahve-Gedanken nicht bis an seinen ersten Ursprung mit Sicherheit zurückverfolgen; wir sehen ihn nicht entstehen, nur als Gewordenes sehen wir ihn wirken und in den Seelen der Bekenner neues geistiges Leben anfachen. Nur der mohammedanische Allâh-Gedanke kann vielleicht mit der Erhabenheit des Jahve-Gedankens den Wettkampf eingehen; doch steht jener bei weitem nicht auf jener Höhe religiösen Denkens, von welcher aus der Jahve-Begriff concipirt ist.

Wenn wir das Wort Jahve in eine unserer europäischen Sprachen übersetzend sagen, Jahve sei der Sein Machende, das Sein Veranlassende und Bewirkende; so haben wir nicht im Entferntesten den Reichthum des Inhalts angedeutet, der mit jenem religiösen Kunstworte verbunden ist. Um ihn würdigen zu können, müssen wir uns mit liebender Seele in dasjenige vertiefen, was die Propheten mit dem Ausdrucke Jahve in Verbindung bringen. Soll ich alles das übersetzen, was diese begeisterten Männer von Jahve sprachen? Ich müsste die ganze prophetische Literatur der Hebräer verdeutschen und dennoch würde ich nur einen blassen Schatten alles jenes Glanzes hervortreten lassen, welcher in den Reden der Propheten die Stirne Jahve's umstrahlt.

Wir haben den mohammedanischen Allâh-Gedanken genannt und dieser lässt sich (obwol in etymologischer Beziehung dasselbe was Elôhîm), nicht nur seinem Wesen und Inhalte nach, sondern auch seiner Geschichte nach dem hebräischen Jahve-Gedanken vergleichend an die Seite stellen. Jener war den Arabern als religiöser Kunstausdruck vor Mohammed nicht unbekannt. Das vorislamische, heidnische System arabischer Theologie, welches in dem Heiligthume in Mekka seinen Mittelpunkt hatte, kannte auch den Gottes-

namen Allâh. Doch mit welch anderm Inhalte erfüllte
ihn die Predigt des epileptischen Krämers von Mekka!
Allâh ist durch die Verkündigung des arabischen Propheten
etwas ganz anderes geworden. Aber auch in dieser Beziehung tritt uns Jahve grossartiger entgegen. Denn während der mohammedanische Gottesbegriff sich eng an die
etymologische Bedeutung des Wortes Allâh anschliesst, die
Macht und unbeschränkte Allgewalt in erster Reihe hervor-
hebend, ist beim Jahve-Begriffe der Propheten der Name
etwas ganz Nebensächliches und Zufälliges geworden, und
der Inhalt desselben hat seinen Schwerpunkt in einer Richtung, welche von der Wortbedeutung und Etymologie des
Namens Jahve, wie er bereits in früherer Zeit gebildet war,
ganz abseits liegt. Wir haben bereits oben unsere Meinung über die Zeitperiode ausgesprochen, in welcher der
Gottesname Jahve im hebräischen Volke aufgetaucht sein
mag (S. oben S. 329) und über den Antrieb, welcher die
Entstehung desselben veranlasste. Wir können auch seit
jener Zeit die Existenz dieses Namens aus mehrern Eigennamen constatiren, welche entweder als erstem oder zweitem
Theile der Zusammensetzung mit dem vollen oder abgekürz-
ten Jahve-Namen (Jâhû, Jâh) zusammengesetzt sind; und
daraus, dass solche Namen auch im nördlichen Reiche vorkommen, lässt sich ebenfalls ersehen, dass die Bildung des
Jahve-Namens vor sich gegangen war, bevor die Theilung
des Reichs erfolgte.[1] Zu viel darf man freilich andererseits
aus dem frühen Vorkommen dieser Namen in den kanonischen Büchern nicht folgern. Denn erstens ist eben nicht
jedes Jô am Anfange von Eigennamen aus dem Gottesnamen
abgekürzt und würde unsere Kenntniss der atlhebräischen
Sprache eine umfassendere sein können, so würde wahrscheinlich das Jô am Anfange vieler Namen zu einem blossen

---

[1] Dahin gehört auch, dass die Mêsha'-Säule von den Geräthen Jahve's
spricht, die Mêsha' vom nördlichen Reiche erbeutete (Zeile 18). Zu weit
geht Kuenen, wenn er den Jahve-Dienst im nördlichen Reiche mit den
Stierbildern in Verbindung bringt (De Godsdienst van Israel I, 80 fg.).

Verbalpräfix degradirt werden, wie dies beispielsweise an dem Namen Jô'èl durch M. Levy mit Wahrscheinlichkeit nachgewiesen ist[1]; zweitens ist die Möglichkeit nicht auszuschliessen, dass viele dieser Namen ihre jahveistische Färbung erst unter der Hand der theokratischen Schriftsteller erhalten haben. Die Möglichkeit dieser Voraussetzung ist daraus ersichtlich, dass uns auch der Name Jòsef, wo die Anlautssilbe Jò doch durchaus nichts mit dem Gottesnamen zu thun hat, einmal als Jehôsèf entgegen tritt (Ps. LXXXI, 6)[2] und noch klarer daraus, dass der Name Hòshç'a in Jehòshù'a verwandelt wird; der biblische Schriftsteller verlegt diese Aenderung freilich in sehr hohe Zeit zurück (Numeri XIII, 16).[3] Keinesfalls kann man aber die Entstehung des

---

[1] In dem Aufsatze: Ueber die nabathäischen Inschriften von Petra, Hauran u. s. w. Zeitschr. D. M. G. (1860), XIV, 410.

[2] Was nicht in eine Kategorie zu stellen ist mit jenen Fällen, wo sich die Einschiebung des hê phonologisch erklären lässt (Ewald, Ausführliches Lehrb. der hebr. Spr., S. 508; Böttcher I, 286). Vgl. hierzu die agadische Erklärung, die ich angeführt habe in der Zeitschr. D. M. G. (1872), XXVI, 769.

[3] Auch die in II. Kön. XXIII, 34; XXIV, 17 erwähnten Namensänderungen sind hier in Betracht zu ziehen; es ist nicht wahrscheinlich, dass diese Aenderungen durch den babylonischen und ägyptischen König veranlasst wurden, in diesem Falle wäre die Aenderung ganz anders ausgefallen und hätte eine babylonische, beziehungsweise ägyptische Färbung erhalten (vgl. Daniel I, 7). Besonders ist die Veränderung des Eljâkim in Jehôjâkim in Betracht zu ziehen, hier wird der elohistische Name geradezu in einen jahvistischen verändert. Solches pflegt nur Folge einer religiösen Wandlung zu sein, wie wir auch an andern Beispielen sehen können. So verändert z. B. der König Amenophis IV., nachdem er seinen Fanatismus gegen den Ammon-Cultus kehrt und die Verehrung des Aten in den Vordergrund stellt, seinen ammonischen Namen in Shu en Aten (der Glanz der Sonnenscheibe). S. Brugsch, L'histoire d'Égypte (1. Aufl.), I, 119, und Lenormant, Premiers civilis., I, 211. Auch von Mohammed haben wir Nachrichten, dass er an den Götzendienst erinnernde Bestandtheile in den Namen seiner Gläubigen in monotheistischem Sinne umwandelte; so wird ein 'Abd 'Amr in 'Abd el-Rahmân umgetauft (Wüstenfeld, Register zu den genealogischen Tabellen, S. 27). Der gottesfürchtige Sprachgelehrte al-Asma'i nennt den heidnisch-arabischen

Jahve-Namens ausserhalb des hebräischen Kreises suchen und zu einer fremden Quelle greifen, um seinen Ursprung zu erklären, wie dies noch heute so gern manche Liebhaber des ägyptischen Alterthums thun (ebenso wie man auch früher selbst in Jov-is einen Namensvetter des Jahve finden wollte, ja selbst nach China ging, um den Ursprung des Jahve-Namens zu finden)[1], welche in dem ägyptischen nuk pu nuk = *ego qui ego*, das Prototyp des Ehje asher Ehje = ich bin der ich bin, womit einmal der Jahve-Begriff definirt wird, finden wollen. Aber die Idendificirung jener ägyptischen Formel mit dieser hebräischen wurde neuerdings von Tiele[2] mit Recht bestritten. Jedoch dieser gründliche holländische Forscher selbst, welcher den ägyptischen Erklärungsgrund des Jahve zurückweist, hat in Betreff des Ursprungs dieses Gottesbegriffs seine Privathypothese. Nachdem er nachgewiesen, dass er weder ägyptisch, noch kena'anäisch, noch arisch ist, führt er dessen Ursprung auf die Ḳêniten zurück; von diesem nomadischen Wüstenstamme hätten die Hebräer den Jahve-Begriff entlehnt, denselben dann in Kena'an vergessen und sich ihn nachher, nachdem er durch die Propheten von neuem aufgefrischt worden, wieder angeeignet.

Wie es aber mit dem Ursprunge des Jahve-Wortes als theologischen Kunstausdrucks immer stehe, der Jahve-Gedanke als lebensvolle, arbeitende Idee wird erst durch den Prophetismus in den Ideenkreis der Hebräer eingeführt.

Dichter Imrul-ḳeis immer Imru-allâh, den heidnischen Gottesnamen Ḳeis in das monotheistische Allâh umändernd (Guidi zu Ibn Hishâmi Commentarius etc. [Leipzig 1874], p. XXI).

[1] Z. B. von Strauss in Zeitschr. D. M. G. (1869), XXIII, 473. Jedoch nicht nur Jahve, auch Elôhîm wurde von China hergeholt. Der Ruhm, diese barocke Idee in die Welt gesetzt zu haben, gehört Herrn Adolphe Saïsset, der vor noch nicht gar langer Zeit ein ganzes Buch unter dem Titel: Dieu et son homonyme (Paris 1867), geschrieben hat, um recht gründlich zu beweisen, der Elohim der Genesis sei eigentlich der — Kaiser von China. Das Buch hat 317 Octavseiten.

[2] Vergelijkende Geschiedenis. S. 555, 561.

Deshalb kommt der Jahvismus auch erst jetzt zur Besprechung und dies wird jeder billigen, der es einsieht, dass man von Ideen nur dann erst sagen kann: sie existiren und leben, wenn sie als Factoren eintreten in die Geschichte der menschlichen Gesittung. Was bedeutet denn die Existenz einer Idee (und dies sei für diejenigen bemerkt, welche sich den Jahve-Gedanken ursprünglich als Eigenthum einer bestimmten Kaste vorstellen), wenn sie im Gehirne oder im Herzen einzelner Männer lebt, ohne nach aussen hin thätig und wirksam zu sein? Würden wir wol von der Elektricität aussagen, dass sie in der Natur existirt, wenn wir sie nicht als Factor eingreifen sähen in das Leben der Natur? Ebenso beginnt der jahvistische Gedanke sein Leben recht erst da, wo er in das geistige Leben des Volks thätig einzugreifen beginnt und dies veranlasst zu haben, ist eins der bleibendsten Blätter in dem Ruhmeskranze der Propheten.

Ich stelle mir keinen unter meinen Lesern vor, der es nicht wüsste, worin das Arbeitsgebiet der hebräischen Propheten bestand und darum können wir hier eine Charakteristik ihres Wirkens füglich übergehen. Wenn wir sagen: Propheten, so denken wir bekanntlich nicht an jene Wahrsager oder wie man sie nannte Seher (chôze, rô'e), deren wir in der dem Prophetismus vorangehenden Periode und noch später unter den Hebräern antreffen[1]; nicht an Menschen, an die sich der junge Mann mit sicherer Aussicht auf die Auffindung des verlorenen Gutes wenden konnte, als ihn sein Vater ausschickte, seinen verlorenen Esel aufzusuchen; auch nicht an jene Wunderthäter, welche sich damit beschäftigten, die gesetzmässige Ordnung der Natur zu gewissen Zwecken auf bestimmte Zeit aufzuheben und zu unterbrechen; noch auch an jene, welche solange das Priesterthum noch zu keiner geschlossenen Institution constituirt war, ab und zu den Opfercultus im Dienste Elô-

---

[1] In diese Gruppe gehört auf arabischem Gebiete neben dem bekannten 'arrâf und kâhin, auch al-muhaddat (der Gutunterrichtete), worüber de Sacy's Commentar zu Harîrî, p. 686 der 2. Aufl., zu vergleichen ist.

hims besorgten: sondern wir denken an jene Männer, welche
als das Volk alle Begeisterung erschöpft hatte, die es aus
dem Elohim-Gedanken heben konnte, als neue Repräsentanten der Idealität, der Begeisterung und des erschlaffen-
den Nationalitätsgedankens hervortraten, den sie nun noch
in vielfacher Potenzirung bekundeten, als Männer des Ideals
unter einem Volke in welchem „von der Fusssohle bis zum
Kopfe kein gesunder Fleck, sondern durch und durch
Wunde und Striemen und eiternde Beulen, die nicht be-
streut und nicht verbunden und nicht mit Balsam erweicht",
dessen „Fürsten" — übrigens Herren von Sodom unter
einem Volke von Gomorrha — „Ausschweifende, Diebs-
genossen, alle lieben die Bestechung und jagen Geschenken
nach, Waisen nicht Gerechtigkeit widerfahren lassen und
sich um Rechtsangelegenheiten von Witwen nicht kümmern",
welche „Zion mit Blut aufbauen und Jerusalem mit Misse-
that", dessen „Fürsten nach Maassgabe der Bestechung urtheilen, dessen Priester um Lohn lehren und dessen Propheten um Silber zaubern", welches „die Falschheit herbei-
zieht mit den Seilen der Lüge und die Sünde mit dem
Wagenstricke", welche „das Böse gut heissen, das Gute
schlecht nennen, die Finsterniss in Licht verwandeln und
das Licht in Finsterniss, das Süsse bitter und das Bittere
süss nennen" (Jes. I, 6. 10. 23; IV, 18—21; Mîkhâ III, 10—11).

In den Abgrund solcher Sittenlosigkeit und Verwahr-
losung konnte das hebräische Volk eine Institution stürzen,
zu welcher sich die Hierarchie bei ihm entwickelte. Der
centralisirte Cultus, das Formenwesen, eine Lippenheiligkeit
und eine mechanische sogenannte Frömmigkeit, welche
weder Idealität noch moralische Denkungsart befördern
können, ja beides hintan halten, welche die gehobenste Seele
zu tödten, das wärmste Gemüth mit einer dicken Eiskruste
zu erfrieren und das edelste Herz abzustumpfen im Stande
sind, entwickelten sich auf Befehl und nach dem Muster
der Priester. Ein roher Opfercultus, welcher die Gottes-
idee immer mehr versinnlichte, verwandelte den Berg Zijjon
in eine Schlachtbank und das wüste Treiben von priester-

lichen Speculanten das Centralheiligthum in Jerusalem, wie
Jesaias, der edelste Hasser jener verderbten Zunft, sagt, in
eine „Räuberhöhle".

Die Propheten erkannten ihre Feinde und wussten wohl,
welches die Factoren seien, die als Wurzeln alles herrschenden Uebels dem dichtbelaubten Baume der Unsitt-
lichkeit sein Leben gaben. Diese Wurzel wollten sie aus-
jäten, diesen Baum wollten sie aushacken. Da war in
allererster Reihe jene Priesterschaft und jener blutige
Gottesdienst, gegen welche sie sich mit dem ganzen unaus-
löschlichen Fanatismus ihrer edeln Leidenschaft kehren.
Aber damit ist es noch nicht zu Ende. Die in einer frühern Periode erwachte nationale Begeisterung erwies sich
als vorübergehendes Strohfeuer; es blieb von dieser Begeisterung kein edles Element zurück, an welches sich ein
neuer Aufschwung anknüpfen könnte. Denn ganz abgesehen
von jener verworfenen Priesterschaft, war auch die politische
Richtung des Volks eine solche, welche den Nationalitäts-
gedanken langsam und langsam untergraben half. Ein win-
ziges Völkchen, im Norden und Süden zwischen mächtige
Grossstaaten eingekeilt und selbst eitle Grossmachtsgelüste
nährend, welche dazu hinreichten, ein in sich zerrissenes
Volk, dessen Fähigkeiten diesen Grossmannsneigungen nicht
entsprechen, aufzuzehren, ein solches Völkchen war unter
diesen Verhältnissen fortwährend darauf angewiesen, das
Bündniss mit jenen Grossmächten zu suchen. Diese Bünd-
nisse liessen im Volke jenes nationale Feuer auslöschen,
welches wir in seinem Gemüthe auf kurze Zeit aufflackern
sahen. Das Bewusstsein, auf den Schutz der Fremden hingewiesen zu sein, tödtet das Gefühl selbstständiger Individualität. Ausserdem nistete sich an den Höfen der Könige
immer mehr und mehr fremde, besonders kena'anäische
Sitte ein, die Könige verschwägern sich mit den benachbarten Höfen und die Frauen schaffen der fremden Sitte
immer mehr Spielraum im Kreise der Hebräer. Die kena-
'anäischen Culte bürgern sich wieder in der Hauptstadt ein
und verwischen dasjenige, was der hebräisirte Elohim-Begriff

an Kraft und Anregung auf den nationalen Aufschwung
ausübte. Es ist eine geschichtliche Thatsache, dass der
Verfall der Nationen da beginnt, wo sie statt die in ihrer
eigenen Individualität liegenden Elemente und Kräfte zu
entwickeln, mit leichtfertiger Aufgebung des Ureigenen ein
wenn auch feineres Fremdes ohne Widerstand auf sich einwirken lassen. Sehr lehrreich ist in dieser Beziehung, was
der Vater des Cicero von den hellenisirten Römern sagt,
dass der Römer um so weniger tauge, je mehr er griechisch
verstehe. [1]

Die Propheten waren nicht Culturgelehrte, sie erwogen
den Gang der Welt nicht von grossen Principien ausgehend,
welche sie aus Erfahrungsstudien abstrahirten: aber es
lebte in ihnen die Ueberzeugung, die Begeisterung. Sie
waren herzlich schlechte Politiker, aber unübertreffliche Vertreter der Nationalitätsidee. Ein erfahrener Staatsmann hätte
zu jener Zeit die Verbündung mit fremden Mächten nicht
mehr getadelt; nur so konnte ja das hebräische Volk die
Dauer seiner gezählten Stunden um etwas verlängern. Aber
die Propheten geiseln auf Schritt und Tritt dieses politische
Experiment und wollen die einzige Rettungsmöglichkeit der
politischen Existenz ihres Volks nur durch das moralische
Erwachen der Nation herbeigeführt wissen. „Efrajîm jagt
nach Wind und haschet nach Ostwind, tagtäglich vermehrt
es Lüge und Unheil, und Bund schliessen sie mit Asshûr
und nach Miṣrajîm wird Oehl geführt", ruft Hôshê'a
(XII, 2) dem nördlichen Reiche entgegen und Jeremias
identificirt noch in der letzten Stunde die Verbrüderung
mit dem Fremden, mit dem Verlassen Jahve's. „Wozu
dich nach Miṣrajîm wenden damit du vom Wasser des Shi-
chôr (Nil) trinkest und wozu dich nach Asshûr wenden,
damit du Euphratwasser trinkest" (Jerem. II, 18). Sie
waren die reinsten und idealsten Vertreter der nationalen
Individualität und Selbstständigkeit. Uns wird in religionsgeschichtlicher Beziehung hier besonders ein Punkt

---

[1] Mommsen, Römische Geschichte, II, 416.

interessiren: ihr Verhältniss zu den beiden Gottesnamen: Elôhîm und Jahve.

2.

Es ist allbekannt, dass der hebräische Gottesbegriff in der kanonischen biblischen Literatur in zwei klar zu unterscheidenden Richtungen zum Ausdruck kommt: die eine ist die Elôhîm-Richtung, die andere die Jahve-Richtung. Eine jede fasst den Gottesgedanken anders auf und bestrebt sich denselben in der Belehrung des Volks in anderer Weise zur Geltung zu bringen. Die jahvistische Richtung, und diese fällt mit dem Prophetismus zusammen, stellt sich in Gegensatz gegen die elôhistische, ja sie meidet die Anwendung des Elôhîm-Namens, wo es sich um den Eigennamen Gottes handelt; Elôhîm ist für sie blos ein allgemeiner Gattungsnamen für den Gottheitsbegriff, aber nicht der eigentliche Name des einen Gottes. Wir können uns hiervon überzeugen, wenn wir die Sammlungen der prophetischen Reden und den Kerntheil desjenigen pentateuchischen Buchs, welches dem prophetischen Geiste am nächsten steht, — des Deuteronomiums nämlich — einer Betrachtung unterziehen. Da haben wir vorwiegend nur Jahve mein Elôhîm, dein Elôhîm, unser Elôhîm, Israels Elôhîm, aber dem blossen hâ-Elôhîm als ein den Jahve-Namen vollständig deckenden Eigennamen, weichen sie gern aus und drängen ihn in den Hintergrund[1], und auch in prophetischen Büchern, in welchen die elôhistischen Benennungen noch hin und wieder als nomina propria der Gottheit vorkommen, können diese dem überwiegenden Gebrauche des Jahve-Namens auch quantitativ nicht das Gleichgewicht halten. Dies kann nur als negatives, zurückweisendes

---

[1] Dies gilt natürlich nur im grossen und ganzen und ist der allgemeine Eindruck, den die prophetischen Schriften machen; freilich sind auch in dieser wie in andern Beziehungen Stufen wahrzunehmen zwischen einzelnen Propheten. Nicht in jedem ist der prophetisch-jahvistische Gedanke so mächtig und ausschliessend wie im babylonischen Jesaias.

Verhältniss aufgefasst werden gegenüber der damals modernen Gottesanschauung und die zunächstliegende Frage, welche nach den Resultaten der bibelkritischen Schule, die sich so namhafte Verdienste um die Konstatirung des Verhältnisses dieser beiden Gottesnamen zueinander erworben hat, gewissermaassen offen bleibt, ist wol präcis so aufzustellen: woher kommt es und worin liegt der Grund dafür, dass der Prophetismus sich gegen die theologische Geltung des Elôhîm-Begriffs so zurückweisend verhält?

Diese Antipathie ist vom religiösen und nationalen Standpunkte der Propheten sehr leicht erklärlich und ganz natürlich. Wir haben oben gesehen, dass der Elôhîm-Gedanke ein wenn auch nicht ganz und gar erborgter, doch durch Anregung von auswärts her festgesetzter war, dass ihn die Hebräer mit den Kena'anäern gemeinschaftlich haben. Und dass er nicht ganz auf hebräischem Boden erwachsen, dessen Folgen zeigten sich an seiner Weiterentwickelung, als nach kurzem Aufflackern des Nationalitätsgedankens, der hebräisirte Gottesbegriff im Bündniss mit der ebenfalls erborgten priesterlichen Institution jene unsittliche Religionspraxis erzeugte, welche die kena'anäische Décadence charakterisirt. Und gerade dieser Umstand, dass nämlich diese theologische Auffassung ursprünglich etwas Erborgtes und nicht Nationales ist, das machte dieselbe für die Propheten antipathisch und diese Antipathie gegen das Fremde liess sie ihre religiöse Weltanschauung und ihre moralische Ueberzeugung, den ganzen Inhalt ihrer die Gottheit liebenden Seele, an den Namen anknüpfen, der bisher im Hintergrunde blieb und nun durch das prophetische Ingerium in die vorderste Reihe gestellt, der Träger wurde dessen, was der Prophetismus von Gott dachte und fühlte.

In diesem Sinne ist das Prophetenthum Schöpfer des Jahvismus; das Wort Jahve war bisher ein inhaltloser Hauch, ein *flatus oris* wie wir schon oben sagten; nun erst wird es wirksam, es wird der Ausdruck der Opposition gegen das bestehende Schlechte, der Mittelpunkt des gepredigten Aufschwungs. Nicht besonders das Wort und seine Bedeutung sind es demzufolge, worauf es hier ankommt, sondern das kulturhistorische Moment, das sich dem Worte beigesellt, das was es in den Geistern wirkt; und dies ist nicht das einzige Beispiel dafür, dass ein Schlagwort weit über den Begriffskreis hinaus, den es sprachlich bezeichnet, wirksam und dass diese sprachliche Bedeutung dabei zur Nebensache wird. Beim Jahve-Worte ist es das Nationale, was die Hauptsache ist.

3.

Dabei ist allerdings nicht zu vergessen, dass die Propheten auch die Schöpferidee recht lebendig erfassen, wenn sie von Jahve reden und dass die meisten Worte, die das Hebräische für den Begriff erschaffen besitzt, am häufigsten bei den Propheten und überaus häufig beim babylonischen Jesaias zur Anwendung kommen. Aber auch in diesem Punkte wird auf die Schöpfung Israels ein grosses Gewicht gelegt. Jahve ist der Erschaffer des hebräischen Volks. Man kann auch das nicht in Abrede stellen, dass sich der Prophetismus mit einer metaphysischen Definition des Jahve-Begriffs beschäftigte; diese Definition hat in dem bekannten „Ehje asher ehje“ eine ihrer präcisen Ausdrucksweisen gefunden; sie legt Gewicht auf die Unveränderlichkeit Jahve's. Jahve ist ewig unveränderlich. Aber man muss andererseits bedenken, dass solche metaphysische Speculation nicht der Ausgangspunkt der Jahve-Erkenntniss gewesen sein kann; sie tritt vielmehr auch in andern Kreisen immer erst als spätere Entwickelungsstufe auf. So wird es auch mit der metaphysischen Festsetzung des Jahve-Begriffs sein und jener Satz: Ehje asher ehje gehörte demnach der spätern Zeit des entwickelten Jahvethums an. So ist es denn auch der nach der Babylonischen Gefangenschaft wirkende Prophet Male'àkhî, welcher dieses Ehje asher ehje mehr gemeinverständlich in den Worten wiedergibt „Denn ich Jahve verändere mich nicht“ (Mal. III, 6) und eine andere Fassung desselben Satzes die uns aus dem Exodusbuche bekannt ist, ist es nur, die uns beim babylonischen Propheten mehreremale entgegentritt in den Worten anî hû Ich bin Er, wo das Pronomen hû sich nicht auf etwas früher Genanntes zurückbezieht (Jes. XLIII, 10; XLVI, 4; XLVIII, 12). Unter diesen Stellen ist es besonders die zweite, welche uns zeigt, dass die Formel anî hû die ewige Unveränderlichkeit Jahve's ausdrücklichst betont.

> „Höret auf mich Haus Jakob's
> Und der ganze Ueberrest des Hauses Israels
> Die Getragenen vom Mutterleibe an
> Die Erhobenen von Geburt auf
> Bis zum Greisenalter bin ich Er.

Und an der letztern Stelle auf die wir hingewiesen: „Ich bin Er, ich bin der Erste, ich bin der Letzte."

Dieses anî hû kennen wir noch in einer vollständigern Form: anî anî hû, wie es in dem Liede Mosis (Deuteron. XXXII, 39) vorkommt und es ist wahrscheinlich, dass jenes anî hû aus diesem anî anî hû abgekürzt ist. Dies letztere aber selbst ist wieder nichts anderes als — grammatisch genommen — der nominale Ausdruck dessen, was ehje asher ehje in verbaler Weise ausdrückt. Wer nun aber das Lied Mosis und den damit verbundenen Segen Mosis prüft, der wird bald einsehen, dass sich diese poetischen Producte ungefähr in demselben Ideenkreise bewegen, nur dass diese Ideen bereits mit Anschauungen gemengt sind, welche später zur Zeit des Compromisses zur Geltung kommen. Um nur einige Beispiele zu erwähnen, so erinnert der Umstand, dass Jahve Jsrael gemacht hat und begründet (Vers 6. 15), dass aber Israel vergessen hat dessen, der es gemacht (Vers 18), dass darauf gedrungen wird, das Volk möge sich der Vorgänge alter Zeiten erinnern (Vers 7), dass sich der Dichter auf die Tôrâ, welche Moses befahl, bezieht (XXXIII, 4), lebhaft an die Reden des zweiten Jesaias (XLIV, 2; LI, 13, XLVI, 9 u. s. w.) und des Male'âkhî (III, 22). Ausserdem kann noch verglichen werden Vers 2 mit Jes. LV, 10; Hiob XXIX, 22; Vers 16 (wo die Götzen Zârîm genannt werden) mit Jerem. II, 25; III, 13; Jes. XLIII, 12; Vers 17 mit Jerem. XXIII, 23 (an beiden Stellen werden die fremden Götter „Götter von der Nähe" genannt) und wenn die Lesart êsh dàth im Segen Mosis Vers 2 richtig ist, so weist auch dieses Wort dâth auf einen Kreis hin, dem persische Ausdrücke zugänglich waren, so wie auch die Lehre von der Auferstehung der Todten als anerkannter Glaubenssatz vorausgesetzt wird (XXXII, 39).[1] So ist denn auch das in diesem Stück zu findende anî anî hù[2] verglichen mit dem beim zweiten Jesaia vorkommenden anî hû, ein Beweis dafür, dass die metaphysische Speculation über den Jahve-Begriff erst in der spätesten Periode der Entwickelung des Prophetismus aufkam.

4.

In der ältern prophetischen Zeit fällt vielmehr, wie bereits gesagt, das Hauptgewicht des jahvistischen Bekenntnisses auf das Nationale und Moralische.

Wenn man daher stets zu betonen gewohnt ist, dass Jahve der Nationalgott der Hebräer war, so ist dies in gewisser Beziehung wahr. Nicht in dem Sinne, als ob die Propheten den unendlichen Gedanken, auf welchen sich ihre ganze tiefe Sehnsucht und Liebe bezog, das Ideal, welches ihnen als der Inbegriff jener reinen Heiligkeit galt, die der Zielpunkt der prophetischen Moral ist und welches in ihren Augen jene grenzenlose Höhe repräsentirt, auf welche das edle Streben des prophetischen Geistes gerichtet ist, als den Familiengenius einer handvoll Hebräer auffassen möchten, sondern in dem Sinne, dass nach der Auffassung der Propheten das hebräische Volk es ist, welches den Jahve

---

[1] Vgl. Kuenen, De Godsd. v. Isr., II, 259.

[2] Wir müssen hier Bunsen als denjenigen nennen, welcher auf die Wichtigkeit dieses anî anî hû das meiste Gewicht legt diese Formel mit der metaphysischen Definition des Jahve-Begriffs in Verbindung bringend (Gott in der Geschichte, I, 155). Auch das Lessing'sche „Nur einer Er heisst Er" wird von Bunsen mit Recht herbeigezogen.

zuerst erkannte, eine Erkenntniss, deren Ausbreitung auf die ganze Menschheit das weltgeschichtliche Ideal des Prophetismus ist. Wer diese kosmopolitische Seite der jahveistischen Theologie in Abrede stellen will, der wird wol von seinem Irrthume geheilt werden, wenn er die prophetischen Reden aus den verschiedenen Entwickelungsperioden des Prophetismus unbefangen liesst; so z. B. aus der ältern Zeit Jesaia II, 2—4, welche Worte bei Mîkhâ Kap. IV fast wörtlich wiederkehren — ein Beweis dafür, wie tief die dort ausgesprochene Ueberzeugung in dem prophetischen Bewusstsein wurzelte — und aus jüngerer Zeit z. B. Jes. LXVI, 18—19. Dieser grosse Prophet des Exils richtet denn auch seine Rede an die gesammte Menschheit: „Höret auf mich, o Inseln, und horchet, o ihr fernen Nationen" (Jes. XLIX, 1) und ein anderer Prophet des babylonischen Israel, welcher von einem gemeinsamen Festtage der ganzen Menschheit spricht, kennt keinen Kenaʿanäer im Hause Jahve's (Zekharjâ XIV, 16 fg.) und am präcisesten hat diesen kosmopolitischen Charakter des Jahvethums ein etwas früherer Prophet betont (Ṣefanjâ III, 9—10). Es ist allerdings wahr, der Prophetismus betrachtet in der Erkenntniss Jahve's das hebräische Volk als den Mittelpunkt, den Berg Zijjon als die Quelle, von welcher jenes Wasser ausströmt, welches dereinst die ganze Erde so erfüllen soll, „wie das Bett des Meeres vom Wasser bedeckt ist" (Jes. XI, 9) und auch das ist wahr, dass sie die Liebe Jahve's zur Menschheit so auffassen, als ob an derselben dem eigenen Volke der Löwenantheil zukomme. Aber andererseits ist es ebenso wahr, dass nach der allgemeinen Ausbreitung des Jahve-Gedankens, welche die Propheten als das letzte und höchste Ziel geistigen Strebens hinstellen, die prophetische Weltanschauung sich alle Völker der Erde, auch Aegypten und Assyrien, als gleichwerth vor Jahve vorstellt, *der ihrer aller gemeinsamer Gott. „An jenem Tage ist* Israel das Dritte im Bunde Miṣrajîm's und Asshûr's, zum Segen inmitten der Erde, welche Jahve der Scharen gesegnet hat, sprechend: Gesegnet mein Volk Miṣrajîm, meiner Hände

Werk Asshûr und mein Erbtheil Jisrâ'êl" (Jes. XIX, 24—25).
Es ist also besonders mit Hinblick auf die Gegenwart, in
welcher jener freie historische Ausblick nur erst Ideale vor
die Seele führt, dass das specifisch Nationale des Jahve-
Gedankens betont und festgehalten wird. Dies ist um so
natürlicher, da es nationale Antriebe waren, welche in den
Propheten die Begeisterung für Jahve erweckten, denn diese
war, wie schon einmal betont worden, das Product einer
intensiven Antipathie gegen das Fremde, das sich ihnen
hauptsächlich in dem mit Kena'an gemeinsamen Elôhîm-
Begriffe gegenüberstellte mit allen jenen Abscheulichkeiten des
kena'anäischen Cultus und allen jenen ausschweifenden Sitten,
welche sich von der Fremde her in den hohen Kreisen des
Volks einbürgerte. Bei den Kena'anäern waren ausschweifende Culte consequente Weiterentwickelungen der Vorgeschichte ihrer Religion, welche sich bis auf den Mythos
zurückverfolgen lassen; als solche konnten sie auf die Moral
und die Gesinnung nicht so verderblich wirken, wie bei
dem hebräischen Volke, welches blos das Sittenlose als
Solches erlangt hatte ohne an den historischen Vorstufen
theilgehabt zu haben. Wenn man an die Stelle von „Un-
glauben" den Mangel einer historischen Entwickelung
setzt, so gilt auch hier, was Constant so richtig von dem
römischen Polytheismus sagt, dass nämlich unzüchtige Riten
durch ein religiöses Volk mit grosser Reinheit des Herzens
ausgeübt werden können; aber wenn der Unglaube dieses
Volk erfasst hat, so sind diese Riten für dasselbe die Ursache
und der Vorwand für die allerempörendste Verderbniss.[1]

Der Jahve-Gedanke sollte also im Sinne der Propheten
eine Rückkehr zur nationalen Begeisterung anregen und
der Eifer gegen die eingerissene Lasterhaftigkeit und Sittenlosigkeit wendet sich immer mehr gegen den fremden Charakter des Lasters als gegen die Sittenlosigkeit selbst.
„Haus Jakobs", so spricht der ältere Jesaias (II, 5—7) im

---

[1] Bei Buckle, Geschichte der Civilisation in England (deutsche Uebersetzung von Ritter), III, 141, Anm. 117.

Zusammenhange mit jener Rede, in welcher er die sittliche
Erlösung der Menschheit von der Umschmiedung der
Schwerter in Sensen und der Lanzen in Pflugscharen er-
wartet, „Haus Jakob's" sagt er, „auf denn! wir wollen
wandeln im Lichte Jahve's. Denn du hast dein eigenes Volk verlassen, o Haus Jakob's! denn sie (d. h. die
Mitglieder dieses Hauses) sind voll von Zauberei[1] und
Wolkendeuterei wie die Philistäer und den Kindern der
Fremden klatschen sie die Hände (schliessen Freundschaft mit den Fremden). Sein Land ward erfüllt mit
Silber und Gold und kein Ende ist seinen Schätzen und
sein Land füllte sich mit Rossen und kein Ende ist seinen
Wagen." In diesen Worten sehen wir ganz unzweideutig,
wie das Licht Jahve's dem Fremdartigen entgegengesetzt ist. Es darf nicht übersehen werden, dass in dem der
prophetischen Welt- und Religionsanschauung am nächsten
stehenden Buche des Pentateuchs (Deuteron. XVII, 16—17)
das Anhäufen von Silber und Gold und Rossen[2] misbilligt
wird, damit das Volk nicht seiner eigenen Nationalität ent-
fremdet werde und sich zu Fremdem hinneige; im Deuteronomium ist dieses Fremde allerdings Aegypten aus
Gründen, deren Auseinandersetzung nicht hierher gehört.

Viele Gelehrte sind der durchaus unrichtigen Ansicht,
dass der Jahve-Gedanke noch von Aegypten her Eigenthum einer kleinen, gleichviel ob nur priesterlich-levitischen
oder prophetischen Elite gewesen sei; eine Art exoterischer
Religion, in welche der Uneingeweihte keinen Einblick haben
durfte und aus welcher der Prophetismus herauswuchs.
Auch wenn diese Anschauung ebenso richtig wäre, wie sie
eben in Anbetracht der Entwickelungsumstände der hebräischen Religion unmöglich ist, so müssten wir nach obigen
Auseinandersetzungen das Auftreten des Jahve-Gedankens

---

[1] Wir lesen am besten mit Gesenius miḳḳesem statt miḳḳedem.

[2] Auch Hoshē'a XIV, 4 kommt in Betracht, wo die Allianz mit
Assyrien in den Worten misbilligt wird: „Ashshûr hilft uns nicht, auf
Pferden reiten wir nicht"; vgl. auch Zekh IX, 10; X, 5; Mikhâ V, 9.

dennoch von jener alten Geheimbündelei ganz absehend auffassen. Ausserdem muss aber in Betracht gezogen werden, dass Aegypten für die Hebräer ein „Sklavenhaus" war — wie die Bibel sagt (bêth 'abhâdîm), keine theologische Facultät. In Aegypten haben die Hebräer sich wenig Religiöses angeeignet. Hätten sie dies, so würden wir sicherlich den Unsterblichkeitsglauben bei den Hebräern nicht erst nach dem Babylonischen Exil vorfinden. Und auch das ist ein besonderes Charakterzeichen des prophetischen Jahvismus, dass er darauf Gewicht legt, dieser Gedanke würde in der hebräischen Nation selbst allgemeine Erkenntniss werden und auch dies gehört mit zur Erhabenheit der prophetischen Conception. Wie gross nimmt sich gegenüber der geheime Erkenntnisse behutsam versargenden Genossenschaft eine freie Körperschaft aus, deren Hoffnungen sich darin concentriren, dass „an jenem Tage Jahve ausgiesst seinen Geist auf alles Fleisch und euere Söhne und Töchter werden Propheten und auf euere Knechte und Mägde giesst Jahve seinen Geist aus an jenem Tage." — „Und alle euere Kinder werden Lehrlinge Jahve's." — „Alle erkennen mich, von Klein bis Gross, spricht Jahve" u. s. w. (Jô'êl III, 1—2; Jes. LIV, 13; Jerem. XXXI, 31).

Es ist fast selbstverständlich, dass für die nationale Begeisterung des Prophetismus jener Unterschied kaum vorhanden ist, welchen die Politik zwischen nördlichen und südlichen Hebräern machte. Der Prophetismus dehnte seine Thätigkeit auf den Norden ebenso aus wie auf den Süden und besonders ist es Hôshê'a, der gleichzeitig seine Predigt an beide Reiche richtet und im Parallelismus der Versglieder im ersten Gliede Jehùdà, im zweiten Efrajîm anredet. Der Prophetismus predigt sogar die Vereinigung der beiden Theile des hebräischen Staats.[1] Natürlich war das nördliche Reich von dem religiösen Gedanken des Prophetismus noch viel weiter entfernt als das südliche. Die Hierarchie Jerusalems, welche aus einer Art theokratischen

---

[1] Vgl. Ezech. XXXVII, 15—28.

Systems herauswuchs, konnte doch wenigstens einige Würdigung haben für die Predigt des Jahveismus; es war noch eine Spur des monotheistischen Elohismus da und dies war dem Norden ganz fremd. Die Verfolgung der Propheten war demnach in dem erajimitischen Theile viel heftiger und rücksichtsloser als im Süden, wo sie jedoch auch nicht fehlte. Die wüthende Verfolgung der Jahve-Prediger soll die Geschichte des Propheten Êlîjâhû (Mein Gott ist Jahve) wie sie das „Buch der Könige" darstellt, vor die Augen führen. Êlîjâhû ist ein Typus des Jahvisten, wie er dem Propheten vorschwebte und den er in eine Zeit versetzte, in welcher der wahre Prophetismus im hebräischen Volke noch nicht erwacht war. So wie der Prophet für die Zukunft den Charakter des 'Ebhed Jahve, des „Knechtes Jahve's" als Typus menschlicher Vollkommenheit sich ausmalte, so galt ihm Êlîjâhû als solcher Typus in der Vergangenheit und weil ihm dieser Mann den echten Jahve-Diener repräsentirt, darum soll er auf Erden erscheinen als Vorläufer der Erfüllung jener Hoffnungen, die der Prophetismus als das höchste Ziel der Menschheitsentwickelung betrachtet (Male'âkhî II, 23). Es gelang auch den Vertretern des Jahvismus die Persönlichkeit Êlîjâhû's zu einer so volksthümlichen zu machen, dass sich, wie wir bereits in einem vorhergehenden Kapitel gesehen haben, auch manche Ueberreste des alten Mythos an diese Persönlichkeit ansetzten. Im Grunde genommen ist aber Êlîjâhû nichts anderes, als eben ein Typus für die Verfolgungen, denen der Jahvismus im nördlichen Reiche von seiten der Herrscher und Priester ausgesetzt war. Die prophetische Geschichtschreibung liebt die Beschreibungen von Lebensläufen, die für den Prophetismus typisch sind. Eine solche ist auch die des Propheten Samuel, der als Gründer der Prophetenschulen, also des Prophetismus angeschaut wird. Die Schilderung seines Charakters, als Gegners des untheokratischen Königthums und desjenigen Königs, der zu wenig nationale Leidenschaft entwickelt, indem er des Amalekiterhäuptlings schont, sowie als Feindes des schlechten Priesterthums, ist nichts anderes als ein in biographischer Gewandung erscheinendes Programm des hebräischen Prophetismus, wie es seine Gesinnung in den uns aufbewahrten Reden documentirt. Als die unausbleibliche Katastrophe hereinbrach und zuerst das nördliche Reich fiel und später mit dem Sturze des südlichen Reichs der ganze hebräische Staat in Trümmer ging, da begleiteten die Jahveisten, die liebevollsten Repräsentanten der hebräischen Nationalitätsidee, ihr Volk in die Gefangenschaft. Erst da brach die Blütezeit des jahvistischen Ideenreichthums an, die Glanzepoche jahvistischer Begeisterung. In der Gefangenschaft erreichte der Gedankenschwung des Prophetismus seinen Höhepunkt in den Reden jenes unsterblichen Propheten, dessen Name uns unbekannt geblieben ist, des sogenannten zweiten Jesaias. Aber wir finden da auch die Repräsentanten der priesterlichen Formelreligion, freilich nicht mehr jenes krassen Priesterthums von Jerusalem, denn ein solches konnte ohne Centraltempel, ohne blutige Opfer, ohne selbstständigen Staat nicht mehr ausgeführt werden, aber einer religiösen Richtung, welche zur Zeit als der idealistische Jahvismus sich bis zur Lehre von dem „historischen Berufe des Volks" aufgeschwungen hatte, die Hoffnung des Volks durch Visionen anregten, von den architektonischen Verhältnissen des künftig zu erbauenden Tempels redeten, Priestergesetze und Opferverordnungen entwarfen. Doch auch diese Richtung war bereits von dem Jahveismus genügend durchzogen, sie eignete sich das Positive des Prophetenthums stillschweigend an, ohne aber das Positive der priesterlichen Richtung ganz aufzugeben. So vollzog sich fern vom Tempel zu Jerusalem an den Ufern des Chaboras ein Compromiss zwischen Prophetismus und Priesterthum und dieser Compromiss war es, dessen Anschauungskreis die Gemüther der Hebräer im Exile beherrschte und zur Zeit der Restauration des hebräischen Staats die geistig-religiöse Grundlage desselben bildete. Er drückt sich zuvörderst im Buche Ezechiel aus, das sich als im Exil entstanden einführt und wahr-

scheinlich auch daselbst entstanden ist.[1] Die ersten Anfänge dieser Ausgleichsrichtung traten bereits in der
letzten Zeit des judäischen Staats hervor, unter einem
Könige, der gleiche Achtung vor Priestern und Propheten
hatte und sich von beiden in gleicher Weise in gottesdienstlichen Dingen beeinflussen liess und der Stempel dieser
zwischen Priesterthum und Prophetismus ausgleichenden
Richtung ist dem gesetzgebenden Buche Deuteronomium
aufgedrückt, welches in jener Zeit entstanden ist. Man
kann dies nicht eine Niederlage der prophetischen Tendenzen nennen. Ideale sind nicht dazu da, um in ihrer
gegen sociale und physische Hindernisse rücksichtslosen
Fassung realisirt zu werden; sie haben gesiegt, wenn es
ihnen gelingt, den Anschauungskreis der frühern Gegner
zu durchdringen und denselben nach der Richtung des
Ideals hin zu modificiren. Es liegt nun aber auch in der
Natur der Sache, dass, wo ein Compromiss zu Stande
kommt und zwar in einer Weise wie in unserm Falle, d. h.
wo dieser Compromiss nicht in einer verhandlungsmässig
geschlossenen Abmachung besteht, sondern in einem unbewusst vor sich gegangenen Ausgleiche gegensätzlicher Bestrebungen, diese Ausgleichung eine sehr flüssige ist und
eine stufenweise Hinneigung zu dem einen oder andern der
beiden einander gegenüberstehenden Grundsätze ermöglicht.
Diese Flüssigkeit des von selbst vollzogenen Ausgleichs
sehen wir ein, wenn wir zwei Bücher des Pentateuchs betrachten, zwischen deren Abfassungszeiten die Exilskata-
strophe liegt, deren Vor- und Nachwehen die Vollziehung
jenes Ausgleichs anregten, indem sie die Nothwendigkeit
des Zusammenwirkens aller geistigen Factoren des Menschenlebens nahe legten: den Leviticus und das Deuteronomium. Beide vereinigen Priestercultus und Jahvismus miteinander, keines dieser beiden Bücher tritt dem
einen oder dem andern dieser ursprünglich gegensätzlichen

---

[1] Vgl. dagegen Zunz in Zeitschr. D. M. G. (1873), S. 688, These 14 fg.

Factoren verneinend gegenüber, wir finden vielmehr in beiden Büchern beide Elemente vertreten, nur mit dem Unterschiede, dass der Leviticus einen eminent priesterlichen, das Deuteronomium einen vorwiegend prophetisch-jahvistischen Ton anschlägt. Beide stehen dabei auf dem Boden des Jahvismus, ohne aber den priesterlichen Cultus und den Opferdienst zu schmähen. An den prophetischen Büchern Chaggaj, Zekharjà, Maleàkhî und in den in dem zweiten Jesaias-Buche vorkommenden Einschiebseln lassen sich gleichfalls die Stufen des Compromisses studiren.

5.

Wir haben bei der allgemeinen Darstellung des prophetischen Jahvismus länger verweilt, als es der Symmetrie dieser Untersuchungen angemessen wäre. Nun haben wir noch einiges über das Verhältniss des Jahvismus zum Mythos der Hebräer zu sagen.

Es ist diesbezüglich zu beachten, dass der reine Jahvismus, wie ihn die Propheten verkündeten, welche dieses Ideal concipirten, lange gegen die conservative Neigung des Volks und der Machthaber zu kämpfen hatte und dass er zur Zeit des ersten Staats nicht religiöses Element in allen Schichten des Volks werden konnte. Der Jahvismus konnte demnach auf die Mythoserzählung selbst, darauf wie sich der bis dahin tradirte Mythos im Munde des Volks fortpflanzte, wenig Einfluss ausüben. Denn nur eine neue Anschauung, welche das ganze Volk durchdringt, kann auf die Umbildung des Mythos bestimmend und richtunggebend einwirken. Andererseits war auch der Mythos nicht ein Gebiet, dem die Propheten viel Sympathien entgegenbrachten. Im Rahmen jenes puritanischen Monotheismus, den sie lehrten, konnten die Mythen nicht recht Platz finden. Daher kommt es auch, dass die Propheten wenig Notiz nehmen von den Mythen ihres Volks — etwas Weniges ist im XII. Kapitel des Hôshê'a angebracht — und der Umstand, dass wir bei den Propheten mehrfach Anspielungen finden auf die Sage vom Untergange Sodoms und 'Amôrâs, hat seinen

Grund in der gelungenen Parallele, zu welcher ihnen diese beiden durch ihre Lasterhaftigkeit sprichwörtlich gewordenen alten Städte und ihr Untergang im Vergleiche mit Jerusalem und Shômrôn Gelegenheit bieten. Das Stillschweigen der Propheten ist keineswegs ein Beweis dafür, wofür es viele benutzen wollen, dass zur Zeit der Propheten die Patriarchensagen noch nicht existirt hätten, denn dagegen sprechen eben die wenigen Fälle, in welchen auf dieselben Bezug genommen wird; es ist vielmehr nur ein Zeugniss für die Gewalt, mit welcher der Jahve-Gedanke ihre Seele beherrschte und erfüllte, sodass daneben die Patriarchen- und Heroengestalten zu bedeutungslosen Personen und die erzählten Vorgänge zu zwerghaften Geschichten zusammenschrumpfen, an welche sich gar keine religiöse Erhebung anknüpfen lässt. Daraus ist auch der ironische Ton zu erklären, welchen der Prophet anschlägt, wenn er einmal auf Patriarchen und Patriarchensagen Bezug nimmt; so z. B. eben Hôshê'a in Bezug auf Ja'aķôbh, den er als Betrüger seines Bruders, als Ankämpfer gegen Gott, als Weiberdiener nennt (XII, 4. 5. 13) und der babylonische Jesaias in Bezug auf Abraham, dessen Kleinheit er im Vergleiche mit Jahve hervorhebt (LXIII, 16). Wir haben schon oben darauf hingewiesen, dass diese scheinbare Herabsetzung Abraham's sich nur gegen die Remiscenz der göttlichen Geltung dieses Patriarchen kehrt, während an einer andern Stelle (LI, 1) auf Abraham und Sara als die Stammältern des hebräischen Volks hingewiesen wird. Es war natürlich nicht nur nicht im Widerspruche mit der nationalen Tendenz des Jahvismus, sondern gehörte wesentlich und fördernd zu derselben, dass das Bewusstsein der Abstammung von besondern Stammvätern rege erhalten werde. In diesem Sinne ist die Anrede des babylonischen Propheten zu würdigen: „Höret auf mich, ihr die ihr der Gerechtigkeit nachfolget und Jahve suchet! Schauet hin auf den Fels, aus dem ihr gehauen, und auf die Brunnenhöhle, aus der ihr gegraben seid. Schauet auf Abraham, euern Vater, und auf Sara, euere Gebärerin!" und in diesem Sinne weist

auch Mâle'âkhî auf die Patriarchenzeit hin (I, 2—3), wenn
er sagt: „Denn ein Bruder ist Esau dem Jakob und ich liebe
Jakob und habe Esau gehasst." Darum sind es auch An-
sprachen, wie Haus Ja'aḳòbh's, was überaus häufig, Haus
Jiṣchâḳ's (Amos VII, 16), womit der Prophet die hebräische Nation anredet. Es soll sie ihre besondere Abstammung, das Bewusstsein ihrer nationalen Besonderheit immer
rege erhalten und beleben, und so kam es, dass die Namen
der Stammväter durch diesen Gedanken mit dem Volke
identisch wurden; die Wörter Jakob und Abraham sind
bereits Namen des hebräischen Volks bei Mîkhâ VII, 20;
Jesaias XXIX, 22, also bei ältern Vertretern des Prophetenthums: „So spricht zum Hause Jakob's Jahve, der erlöste den Abraham." „Du gibst Wahrheit Jakob und Gnade
Abraham", d. h. dem hebräischen Volke.

Es ist also vornehmlich nur die Idee der Abstammung
von andern Urvätern als die der heidnischen Völker, auf
welche der Prophet Gewicht legt; die Einzelheiten der
Patriarchengeschichte haben für ihn gar keine Bedeutung
und noch weniger Werth haben für ihn Personen, denen
dieser Patriarchencharakter nicht eigenthümlich ist. Auch
Moses bleibt demnach im Hintergrunde. Selbst Hôshê'a
nennt ihn nicht: „Durch einen Propheten hat Jahve Israel
aus Aegypten heraufgeführt, und durch einen Propheten
wurde es bewahrt" (Hos. XII, 14) und nur an wenigen
Stellen bei einem frühern Propheten (Mîkhâ VI, 4)[1] und
einem aus späterer Zeit (Jes. LXIII, 12—13) wird die Befreiung aus Aegypten im Zusammenhang mit Moses ge-
wusst. Auf diesen Auszug selbst wird gern Bezug genommen und die Erzählung von demselben tritt vornehmlich in den Dienst der Anschauung von dem theokratischen
Berufe des Volks. Der Gesetzgeber tritt erst in den nachexilischen Reden in den Vordergrund infolge des Compromisses, den das Jahvethum mit der formellen Gesetzlichkeit des Priesterthums eingegangen war (Male'âkhî III, 22)[2].

---

[1] u. [2] Diese beiden Stellen scheint Michel Nicolas nicht berück-

Das eigentlich Mythische, was noch lange im Volksbewusstsein lebte, erhält mit dem Jahvismus seine volle
monotheistische Umbildung. Jahve wird zum Bezwinger
des Gewitterdrachen und der Ungeheuer der Finsterniss
(vgl. S. 32). Man betrachte die vielen Fragezeichen, welche
die Theodicee im Hiob-Buche den Aufschlüssen entgegensetzt, welche der geschäftige Mythos über die Naturerscheinungen gab. „Hat der Regen einen Vater, oder wer
zeugte die Tropfen des Thaues? Aus wessen Leibe
ist die Kälte hervorgegangen, und der Reif des
Himmels, wer hat ihn geboren?" (Hiob XXXVIII,
28—29) so fragt der jahvistische Monotheist. Auf diesem
Punkte angelangt, sieht alles Mythische sich von Negationen
umlagert, die ganze Naturerklärung und Causalitätsvorstel-
lung des Monotheisten führt auf Einen zurück: auf Jahve;
der Mythos ist auf dieser Stufe vollends überwunden. Aber
man kann die einstmalige Existenz des Mythos nicht in
Abrede stellen, weil das Volk, das einst vor uralter Zeit
Mythos machte, in bedeutend späterer Zeit die gerade Ne-
gation der mythischen Anschauungsweise in seiner Mitte
emporkeimen sah.[1]

Wol aber erachtete es der Jahvismus als seine Pflicht,
auf das Sagenmaterial gestaltend einzuwirken, wenn sich
an diese Sage ein Religionsgebrauch anlehnte, den die jahvistische Richtung verdammte und misbilligte. Ein solcher
Cultusgebrauch ist das Menschenopfer, und er fand eine
Stütze und berechtigende Basis an der Sage von der Opferung des Isak. Hier nun griff der Jahvismus in jener
Weise ein, die wir bereits oben in dem Kapitel über die
Methode der Mythosforschung (S. 57) zu berühren Ge-

---

sichtigt zu haben, wenn er sagt (Études critiques sur la Bible [Paris
1862], I, 351): „Son (nämlich Mose's) nom ne se trouve que deux fois
dans les écrits des prophètes qui sont parvenus jusqu'à nous — (Esaie
LXIII, 12; Jér. XV)."

[1] Wir haben dies hier besonders hervorgehoben wegen der gegen-
theiligen Ansicht M. Müller's in den Essays I, 313.

legenheit fanden. Während in diesem Stücke, auch noch
in der Gestalt, wie es uns in der letzten Redaction vorliegt,
die polemische Bedeutung des in der zweiten Hälfte eingeführten Willen Jahve's gegen den des in der ersten Hälfte
das Opfer fordernden Elôhîm-Gedankens durchleuchtet, verhält es sich ganz anders damit, was die neue Bibelkritik
jahvistische Bestandtheile des Pentateuchs nennt.
Da es nicht zur Aufgabe dieses Buchs gehört, die Entstehungsgeschichte der biblischen Literatur darzustellen,
so können wir uns hier nicht darauf einlassen, unsere Anschauung von der schriftlichen Redaction derjenigen literarischen Bestandtheile, welche den Pentateuch ausmachen,
und ihrer Zusammenarbeitung mit ausführlicher Motivirung
auseinanderzusetzen. Wir wollen nur kurz so viel bemerken, dass bereits alles was wir im Pentateuch an Sagen-
literatur vor uns haben, mehr oder weniger vom Jahvismus durchdrungen ist, und dass nur im gesetzlichen Theile
wenige Ueberreste der streng elohistischen Gesetzgebung
aufbewahrt sind. Die literarische Fassung des Sagenstoffs
ist bereits Product jenes Compromisses zwischen der ältern
und der jahvistischen Religionsrichtung. Ebenso wie wir,
wie oben hervorgehoben wurde, im Pentateuch zwei Gesetz-
bücher vor uns haben, das Deuteronomium und den Leviticus (zu letztern einige gesetzgebende Stücke des Exodus-
und Numeribuchs hinzugenommen), die beide den Ausgleich
der priesterlichen und prophetischen Richtung repräsentiren,
jedoch so, dass in dem einen die priesterliche, in dem andern
die prophetische Anschauung den Grundton angibt, so ist
es auch mit dem Sagenmateriale. Das was man elohistische
Urkunden nennt, ist auch eigentlich genommen jahvistischer Natur, nur dass die Berechtigung des Elôhîm-Namens
für die alte Patriarchenzeit zugestanden wird, und der
Jahvismus erst als geschichtliches Ereigniss, als etwas mit
Moses Entstandenes, eingeführt wird. Dem gegenüber vertritt eine andere Schrift den Standpunkt des strengern
Jahvismus. Da nun einmal die jahvistische Richtung sich
mit den Religionsanschauungen des Volks aussöhnte und

damit zufrieden war, dass sich dieselbe von den Grundwahrheiten der prophetischen Lehre durchdringen lasse, ver-
schmähte sie es nicht, sich des Sagenmaterials zu bemäch-
tigen und es in ihrem eigenen Sinne zu verarbeiten. Waren
die alten Urväter wirklich Musterbilder religiösen Lebens,
so mussten sie dann auch strenge Jahvisten gewesen sein,
und daher kommt es, dass in diesen sogenannten jahvistischen Urkunden das Leben der Patriarchen sich auf vollem
jahvistischem Boden bewegt, dass schon Eva, Lamech und
Noach die Gottheit als Jahve bezeichnen, und Kajin und
Abel dem Jahve Opfer darbringen. Schon mit Sheth beginnt die allgemeine Verehrung Jahve's. Das geschichtliche
Israel ist den jahvistischen Schriftstellern natürlich mehr
als andern ein kehal Jahve, 'adath Jahve (Versammlung,
Gemeinde Jahve's). Damit hängt nun alles zusammen, was
die exegetische Schule zur Charakteristik des jahvistischen
Erzählers beibringt. [1] In den jahvistischen Schriften wird
denn auch mehr als in den andern das Volksthümliche
und Nationale besonders betont [2], und es ist dem streng
nationalen Charakter des Jahvethums entsprechend, dass
in denselben ein grösserer leidenschaftlicher Eifer vorherrscht. Auch einige Termini, die ganz dem eigentlichen
Anschauungskreise des Prophetismus entnommen sind, will
ich betonen und aus allem übrigen herausheben, um auf
die engere Verwandtschaft dieser sogenannten jahvistischen
Urkunden hinzuweisen, nämlich debhar Jahve, Wort
Jahve's, und ne'um Jahve, Rede Jahve's. [3] Dem Kenner der prophetischen Literatur braucht man nicht den
specifisch prophetischen Charakter dieser beiden Kunstausdrücke näher zu erörtern. Ich sage Kunstausdrücke,

---

[1] Nur seine Neigung zur Vermenschlichung Gottes durch anthropo-
morphistische Ausdrücke ist eine Erscheinung, deren Ursachen nicht zu
Tage liegen.

[2] Vgl. Knobel, Die Bücher Numeri, Deuteronomium und Josua,
S. 539. 554.

[3] Ibid. S. 529.

besonders im Hinblick auf das debhar Jahve. Denn dâbhâr nannte der Prophet, und besonders der Prophet der spätern Periode, die Rede, die er im Namen Jahve's verkündete (und er nannte sie so, im directen und polemischen Gegensatz gegen einen andern Kunstausdruck: massâ, Jerem. XXIII, 33 fg., welcher Terminus aber trotzdem auch bei spätern Propheten wiederkehrt), ebenso wie die mit dem Jahvismus sich aussöhnende priesterliche Richtung, welche die Gesetzlichkeit betonte, die gesetzliche Belehrung tòrâ nannte. Tòrâ und Dâbhâr stehen in demselben Verhältniss zueinander wie Kôhèn und Nàbhî (Priester und Prophet). „Sie sprachen“, heisst es bei Jerem. XVIII, 18, „wohlan! wir wollen Plane schmieden gegen Jirmejâhù, denn es geht nicht verloren die Tòrâ vom Priester, der Rath vom Weisen, das Dâbhâr (Wort) vom Propheten; auf denn, wir wollen ihn zungentodt machen und nicht achten auf alle seine Reden (debhârâw).“

Wie eindringlich der prophetische Geist durch diesen Ausgleich alle andern Kreise durchdrang, das sehen wir aus jener vertieften Frömmigkeit, in welcher uns von nun an das Elohistische entgegentritt; wir sehen dies z. B. an den elohistischen Psalmen, gedichtet von religiösen Sängern, bei denen der Jahve-Name der Propheten noch nicht durchgedrungen war, welche aber nun zum Ruhme und zur Ehre Elôhìm's jene erhabenen Lieder dichteten, an welche sich noch heute die Andacht derjenigen knüpft, welche sich im Gebet zu Gott erheben wollen. In ihnen hat der Geist, den die Propheten gelehrt, die Vertreter des Elohismus durchzogen. Denn noch bis in die Zeiten des Exils dauert äusserlich, d. h. was die Wahl des Gottesnamens anbelangt, der Elohismus fort; wir haben unter den in Babylon entstandenen Schöpfungs- und Flutberichten auch rein elohistische Relationen vor uns.

Da aber die Ausbildung dieser Ausgleichsrichtung, in welcher der priesterlichen Anschauung ebenso viel Antheil wurde wie der prophetischen, eine Richtung, welche die Satzung (chukkâ) und das prophetische Wort Jahve's (dàbhâr) in höherer Synthese als Lehre (tôrä) vereinigte, einer relativ späten Zeit angehört: darum wird auch die schriftliche Abfassung der Sagentraditionen in diesem Sinne einer bedeutend spätern Zeit zugewiesen werden müssen, als dies in der Regel geschieht. Es handelt sich hier jedoch nicht um Jahreszahlen, sondern um die Bezeichnung der Culturkreise im allgemeinen. Genaue Zeitangaben wird nur eine fortgeschrittenere geschichtliche Erkenntniss auf dem Gebiete des biblischen Alterthums herbeiführen können; vielleicht wird eine solche durch die immer sicherer werdenden Ergebnisse, die in culturgeschichtlicher Beziehung aus den historischen Texten der Keilinschriften zu holen sind, befördert werden. Aber aus den in neuerer Zeit erkannten Thatsachen lässt sich mit Sicherheit der Schluss folgern, dass die literarische Thätigkeit des hebräischen Volks zum grossen Theil in die Exilsepoche fällt. Aber auch das muss bei dieser Gelegenheit noch erwähnt werden, dass Knobel an seinem Jehovisten Kenntniss hinterasiatischer Verhältnisse hervorhebt. [1] Diese Kenntniss kann nicht Resultat der Berührungen sein, welche die Invasion veranlasste. Sie setzt engere, freundschaftlichere, das Ablernen ermöglichende Beziehungen voraus.

Alles dies führt uns in die Epoche des Exils. Diese merkwürdige Epoche bereicherte den Gedankenkreis der Hebräer mit vielen Dingen, denen wir in dem folgenden Kapitel einige Beachtung zuwenden wollen.

---

[1] a. a. O., S. 579.

ZEHNTES KAPITEL.

Der hebräische Mythos im Babylonischen Exil.

Wenn wir den Ausdruck „Mythos“ auf diejenigen
alten Aussprüche beschränken, in welchen der alte Mensch
von Veränderungen und Vorgängen der Natur spricht:
so gehört diejenige Periode, mit der wir es in diesem
Abschnitte zu thun haben werden, nicht mehr in den
Kreis der Geschichte des hebräischen Mythos. Denn der
Mythos der Hebräer hat seine Entwickelungsgeschichte
mit dem Einflusse des Prophetismus abgebrochen. Nun-
mehr tritt an die Stelle seines freien Lebens, seiner organi-
schen Entwickelung und stufenweisen Umbildung, seine
abgeschlossene, zur kanonischen gewordene literarische
Gestaltung, die uns in der Herausfindung des Ursprünglichen als Quelle und in der analytischen Behandlung seiner
Entwickelung als Handhabe gedient hat. Es ist jedoch
nicht anzunehmen, dass wir in den als Quellen des hebräischen Mythos dienenden Theilen des Alten Testaments das
ganze Material des, soweit diese Fragmente zeugen, sehr
vielfältigen Mythenschatzes der Hebräer vor uns hätten.
Es ist vielmehr anzunehmen, dass eben in jener Zeit, welche
die Ausbildung dieser Mythen von ihrer endlichen schriftlichen Redaction trennt, ein grosser Theil des Materials in
Verlust gerathen sei; und dieses Verlorengehen rechtfertigt

sich durch das wenige Gewicht, das die neue Religionsrichtung auf diese Seite des hebräischen Geisteslebens legte.
Manche Trümmer des nicht aufgezeichneten Sagenmaterials
hat die Tradition aufbewahrt; doch ist wieder die Tradition
in solcher Gestalt auf uns gekommen, dass es schwer hält,
das wahrhaft Traditionelle von dem blos Individuellen
auseinanderzuhalten (vgl. oben S. 38).

Die Geschichte des hebräischen Mythos nach dem Auftreten der Propheten ist somit nur vom literar-historischen
Gesichtspunkte aus zu betrachten, d. h. es ist zu untersuchen, welchen Schicksalen die Sagen während ihrer
schriftlichen Aufzeichnung unterworfen waren. Diese Untersuchungen haben wir von vornherein aus dem Kreise dieser
unserer Studien ausgeschlossen.

Der hebräische Sagenkreis erfuhr jedoch nach dem Aufhören des hebräischen Staatslebens eine Bereicherung von
anderer Seite her, einen Zuwachs, der freilich das Gebiet
dessen, was man eigentlich Mythos nennt, unberührt lässt
und nicht mit Elementen arbeitet, welche im hebräischen
Mythos gegeben sind, die sich aber so eng an jene Sagen
anschliessen, welche Umbildungen des alten Mythos sind,
dass sie bei der Besprechung des hebräischen Sagenkreises
nicht ganz mit Stillschweigen übergangen werden dürfen.

Wir haben schon oben Gelegenheit gehabt, die receptive Richtung des hebräischen Geistes zu beobachten, als
wir seine Begegnung mit dem kena'anäischen Culturkreise vor uns hatten. Bei dem ersten Eindringen eines
dem seinigen überlegenen Geistes hat es demselben wil-
lig die Thore geöffnet und selbst im Kampfe für seine
nationale Eigenart und Individualität das geistige Eigenthum seiner Antagonisten nicht von sich gewiesen.
In der Conception des Jahve-Gedankens und noch mehr
dessen, was den Inhalt dieses Gedankens bildet, haben wir
das erste mal das Aufwachen productiver Genialität im
hebräischen Volke beobachten können; doch fand der Jahvismus bereits kein in staatlicher Beziehung derart festes und
consolidirtes Volk vor, dass dieser Funke in seiner ursprüng-

lichen Reinheit das Volk zu einer geistigen That hätte aufraffen können. Er fand das Volk bereits an der Schwelle jener politischen Zerfahrenheit, für welche es nicht lange nachher an den Strömen Babels zu weinen hatte. Hier lebt der prophetische Gedanke weiter fort, ja er erreicht im babylonischen Jesaias seine Mittagshöhe. Doch wirkten neben ihm auch noch hieratische Einflüsse weiter, und das Beste, was das Volk thun konnte, war jener Compromiss zwischen Jahvismus und dem durch Ezechiel vertretenen priesterlichen Tendenzen, ein Compromiss, der in der Restauration des Reichs zum Ausdruck kam und der dem grössten Theile der biblischen Literatur Ton und Farbe verliehen.

Die receptive Tendenz des hebräischen Volks thut sich in hervorragender Weise wieder einmal während der Babylonischen Gefangenschaft kund. Hier kam das Volk zu allererst dazu, sich eine harmonische und in sich abgeschlossene Weltanschauung zu bilden. Der Einfluss der kenaʿanäischen Cultur konnte bei weitem für die Hebräer kein so fruchtbarer sein; denn diese Cultur, deren höchste Stufe das Volk der Phönikier repräsentirte, ist selbst eine Zwerggestalt neben der monumentalen Geistesarbeit des Babylonisch-Assyrischen Reichs, die wir noch heute in ihrer ganzen Grossartigkeit zu bewundern Gelegenheit haben. Hier gab es noch mehr zu recipiren als einige bürgerliche, staatliche und religiöse Einrichtungen. Die grosse und vielseitige Literatur, welche das Hebräervolk hier antraf, musste auf seinen receptiven Geist als lebendige Anregung wirken, denn es lässt sich nicht denken, dass dem untergehenden und in die Gefangenschaft geschleppten Volke während eines so lange dauernden Aufenthalts im babylonisch-assyrischen Staate, dessen Geistesschätze ganz verschlossen geblieben wären; die neuesten Publicationen Schrader's über assyrische Poesie haben Anlass gegeben, eine auffallende Aehnlichkeit zwischen dem Ideengange und der poetischen Form eines beträchtlichen Theils des Alten Testaments, besonders aber der Psalmen und dieser

neuentdeckten assyrischen Poesie zu constatiren. [1] Es wäre
sehr gefehlt, wollte man diese Aehnlichkeit auf die gemeinsame semitische Urzeit zurückführen; denn auf diese
lässt sich nur in Fällen zurückgreifen, welche über die pri-
mitivsten Elemente des geistigen Lebens und der Weltauffassung oder über sprachliche Benennungen für Dinge der
Aussenwelt nicht hinausgehen; Auffassungen höherer und
complicirterer Art, sowie Momente von ästhetischer Bedeutung können keinesfalls in den Nebelkreis der prähistorischen Zeit entrückt werden, und es ist viel besser, und
wir bewegen uns dabei auf reellerm, weil greifbarerm
Boden, wenn wir annehmen, dass jene Berührungspunkte
zwischen hebräischer und assyrischer Poesie, wie sie sich
aus den Publicationen Schrader's, Lenormant's und Smith's
ergeben, zu jenen Mittheilungen gehören, welche die hohe
babylonisch-assyrische Cultur an das hebräische Volk im
Laufe jener grossen Exilsperiode gemacht hat.

Wir sehen hieraus, dass der babylonisch-assyrische
Geist einen mehr als vorübergehenden Einfluss auf den des
hebräischen Volks übte; dass er ihn nicht nur berührte,
sondern in ihn eindrang, ihm ein gewisses Gepräge auf-
drückte. Der eben berührte Theil der Poesie der Assyrer
steht in ebendemselben Verhältnisse zu der der Hebräer,
in welchem die schlichte Erzählung der Meschatafel und
einiger phönikischer Votivtafeln zu den erzählenden Texten,
und die Opfertafel von Marseille zu den Anfängen priester-
licher Constitution bei den Hebräern stehen. Der babylonisch-
assyrische Einfluss ist allerdings ein viel reichhaltigerer,
fruchtbarerer, denkwürdigerer.

Das hervorragendste Monument dieses wichtigen Einflusses sehen wir in der biblischen Flutsage vor uns. Man
hat schon längst an der Hand des Berosos Beziehungen
zwischen den beiderseitigen Erzählungen von der Weltflut
herausfinden wollen; doch konnten diese Bestrebungen nur
die alte Annahme von einer allgemeinen menschlichen An-

---

[1] S. Beilage der Augsb. Allgem. Zeitung vom 19. Juni 1874.

schauung, welche die Sage von einer grossen Weltflut gemeinsam hervorgebracht, fördern. Es ist freilich nicht so entschieden einleuchtend, dass diese Anschauung sich der Reflexion des alten Menschen ohne weiteres aufdrängen sollte; denn wie so sollte nach allem, was wir nach den zweifellosen Ergebnissen einer vergleichenden Mythoswissenschaft von dem ältesten Gedankenmateriale der Menschheit wissen, die Anschauung von einer allgemein zerstörenden Flut oder auch nur von einer theilweisen, sich auf ein beschränktes Ländergebiet erstreckenden, so zwingend in den Vordergrund der ältesten Weltauffassung treten? Und in der That treffen wir eine ganz grosse Anzahl von Völkern ohne Flutsage. Der älteste griechische Sagenschatz z. B. entbehrt dieser Auffassung — sie lässt sich bei den Griechen erst im 6. vorchristlichen Jahrhundert nachweisen — und ob sie bei den Indern ursprünglich und hohen Alters ist, ist auch von nahmhafter Seite in Zweifel gezogen worden. [1]

Hingegen hat das in neuester Zeit durch George Smith aufgefundene Keilschriftoriginal der assyrischen Flutsage so viel Aehnlichkeit, ja man könnte sagen: Congruenz, mit der in der Bibel aufbewahrten Gestalt dieser Erzählung, sogar in Bezug auf Rabe und Taube, dass man von Anfang her mit

---

[1] Ich will hier eine Stelle aus Ibn Chaldûn, obwol für solche Fragen nicht maassgebend, anmerken: „Wisse, dass die Perser und Inder nichts von dem Ṭûfân (Flut) wissen; einige Perser sagen, dass es nur in Babylon stattgefunden habe." (Geschichtswerk, II. Bd.). Edw. Thomas theilt in der „Academy" (1875), S. 401 eine Stelle aus al-Bîrûnî mit, wo gesagt wird, dass Indern, Chinesen und Persern jede Flutsage mangelt, nach einigen aber die Perser von einer partiellen Flutsage wissen. Nach Bournouf's Ansicht ist die Sintflutsidee der indischen Sage ursprünglich fremd, und sie wäre eine spätere, wahrscheinlich auf chaldäische Quellen zurückzuführende Entlehnung (Bhâgavâ ta Purana, III, xxxi. li). Für die Ursprünglichkeit hat sich A. Weber ausgesprochen (gegen Lassen und Roth, welche mit Bournouf stimmen) in den „Indischen Studien", Heft 2, und bei Gelegenheit der Beurtheilung der Néve'schen Schriften über die indische Flutsage, Zeitschr. D. M. G. (1851), V, 526.

Recht die Meinung aussprechen konnte: diese beiden Relationen weisen auf eine grössere Gemeinsamkeit zurück, als eine solche wäre, welche in einer semitischen Vorzeit ihre Basis hat; denn hätte sie dies, und hätten sich in der semitischen Vorzeit die Elemente der Flutsage in solch weitläufiger Weise entwickelt, wie wir sie in der Bibel und Keilschrift vor uns haben, so müssten wir auch bei allen andern semitischen Völkern Aehnliches finden. Es wäre fast unerklärlich, warum bei den Phönikiern nichts dieser Flutsage an die Seite zu Stellendes nachweisbar ist.

Es ist demnach jene Annahme fast unabweisbar, dass die Hebräer diese ganze Flutsage den Babyloniern entlehnten und dieselbe in einer dem babylonischen Originale selbst in den Wendungen und der Ausdrucksweise ähnlichen Art fortpflanzten. Und gerade Babylon ist das geeignetste Terrain zur Ausbildung der Flutsage; denn es ist nach den Nachweisungen von Bohlen und Tuch sicher, dass sich vollständiger ausgebildete Flutsagen nur bei Völkern finden können, die in ihrem Gebiete stark überflutende Ströme kennen, dass also das Flussgebiet der mesopotamischen Zwillingsströme die richtige Wiege einer ausgebildeten Flutsage sein kann.[1] Einer der bedeutenden englischen Assyriologen, A. H. Sayce, hat in Bezug auf den biblischen Flutbericht in dem „Theological Review“ vom Juli 1873 die Ansicht aufgestellt, dass derselbe aus zwei Relationen besteht, und dass das ältere elohistische Referat eine hebräische Flutsage vor sich hatte, an deren Seite dann im Babylonischen Exil ein jahvistischer Berichterstatter die in dem Smith'schen Documente aufbewahrte babylonische Flutsage setzte.[2] So zweifelhaft nun auch die Existenz einer ausschliesslich hebräischen Flutsage ist und ganz abgesehen davon, dass auch an der elohistischen Berichterstattung die Identität mit den babylonischen Sagen

---

[1] Commentar über die Genesis (2. Aufl., 1871), S. 47.
[2] The Academy (1873), Nr. 77, col. 292.

nachgewiesen wurde [1], genügt für uns auch schon die
Sayce'sche Auffassung der Sache zur Begründung derjenigen
Anschauung, dass die Hebräer den Flutbericht der Bibel
in Babylon mindestens ergänzten, wenn auch nicht vollends
concipirten, dass sich aber die Sache keineswegs so verhalten könne, wie noch neuerdings Max Duncker [2] darstellt: „dass diese Sagen einen alten und gemeinsamen
Besitz der semitischen Stämme des Euphrat- und Tigris-
landes wiedergeben." Wir können für jene uralten, prähistorischen Zeiten, in welchen noch die semitischen Stämme,
gleichviel wo, ungetrennt miteinander lebten, nicht voraussetzen, dass sie gemeinschaftlich Sagen entwickelten, welche
eine höhere, fortgeschrittene Weltanschauung voraussetzen,
wie die kosmogonischen Sagen und die Flutsage, welche
im Zusammenhang mit derselben steht. Der Mensch arbeitet auf jener uralten, allerältesten Stufe menschlichen
Lebens mit viel einfachern Apperceptionen, als diejenigen
welche zur Bildung solcher Sagen erforderlich sind. Der
Mythos in seiner allerältesten Form, noch ganz an der
Sprachbildung haftend, ist es erst, was ihn beschäftigt. Auf
jeden Fall hat aber die babylonische Sage in ihrer hebräischen Umarbeitung eine Reinigung nach der monotheistischen Richtung hin erfahren, oder, wie eben noch Duncker
ganz treffend hinzusetzt, „liegt der Flutbericht uns in den
Schriften der Hebräer in gereinigter und vertiefter Gestalt vor."

Wir haben in einem vorhergehenden Abschnitte nachgewiesen, dass Nô'ach eine jener solarischen Gestalten ist,
von denen uns die biblische Quelle noch einige mythische
Züge aus der Vorzeit aufbewahrt hat. Es liegt kein innerer
Grund dafür vor, dass sich die Flutsage eben an Nô'ach
knüpfte (die assyrischen Schrifttafeln nennen Hasisadra als
Geretteten). Am ehesten liesse sich, wenn man schon um
jeden Preis den Zusammenhang Nô'ach's mit der Flutsage

<hr>

[1] Vgl. Westminster Review (April 1875), p. 486.
[2] Geschichte des Alterthums (4. Aufl. 1874), I, 186.

beweisen wollte, anführen, dass die alten Mythostraditionen
neben Adam noch ihn als den Stammvater der Menschheit nannten (denn die andern solarischen Gestalten treten
zumeist in ein dem Volke feindseliges Verhältniss). Die
harmonisirende Richtung, auf welche wir hinzuweisen schon
Gelegenheit hatten, konnte nun am leichtesten Nô'ach für
die in Babylon erlernte Flutsage benutzen, da sich hier die
beste Gelegenheit bot, seinen Titel als Ahnherrn des menschlichen Geschlechts zu begründen. Es kann aber angenommen werden, dass diese Benutzung des Nô'ach nicht erst
bei der Zusammenarbeitung und der Einfügung der Flutsage in das gesammte Sagenmaterial auftauchte; dass vielmehr, sobald diese babylonische Sage von den Hebräern
des Exils entlehnt wurde, dieselbe mit der Person Nô'ach's
verknüpft worden ist. Dafür bürgt der Prophet des
Babylonischen Exils, welcher die Sintflut mê Nô'âch
(das Wasser Nô'ach's) nennt. „Denn wie die Wasser
Nô'ach's ist mir dies (dein Unglück), von denen ich geschworen, dass nie mehr die Wasser Nô'ach's über die Erde
ergehen werden (Genesis IX, 21—22); so habe ich auch
geschworen, dir nimmermehr zu zürnen und dir nimmermehr gram zu sein" (Jes. LIV, 9). Auch zur Ausbildung
einer so entwickelten und plastisch gegliederten Schöpfungsgeschichte, wie sie uns in den allervordersten Stücken des
Genesisbuchs vorliegt, scheinen die Hebräer in Babylon die
nähere Anregung erhalten zu haben. Nicht als ob die
Kosmogonie der Babylonier das Original für die Kosmogonie der Bibel wäre, denn eben im Stücke der Kosmogonien bietet der biblische Bericht seiner Construction nach
etwas ganz Eigenartiges; aber in dem Sinne, dass die
Geistesrichtung, welche nach dem allerersten Ursprunge
der Weltordnung, der physischen sowol als auch der moralischen, forscht, eben während des Aufenthalts in dem in
Speculationen dieser Richtung so hoch entwickelten Babylon
erst recht angeregt wurde. Vielleicht allerdings dürfte noch
manche Specialität der hebräischen Kosmogonien durch
weiteres Bekanntwerden der in den Keilschriften enthaltenen

Literatur ihre babylonisch-assyrische Parallele finden. [1] Es
ist in jedem Falle für unsere Frage ein Moment, welches
nicht ausser Acht gelassen werden kann, dass der Begriff
des bôrê und jôṣêr (Schöpfer, die Termini der Genesis-
kosmogonie) als integrirender Bestandtheil des Gottesgedankens erst bei den exilischen Propheten, besonders
beim babylonischen Jesaias, zur Geltung kommen, welcher
den Ausdruck bôrê mit Vorliebe benutzt. Auch die ältern
Propheten kennen Jahve als Schöpfer der Welt; aber es
ist augenfällig, dass auf diese Erkenntniss bei ihnen nicht
mit so viel Nachdruck hingewiesen wird und dass sie sich
nicht so häufig auf dieselbe beziehen, wie z. B. der Jesaias
des Exils. 'Amôs IV, 13 sagt z. B.: „Denn siehe der
Bildner der Berge und der Schöpfer des Windes und der
dem Menschen verkündet, was sein innerstes Denken, der
der Morgenröthe ihren Flug verleiht und auf den Höhen
der Erde einherschreitet — sein Name ist Jahve, der Gott
der Scharen." Diese Stelle steht in gar keiner Beziehung
zu der Kosmogonie der Genesis, ja sie knüpft an die mythische Vorstellung des Alterthums an, indem sie vom
Fluge der Morgenröthe spricht (s. oben S. 135), wie wir
denn auch den ältern Jesaias noch vielfach in diesem mythischen Vorstellungskreise sich bewegen sehen. Ganz anders
der exilische Prophet, welcher an die Vorstellungen der
Kosmogonie in der Genesis anknüpft, wie die Stellen
XL, 26; XLV, 7 (wo vom Schöpfer des Lichts und der
Finsterniss die Rede ist); XLII, 5; XLV, 18; besonders
die letztere Stelle, wo auf den durch die Schöpfung ver-
bannten Zustand des tôhû hingewiesen wird) klar darlegen.
Mit der Schöpfungserzählung erhielt auch die Begründung
der Sabbatfeier eine andere Wendung. Während sie in
der ältern Auffassung (die noch in dem deuteronomischen
Dekalog V, 15 zum Ausdruck kommt) lediglich theokratische Bedeutung hat und das hebräische Volk an die nach

---

[1] Seitdem Obiges niedergeschrieben ward, ist diese Hoffnung in Erfüllung gegangen.

langer Knechtschaft erfolgte wunderbare Befreiung aus der
ägyptischen Sklaverei erinnern soll, wird sie in der spätern
Fassung der Zehnworte (Exodus XX, 11) damit begründet,
dass auf die Geschichte der Weltschöpfung hingewiesen
wird, in welcher nach dem Sechstagewerk auch von des
Schöpfers Seite Ruhe eintrat.

Wir können uns hier nicht in die Frage nach der geographischen Lage des biblischen ʿÊden einlassen, noch
auch untersuchen, ob die Anschauung vom ʿÊden in der
entsprechenden Auffassung der eranischen Tradition ihr
Original hat; doch es kann angenommen werden, dass auch
der biblische Bericht vom ʿÊden in Babylon entstanden ist.
Man kann nämlich im allgemeinen voraussetzen, dass die
biblischen Berichte über die Kosmogonie und über die Ursprünge der Dinge nicht so wie das Material der alten
Mythologie erst ein langes, vielleicht vieltausendjähriges
Leben vom Munde der einen Generation zu dem der andern
durchlebte, ehe es zu den ersten Anfängen einer schriftlichen Aufzeichnung kam. Vielmehr finden wir in diesen
Partien der Bibel eine so künstlerische Vollendung der Darstellung, eine solche harmonisch abgerundete Art der Erzählung, dass man mit Recht voraussetzen kann, dass diesen
Theilen der biblischen Urkunden nicht die mündliche Kette
eines langen Traditionslebens vorausgehe, sondern dass
wir hier eben herrliche Dichtungen vor uns haben, welche
bald, nachdem sie in den gebildeten Kreisen des Volks
concipirt waren, auch niedergeschrieben wurden, um dann
Gemeingut des Volks zu werden. Es war dies eben eine
zweifache von den Babyloniern empfangene Anregung: einerseits über die ältesten Dinge, über Ursprung der Welt,
des Menschen und anderer Dinge allgemeiner Natur
nachzudenken, und andererseits über diese Dinge Schriftliches abzufassen. Die Propheten des babylonischen Hebräervolks haben ohne Zweifel grossen Einfluss auf die Entstehung
dieser Erzählungen geübt, und gern dasjenige, was der Vertiefung des Jahve-Gedankens förderlich war, als Elemente
ihrer religiösen Weltauffassung gelten lassen. Denn der

Prophet stand ja der Masse nicht als Mitglied einer sich
dem Volke entgegensetzenden Körperschaft entgegen; er
wuchs vielmehr aus dem Volke hervor und erhebt sich
durch seinen individuellen Gedankenflug über dasselbe hinaus. Jedoch ist es leicht begreiflich, wenn der Prophet,
obwol dem Gedanken Jahve's als bòre (Schöpfer) gern er-
fassend, auf die kleinen Einzelheiten der kosmogonischen
Dichtung nicht viel Gewicht legt. Jesaias, der Prophet
Babylons par excellence, ermahnt sein Volk geradezu: „Er-
wähnet nicht die ersten Dinge und grübelt nicht
über die Alterthümer" (Jes. XLIII, 18), doch tritt er
nicht in offene Opposition gegen diese Geistesrichtung und
erblickt nichts Schädliches in der Bethätigung derselben,
um so mehr, da er ihre Resultate unbewusst selbst in sich
aufgenommen und in seinen musterhaften Reden vielfach
verwerthet hat.

So wurde auch die Erzählung vom Garten ʿÊden als
Anhang an die Schöpfungsgeschichte bereits in Babylon,
nicht lange also nach der Concipirung dieser Erzählungen,
aufgezeichnet. Es bedarf nur des Hinweises auf die Stelle
Genes. II, 14, wo die Schrift, von den vier Strömen des
Edengartens redend, die drei ersten geographisch näher
bestimmt, während sie vom vierten nur sagt: „Und der
vierte Strom ist Frâth", um einzusehen, dass diejenigen,
für welche diese Erzählung niedergeschrieben worden, den
Frâth als einheimischen Fluss kennen mussten, sodass sein
Flussgebiet keiner nähern Bezeichnung bedurfte und diese
Erzählung demnach an den Ufern des Euphrat niedergeschrieben wurde. Obwol nun der Begriff „Garten Eden"
auch vor dem Exil nachweisbar ist (Joel II, 3), so finden
wir die Beziehung auf diejenige Eigenschaft und Qualifica-
tion des Eden, in welcher er in der Genesis erscheint, erst
bei den Propheten des Exils. Während in jenen Worten
des Propheten Joel nur die allgemeine Anschauung eines
Lustgartens mit Eden verknüpft zu werden scheint,
treffen wir z. B. bei Ezechiel (nämlich vielfach im XXXI.
Kapitel) die Benennung „Garten Gottes" als nähere

Bezeichnung des Eden, und bei Jesaias (LI, 3) entspricht
in dem Parallelismus der Versglieder dem Eden des Vorder-
satzes im Nachsatze „Garten Jahve's":

> Er macht ihre Wüstenei zum 'Êden
> Und ihre Einöde zum Garten Jahve's,

und dass derselbe Prophet auch die Erzählung vom Sünden-
falle mit dem 'Êden verknüpfte, oder wenn er sie auch
nicht damit verkettete, sodoch die Erzählung selbst kannte,
das leuchtet aus seinen Worten (Jes. XLIII, 27) hervor:

> Dein erster Vater sündigte.

Die Erwähnung der Lehre vom Sündenfall führt uns auf
ein Gebiet, das noch mit dem Gegenstande dieses Ab-
schnittes in engem Zusammenhange steht. Es sind dies die
dogmatisch-religiösen Anschauungen, welche während
der Gefangenschaft die hier angeregten Erzählungen durchdringen und dann später während der Redaction des Schrift-
kanons auch in die, der Entstehung ihres Inhalts nach
ältern Partien der Schrift, eindrangen, um dann ihr Leben
in dem zweiten hebräischen Staate zu entwickeln und in
der spätern jüdischen Synagoge fortzuführen. Die eränischen Religionsanschauungen mussten durch das Ueber-
handnehmen der persischen Macht und des persischen Einflusses in Vorderasien, wo vielfach Vasallenstaaten des
babylonischen Staats existirten, auch grossen Einfluss auf
den Mutterstaat ausüben, bis sie später durch die Besiegung Babylons selbst, durch Kyros, am Ausgange des
hebräischen Exils, diesen grossen Staat ganz überfluteten.
Es war daher alle Gelegenheit vorhanden, dass die Haupt-
begriffe der eränischen Theologie in das Bewusstsein der
Hebräer eindrangen, zumal sie eben damals ihren Geist
damit beschäftigten, sich über den Ursprung der physischen und moralischen Weltordnung Rechenschaft zu
geben und über die Hauptfragen der „Ursprünge" ins
Reine zu kommen. Und nicht nur in materieller Beziehung
äusserte sich dieser Einfluss der Eranier auf die Hebräer,
sondern auch in formeller. Es hat nämlich sehr viel Wahr-

scheinlichkeit für sich, dass die erste Anregung die priesterlichen Opfer-, Reinheits- und anderweitige Gesetze zu codi-
ficiren, den Hebräern durch persisches Beispiel kam. [1]
Ein Theil dieser Anschauungen hat nun auch in den babylonischen Abschnitten der Genesis Platz gefunden, soweit
diese Anschauungen in die Kosmogonie hinein gehörten;
andere fanden im Kanon keinen Ausdruck, lebten aber in
der Tradition weiter, bis endlich auch diese literarisch fixirt
wurde. Es ist geradezu verkehrt, dass Männer, die sich
mit nervöser Leidenschaftlichkeit damit beschäftigen, einen
jeden Buchstaben der jüdischen Agada, auch dort, wo dies
am allerwenigsten gerechtfertigt ist, und wo nur gewalt-
thätige Hypothesenmacherei Entlehnungen finden kann, in
den eranischen Schriften wiederzufinden, diese Frage nicht
in ihrem Ausgangspunkte erfassen, um endlich Licht zu
bringen in die Einzelheiten des eranischen Einflusses auf
die Erzählungen des Pentateuchs; ebenso verkehrt wie jene
unhistorische Annahme, welche selbst die Möglichkeit jeder
hebräischen Entlehnung von den Persern, „unter welchen sie lebten“, geradezu abschneidet. [2] Prof. Spiegel
hat, indem er an eine Bekanntschaft Abraham's mit Zarathustra anknüpft, die Sache in den Nebelkreis einer so entfernten Zeit gezaubert, dass man auf seine Grundlegung in
kritisch-historischer Beziehung nicht weiterbauen kann [3] und
noch lieber an die überlebte Auffassung Volney's anknüpft [4],
welcher den Einfluss des Magismus auf die Hebräer mit
der Auflösung des nördlichen Reichs beginnen lässt. Andere
haben durch die Annahme eines semitischen Einflusses auf

---

[1] Diese Ansicht hat Kuenen dargelegt in: De Godsdienst v. Israel, II, 64.

[2] Dies scheint die Auffassung Bunsen's zu sein (Gott in der Geschichte, I, 183).

[3] Vgl. Max Müller's Essay: Genesis und Zendavesta (Essays I, 129 fg.).
— Ungefähr denselben Standpunkt wie Spiegel nimmt auch der holländische Gelehrte Tiele dieser Frage gegenüber ein, die er in seinem
Buche: De Godsdienst van Zarathustra (Harlem 1864), S. 302 fg., weitläufig bespricht.

[4] Les Ruines XX, 13. System.

die Eranier und durch eine falsch verstandene Pietät vor
dem hebräischen Alterthume der wissenschaftlichen Untersuchung in dieser Frage sozusagen die Nase abgehackt. [1]
Falsch verstandene Pietät sage ich, denn es ist eben
alles, nur nicht die rechte Pietät, wenn wir ein Literatur-
gebiet, das wir alle lieben und hochachten, und dem wir
den besten Theil unserer moralisch religiösen Ideale verdanken, lieber unverstanden und ungekannt liegen lassen,
als dass wir seinen Elementen nachgehen, die Geschichte
dieser Elemente in psychologischer und literarischer Beziehung analysiren, um dasjenige, was wir lieben, auch zu
verstehen. Hat Homer an Zugkraft verloren, seitdem wir
ihn kritisch analysiren, und etwa der göttliche Plato an
Göttlichkeit eingebüsst, seitdem wir einige Quellen seiner
Anschauungen aufgedeckt? Denn nicht in der Thatsache
der Originalität steckt das einzige Kriterium des Wunderbaren, und nicht nur was aus einem Gusse und vom Scheitel
bis zur Zehe aus einem Stücke, ist ganz; das Fremde, das
ein versittlichendes Element im Fremden geworden, und
das Stückwerk, das ein harmonisches Ganze geworden, ist
nicht weniger erhaben, nicht weniger vollkommen. „Es
gibt", sagt Julius Braun ganz richtig [2], „eine andere Originalität, und zwar die höchste, welche nicht der Anfang,
sondern die Folge geschichtlicher Entwickelung ist: die
Originalität des Mannesalters. Diese tritt ein, wenn eine
Persönlichkeit oder Nation alle vorhandenen Culturelemente

---

[1] Noch eine dritte Ansicht über die Begegnungen der hebräischen
Ursage mit den arischen ist zu erwähnen; es ist die zuerst von Ewald
in seinem: „Geschichte des Volks Israel", I, 302 fg., ausgesprochene Ansicht, der sich unter den deutschen Gelehrten Lassen und Weber, unter
den französischen Burnouf, und mit gewisser Skepsis auch Renan, an-
geschlossen haben. Nach dieser Hypothese sollen die Uebereinstimmungen
in den beiderseitigen Ursagen auf prähistorische gemeinsame Traditionen
zurückzuführen sein, welche Arier und Semiten an ihren gemeinsamen
Ursitzen über die Vorgeschichte ausbildeten. Es ist hierüber kurz nachzulesen, Renan, „Hist. gen. des langues semitiques", p. 480 fg.

[2] Naturgeschichte der Sage, I, 8.

in sich aufgenommen und dann noch die Kraft besitzt darüber hinauszugehen und frei zu schalten mit den überkommenen Elementen."

So hat auch manches Eranische mit Fug und Recht sich in das Ganze der hebräischen Literatur und Weltauffassung einordnen können und wir retten die Ehre des Hebräischen nicht, wenn wir uns anstrengen die Eranier in die Schule der Hebräer gehen zu lassen. Ganz richtig hat in Bezug auf dieses Verhältniss Karl Twesten gesehen und wir wollen seine Worte hier anführen, um zu zeigen, welchen Eindruck die Uebereinstimmungen zwischen Eranischem und Hebräischem auf einen nüchternen Historiker machen, der keine Voreingenommenheit für das eine oder das andere Gebiet zur Betrachtung mitbringt. „Man darf nicht einwenden", sagt er, „dass die Iranier von den Hebräern entlehnt oder aus derselben Quelle geschöpft haben könnten; denn einmal gehören diese Dinge dort wesentlich zum System, während der Pentateuch gar keinen weitern Gebrauch davon macht, und andererseits waren sie in Zeiten und Orten vorhanden, auf welche die hebräische Theologie, wenn man auch die Möglichkeit einer frühern Ausbildung dieser Sagen zugeben mag, unmöglich irgendeinen Einfluss üben konnte. Die Israeliten waren ein so wenig bekanntes, so wenig mit andern Nationen in Berührung tretendes Volk und die Priesterschaften des Alterthums so exclusiv, der iranische Osten so fern, dass eine frühe Einwirkung mosaischer Lehren auf die Theorien der Zendschriften völlig undenkbar ist. Dagegen sind iranische Einflüsse, seitdem Meder und Perser die herrschenden Mächte geworden, bei den Völkerschaften Vorderasiens ebenso wahrscheinlich, wie sie in der Natur der Sache lagen."[1]

Dies wären in grossen Zügen die Anregungen, denen der hebräische Sagenschatz während der Exilszeit einen Zu

---

[1] Die religiösen, politischen und socialen Ideen der asiatischen Culturvölker u. s. w., herausgegeben von M. Lazarus (Berlin 1872), S. 590.

wachs von Material verdankte. Auch die Bearbeitung und
literarische Abrundung des alten Sagenmaterials hat natürlicherweise in der Exilszeit manches babylonische Element
in die Darstellung einfliessen lassen. Wir erwähnen Nöldeke's ansprechende Ansicht (in seinen „Untersuchungen"),
dass die Jahre und Jahrescyklen in der Patriarchengeschichte
nach Babylon weisen und mit astronomischen Systemen zusammenhängen. Auch die letzte systematische Bearbeitung
der „Völkertafel", Genes. X, kann man in diese Reihe setzen.
Die Verfertigung einer solchen Uebersicht über alle bekannten
Völker der Erde, scheint in jener alten Zeit nur in einem
Reiche möglich, das vermöge seiner weitausgebreiteten Herrschaft sich in geographischer und ethnographischer Beziehung
einen weiten Gesichtskreis eröffnet und ist von dem beschränkten judäischen Staate aus, fast eine Unmöglichkeit. Obwol
die Selbstverschliessung der Hebräer in Kena'an in jener
übertriebenen Fassung, wie sie lange Zeit angesehen und
zu mannichfachen, auch in praktischer Beziehung bedauer-
lichen Vorurtheilen Anlass gegeben, heute wol mit gutem
Rechte eine Fabel genannt werden mag, so ging der Blick
der Hebräer in Kena'an wol kaum in solche Fernen und
in diesen Fernen schwerlich bis auf jene Specialitäten,
denen wir in der Völkertafel begegnen, und es hiesse den
theoretischen Einfluss der Verbindung mit den Phönikiern
überschätzen, wenn man mit Tuch [1] „von dieser Verbindung
mit den Phönikiern auch die zur Völkergenealogie erforder-
lichen ethnographischen Kenntnisse ableiten wollte", oder
den Maassstab moderner Expeditionen auf die Schifffahrt
David's und Salomo's anwenden — eine Schifffahrt, der Mauch
in seinen Opferentdeckungen auch eine afrikanisch-jüdische
Colonisation zuschreibt —, wenn wir diese geographischen
und ethnographischen Kenntnisse den wissenschaftlichen
Ergebnissen jener Schifffahrt beizählen wollten.

Der Blick der Hebräer auf Ethnographisches konnte in
so grossem Maassstabe erst während ihres Aufenthalts

---

[1] Commentar zur Genesis (2. Aufl.), S. 157.

unter jenem Völkergewirre des Babylonisch - Assyrischen Weltreichs gerichtet werden, ebenso wie sich bei ihm erst damals der Sinn für ein anderes Problem öffnen konnte, dessen biblische Beantwortung sich unmittelbar als in Babylon entstanden darbietet. Wir meinen die Erzählung von der babylonischen Sprachverwirrung (Genesis XI, 4—9).

Es ist unschwer zu begreifen, dass das hebräische Volk, dem in dem in sprachlicher Beziehung so gleichartigen Kena'an gar keine Gelegenheit geboten war, auf die Thatsache der Sprachverschiedenheit aufmerksam zu werden, bei seinem Eintritte in den anderssprachigen babylonischen Staat diese Erfahrung zur Aufstellung des Problems, welches das elfte Kapitel der Genesis lösen will, angeregt wurde. War ihm ja von früher her der nördliche Grossstaat ein Volk, „dessen Sprache es nicht verstand" (Deuteronom. XXVIII, 49) [1], „ein Volk von der Ferne, ein uraltes Volk, ein Volk von ewig her, ein Volk, dessen Sprache du nicht kennst, und nicht verstehst, was es spricht" (Jerem. V, 15). Während dem Griechen schon zur Zeit des Hesiod

Gleichen Geschlechts erwuchsen die Götter und sterblichen
    Menschen,
Erst ein goldnes Geschlecht der vielfach redenden Menschen.

(Werke und Tage, v. 110—111.)

Und wieder erschuf ein drittes Geschlecht viellautiger
    Menschen,
Zeus, der Vater, aus Erz.   (Vers 144)

war für den ältern Hebräer „die ganze Erde einer Zunge und einerlei Reden." So wie nun die Anregung zur Aufstellung dieses Problems in Babylon auftrat, als der

---

[1] Es ist nicht zu übersehen, dass in der nachexilischen Nachbildung dieser Strafpredigt (tôkhâchâ, wie sie die Synagoge noch heute nennt), Levit. XXVI, 14—43, dieses Moment, dass das Volk durch einen Feind fortgeführt wird, „dessen Sprache es nicht versteht", nicht mehr vorkommt. Auch andere Punkte der Leviticus-tôkhâchâ weisen darauf hin, dass sie von der Kenntniss des Exils heraus gedacht ist, so z. B. die besondere Betonung des Aufenthalts im Lande des Feindes, und namentlich Vers 32. 36. 38. 39.

Schauplatz, wo sich ein solches Problem mit der grössten Gewalt an das Bewusstsein des Volks herandrängen musste, so wird auch in der Lösung desselben der Schauplatz der Sprachentstehung in Babylon selbst gefunden. Der Mensch verlegt ja so gern den Ursprung einer Sache oder einer Erscheinung dahin, wo sie zu allererst ihm entgegentrat und er ihrer bewusst wurde. Wie eng die Entstehung der Völkertafel mit der Sage über die Entstehung der Sprachverschiedenheit zusammenhängt, das sieht man auch ausser dem innern Zusammenhang zwischen den beiden zu Grunde liegenden Problemen auch daraus, dass die Völkertafel die verschiedenen Menschenrassen stets „nach ihren Familien, nach ihrer Sprache, in ihren Ländereien und Völkern" voneinander trennt (Genesis X, 5. 20. 31).

Ganz nebensächlich ist der etymologische Versuch über Bâbhel (bâlal = vermischen), der sich an die Erzählung anknüpfte, und es ist durchaus nicht zu billigen, wenn man diesen Versuch selbst als den Anlass zur Enstehung der Sage von der Sprachenentstehung in Bâbhel betrachtet. Vielmehr ist die Hauptsache in dieser Sage eben die Entstehung in Bâbhel, die Etymologie ist das Secundäre, wodurch man sich die Sage nach allen Seiten hin zurechtzulegen strebte. Die alten Menschen, und noch heute diejenigen, über welche das Wort mehr Gewalt hat als der Gedanke, liebten es, in dem Worte gleichsam die Thatsache wiederzuspiegeln, die sich an jenes Wort knüpft. Es ist wahr, dass viele Bestandtheile alter Sagen eben jenen falschen Etymologien ihren Ursprung verdanken. Die Ochsenhäute der Dido und ihre Beziehung zur Gründung Karthagos basiren ja blos auf dem griechischen byrsa, einer misverstandenen Umlautung des semitischen bîrethâ (Festung, Citadelle); der delosische und lykische Ursprung des leuchtenden, lichtgeborenen Apollo, auf Misverstehung des Apollo Dêlios und Lykegenes; die phönikische Abstammung der Irländer, wie dieselbe in den mittelalterlichen, geistlichen Chroniken behauptet worden ist, auf die falsche Etymologie des irischen Wortes Fena, pl. fion (schön, anmuthig), und

selbst die amerikanischen wilden Stämme, die den Michabo
(michi, gross, wabos, weiss), den Kadmos der Indianer-
stämme, einen weissen Hasen nennen, thun dies nur,
weil ihnen hierzu eine falsche Etymologie des Wortes die
Handhabe bietet. [1] Besonders sind es Städtenamen, deren
falsche Etymologie zur Entstehung von Fabeln Anlass gibt.
Wie phantastisch die Volksetymologie bei Städtenamen
wirksam ist, sieht man an vielen Ortsnamen, wenn sie in
eine fremde Sprache übersetzt werden. Beim Genezaretsee
liegt Hippos, wovon die Landschaft selbst Hippene hiess.
Das Wort bezeichnete im Phönikischen einen Hafen und
kommt nicht nur im Karthagischen als Name des Bischofs-
sitzes des heiligen Hieronymus, sondern auch in spani-
schen Ortsnamen vor. Unzweifelhaft sind damit das hebräische
chôf, dann die Ortsnamen Jâphô (Jaffa) und Haifâ verwandt. Die Griechen fassten es aber vom Standpunkte
ihrer Sprache auf und dachten an Rossstadt, nannten sie
doch die Schiffe Meeresrosse und gesellten die Rosse dem
Meergott bei. Dasselbe ἵππος übersetzten die Araber so-
fort kalʿat al Husân, indem al-husân neuarabisch das
Pferd heisst. [2] Die persische Stadt Rejj, an deren Namen
sich eine Fabel knüpfte, die wir auch deswegen erwähnen,
weil sie mit dem Motiv des „Thurmbaues von Babel“
einige Verwandtschaft aufweist, bietet uns für die erwähnte
sprachgeschichtliche Thatsache ein erwähnenswerthes Beispiel.
Die persischen Chronographen erzählen nämlich [3], dass der
alte König Kejkâvûs einen Wagen verfertigen liess, den
er durch verschiedene Vorrichtungen dazu benutzen wollte,
um mit demselben in den Himmel zu steigen. Gott aber
befahl dem Winde, den König in die Wolken zu tragen.
Daselbst angelangt, wurde er wieder hinabgeschleudert, so-

---

[1] Fiske, Mythes and Mythemakers, p. 71. 154. Vgl. Tylor I, 390.

[2] Aus Sepp's Jerusalem und das heilige Land, II, 157.

[3] Bei Jâkût, Geographisches Wörterbuch, II, 893. Ganz an die alttestamentliche Art der Namenetymologien und an ihre Darstellung erinnert die Erklärung des Namens Takîf in Jâkût III, 498.

dass er in das Gurgânische Meer fiel. Als Kejchosrau, Sohn des Scâhwusch, an das Ufer gelangte, benutzte er denselben Wagen zur Fahrt nach Babel. Als er vor den Ort des heutigen Rejj kam, da sagten die Menschen: „birejj âmed Kejchosrau", d. h. „auf einem Wagen ist Kejchosrau angekommen". Er befahl an dieser Stelle eine Stadt zu bauen, die, weil der Wagen persisch rejj heisst, den Namen Rejj erhielt.[1]

Bei alledem sind es meist nur nebensächliche Züge, welche sich an den Grundstock der Sage ansetzen, die einem falschen Etymologisirungsversuch ihren Ursprung danken. Die Existenz und die erste Entstehung einer ganzen Sage kann schwerlich durch eine solche unzulängliche Etymologie angeregt werden. In Betreff der hebräischen Sage, wo das Etymologisiren eine so grosse Rolle spielt, ist im ganzen genommen dasselbe festzuhalten. Auch da wird die Sage durch später aufgetauchte etymologische Versuche in den Details bereichert. Sie wird aber nicht zu allererst durch diesen Factor ins Leben gesetzt. Vielmehr pflegen, da der Mensch einen Zusammenhang zwischen dem Namen und den Beziehungen seines Trägers herausfinden muss und da die ursprüngliche mythische Beziehung dem Bewusstsein bereits längst entrückt ist, zuweilen dem Namen selbst ganz fernstehende, aber der Sage selbst eigenthümliche Züge mit dem Namen etymologisch in Verbindung gebracht und der Sage angepasst zu werden, und daher kommt die frappante Unzulänglichkeit vieler dieser etymologischen Erklärungen, z. B. Abhrâhâm durch abh hamôn, Nô'ach durch nâchêm. Nô'ach ist im hebräischen Culturmythos der unter allen am meisten hervorragende Begründer des Ackerbaues und Erfinder von Ackergeräthen, er ist es demnach, der den Menschen Trost verschafft gegen den Fluch, der an dem Erdboden haftet; aber in dem Namen Nô'ach selbst ist dieses Moment nicht etymologisch ent-

---

[1] Vgl. einige Beweisstellen in L. Löw's Beiträgen zur jüd. Alterthumskunde (Szegedin 1875), II, 388.

halten. Die spätere Sagenbildung hat jedoch durch eine falsche Etymologie diesen Zug mit dem Namen selbst in Verbindung gebracht. Dasselbe ist auch mit der Sprachensage der Fall, wo Bâbhel von bâlal (vermengen) abgeleitet wird. Die Etymologie bezieht sich ebenso häufig nur auf ein sehr nebensächliches Moment der Sage, wie z. B. die meisten Erklärungen der Namen der Söhne Jakob's, Genes. XXIX—XXX, oder die Ableitung des Namens K̦ajin von k̦ânâ, erwerben, u. s. w. Zum Theil wird endlich das Etymon richtig angegeben, doch ist dessen ursprüngliche Beziehung zu dem Gegenstande des Namens mit dem Schwinden des mythischen Bewusstseins mit verschwunden, und in solchen Fällen entsteht häufig ein neuer Zug des Sagenkreises. So wird z. B. ganz richtig angegeben, dass Jiṣchâk̦ von ṣâchak̦, lachen, stammt, doch ist es bereits unverständlich, dass Jiṣchâk̦ selbst den Lächelnden (die Sonne) bedeutet, und es muss demnach das Lachen der alten Mutter, der die Geburt des Sohnes vorherverkündigt wird, oder das Lachen der Menschen beim Hören der Nachricht eintreten. In der Etymologie des Namens Ja'k̦òbh ist zwar das Etymon und seine Beziehung ('âk̦êbh, die Ferse) richtig aufbewahrt, doch nicht ohne dass sich dazu ein fremdes etymologisches Element ('ik̦k̦êbh, betrügen), das dann in der Entwickelung der Sage hervortrat, mengte. Die spätere etymologische Auffassung hat sich demnach allerdings insoweit in den Vordergrund gedrängt, um hin und wieder in der Darstellung der Sage zur Geltung zu kommen. [1] Man kann aber nicht nachweisen, dass sich eine ganze Sage, wie die der Sprachverwirrung zu Babel, blos auf Grund einer schlechten Etymologie gebildet hätte. Darum dürfen wir mit Bestimmtheit an dem oben angegebenen Anlasse zur Entstehung der Sage von der Sprachverschiedenheit festhalten, und es ist die begründete Hoffnung vorhanden, dass die in allerneuester Zeit bekannt gewordenen mythischen Texte der assyrisch-babylonischen

---

[1] Vgl. im allgemeinen Ewald, Gesch. des Volks Isr., I, 31.

Literatur in nicht gar langer Zeit über die Frage, welche
uns in diesem Abschnitt beschäftigt, immer mehr Licht
verbreiten werden. Ich verweise vorläufig zum Schluss auf
zwei neueste Werke des verdienstvollen George Smith:
„Assyrian discoveries an account of exploration and discoveries (London 1876), p. 165—223, und „The Chaldean
account of Genesis“ (London 1876), wo jetzt die babylonische Parallele zur Schöpfungssage und der Sage vom
Sündenfäll p. 60—112, vom Thurmbau p. 158 fg. zu finden
sind. Daselbst sind auch p. 286 fg. die Uebereinstimmungen
und Differenzen zwischen der biblischen und babylonischen
Flutsage der Reihe nach vorgeführt.

NACHTRÄGE.

S. 65, Anm. 1. Vgl. Hehn, Culturpflanzen und Hausthiere u. s. w. (2. Aufl.), S. 103.

S. 65, Anm. 2. Vgl. Pott, Etymologische Forschungen, II, 527. — Die Strabo-Stelle ist nach der oxforder Ausgabe (Falconer) angeführt (ed. Kramer, V, 2, §. 4).

S. 67, Z. 3 v. o. Vgl. den hottentottischen Volksnamen Saan, von sâ, ruhen, d. h. die Sesshaften (F. Müller, Allgemeine Ethnographie, S. 75).

S. 69, Anm. 4. Jedoch Aġânî I, 147, 20 in einem Gedichte des Nuṣejb: wa-lam ara matbû'an aḍarra min-al-maṭari.

S. 78, Anm. 1 u. 2. Siehe hierüber auch: Pictet, Les origines indo-européennes et les Aryas primitifs, II, 588.

S. 89 zu Ḳuzaḥ, s. al-Gauâlîḳî's Livre des locutions vicieuses (éd. Derenbourg [Morgenländ. Forschungen], p. 153).

S. 97. Vgl. Dozy, Geschichte der Mauren in Spanien (Leipzig 1874), I, 17.

S. 99, Anm. 3. Vgl. auch Aġânî III, 33, Z. 4 v. u., wo Basshâr b. Burd einem Beduinen die Mäusejagd (ṣejdu fa'rin) vorwirft.

S. 102, Z. 7 v. o. Ueber diese Eigenthümlichkeit der städtischen Dichter findet sich ein treffendes Urtheil des 'Aġġâg im Kit. al-aġânî, II, 18.

S. 109, Anm. 2. Dieser Sprachgebrauch ist vermittelt durch die Bedeutung: Wolke, welche im Arabischen dem Worte samâ eigen ist (Sprenger, Das Leben und die Lehre des Mohammed, I, 544).

S. 138, Z. 2 v. o. Zu beachten ist auch Aġânî II, 12, 3: ḳamrun tawassaṭu gunḥa lejlin mubridi.

S. 138, Z. 5 v. u. Die Sonne wird celer deus genannt (Ovid. Fast. I, v. 386); Herod. I, 215, wo die Sonne τῶν θεῶν ὁ τάχιστος heisst; vgl. Hehn, Culturpflanzen u. s. w., S. 38.

S. 147, Z. 16 v. o. Vgl. Zeitschr. D. M. G. (1855), IX, 758.

S. 157, Z. 11 v. o. Ueber primäre Bedeutung des Stammes mrd im Semitischen s. Friedr. Delitzsch, Studien über indogerm.-semit. Wurzelverwandtschaft (Leipzig 1873), S. 74.

S. 160, Z. 8 v. o. Die arabische Geschichte verlegt die ganze biblische Erzählung von Shimshôn (arabisch Shamsûn) in die Zeit der mulûk al-ṭawâ'if; der Held kämpft nach dieser Relation gegen Rûm; statt der Eselkinnbacken setzt die arabische Version einen Kamelkinnbacken; siehe Ibn al-Atîr, al-Ta'rîch al-kâmil (Bûlâḳer-Ausgabe), I, 146.

S. 165, Z. 6 v. o. Chârûṣ ist in neuester Zeit auf neugefundenen phön. Denkmälern in mehrern Beispielen als Name für Gold gefunden worden, z. B. Inschr. von Idalion II, 1 (Euting), Inschr. v. Gebâl (de Vogué, Journ. asiat. [1875], I, 327), und auf einer unedirten karthager Inschr. (bei Derenbourg, Journ. asiat. ibid. S. 336).

S. 167, Z. 10 v. o. Vgl. Aġânî III, 90, 10: Fada'a biḥâzinihî wa-ḳâla kam fî bejt mâlî faḳâla lahu min al-waraḳ w-al 'ajn baḳîjjatun.

S. 176, Z. 3 v. u. In der Vorstellung vom Ergrauen ist die von beiden Farben enthalten, der weissen Farbe, wie sie neben der schwarzen erscheint. Nach Aġânî II, 41, 7 werden Shîb = Graue, die Wolken genannt, welche beide Farben vereinigen (al-saḥâ'ib allatî fîhâ sawâd wa-bajâḍ).

S. 177, Z. 2 v. u. Aber wir finden auch beide Anschauungen in einer einzigen Vorstellung vereinigt. Der Dichter al-'Arġî sagt z. B.: „Sie verbrachten beide eine frohe Nacht, bis da der Morgen erglänzte, ein röthliches Pferd mit dem weissen Fleck (ġurrâ) auf der Stirne."

Bâtâ bi-an'âmi lejlatin ḥatta badâ *
Ṣubḥun talawwaḥa kal-aġarri-l-ashḳari.

(Aġ. I, 158, 23.)

S. 178, Z. 23 v. o. Charakteristisch für diesen Sprachgebrauch ist die Redeform: „sirnâ bajâḍa janminâ wa-sawâda lejlatinâ", wir reisten Tag und Nacht (wörtlich: wir reisten während der Weisse unseres Tages und während der Schwärze unserer Nacht), Aġânî II, 74, 20.

S. 189, Z. 22 v. o. Der arabische Dichter Ibn Majjâdâ sagt in einer Beschreibung des Blitzes (Aġânî II, 120, 9): er erleuchtet die aufeinander geschichtete Wolke, welche wie eine Kamelheerde ist, vor welcher die sich nach der Heimat sehnenden Kamele vor Schmerz schreien.

Juḍî'u ṣabîran min suḥâbin ka'annahu * higânun arannat
lil-ḥanîni nawâzi'uh.

S. 193, Z. 2 v. u. Neben Zalîchâ kennt die arabische Tradition noch einen andern Namen für dieselbe Person; bei al-Ṭabarî finden wir nämlich ihren Namen als Râ'il bezeichnet (vgl. Ouseley, Travels in various countries of the East [London 1819], I, 74).

S. 225, Z. 23 v. o. Viel mehr Wahrscheinlichkeit als die Ansicht von der Entlehnung der Kerûbhîm aus fremden Kreisen hat demnach diejenige, welche ihre Ursprünglichkeit bei den Hebräern festhält (vgl. Dillmann in Schenkel's Bibellexikon I, 511), welche Ansicht eine Stütze mehr in dem Umstande erhält, dass sich die Kerûbhîm in den Kreis des alten hebräischen Mythos ohne Zwang einordnen lassen. Dazu gehört auch noch ihr Zusammenhang mit dem Serâfîm, welche Vorstellung gleichfalls im alten Hebräismus originell ist. Dieser Zusammenhang stimmt auch damit zusammen, was uns die obigen mythologischen Ausführungen zeigten. Ebenso wie Kerûbh als „Verhüllender" zum dunkeln Wolkenhimmel gehört, sind auch die Serâfîm eine mythologische Vorstellung, welche sich in jene Reihe einordnet, wenn wir ihre richtige Erklärung als Drachen festhalten (Dillmann a. a. O., V, 284) und uns an die mythologische Geltung von Schlangen und Drachen erinnern (oben S. 32. 212 fg.). Es wird dann wahrscheinlich, dass die theologische Bedeutsamkeit von Kerûbhîm und Serâfîm zu den Residuen der ältesten Gestaltung der hebräischen Religion gehört und sich den Thatsachen anreiht, von welchen wir S. 272 fg. geredet haben.

S. 231, Z. 11 v. o. In dem Gedicht zur Vertheidigung des Stammes Asad von ʿAbd-al-Raḥmân al-Asadî gegen ein Spottgedicht des Ibn Majjâdâ vom Stamme Murr heisst es (Aġânî II, 118, 7) vom Untergang der Sonne: inṣibâbuhâ, d. h. ihr sich Ausgiessen, der Zustand, wenn die Sonne ihren ganzen Strahleninhalt ausgegossen hat:

> Würden die Strahlen der Sonne einem Stamme gehören, so gehörte
> uns ihr Aufstrahlen und ihr sich Verhüllen,
> Doch gehört sie Gotte, der sie beherrscht durch seine Kraft, ihr
> Aufsteigen und ihr sich Ausgiessen.

> Walau anna karna sh-shamsi kâna li-maʿsharin * lakâna lanâ ishrâ-
> ḳuhâ waḥtigâbuhâ,
> Walâkinnahâ lillâhi jamliku amrahâ * li-ḳudratihi iṣʿâduhâ wansi-
> bâbuhâ.

S. 233, Z. 7 v. o. Sâṭirûn b. Asṭîrûn al-Garmaḳî, Erbauer der Festung Ḥaḍr, deren Eroberung mit einer Sage voll erschütternder Tragik in Verbindung gebracht ist, Jâḳût II, 284, 12.

S. 249. Vgl. diesen Culturmythos auch bei Tylor, Anfänge der Cultur, I, 347. Auch der japanische Culturmythos ist von unverkennbar solarischem Charakter; er ist durch den gelehrten Japanesen Dira Kittao mitgetheilt im „Ausland" (1875), S. 951 fg.

S. 275. Für den Cultus des nächtlichen Himmels ist zu vergleichen, dass in der Mechiltâ (ed. Friedmann), Bl. 68 a, die Möglichkeit einer demûth chôshekh, d. h. eines Götzenbildes der Finsterniss vorausgesetzt wird.

S. 291, Z. 20 v. o. ist zu beschränken: „welche, wenn sie auch dem Hebräischen nicht so nahe stehen wie das südlichere Moabitisch, dennoch mit demselben ein viel engeres Verwandtschaftsverhältniss aufweisen, als dies sonst bei Sprachen desselben Stammes vorkommt." Ueber dieses Verhältniss ist jetzt die gründliche Abhandlung Stade's (s. oben) zu vergleichen.

S. 337. Ueber Doppelgänger bei Gräbertraditionen in der mohammedanischen und christlichen Legende, s. Sepp's Aufsatz über Samaria und Sichem (Ausland [1875], S. 470—72).

Druck von F. A. Brockhaus in Leipzig.

Bisher in der Reihe erschienen:

Reihe ReligioSus
Herausgegeben und mit einem Vorwort versehen von Christiane Beetz

Band I:
Paul Kalkoff: **Ulrich von Hutten und die Reformation:**
Eine kritische Geschichte seiner wichtigsten Lebenszeit und der
Entscheidungsjahre der Reformation (1517 - 1523)
ISBN: 978-3-942382-52-6
624 Seiten 49,50 €

Band II:
Manfred Köhler: **Melanchthon und der Islam:**
Ein Beitrag zur Klärung des Verhältnisses zwischen Christentum und
Fremdreligionen in der Reformationszeit
ISBN: 978-3-942382-89-2
176 Seiten 29,50 €

Band III:
Richard Zoozmann: **Hans Sachs und die Reformation:**
In Gedichten und Prosastücken
ISBN: 978-3-942382-82-3
200 Seiten 29,50 €

Band IV:
Paul Dahlke: **Buddhismus als Religion und Moral**
ISBN: 978-3-86347-014-2
360 Seiten 39,50 €

Band V:
Thomas Achelis: **Die Religionen der Naturvölker im Umriß**
ISBN: 978-3-86347-049-4
176 Seiten 29,50 €

Band VI:
Julius Wellhausen: **Isralitische und Jüdische Geschichte**
ISBN: 978-3-86347-063-0
408 Seiten 59,50 €

SEVERUS Verlag, Imprint der Diplomica Verlag GmbH | Hermannstal 119k
D-22119 Hamburg | kontakt@severus-verlag.de | T: +49-40-655 99 20

Bisher im SEVERUS Verlag erschienen:

Achelis. Th. Die Entwicklung der Ehe * Die Religionen der Naturvölker im Umriß, Reihe ReligioSus Band V * **Andreas-Salomé, Lou** Rainer Maria Rilke * **Arenz, Karl** Die Entdeckungsreisen in Nord- und Mittelafrika von Richardson, Overweg, Barth und Vogel * **Aretz, Gertrude (Hrsg)** Napoleon I - Briefe an Frauen * **Ashburn, P.M** The ranks of death. A Medical History of the Conquest of America * **Avenarius, Richard** Kritik der reinen Erfahrung * Kritik der reinen Erfahrung, Zweiter Teil * **Beneke, Otto** Von unehrlichen Leuten: Kulturhistorische Studien und Geschichten aus vergangenen Tagen deutscher Gewerbe und Dienste * **Berneker, Erich** Graf Leo Tolstoi * **Bernstorff, Graf Johann Heinrich** Erinnerungen und Briefe * **Bie, Oscar** Franz Schubert - Sein Leben und sein Werk * **Binder, Julius** Grundlegung zur Rechtsphilosophie. Mit einem Extratext zur Rechtsphilosophie Hegels * **Bliedner, Arno** Schiller. Eine pädagogische Studie * **Birt, Theodor** Frauen der Antike * **Blümner, Hugo** Fahrendes Volk im Altertum * **Boos, Heinrich** Geschichte der Freimaurerei. Ein Beitrag zur Kultur- und Literatur-Geschichte des 18. Jahrhunderts * **Brahm, Otto** Das deutsche Ritterdrama des achtzehnten Jahrhunderts: Studien über Joseph August von Törring, seine Vorgänger und Nachfolger * **Brandes, Georg** Moderne Geister: Literarische Bildnisse aus dem 19. Jahrhundert. * **Braun, Lily** Lebenssucher * **Braun, Ferdinand** Drahtlose Telegraphie durch Wasser und Luft * **Brunnemann, Karl** Maximilian Robespierre - Ein Lebensbild nach zum Teil noch unbenutzten Quellen * **Büdinger, Max** Don Carlos Haft und Tod insbesondere nach den Auffassungen seiner Familie * **Burkamp, Wilhelm** Wirklichkeit und Sinn. Die objektive Gewordenheit des Sinns in der sinnfreien Wirklichkeit * **Caemmerer, Rudolf Karl Fritz Die** Entwicklung der strategischen Wissenschaft im 19. Jahrhundert * **Casper, Johann Ludwig** Handbuch der gerichtlich-medizinischen Leichen-Diagnostik: Thanatologischer Teil, Bd. 1 * Bd. 2 * **Cronau, Rudolf** Drei Jahrhunderte deutschen Lebens in Amerika. Eine Geschichte der Deutschen in den Vereinigten Staaten * **Cunow, Heinrich** Geschichte und Kultur des Inkareiches * **Cushing, Harvey** The life of Sir William Osler, Volume 1 * The life of Sir William Osler, Volume 2 * **Dahlke, Paul** Buddhismus als Religion und Moral, Reihe ReligioSus Band IV * **Dühren, Eugen** Der Marquis de Sade und seine Zeit. in Beitrag zur Kultur- und Sittengeschichte des 18. Jahrhunderts. Mit besonderer Beziehung auf die Lehre von der Psychopathia Sexualis * **Eckstein, Friedrich** Alte, unnennbare Tage. Erinnerungen aus siebzig Lehr- und Wanderjahren * Erinnerungen an Anton Bruckner * **Eiselsberg, Anton Freiherr von** Lebensweg eines Chirurgen * **Eloesser, Arthur** Thomas Mann - sein Leben und Werk * **Elsenhans, Theodor** Fries und Kant. Ein Beitrag zur Geschichte und zur systematischen Grundlegung der Erkenntnistheorie. * **Engel, Eduard** Shakespeare * Lord Byron. Eine Autobiographie nach Tagebüchern und Briefen. * **Ewald, Oscar** Nietzsches Lehre in ihren Grundbegriffen * Die französische Aufklärungsphilosophie * **Ferenczi, Sandor** Hysterie und Pathoneurosen * **Fichte, Immanuel Hermann** Die Idee der Persönlichkeit und der individuellen Fortdauer * **Fourier, Jean Baptiste Joseph Baron** Die Auflösung der bestimmten Gleichungen * **Frazer, James George** Totemism and Exogamy. A Treatise on Certain Early Forms of Superstition and Society * **Frey, Adolf** Albrecht von Haller und seine Bedeutung für die deutsche Literatur * **Frimmel, Theodor von** Beethoven Studien I. Beethovens äußere Erscheinung * Beethoven Studien II. Bausteine zu einer Lebensgeschichte des Meisters * **Fülleborn, Friedrich** Über eine medizinische Studienreise nach Panama, Westindien und den Vereinigten Staaten * **Gmelin, Johann Georg** Quousque? Beiträge zur soziologischen Rechtfindung * **Goette, Alexander** Holbeins Totentanz und seine Vorbilder * **Goldstein, Eugen** Canalstrahlen * **Graebner, Fritz** Das Weltbild der Primitiven: Eine Untersuchung der Urformen weltanschaulichen Denkens bei Naturvölkern * **Griesinger, Wilhelm** Handbuch der speciellen Pathologie und Therapie: Infectionskrankheiten * **Griesser, Luitpold** Nietzsche und Wagner - neue Beiträge zur Geschichte und Psychologie ihrer Freundschaft * **Hanstein, Adalbert von** Die Frauen in der Geschichte des Deutschen Geisteslebens des 18. und 19. Jahrhunderts * **Hartmann, Franz** Die Medizin des Theophrastus Paracelsus von Hohenheim * **Heller, August** Geschichte der Physik von Aristoteles bis auf die neueste Zeit. Bd. 1: Von Aristoteles bis Galilei * **Helmholtz, Hermann von** Reden und Vorträge, Bd. 1 * Reden und Vorträge, Bd. 2 * **Henker, Otto** Einführung in die Brillenlehre * **Henne am Rhyn, Otto** Aus Loge und Welt: Freimaurerische und kulturgeschichtliche Aufsätze * **Jahn, Ulrich** Die deutschen Opfergebräuche bei Ackerbau und Viehzucht. Ein Beitrag zur Deutschen Mythologie und Altertumskunde * **Kalkoff, Paul** Ulrich von Hutten und die Reformation. Eine kritische Geschichte seiner wichtigsten Lebenszeit und der Ent-

www.severus-verlag.de

scheidungsjahre der Reformation (1517 - 1523), Reihe ReligioSus Band I * **Kaufmann, Max** Heines Liebesleben * **Kautsky, Karl** Terrorismus und Kommunismus: Ein Beitrag zur Naturgeschichte der Revolution * **Kerschensteiner, Georg** Theorie der Bildung * **Kotelmann, Ludwig** Gesundheitspflege im Mittelalter. Kulturgeschichtliche Studien nach Predigten des 13., 14. und 15. Jahrhunderts * **Klein, Wilhelm** Geschichte der Griechischen Kunst - Erster Band: Die Griechische Kunst bis Myron * **Krömeke, Franz** Friedrich Wilhelm Sertürner - Entdecker des Morphiums * **Külz, Ludwig** Tropenarzt im afrikanischen Busch * **Leimbach, Karl Alexander** Untersuchungen über die verschiedenen Moralsysteme * **Liliencron, Rochus von / Müllenhoff, Karl** Zur Runenlehre. Zwei Abhandlungen * **Mach, Ernst** Die Principien der Wärmelehre * **Mackenzie, William Leslie** Health and Disease * **Maurer, Konrad** Island von seiner ersten Entdeckung bis zum Untergange des Freistaats * **Mausbach, Joseph** Die Ethik des heiligen Augustinus. Erster Band: Die sittliche Ordnung und ihre Grundlagen * **Mauthner, Fritz** Die drei Bilder der Welt - ein sprachkritischer Versuch * **Meissner, Franz Hermann** Arnold Böcklin * Meyer, Elard Hugo Indogermanische Mythen, Bd. 1: Gandharven-Kentauren * **Müller, Adam** Versuche einer neuen Theorie des Geldes * **Müller, Conrad** Alexander von Humboldt und das Preußische Königshaus. Briefe aus den Jahren 1835-1857 * **Naumann, Friedrich** Freiheitskämpfe * **Oettingen, Arthur von** Die Schule der Physik * **Ossipow, Nikolai** Tolstois Kindheitserinnerungen. Ein Beitrag zu Freuds Libidotheorie * **Ostwald, Wilhelm** Erfinder und Entdecker * **Peters, Carl** Die deutsche Emin-Pascha-Expedition * **Poetter, Friedrich Christoph** Logik * **Popken, Minna** Im Kampf um die Welt des Lichts. Lebenserinnerungen und Bekenntnisse einer Ärztin * **Prutz, Hans** Neue Studien zur Geschichte der Jungfrau von Orléans * **Rank, Otto** Psychoanalytische Beiträge zur Mythenforschung. Gesammelte Studien aus den Jahren 1912 bis 1914. * **Ree, Paul Johannes** Peter Candid * **Rohr, Moritz von** Joseph Fraunhofers Leben, Leistungen und Wirksamkeit * **Rubinstein, Susanna** Ein individualistischer Pessimist: Beitrag zur Würdigung Philipp Mainländers * Eine Trias von Willensmetaphysikern: Populär-philosophische Essays * **Sachs, Eva** Die fünf platonischen Körper: Zur Geschichte der Mathematik und der Elementenlehre Platons und der Pythagoreer * **Scheidemann, Philipp** Memoiren eines Sozialdemokraten, Erster Band * Memoiren eines Sozialdemokraten, Zweiter Band * **Schleich, Carl Ludwig** Erinnerungen an Strindberg nebst Nachrufen für Ehrlich und von Bergmann * Das Ich und die Dämonien * **Schlösser, Rudolf** Rameaus Neffe - Studien und Untersuchungen zur Einführung in Goethes Übersetzung des Diderotschen Dialogs * **Schweitzer, Christoph** Reise nach Java und Ceylon (1675-1682). Reisebeschreibungen von deutschen Beamten und Kriegsleuten im Dienst der niederländischen West- und Ostindischen Kompagnien 1602 - 1797. * **Schweitzer, Philipp** Island - Land und Leute * **Sommerlad, Theo** Die soziale Wirksamkeit der Hohenzollern * **Stein, Heinrich von** Giordano Bruno. Gedanken über seine Lehre und sein Leben * **Strache, Hans** Der Eklektizismus des Antiochus von Askalon * **Sulger-Gebing, Emil** Goethe und Dante * **Thiersch, Hermann** Ludwig I von Bayern und die Georgia Augusta * Pro Samothrake * **Tyndall, John** Die Wärme betrachtet als eine Art der Bewegung, Bd. 1 * Die Wärme betrachtet als eine Art der Bewegung, Bd. 2 * **Virchow, Rudolf** Vier Reden über Leben und Kranksein * **Vollmann, Franz** Über das Verhältnis der späteren Stoa zur Sklaverei im römischen Reiche * **Volkmer, Franz** Das Verhältnis von Geist und Körper im Menschen (Seele und Leib) nach Cartesius * **Wachsmuth, Curt** Das alte Griechenland im neuen * **Weber, Paul** Beiträge zu Dürers Weltanschauung * **Wecklein, Nikolaus** Textkritische Studien zu den griechischen Tragikern * **Weinhold, Karl** Die heidnische Totenbestattung in Deutschland * **Wellhausen, Julius** Israelitische und Jüdische Geschichte, Reihe ReligioSus Band VI ***Wellmann, Max** Die pneumatische Schule bis auf Archigenes - in ihrer Entwickelung dargestellt * **Werner, Adolf** Die Bestattung der Toten in Bezug auf Hygiene, geschichtliche Entwicklung und gesetzliche Bestimmungen * **Weygandt, Wilhelm** Abnorme Charaktere in der dramatischen Literatur. Shakespeare - Goethe - Ibsen - Gerhart Hauptmann * **Wlassak, Moriz** Zum römischen Provinzialprozeß * **Wulffen, Erich** Kriminalpädagogik: Ein Erziehungsbuch * **Wundt, Wilhelm** Reden und Aufsätze * **Zallinger, Otto** Die Ringgaben bei der Heirat und das Zusammengeben im mittelalterlich-deutschem Recht * **Zoozmann, Richard** Hans Sachs und die Reformation - In Gedichten und Prosastücken, Reihe ReligioSus Band III